权威·前沿·原创

皮书系列为
"十二五""十三五"国家重点图书出版规划项目

汽车蓝皮书
BLUE BOOK OF
AUTOMOTIVE INDUSTRY

中国汽车产业发展报告（2017）

ANNUAL REPORT ON AUTOMOTIVE INDUSTRY IN CHINA (2017)

数字化转型战略

汽车蓝皮书课题组 / 编著

社会科学文献出版社
SOCIAL SCIENCES ACADEMIC PRESS (CHINA)

图书在版编目(CIP)数据

中国汽车产业发展报告.2017:数字化转型战略/汽车蓝皮书课题组编著.--北京:社会科学文献出版社,2017.11
(汽车蓝皮书)
ISBN 978-7-5201-1591-9

Ⅰ.①中… Ⅱ.①汽… Ⅲ.①汽车工业-经济发展-研究报告-中国-2017 Ⅳ.①F426.471

中国版本图书馆CIP数据核字(2017)第248228号

汽车蓝皮书
中国汽车产业发展报告(2017)
——数字化转型战略

编　　著／汽车蓝皮书课题组

出 版 人／谢寿光
项目统筹／郑庆寰
责任编辑／张　媛　郑庆寰

出　　版／社会科学文献出版社·皮书出版分社（010）59367127
　　　　　地址:北京市北三环中路甲29号院华龙大厦　邮编:100029
　　　　　网址:www.ssap.com.cn

发　　行／市场营销中心（010）59367081　59367018
印　　装／三河市东方印刷有限公司

规　　格／开　本:787mm×1092mm　1/16
　　　　　印　张:22.75　字　数:345千字
版　　次／2017年11月第1版　2017年11月第1次印刷
书　　号／ISBN 978-7-5201-1591-9
定　　价／98.00元

皮书序列号／PSN B-2008-124-1/1

本书如有印装质量问题，请与读者服务中心（010-59367028）联系

▲ 版权所有 翻印必究

汽车蓝皮书编委会

顾　　　问　陈清泰　邵奇惠　刘世锦　鲁志强　付于武
　　　　　　　董　扬　冯　飞　海兹曼　张绥新

编委会主任　付于武

副 主 任　张进华　赵家佑

主　　　编　石耀东

副 主 编　王晓明　侯福深

主要执笔人（以内容出现先后为序）

　　　　　　总 报 告：王晓明
　　　　　　发展综述：张文杰
　　　　　　主题研究：王晓明　冯锦山　田洪川　葛雨明
　　　　　　　　　　　张　田　杨志强　何雪晴　胡碧波
　　　　　　　　　　　刘丽辉　王　通　黄向东　陈金华
　　　　　　　　　　　王国军　蔡开程　戴澍凯　姜建娜
　　　　　　　　　　　夏　纬　周　海　黄昌夏　胡志强
　　　　　　　　　　　王鹏飞　王闰新　戴一凡　孙　宁
　　　　　　　　　　　李　敏　石耀东　宋紫峰

序　言

当前，全球汽车产业面临新一轮的技术革命，低碳化、电动化、信息化、智能化成为汽车产业发展的新趋势。特别是新一代信息技术和制造业深度融合的大背景下，数字化虚拟和仿真、云计算、大数据、物联网、传感器、控制器等技术对汽车产业进行全面渗透和改造，开始推动汽车制造向软硬结合、虚实结合方向发生根本性变化，这必将带来汽车产业的产品、技术、模式、业态的深刻变革，带来汽车产业格局的调整和重构，推动汽车产业进入以数字化为特征的崭新发展阶段。

在数字化或智能化时代，全球汽车产业都不可避免地面临数字化转型浪潮，这已经成为全球各国制造业转型升级的缩影和集中体现。重新塑造制造业核心竞争力，已经成为全球共识。继德国提出工业4.0、美国提出工业互联网之后，中国也提出了"中国制造2025"战略，从数字化、智能化推动制造业转型升级这个核心要素上看，这三大战略是高度契合的。在新一轮汽车技术革命的赛道上，各国起步虽有先后，但差距并不明显。谁能后程发力，并装载着持续推进的强力引擎，谁就可能成为未来全球汽车产业的引领者。中国如果能够借助数字化机遇，打通汽车研发、制造和服务全产业链和全生命周期，充分挖掘汽车全寿命周期的生产和使用效率，必将创造汽车产业发展的中国方式，实现由汽车大国向汽车强国的迈进。

汽车产业每一次生产技术的大变革都来自于汽车产业自身竞争力的需求。在数字化时代，我国汽车产业结构调整和能力提升越来越迅速，生产效能持续提高。在这种快速转型中，汽车产业面临的需求变得非常迫切，主要体现在几个方面：1）市场经济的快速发展促使产品快速迭代和升级，汽车

企业迫切需要通过虚拟仿真设计和制造,大大提高新产品的研制效率,缩短产品研发和上市周期;2)基于工业大数据平台和相关供应链管理的集成化应用,能够实现供应链和整车制造过程的无缝对接,提高整车装配和生产的质量和效率;3)借助数字化车联网平台,汽车企业能够实现汽车产品服务的延伸和价值链的提升;4)在用户对产品有个性化需求的背景下,汽车柔性化制造系统在整车新项目实施中应用越来越广泛,特别是对于多车型共线的柔性化生产制造系统,能够显著提高企业竞争力。

汽车产业的数字化战略实现路径有四个方面:一是实现汽车产业各层级的互联互通,包括物理层企业与其协同企业之间、企业上下游之间、企业与供应商之间和企业与用户之间的互联互通;二是通过物理层与工业大数据平台的集成,消灭数据孤岛,打通汽车研发、制造和服务全过程;三是通过研发、生产的虚拟仿真,形成数字化双胞胎,实现汽车虚拟化研发及生产,提高质量和效率;四是通过物理层汽车研发、制造和服务的闭环,对汽车数据采集、运输、存储、处理和反馈进行闭环管理,最终实现整个信息物理系统的数字化供给与需求的整合。

年度报告以"数字化转型战略"为研究主题,是本蓝皮书聚焦"网络化、智能化、数字化"三部曲的第三部,通过对数字化工具软件的全面分析,总结国内外汽车企业数字化战略的推广经验,提出了对我国汽车产业实施数字化转型具有指导性意义的政策建议。此外,报告还对2016年中国汽车产业发展态势做了系统分析和研究。书中包含的重要数据、政策和重大事件汇编等,能够为广大读者全方位地了解我国汽车产业发展提供翔实的资料,也可为相关政府部门制定政策、汽车企业进行战略决策提供参考依据。

国务院发展研究中心的石耀东、王晓明、宋紫峰,中国汽车工程学会的付于武、张进华、侯福深、张宁、张文杰、蔡云生、冯锦山、胡志强、王鹏飞、姜建娜、孙宁,大众汽车(中国)投资公司的张绥新、孙忱、任笑,中国信息通信研究院的田洪川、葛雨明、张田、杨志强、何雪晴、胡碧波、刘丽辉,广汽集团研究院黄向东、陈金华、王国军、蔡开程、戴澍凯,西门子（中国）投资公司的夏纬、周海、黄昌夏，启明信息的王闰新，清华大学的戴一凡、李敏、王通等专家学者在本书撰写中付出了辛勤努力；社会科学文献出版社为本书出版做了大量工作。在此一并表示感谢。希望这一连续出版了十年，汇聚业内专家学者心血和智慧的成果，能够为我国汽车产业成功实现转型升级做出贡献。

摘　要

"汽车蓝皮书"是关于中国汽车产业发展的研究性年度报告。2008年首次出版，本书为第十册。本书是众多行业专家、企业高层顾问共同撰写的全面论述中国汽车产业发展的权威性著作。

本年度报告的主题是：中国汽车产业的数字化转型战略。全书包括总报告、发展综述、主题研究、附录等四部分。

当前，新一轮科技革命和产业变革方兴未艾，引发了新一代信息技术与制造技术的深度融合。在此过程中，汽车产业正加快与新能源、新材料、电子信息等融合发展，信息化、数字化、智能化发展趋势愈加明晰。汽车正从单纯的交通工具转变为大型移动智能终端、储能单元和数字空间，汽车行业新的生产方式和产业形态初现端倪，整个汽车产业面临重塑，中国汽车产业在数字化过程中不可避免地伴随着诸多挑战，同时也面临实现制造强国的机遇之窗。从挑战来看，我国很多企业尤其是自主品牌企业刚刚完成了自动化、信息化过程，精益生产水平还不够高，开展数字化转型基础仍不牢固，知识和人才储备仍显不足；企业资金实力相对有限，在支撑较大规模的数字化转型投资上仍面临很大压力等。机遇方面，超大规模多层次的国内市场优势仍将持续发挥重要作用，产业发展仍然存在数量扩张与结构调整过程的叠加，为我国企业转型升级留有时间窗口；整个社会对数字化转型的认可度较高，数字化应用在消费环节中的渗透率在全球居于领先地位，也随之成长起了一批具有重要影响力和竞争力的IT企业；相当一部分消费者对自动驾驶、无人驾驶以及车辆共享等新事物的接受度相对较高；等等。汽车产业数字化转型覆盖汽车研发、制造、服务全流程，还涉及与其他产业的交叉融合、全社会基础设施建设水平提升等问题，是一次全面系统的转型。

　　本年度报告以"数字化转型战略"为主题，对我国汽车产业数字化定义及技术体系、汽车产业数字化评估体系、汽车研发、制造、服务数字化发展现状和趋势、汽车产业数字化战略思考及政策建议进行了全面分析和系统阐述。在汽车产业数字化定义及技术体系方面，对汽车产业数字化的广义、狭义定义进行了清晰界定，并对汽车产业全流程的数字化过程提出了框架体系；在汽车产业数字化评估体系建立方面，通过对国内外数字化工厂和智能工厂评估体系的归纳总结，将研发及制造环节的数字化成熟度分为5个等级，建立了完善的汽车产业数字化发展评估体系框架；研发数字化领域，在目前的汽车研发流程的基础上，通过对国内外汽车研发数字化的发展历程、现状、趋势进行详细论述，并列举了国内整车企业研发数字化典型案例：广汽集团碰撞安全仿真技术、北汽福田协同设计研发、上汽集团虚拟路谱、上汽大众产品研发数字化应用等；制造数字化领域，通过对国外、国内整车及零部件企业制造环节的数字化技术应用情况进行描述和评价，对制造数字化发展趋势进行了概述，并选取了上汽大众宁波工厂、长安汽车、华晨汽车、吉利汽车等企业的数字化工厂作为典型案例；服务数字化方面，对国内外汽车传统服务、汽车营销服务、汽车产品、新兴商业模式等领域的数字化发展情况进行了详细概述和发展趋势总结，并列举了潍柴动力预防性维护系统、长安汽车个性化定制服务、EVCARD分时租赁服务、滴滴出行服务系统等数字化应用等典型案例。报告最后对推进汽车产业数字化发展的顶层设计、政策体系、标准制定、机制体制等层面提出了全面系统的政策体系设计。

　　依据汽车产业数字化成熟度评级体系，课题组通过评估发现，我国汽车企业研发数字化发展成熟度处在第3~4级水平，高于制造数字化的第3级水平。在汽车制造数字化方面，汽车整车制造数字化水平明显高于汽车零部件制造数字化发展水平，后者的数字化发展程度为第2级；与国外数字化成熟度相比，我国汽车研发数字化研发软件的使用与国际车企水平相当，但在软件的深度使用和开发上，与国外先进水平有一定差距；制造数字化领域，美德日先进汽车制造业企业在智能装备应用、网络互联建设、运营管理系统、基于模型的企业（MBE）、工业互联网平台水平方面均高于国内汽车制造企业，我国汽车企业加速数字化转型已迫在眉睫。

  2017年"汽车蓝皮书"以严谨与通俗并重的方式，对我国汽车产业数字化战略发展情况、发展趋势进行了全面的介绍和分析。即从受众角度让广大读者了解中国汽车产业数字化战略的发展现状和趋势，宣传普及数字化转型理念；又从专业角度客观评价了我国汽车产业数字化应用情况，提出了促进我国汽车产业数字化转型的政策建议。本书对汽车产业管理部门、研究机构、整车和零部件企业战略研究机构具有重要的参考意义和借鉴意义。

Abstract

"Blue Book of Automotive Industry" is an annual research report on China automobile industry development. First published in 2008, this book is the tenth one. The book is jointly compiled by many industry experts and enterprise senior advisors, which is an authoritative works that fully discusses China automobile industry development.

Topic of the annual report is digital strategy of China automobile industry. The text includes general report, development overview, topic research, and annex.

Currently, a new wave of scientific & technical revolution and industrial reform is in the ascendant, which leads to deep integration between new generation information technology and manufacturing technology. In such process, automobile industry is accelerating integrated development among new energy, new material and electronic information, and development trend of informatization, digitalization and intelligentization is increasingly clear. Automobile is transforming to a large mobile intelligent terminal, energy storage unit and digital space from a simple means of transportation, new production mode and industrial form of automobile industry are emerging, the whole automobile industry is faced with reshaping, and China automobile industry is accompanied with many inevitable challenges during digitalization and the window of opportunity to realize the objective of manufacturing power.

In terms of challenge, many enterprises in China, especially self-owned brand enterprises, have just completed the process of automation and informatization, lean production level is not high enough, the foundation for digital transformation is still insecure, and reserve of knowledge and talents are still insufficient; enterprises have relatively limited capital strength and are still faced with great pressure in supporting investment on large-scale digital transformation, etc. In terms of opportunity, advantages of super-large scale and multi-layer domestic market will still continue to play an important role, and there is still a super position of quantity expansion and structural adjustment, which has provided a time window for China's enterprise transformation and upgrading; the whole society has a high degree in recognizing digital transformation, penetration rate of digital application in consumption link is in a leading position worldwide, and a batch of IT enterprises with major influence and competitiveness grow therewith; a considerable part of consumers highly accept new things such as autonomous driving and vehicle sharing, etc. Automobile industry digital transformation covers full process of automobile R&D, manufacturing and service, also involves cross integration with other industries, infrastructure construction level improvement of the whole society, so it is a comprehensive and systematic transformation.

The report, with "China automobile industry digital strategy" as subject, provides comprehensive analysis and systematic description on definition and technical system of digital automobile industry, digital automobile industry assessment system, development status and trend of digital automobile R&D, manufacturing and service, strategy thinking and policy advice of digital automobile industry. In terms of definition and technical system of digital automobile industry, it has provided clear definition of digital automobile industry in the broad and narrow sense, and proposed frame system of full process of digital automobile industry; in terms of construction of digital automobile industry assessment system, it has divided digital maturity of R&D and manufacturing links into 5 levels, and established a complete digital automobile industry development assessment system frame, based on summarization of assessment system of digital plant and intelligent plant at home and abroad; in the field of digital R&D, it has provided detailed discussion on development history, current situation and trend of domestic and foreign digital automobile R&D and listed typical cases of domestic automakers' digital R&D based on current automobile R&D process: GAC collision safety simulation technology, collaborative design and R&D of BAIC Foton, SAIC virtual road spectrum, application of digital product R&D of Shanghai Volkswagen, etc.; in the field of digital manufacturing, it has outlined development trend of digital manufacturing via describing and assessing digital

technology application in manufacturing link of finished vehicle and parts enterprises at home and abroad, and selected digital plants of Shanghai Volkswagen Ningbo Plant, Chang'an Automobile, Brilliance Auto and Geely Automobile as typical cases; in the field of digital service, it has outlined in detail digital development in areas of traditional service, automobile marketing service, automotive products, emerging business model at home and abroad and summarized development trend, and listed typical cases of Weichai Power's preventive maintenance system, Chang'an Automobile's personalized customization service, EVCARD time-share lease service, DiDiChuxing service system and other digital applications. At the end, it has raised comprehensive and systematic policy system design in terms of top-level design, policy system, standard formulation, mechanism and system construction of digital automobile industry development.

According to digital automobile industry maturity assessment system, the research team has found that R&D maturity level of digital development of China automotive industry is 3 – 4, which is higher than level 3 digital manufacturing. In terms of digital auto manufacturing, finished vehicle manufacturing digital level is obviously higher than that of parts and components, and digital development level of the latter is 2; compared with foreign digital maturity level, China has a comparable level with international automobile enterprises in terms of use of R&D software in digital automobile R&D; in terms of in-depth use and development of software, there is a certain gap with foreign advanced level; in the field of digital manufacturing, advanced automobile manufacturing enterprises in the US, Germany, Japan outperform peers in China in terms of intelligent equipment application, networking construction, operation management system, MBE (model-based enterprise) and industrial internet platform.

Blue Book of Automotive Industry 2017 provides comprehensive description and analysis of China automobile industry digital strategy in both rigorous and simple words. It not only allows readers to understand the development status and trend of China automobile industry digital strategy and popularizes the idea of digital transformation from the perspective of audience, but also assesses China automobile industry digital application status objectively, and proposes policy advice accelerating China automobile industry digital transformation from a professional perspective. Therefore, the book has a significant reference meaning for automobile industry regulator, research institutes, strategy research departments of finished vehicle and parts enterprises.

目 录

Ⅰ 总报告

B.1 汽车产业数字化发展战略体系及政策措施 …………………… 001
  一　汽车产业数字化是实现信息化向智能化转型的必由之路
    ……………………………………………………………… 001
  二　美德日等国家已经将数字化战略作为国家经济发展
    战略的制高点 …………………………………………… 003
  三　借助数字化体系框架，提出汽车产业数字化发展评估体系，
    对国内数字化水平进行评估 …………………………… 005
  四　研发流程数字化、虚拟研发可视化、知识型工作自动化、
    需求响应敏捷化成为数字化发展趋势 ………………… 007
  五　美德日在智能装备应用、网络互联建设、运营管理系统、
    基于模型的企业（MBE）应用、工业互联网平台建设
    方面的水平总体上高于国内汽车制造企业 …………… 008
  六　汽车服务数字化将催生新的商业模式，数字化的产品和
    服务能够使车企更好地适应并了解消费者的需求和偏好
    ……………………………………………………………… 010
  七　中国以数字化战略推动汽车强国目标的实现 ………… 011
  八　持续完善顶层设计，着力解决制约我国汽车产业实现
    数字化转型的"新老问题" …………………………… 014

　九　鼓励支持企业开展数字化改造，深度挖掘全生命周期
　　　内效率提升的巨大潜力 …………………………………… 014
　十　统筹考虑关键性领域、基础性领域的标准体系建设及
　　　标准推广，为产业内及产业间融合发展提供依托 ………… 015
　十一　调整完善人才培养、引进、使用、培训、保障机制，
　　　　尽快消除制约汽车产业数字化转型的人力资源
　　　　短板 ……………………………………………………… 016
　十二　加强专业化联盟及合作平台建设，发挥潜在信息、
　　　　知识传播共享以及国际交流合作方面的积极作用 ……… 017

Ⅱ 发展综述

B.2 2016年中国汽车产业发展综述 ………………………………… 018
　一　产销增速远超GDP，自主品牌继续主导市场结构变化 …… 018
　二　一系列管理政策出台或正式实施，注重对企业的
　　　引导和监管 ……………………………………………… 023
　三　自主品牌迎来第二个高速增长期，市场份额、
　　　性能品质、品牌价值全面提升 ………………………… 029
　四　政策明确、目标清晰，智能网联汽车发展大大提速 …… 034
　五　新能源汽车发展向成长期转型，面临补贴退坡及
　　　国际巨头发力双重挑战 ………………………………… 039

Ⅲ 主题研究——中国汽车产业数字化发展战略

B.3 汽车产业数字化定义及技术体系 ……………………………… 046
　一　汽车产业数字化界定 …………………………………… 046
　二　汽车产业数字化转型的体系框架和实现路径 ………… 050
　三　汽车产业数字化的意义和价值 ………………………… 059

目 录

B.4 国际发展和经验 ………………………………………… 062
 一 各国数字化发展战略 …………………………………… 062
 二 数字化支撑体系 ………………………………………… 070
 三 各国汽车及相关领域的数字化实践 …………………… 074
 四 国际经验启示 …………………………………………… 081

B.5 汽车产业数字化发展评估体系 …………………………… 085
 一 评估思路 ………………………………………………… 085
 二 比较与借鉴 ……………………………………………… 087
 三 评估模型 ………………………………………………… 092
 四 评估方法 ………………………………………………… 101
 五 评估结果 ………………………………………………… 104

B.6 汽车研发数字化发展现状和趋势 ………………………… 110
 一 汽车研发数字化发展现状 ……………………………… 111
 二 汽车研发数字化发展趋势 ……………………………… 131
 三 汽车研发数字化应用典型案例 ………………………… 136

B.7 汽车制造数字化发展现状和趋势 ………………………… 154
 一 汽车制造数字化发展现状 ……………………………… 154
 二 汽车制造数字化发展趋势 ……………………………… 179
 三 汽车制造数字化应用典型案例 ………………………… 182

B.8 汽车服务数字化发展现状和趋势 ………………………… 207
 一 汽车服务数字化发展现状 ……………………………… 207
 二 汽车服务数字化发展趋势 ……………………………… 236
 三 汽车服务数字化典型案例 ……………………………… 239

B.9 汽车产业数字化转型的战略思考 ………………………… 265
 一 中国汽车产业"数字化转型"（Digital Transformation）
  的战略思想 …………………………………………… 266

003

　　二　以数字化战略推动汽车强国目标实现的机遇之窗……………… 273
　　三　汽车产业数字化转型的战略视角…………………………………… 279
　　四　中国汽车产业数字化战略的基本框架…………………………… 281
　　五　中国汽车产业数字化战略的实施路径…………………………… 286

B.10　汽车产业数字化转型的政策建议……………………………………… 288
　　一　持续完善顶层设计，着力解决制约我国汽车产业
　　　　实现数字化转型的"新老问题"………………………………… 289
　　二　鼓励支持企业开展数字化改造，深度挖掘全生命
　　　　周期内效率提升的巨大潜力……………………………………… 295
　　三　统筹考虑关键性领域、基础性领域的标准体系建设及
　　　　标准推广，为产业内及产业间融合发展提供依托 ………… 299
　　四　调整完善人才培养、引进、使用、培训、保障机制，
　　　　尽快消除制约汽车产业数字化转型面临的人力资源
　　　　短板 ………………………………………………………………… 302
　　五　加强专业化联盟及合作平台建设，发挥好其在信息、
　　　　知识传播共享及国际交流合作方面的积极作用 …………… 305

Ⅴ　附　录

B.11　附录一　汽车产业相关统计数据 ……………………………………… 309

B.12　附录二　2016年度发布或开始实施的部分汽车政策法规 ………… 328

CONTENTS

I General Report

B.1　Automobile Industry Digital Development Strategy System
　　　and Policy Measures　　　　　　　　　　　　　　　　　　　　／ 001

　　　1. Digital Automobile Industry is an Essential Route to Realize
　　　　 transformation to Intelligentization from Informatization　　／ 001
　　　2. The US, Germany, Japan and Many Other Countries Have Considered
　　　　 Digital Strategy as Strategic Commanding Height of Economic
　　　　 Development　　　　　　　　　　　　　　　　　　　　　／ 003
　　　3. Propose Automobile Industry Digital Development Assessment System
　　　　 by Virtue of Digital System Frame to Assess Domestic Digital Level　／ 005
　　　4. Digital Research and Development Process, Visualized Virtual Research
　　　　 and Development, Automatic Knowledge Work and AgileDemand
　　　　 Response Become Trendof Digital Development　　　　　　／ 007
　　　5. The Automobile Enterprises in the US, Germany, Japan Outperform
　　　　 those in China in Terms of Intelligent Equipment Application,
　　　　 Network Connectivity Construction, Operation Management System,
　　　　 MBE (Model-based Enterprise) and Industrial Internet Platform Level　／ 008

005

6. Digital Automotive Service Will Accelerate Emergence of New Business Model, and Digital Product and Service Enable Automobile Enterprises to Better Adapt to and Understand Requirement and Preference of the Consumer / 010

7. China Promotes Realization of Objective of Automobile Power via Digital Strategy / 011

8. Top-level Design and Spare no Effort to Solve New and Old Problems Restricting Realization of Digital Transformation of China Automobile Industry / 014

9. Encourage and Support Enterprises to Perform Digital Transformation and Explore Deeply the Enormous Potential of Efficiency Improvement in Full Life Cycle / 014

10. Plan and Consider Standard System Construction and Promotion Work in Key Fields and Fundamental Fields as a Whole, and Provide Support for Integrated Development in Industry and among Industries / 015

11. Adjust and Complete System of Talent Cultivation, Introduction, Utilization, Training and Safeguard, and Eliminate Human Resources Weakness Restricting Automobile Industry Digital Transformation as Soon as Possible / 016

12. Strengthen Construction of Professional Alliance and Cooperative Platform, and Play Its Positive Role in Potential Information & Knowledge Dissemination and Sharing and International Exchange and Cooperation / 017

II Development Overview

B.2　China Automobile Industry Development Overview 2016　　／ 018

　　1. Growth rate of production and sales is much higher than that of GDP, and self-owned brand has continued to dominate market structural change　／ 018

　　2. A series of management policies have been issued or officially implemented to focus on guidance and supervision on enterprise　／ 023

　　3. Self-owned brand ushered in the second rapid growth period, with market share, performance quality and brand value improved comprehensively　／ 029

　　4. With explicit policy and clear objective, development of intelligent connected vehicle has been greatly accelerated　／ 034

　　5. New Energy Automobile Development Transforms to the Period of Growth, and is Faced with Double Challenges of Subsidy Reduction and Powerful International Giants.　／ 039

III Topic Research – China Automobile Industry Digital Development Strategy

B.3　Definition and Technical System of Digital Automobile Industry　／ 046

　　1. Definition of Digital Automobile Industry　／ 046

　　2. Systematic Frame and Implementation Path of Automobile Industry Digital Transformation　／ 050

　　3. Significance and Value of Digital Automobile Industry　／ 059

| B.4 | International Development and Experience | / 062 |

    1. Digital Development Strategy of Various Countries / 062

    2. Digital Supporting System / 070

    3. Digital Practices in Automobile and Related Fields of Various Countries / 074

    4. Enlightenment from International Experience / 081

B.5 Automobile Industry Digital Development Assessment System / 085

    1. Assessment Thinking / 085

    2. Comparison and Reference / 087

    3. Assessment Model / 092

    4. Assessment Method / 101

    5. Assessment Result / 104

B.6 Development Status and Trend of Digital Automobile Research and Development / 110

    1. Development Status of Digital Automobile Research and Development / 111

    2. Development Trend of Digital Automobile Research and Development / 131

    3. Typical Case of Application of Digital Automobile Research and Development / 136

B.7 Development Status and Trend of Digital Automobile Manufacturing / 154

    1. Development Status of Digital Automobile Manufacturing / 154

    2. Development Trend of Digital Automobile Manufacturing / 179

    3. Typical Case of Application of Digital Automobile Manufacturing / 182

CONTENTS

B.8 Development Status and Trend of Digital Automobile Service / 207
    1. Development Status of Digital Automobile Service / 207
    2. Development Trend of Digital Automobile Service / 236
    3. Typical Case of Application of Digital Automobile Service / 239

B.9 Strategic Thinking / 265
    1. Strategic Thinking of China Automobile Industry Digital Transformation / 266
    2. The Window of Opportunity of Digital Strategy to Promote Realization of Objective of Automobile Power / 273
    3. Strategic Perspective of Automobile Industry Digital Transformation / 279
    4. Basic Frame of China Automobile Industry Digital Strategy / 281
    5. Implementation Path of China Automobile Industry Digital Strategy / 286

B.10 Policy Advice / 288
    1. Top-level Design and Spare no Effort to Solve New and Old Problems Restricting Realization of Digital Transformation of China Automobile Industry / 289
    2. Encourage and Support Enterprises to Perform Digital Transformation andExplore Deeply the Enormous Potential of Efficiency Improvement in Full Life Cycle / 295
    3. Plan and Consider Standard System Construction andPromotion Work in Key Fields and Fundamental Fields as a Whole, and Provide Support for Integrated Development in Industry and among Industries / 299

    4. *Adjust and Complete System of Talent Cultivation,
Introduction, Utilization, Training and Safeguard, andEliminate
Human Resources Weakness Restricting Automobile Industry
Digital Transformation As Soon As Possible* / 302

    5. *Strengthen Construction of ProfessionalAlliance and Cooperative Platform,
and Play Its Positive Role in Potential Information & Knowledge Dissemination
and Sharing and International Exchange and Cooperation* / 305

Ⅴ Appendix

B.11 Appendix 1: Statistics related to the automotive industry / 309

B.12 Appendix 2: Some automobile policies and regulations issued or implemented in 2016 / 328

总 报 告

General Report

B.1 汽车产业数字化发展战略体系及政策措施

近些年,以大数据为代表的新一代信息技术正在引发数据转型浪潮,"数字化"在各行各业中扮演着重要的角色,对于汽车产业来说,数字化为汽车的研发、设计、制造、服务等领域带来了一系列变革。全球主要工业国家及其车企、互联网企业、金融保险业为迎接这一变革纷纷推出相应的政策、产品和服务。

一 汽车产业数字化是实现信息化向智能化转型的必由之路

数字化的核心是利用数据采集、传输、存储、处理和反馈的闭环,提取有价值的信息完成汽车产品的研发、制造和服务等全产业链和产品全生命周期的管理、决策和控制,实现汽车产业的体系优化和转型升级。

持续的"数字化变革"是传统车企实现信息化向智能化转型的必由之

路，也是汽车产业转型升级的必由之路。随着信息技术的不断发展，信息化越来越多呈现出数字化特征，虚拟仿真、物联网、大数据、云计算等驱动技术将全面推动信息物理系统在汽车行业的应用，单个业务环节的信息化转变为全流程的数字化协同。智能化是信息化、数字化发展的必然趋势，在未来"智慧工厂"里，人工智能将广泛应用于汽车制造过程，知识自动化、智能决策成为智能化时代的典型特征。

借助虚拟和仿真、云计算、大数据、物联网、传感器、控制器、增材制造、机器人等数字化技术，全面推动CPS（物理信息系统）在汽车行业的广泛应用，可实现汽车产业"物理层、平台层、数字层"的高度融合。这将会带来汽车行业产品、技术、模式、业态的深刻变革，带来汽车产业格局的调整和重构，推动汽车行业进入以数字化为特征的崭新发展阶段。

在新的数字化竞争时代，汽车产业的数字化需求主要体现在以下几个方面。

（1）通过MBE（基于模型的企业）的虚拟仿真设计和制造，可以大大提高新产品的研制效率，缩短研发和上市周期。

（2）基于工业大数据平台和相关供应链管理（SCM）的集成，实现供应链和整车制造过程的无缝对接。

（3）基于实体工厂和虚拟工厂，通过大数据平台交互，可提高整车装配和生产的质量和效率。

（4）借助数字化的车联网平台实现产品服务的延伸和价值链的提升。

（5）个性化产品定制，实现柔性制造。

为了通过数字化实现把物理层和数字层打通，消除业务部门的数据"孤岛"，在不同层次进行融合，在更高层次进行整合，最后达到形成一个CPS系统的目标，需要对数字化的供给和需求进行整合，具体需要建立几个数据闭环。

（1）实现汽车产业各层次的互联互通。

（2）通过平台集成，消灭数据"孤岛"。

（3）通过研发、生产的虚拟仿真，提高质量和效率。

（4）通过数字层全覆盖和对物理层的闭环管理，实现系统优化。

在当前经济环境下，汽车产业同全球各大制造产业一样，均面临着巨大的压力和挑战，如何提高核心竞争力，如何降低成本和提升价值是其在发展中亟须解决的问题。汽车产业数字化是历史的必然趋势，也是决定汽车产业转型升级的关键，未来中国的汽车强国战略需要借助数字化战略来实现。

二 美德日等国家已经将数字化战略作为国家经济发展战略的制高点

目前全球先进制造业国家纷纷将数字化战略上升为国家战略，注重顶层设计，并配套以政策支持。例如美国在汽车产业数字化方面拥有强有力的政府支持，美国政府为先进汽车制造技术项目提供贷款，且具有发达的风险投资市场，为研发提供资金，分散风险。美国拥有全球最大的风险投资市场，2014年投资总额达到500亿美元，高于欧洲、中国和印度的总和，其中，硅谷的风险投资总额高居首位（240亿美元），纽约位居第二（50亿美元），软件行业具有规模效应，利润增长潜力巨大，是资本家的首选，占比达到41%。德国联邦经济与能源部在《德国工业4.0白皮书》中提到，"我们希望德国和欧洲可以在产业价值和生产力中具有核心竞争力，占据数字化产业生产的领先位置。德国工业价值的优势也应该是数字化时代新优势的基础，为了建立这种基础，我们必须在德国经济中嵌入数字化的平台战略，平台作为关键节点、利益平衡点、数据处理中心、创新推动者和市场开拓者，对数字化经济发展影响极大，且不断定义国家的增长潜力和竞争框架。"

全球先进制造业国家纷纷开始了数字化基础和战略资源的提前布局，例如成立相应的研究机构，开展研究项目，开发研究平台，培养数字化科研人才等。世界主要国家已经将人才培养纳入推进大数据安全发展的重要议程，英国政府在《英国数据能力战略》中对人才的培养做出了专项部署，包括在初级、中等教育中加强数据和计算机课程，全面评估大学开设的数据分析

学科,通过奖学金、项目资助的形式支持高校培养满足当前和未来数据分析需求的人才,强化"数据学科"设置,推进数据分析行业发展,以高等学府为依托构建大数据研究中心;澳大利亚在《公共服务大数据战略》中强调政府机构与大专院校合作培养分析技术专家,同时计划将各类大数据分析技术纳入现行教育课程中,强化人才储备;法国在《政府大数据五项支持计划》中提出引进数据科学家教育项目;美国在《大数据研究和发展计划》战略中,提出要扩大大数据技术开发和应用所需人才的供给,鼓励研究性大学开设交叉学科的研究生课程,培养下一代数据科学家和工程师。

美德日等国家已经对数字化和汽车产业进行深度融合。企业纷纷成立专门的数字化部门,例如 GE 的 Predix 平台、日本电装的"领先工厂"。富士通公司除积极参与美国 GE/IBM 等倡议的工业互联网联盟(Industrial Internet Consortium,IIC)成为 IIC 标准与工程组总监外,基于自身的工厂实践提出了工业物联网(IIOT)应用模式:"工厂可视化"试验平台。

数字化是技术和商业模式的深度融合,会改变和塑造新的汽车产业格局。美国大型汽车制造商利用技术集群中的现有知识,以及良好的合作伙伴关系,推动新技术、新流程在汽车制造过程中应用。美国已建成的创新集群如硅谷是全球十大 IT 公司中八家公司的发源地,这些公司相互合作创造了能为汽车产业所用的技术集群,此外美国还具有大批受过高等教育的劳动力,可以为数字工厂的建设提供高素质人才;德国汽车产业数字化发展的一个决定性因素是所谓的"中型公司",即中等规模且一般为家族所有的公司,只有这些公司投身于彻底的创新并采纳工业 4.0 流程,才能在这项事业中取得成功,从而稳固其经济利益;日本企业与企业之间、企业与银行之间,在政府的协调下精诚合作,日本汽车工业的大多数零部件企业都属于某个围绕着整车厂而形成的集团,日本汽车集团与零部件企业在长期合作中建立了一种特殊关系,汽车集团为零部件企业提供各种支持,包括资金、技术、设备、原材料、人才等,同时在汽车集团的组织下,成立各种协调组织,如丰田汽车集团的"协力会"、日产汽车公司的"宝会"等,这些组织协调生产分工,开展技术、信息交流,解决相互间的各种问题和矛盾,促进汽车整车和零部件企业的协调发展。整车厂商和零部件厂商一旦形成供给关系，一般不易受到干扰，形成"抱团"现象。

三 借助数字化体系框架，提出汽车产业数字化发展评估体系，对国内数字化水平进行评估

汽车产业数字化发展的整体评估目的：①成为摸清我国汽车产业数字化发展现状、把握发展规律的有效途径；②成为帮助企业衡量汽车产业数字化水平、为其提供引导发展方向的科学工具；③成为助力政府推动汽车产业数字化发展的重要决策参考。

汽车产业数字化发展的评估原则：①系统性原则，在构建数字化发展指标评估体系时，各指标之间要有一定的逻辑关系和内在联系，但又要相互独立，避免重叠，兼顾完整性、逻辑性、独立性；②科学性原则，客观真实地反映数字化在研发设计、生产制造等方面的建设特点和状况；③可操作、可量化原则，充分考虑指标选取的计算量度和计算方法的一致性，尽量保证各指标简单明了，微观性强，便于收集；④客观性原则，尽量采用客观指标，避免开放式回答。

汽车产业数字化发展的总体评估思路：对现有的国内外关于数字化工厂和智能工厂的评估体系进行归纳总结，重点关注其在研发设计和生产制造环节的评估内容；分析其核心要素、归类方式及划分等级，充分参考与数字化提升相关的内容，完善汽车产业数字化发展评估体系框架；在此基础上，围绕评估目标与评估原则，借鉴成熟度的分级理念，构建汽车产业数字化发展评估体系；在评估现状的同时说明企业数字化提升的方向与路径。

目前关于汽车产业数字化发展评估的研究还处在早期阶段，国内外还没有成熟的、可直观借鉴的汽车产业数字化发展评估体系。但国内外都已提出了一些初步的评估体系。例如，2015年12月，工信部、国标委根据"中国制造2025"的战略部署，联合发布《国家智能制造标准体系指南（2015年

版)》；德国机械设备制造业联合会（VDMA）和亚琛工业大学 FIR 共同推出了工业 4.0 成熟度在线自测评平台；美国国家标准与技术研究院提出了企业 MBE 成熟度评价模型；国际电工委员会成立了 IEC/TC65 WG16 数字工厂标准制定工作组，用以专门制定关于数字工厂的相关标准。

国外的评估模型虽然不能直接应用于中国汽车产业数字化发展评估指标体系研究，但对中国汽车产业数字化发展评估体系仍具有一定的启示，主要有以下几点。

（1）评估重点应包括数据集成、协同创新、智能装备、网络互联、系统集成、基于模型的企业、产品全生命周期。

（2）指标设计的一个基本原则是，所有指标设计都要落实到具体的操作评估中。

（3）评估体系构建应具有对汽车产业的针对性，汽车产业制造方式为典型的离散制造方式，也具有独特的生产特性，研发复杂，研发周期长，生产制造多采用流水线，注重效率。

构建汽车产业数字化发展评估体系是在对汽车产业数字化建设、发展现状进行深入调查的基础上，运用科学有效的研究方法，得出的针对汽车产业数字化建设和实现效果的评估指标体系，用于测定汽车产业的数字化水平，客观全面地反映汽车产业数字化的建设阶段和存在的差距。评估的主要内容包括 2 个维度、9 个小类、5 个等级及成熟度要求。其中，研发数字化成熟度分级主要依据产品设计等级、产品仿真等级、数据集成等级、协同开发等级；制造数字化成熟度分级主要依据智能装备应用水平、网络互联建设水平、运营管理系统应用水平、基于模型的企业（MBE）开展水平、工业互联网平台应用水平。

汽车产业数字化发展评估是依据汽车产业数字化发展评估指标体系要求，与汽车行业企业的实际情况进行对比，得出数字化水平等级，从而有利于企业发现自身差距，结合企业的数字化发展战略目标，确定发展方向，寻求改进方案，提升企业数字化水平。使用者根据自身需求，还可选择整体成熟度模型或单项能力成熟度模型加以利用，使用单项能力成熟度模型选择研发设计或生产制造的某一个维度进行评估，其提供了使组织能够针对其选定的某一维度进行重点改进的路径。

四 研发流程数字化、虚拟研发可视化、知识型工作自动化、需求响应敏捷化成为数字化发展趋势

汽车研发主要是指汽车产品的设计开发，包括从产品定义、概念设计、方案设计、工程化开发、虚拟/试验验证、样车试制直至量产前的整个过程。用于汽车研发流程的数字化设计技术是通过计算机技术实现的，主要包括计算机辅助设计、计算仿真分析、计算机辅助制造及虚拟制造、计算机辅助实验及虚拟实验、虚拟现实等先进的数字化技术。

随着数字化技术的普遍应用和发展，各个传统专业领域的CAX技术发展日趋成熟。例如各类CAX、有限元分析、多体动力学分析等软件技术平台的壁垒早已不存在，产品功能以及各企业的应用水平差异越来越小。研发流程数字化，利用基于CAX及PDM的数字化集成开发技术，构建汽车全数字化设计验证体系；虚拟开发可视化，以计算机支持的仿真技术为前提，形成虚拟环境、虚拟设计、虚拟产品及虚拟企业，从而大大缩短产品开发周期，提高产品设计开发的一次成功率；知识型工作自动化，对工业技术进行数字化表达和模型化，并将其移植到工程中间件平台，以便驱动各种软件、硬件和设备，从而完成原本需要人去完成的大部分工作；需求响应敏捷化，汽车企业将加速应用能够及时响应客户需求的新技术，如虚拟现实技术、大数据分析技术、并行工程技术、模块化设计技术、快速原型技术等。

目前我国要提升在全球制造业价值链中的位置，依旧面临很大的挑战，主要体现在以下几点。

数字化研发的核心软件和关键技术的自主化程度不高，推广成本巨大。目前我国缺乏自主品牌的数字化研发软件和关键技术，汽车研发所需高端核心软件和关键技术仍然主要依赖国外，国内现在使用的核心研发工具、软

件、系统等大多是国外的，自定义、自研、自用并嵌入体系的软件和系统还很少。

整车研发缺乏有效的数字化技术与平台进行支持，系统"孤岛"现象明显。在整车研发过程中，汽车企业引进和使用上百个软件和应用系统，这些系统和软件是异构的，系统和软件功能方面不关联互助，信息方面不共享互换，并且信息与业务流程、应用相互脱节，信息孤岛现象明显。要想将这些软件和系统整合互联起来难度非常大，缺乏有效的数字化技术与平台进行支持。

五 美德日在智能装备应用、网络互联建设、运营管理系统、基于模型的企业（MBE）应用、工业互联网平台建设方面的水平总体上高于国内汽车制造企业

美德日制造业发达国家汽车数字化技术水平总体上高于国内汽车制造企业。智能装备应用领域，国外先进汽车制造企业能够实现装备数据采集及设备智能化管理，并且能够借助数字化工具进行数据分析、优化装配运行；运营管理系统应用方面，国外主流汽车企业运营管理系统多为自主研发，逐渐实现集成应用，并且贯穿于汽车制造过程全产业链，而非单一环节的数字化工具应用；基于模型的企业（MBE）应用方面，国外先进汽车制造企业能够建立企业级的三维模型与模拟仿真，但仍然没有国防军工、航空航天领域应用程度高；工业互联网平台建设方面，国外先进汽车制造企业建立了面向生产现场环境、装备运行数据分析的工业互联网平台，少数企业如西门子安贝格工厂、保时捷建立了可以实现面向生产现场、供应链、市场需求等全方位数据集成分析的工业互联网平台。

跨国公司在华合资企业数字化技术水平并不低于其本土企业，但国内自主品牌整车企业数字化总体水平较国际先进汽车制造企业低。智能装备应用方面，国内大部分自主品牌整车企业基本实现核心工艺环节全自动化；网络互联建设方面，国内自主品牌汽车企业在生产线的网络互联建设

方面起步较晚，基本是委托第三方进行自动化生产线建设，建立了工业以太网和车间无线网络，实现车间数据互联互通；运营管理系统应用方面，国内自主品牌企业基于 ERP、SCM、CRM、MES 等单个运营管理系统逐步建立起完整的企业运营管理系统，少数先进的整车企业进入集成应用或协同创新阶段；基于模型的企业（MBE）应用方面，国内自主品牌整车企业最先开始在焊接和涂装两个关键工艺环节进行设备建模、工艺仿真和验证，大部分企业并没有实现企业级的三维建模；工业互联网平台建设方面，国内自主品牌企业工业大数据的采集、传输和分析利用还处在探索阶段，大多数汽车企业初步建立起面向供应链管理、行业数字分析的工业互联网平台。

美国凭借福特生产方式，充分挖掘生产线效率，成为以大规模生产为标志的汽车强国；日本凭借丰田生产方式，充分挖掘供应链效率，成为以精益生产为标志的汽车强国；中国如果能借助数字化机遇，打通汽车制造和服务，充分挖掘汽车全寿命周期的生产和使用效率，必将创造汽车发展的中国方式，实现由汽车大国向汽车强国的迈进。

当前数字化工厂发展存在的瓶颈主要有两个：一是数据管理协作平台和 MES 并未真正关联贯通，虚拟数据的变动无法实时将整个汽车制造流程连接在一起，而制造执行系统的指令也无法瞬间激活生产软件模块；二是当前产品设计数据和生产规划数据必须由人工传递到独立的自动化工程软件，未来有望通过统一的数据管理协作平台自动整合数据，缩短时间和工作量。

汽车制造企业数字化转型的主要趋势包括以下几个方面：一是扩大数字产品模型的使用，在产品设计早期阶段对产品进行优化，更好地验证机械系统、电子系统和软件系统，全面整合机械、软件和电子组件，以求尽可能提高汽车产品整体性能；二是采用集成程度更高的综合 PLM 软件系统，尽早优化模型驱动的系统；三是在汽车制造全价值链内集成各个系统，使产品研发阶段产生的数据与汽车全价值链各环节的数据保持一致，并且数据全程可追溯。

六 汽车服务数字化将催生新的商业模式，数字化的产品和服务能够使车企更好地适应并了解消费者的需求和偏好

在道路交通出行服务方面，消费者的观念正在逐渐发生变化，在共享经济模式开始出现和拥车成本高昂的大城市，消费者越来越能够接受通过租赁使用一辆车，而非购买和拥有一辆车，对此车企及服务商推出汽车服务的数字化方案来作为回应。车企推进产品和服务的数字化主要包括四个方面：一是在销售、售后等现有的商业模式和架构下推进数字化；二是借助于互联网、大数据等技术，在一定程度上新建商业模式和架构；三是增强汽车产品控制系统、智能操作系统、信息娱乐、在线升级等以软件为基础的数字化功能，迎合消费者需求；四是将自身由车辆制造商重新定义为出行服务商。

国外基于互联网和大数据的移动出行服务生态系统初具雏形。面临未来出行服务和乘客经济的重大机遇，国际上主流汽车制造企业争相进入移动出行领域，并积极打造各自的共享出行服务品牌，如宝马集团"DRIVE NOW"、戴姆勒奔驰公司"CAR2GO"、大众汽车集团"Moia"等。此外，基础设施提供商、车辆提供商、服务提供商、第三方机构、信息提供商等相继加入移动出行服务生态系统中。国内基于互联网和大数据的移动出行服务生态系统开始构建。合资企业积极将出行服务引入中国市场并注重与各相关方的合作；自主汽车企业加快出行服务布局，如上汽集团环球车享、吉利汽车曹操专车、北汽集团华夏出行等；第三方出行服务公司蓬勃发展，如滴滴出行。

在汽车服务数字化领域，不同的企业也都在进行尝试，例如：潍柴基于产品智能化和大数据的柴油机远程精准服务；长安新奔奔的个性配车新业务；EVCARD新能源汽车的分时租赁，实现城市共享出行的数字化；滴滴在移动出行领域的数字化应用等。

七　中国以数字化战略推动汽车强国目标的实现

数字化转型有助于重塑国家产业竞争力，汽车数字化转型是整个国家制造业转型升级的一个缩影和集中体现，重塑制造业获利模式与竞争力是一个全球的共识，也是一个全球的行动。近年来，继德国提出工业4.0、美国提出工业互联网之后，中国也提出了"中国制造2025"战略，从以数字化、智能化推动制造业转型升级这个核心要素上看，这三大战略是高度一致的，也均是国家意志的体现。

目前，我国汽车产业数字化转型的战略思想主要包含以下几点。

（1）数据驱动增长。从汽车产业发展动能的角度来审视，中国汽车产业的增长动能经历了市场发现与政策驱动、投资与市场驱动、创新与全球化驱动三个主要阶段，即将进入数字化驱动增长的新阶段。

（2）数字化体系能力。数字化技术的全面渗透显著提高了汽车企业的工厂生产效率；数字化技术促进了汽车企业员工劳动技能和知识结构的优化提升；数字化技术渗透到企业管理的各个层面；数字处理能力将成为企业生产函数中一个重要的自变量。

（3）数据创造网络价值。数字化转型创造的价值体系将不再是传统的线性形态，即所谓的价值链形态，而是一种发散的网络状形态。除了传统意义上的供应商网络外，大量与汽车产业相关的外围经济主体（主要是大量中小型的信息技术服务公司）都可能参与到汽车产业价值网络创造当中。如车联网产业的大数据存储、运营维护与系统安全管理等，都不再是OEM主机厂或核心供应商的业务范畴。

（4）数字化转型战略"两分法"。汽车产业的数字化转型战略应该从虚和实、软和硬、表和里的深度结合这几个相互对立又相互依托的层面上展开。

数字化战略催生全新的汽车产业生态系统，在这个汽车生态系统中，汽车产业的所有经济活动主体在创造和分配价值的过程中，围绕汽车设计研

发、验证测试、采购配套、生产组装、物流供应、营销管理、售后服务、品牌运营、金融服务等产业内部经济活动，以及道路交通设施、车用燃料供应、大气环境系统、交通参与者、城市信息系统等硬环境和软环境，通过人、物、资本、信息等要素的流动与组合，形成一个相互作用、相互依存和动态均衡的功能体。这种产业生态系统的演进呈现如下特征：数据处理平台化和云化、数据系统动态优化、组织分散化和扁平化、数据实时开放与共享。

汽车产业数字化战略是一个完整的战略体系，包括战略视角、动力、目标和实施等一整套完善的制度安排。

（1）宏观视角与微观视角相结合。在微观层面上，数字化进程的重点是通过数字化技术的全面渗透显著提高企业生产效率；在宏观层面上，当汽车产业众多企业进入数字化进程时，宏观效应就会显现。

（2）问题导向与战略引领相结合。当前中国汽车产业面临一系列突出问题，如产业综合创新能力不强、产业组织结构和业务结构不合理、企业商业模式单一、国际市场占有率低、市场开放度不高、生产能力存在中长期过剩隐忧、自主品牌竞争力弱等，中国汽车产业数字化转型和竞争力提升要满足汽车强国战略的需要，特别是要为汽车产业发展动能转换、竞争力重塑、创新体系优化等奠定坚实基础。

（3）引领创新与夯实基础相结合。数字化、智能化对于中国汽车产业而言，最大的益处是我们有后发优势，有后来居上的可能。

（4）传统大企业和新兴中小企业相结合。近年来，一大批新兴的中小型科技企业纷纷进入地图导航、自动驾驶、共享出行、数据服务等领域，中国汽车产业数字化进程目前呈现由中小企业主导推进的局面。

（5）政府支撑作用与企业引擎作用相结合。制造业的数字化、智能化转型离不开政府这只看得见的手的独特作用，政府掌握着大量数字基础设施、公共数据库、数字化创新平台等无法由单个企业独自构建的优势资源。

应借鉴工业4.0和工业互联网的核心要素和体系，特别是将大数据、云计算、物联网、智能制造（包括智能工厂、智能产品和智能服务）、人工智能、人机交互等子战略纳入其中，形成一个多元素、多层次的战略体系，构建中国汽车产业数字化战略的基本框架。从宏观视角来看，中国汽车产业数字化战略的总体目标是要推动实现基于CPS的价值创造、结构优化和竞争力提升；从微观角度来看，就是要消除生产、流通、营销和服务环节在时间、人力、物力和资金上的浪费，消除企业内部和外部的信息不对称，提高生产效率，实现精益化生产。

中国汽车产业数字化、智能化转型应按三个阶段推进。

第一阶段（3~5年），补短示范、全面追赶。这一阶段的首要任务是补齐短板，打好基础，在总结前一阶段少数汽车企业智能制造试点示范经验的基础上，选择性地开展自动驾驶、先进车联网、人工智能、虚拟现实、大数据应用、新型算法和深度学习等新技术模式的试点示范，抓住"互联网+"战略的契机，利用中国在市场规模、技术储备、商业模式等方面的优势，推动"汽车+互联网"和"互联网+汽车"的融合发展。

第二阶段（5~10年），全面渗透、缩小差距。在法规标准、数字基础设施、公共数据库、协同创新平台等硬软件方面的短板已经不复存在；汽车行业数字化、智能化由点到面普及开来，在全国形成均衡分布、各具特色、百花齐放的可喜局面；先进轻量化材料、3D打印、人工智能、机器学习、虚拟现实、数据区块链、高级控制芯片等技术将全面渗透进汽车产业的各个领域；中国汽车产业涌现出一大批充满活力的创新型企业集群，中国与汽车强国的差距显著缩小。

第三阶段（10~15年），并驾齐驱、全面超越。智能制造企业的生理系统和功能高度复杂且发达，人工智能、机器学习、虚拟现实、大数据平台、数据区块链、量子通信、高端软件、商业模式创新等已经达到国际领先水平，且全面融入汽车产业各个领域，汽车智能制造体系与智能城市、智能能源、智能交通等领域全面融合，形成广覆盖、高效率的智能汽车产业生态系统，汽车企业员工的创造性得以最大限度释放，人与机器实现完美结合，体力劳动和知识岗位的分工界限被打破，创新体制机制成熟且充满活力，各种创新要素自由流动，不存在制度性障碍。

八 持续完善顶层设计,着力解决制约我国汽车产业实现数字化转型的"新老问题"

对汽车产业数字化转型发展过程中出现的很多"新问题",需要予以深入研究、妥善解决,例如促进汽车产业与 IT 等其他产业的交叉融合发展,并建立与之相适应的监管体系等。与此同时,我国汽车产业发展中一些长期存在的"老问题",如果不能得到有效解决,也将给整个产业的数字化转型带来负面影响,例如行业管理体制改革还需全面深化,公平准入、平等竞争的市场竞争秩序尚未真正形成,一些关键核心技术仍未掌握。

从进一步发展的角度提出如下建议。一是加快与汽车产业数字化转型相关法律法规的"立改废"工作,尽早明确信息安全职责,解决数据归属、隐私保护等问题,把自动驾驶、无人驾驶等新技术、新产业发展纳入法治化轨道。二是以更加开放、包容的态度对待数字化带来的生产组织方式变革。应该认识到,相比于核心投入要素、基础设施建设、主导产业的演变,在生产组织方式变革过程中各利益集团的斗争会更加激烈复杂。三是进一步深化和明确对自动驾驶、无人驾驶、车联网等基础概念的认识,并有针对性地提出发展路径,不宜将智能网联笼统化。四是保持政策的一致性、稳定性,为企业开展中长期投资提供稳定预期。五是积极探索协同创新的新模式、新机制。组织跨行业的协作组织,加快汽车产业数字化转型创新联盟建设,推进汽车产业数字化创新平台建设。

九 鼓励支持企业开展数字化改造,深度挖掘全生命周期内效率提升的巨大潜力

面对消费者日益增加的多样化需求以及资源环境等限制条件的约束,汽车产业发展变革将呈现很多新的趋势,一是汽车产品将更多表现出智能化特征,车联网预计将实现快速发展;二是生产方式存在大规模定制及传统大规

模生产与极致个性化定制并存这两种潜在路径；三是汽车共享模式很可能会改变汽车的既有属性；四是在自动驾驶特别是无人驾驶发展到一定阶段后，汽车产品的功能平台将体现得更为充分，汽车的功能定位也不仅仅是提供移动出行服务。

具体建议如下：一是积极促进政产学研用多方合作，在吸收借鉴国外先进理念和做法的基础上，强化汽车产业数字化转型的本土问题意识，引导国内汽车企业更加明确数字化改造的路径、重点等关键性问题；二是更大力度地鼓励支持企业对现有工厂进行数字化改造，通过加装传感器、数控装备、通信接口等夯实数字化转型的基础；三是通过认证技术咨询师和鼓励退休工程师担任工艺指导志愿者等多种方式，在现有的技术改造项目扶持中，加入现场管理和技能提升等咨询性服务内容，提高"软硬结合"程度；四是鼓励支持具备基础的国内汽车企业积极参与汽车产业数字化改造过程，并为行业提供更多发展样本。

十　统筹考虑关键性领域、基础性领域的标准体系建设及标准推广，为产业内及产业间融合发展提供依托

标准化体系建设，对形成产业化、国际化等推动现代经济发展的动力机制发挥着至关重要的作用。在汽车产业以及整个制造业数字化转型的过程中，我国面临着不小的挑战，同时也有很大的机遇。我国与美国、德国、日本等国相比，在一些标准体系建设方面仍处于劣势地位，特别是与美国在信息通信产业标准上差距很大，但相比以往已有很大改善。与此同时，我国确实还面临着前所未有的良好机遇，主要体现在以下两个方面：一是已在5G等重点领域的标准体系建设上取得很大进展，也积极参与了相关国际组织开展的工作，话语权相比以往明显增加；二是我国的相对领先地位在"一带一路"沿线国家中更加凸显，如果能够快速推动相关标准体系的互联互通，凭借该区域巨大的经济规模体量，我国在推动国内标准国际化推广应用方面将占据更有利地位。

具体政策建议主要有以下几个方面：一是统筹考虑标准制定问题，在标准体系建设推广及走向国际化与促进国内汽车产业自主探索之间找到平衡；二是广泛听取相关机构、企业、专家学者的意见建议，优先制订智能制造综合标准化建设指南，以构建智能制造标准体系为重点任务，梳理已有标准，并按照"共性先立、急用先行"的原则集中力量制定实施。

十一 调整完善人才培养、引进、使用、培训、保障机制，尽快消除制约汽车产业数字化转型的人力资源短板

汽车产业在人力资源方面面临的挑战也很大。世界经济论坛的报告认为，在包含汽车在内的交通领域，劳动者技能的变化将主要体现在社交能力、技术能力、认知能力、资源管理能力、处理复杂问题的能力等多个方面；而满足这些能力所面对的主要障碍包括对颠覆式变化缺少充分认识和理解、拥有资源的限制、来自投资者的短期收益压力等方面；企业重点采取的应对措施包括对现有员工进行再培训投资、支持工作轮换、与外部教育机构合作、采取学徒制方式、吸引国外优质人力资源等。

具体建议主要有以下几个方面：一是切实强化"人才第一"观念，把充分挖掘现有人力资源潜力作为相关体制机制完善的首要目标和着力点；二是应该慎重对待"机器替代人"等类似提法，这可能会引发企业管理者和员工之间的紧张关系，影响双方对企业开展数字化改造实现转型升级的共识，并带来一系列负面影响；三是借鉴德国等先进国家实施学徒制的经验，鼓励支持相关企业探索适应我国国情的学徒制体系；四是调整优化职业教育管理体制，完善职业认证等级制度，提升技能型、专门型职业人才在人才体系中的地位；五是尊重制造业人才结构特征，并注重研究型、应用型、技能型人才培养；六是尽快完善社会保障体系，消除人员流动的后顾之忧，进一步提升人力资源配置效率。

十二　加强专业化联盟及合作平台建设，发挥潜在信息、知识传播共享以及国际交流合作方面的积极作用

要实现我国汽车产业的数字化转型，需要推动跨国别、跨产业以及汽车产业内部各企业间的信息传播和共享。其原因主要包括以下三个方面：第一，全球主要汽车强国推进数字化转型的战略认识、技术重点选择、行动机制等对我国有很多可借鉴之处，我国在一些方面的领先做法也应该进一步推向全球；第二，汽车产业数字化转型是一个跨行业议题，涉及多个行业融合发展，数字化转型是一项系统工程，覆盖面广、难度很高；第三，汽车产业数字化转型是一次全产业链的提升，需要处于产业链上不同环节的企业以及中小企业的广泛参与和共同努力。

在现有的基础上，建议进一步做好以下几方面工作：一是推动相关联盟职责更加聚焦，不宜过分强调发挥联盟促进技术创新的原始性功能，而是把重点放在促进国内外、行业内外的沟通交流以及相关信息在国内汽车产业内的扩散共享；二是进一步完善扩充产业地图等信息，提高相关信息的完整度和可获得性；三是重视为广大中小企业提供相关信息和服务；四是持续加强国际交流与合作，从框架性合作向实质性合作迈进，并且在这个过程中重视和融入国内汽车企业的优良实践和切身关切。

发展综述

Development Overview

B.2
2016年中国汽车产业发展综述

2016年是我国"十三五"规划的头一年,是实施制造强国战略第一个十年行动纲领的头一年,对汽车产业来说,还是进入由大变强关键十年的一年。从2016年开始的五至十年中,中国汽车产业将完成由大到强的转变,进入世界汽车强国之列,实现汽车强国的伟大梦想。因此,2016年是对中国汽车产业未来发展至关重要的一年。在2016年,中国汽车产业按照"实现中国制造向中国创造转变,中国速度向中国质量转变,中国产品向自主品牌转变"目标,取得了多方面成就。以下从市场规模、自主品牌、政府管理、智能网联汽车和新能源汽车等方面进行概述。

一 产销增速远超GDP,自主品牌继续主导市场结构变化

众所周知,汽车市场规模的增长速度与宏观经济形势密切相关。有专家认为,对于仍处在市场规模高速增长期的我国汽车市场,其年均增速在未来

10年将相当于我国GDP增速的1~1.3倍。自2014年底中央经济工作会议提出经济发展进入新常态的判断以来，中国经济进入了中高速增长的新常态，2015年GDP增速跌破7%，仅为6.9%，2016年更降至6.7%。在此背景下，汽车市场规模增速放缓应在意料之中，2015年汽车产销仅比上年增长3.25%和4.68%，甚至不及当年GDP增速。但2016年我国汽车市场却让人喜出望外，产销量同比增长率分别为14.46%和13.65%，为GDP增速的2倍以上。总体来看，2016年的中国汽车市场呈现如下主要特征。

1. 市场规模稳居世界第一

2016年是我国汽车产销量自2009年成为世界第一以来的第8个年头，产销量恢复了中断两年的两位数增长，分别以14.46%和13.65%的增长率，达到2811.88万辆和2802.82万辆。其中，乘用车产销量继2016年首次超过2000万辆之后，再次大幅增长至2442.07万辆和2437.69万辆，分别比上年增长15.50%和14.93%。乘用车产销量在汽车总产量和总销量中的占比继续提升至86.85%和86.97%，高于世界75%左右的平均水平，表明人口众多的中国汽车大众消费进程仍在推进中。2016年商用车产销量分别为369.81万辆和365.13万辆，结束了连续两年的负增长，分别比上年增长8.01%和5.80%，大大超出预期。

在2016年《财富》世界500强排行榜中，共有22家整车企业，其中有6家中国企业，它们是上海汽车、东风汽车、一汽集团、北京汽车、广州汽车和浙江吉利，除一汽集团外，其他企业的排名位次均较上年有所提升。

2. 国际地位进一步提升

目前，我国汽车市场规模遥遥领先于其他国家，2016年汽车产销量分别是位于第二的美国的2.3倍和1.6倍。汽车市场占世界汽车市场的份额，从1978年改革开放之初的3.5‰，增长为2000年的3.6%、2015年的27%，2016年更提高到30%。2016年世界汽车产销量分别比上年增长420万辆和418万辆，而中国对这一世界增长的贡献度分别为86%和82%。应该说，中国汽车市场为世界汽车市场的增长做出了巨大贡献，在世界汽车市场中具有举足轻重的地位。

中国汽车市场的重要性还可从跨国车企的中国销量与其全球销量之比来看（见表1）。2016年，通用汽车和大众汽车的中国销量已占到其全球销量的近40%，本田汽车、现代起亚在20%以上，表中的其余车企均在10%以上。由此可见，跨国车企对中国汽车市场的倚重日益增加，中国汽车市场对跨国车企销量的支柱作用日益突出。

表1　2016年部分跨国车企的全球销量和中国销量

单位：万辆，%

公司名称	中国销量	全球销量	中国销量占比
通用汽车	401.02	1004.09	39.94
大众汽车	387.26	1012.06	38.26
本田汽车	122.04	493.76	24.72
现代起亚	179.20	803.05	22.31
标致-雪铁龙	61.40	310.23	19.79
福特汽车	95.12	632.50	15.04
宝马汽车	31.01	214.19	14.48
雷诺-日产	124.47	959.40	12.97
戴姆勒	32.84	271.55	12.09
丰田汽车	106.87	1003.88	10.65

资料来源：北京富欧睿。

3. 自主品牌乘用车市场份额再度提升

2010~2014年，自主品牌乘用车的市场占有率从45.6%一路降低到38.44%，其中包括2013年9月至2014年8月连续12个月的下跌。2015年，自主品牌乘用车终于一改颓势、止跌回升，市场占有率从上年的38.44%提升至41.20%。2016年，自主品牌乘用车继续了这一上升势头。

2016年，自主品牌乘用车销量首次超千万辆，达到1052.86万辆，比上年增长20.50%，高于全部乘用车销量增幅5.57个百分点；占乘用车总销量的比重，在2015年41.20%的基础上，再提升1.99个百分点，达到43.19%。与自主品牌乘用车高歌猛进的态势相对照，多数外国品牌乘用车销量也有较大增长，其中，德系、日系、美系、韩系乘用车销量分别比上年增长12.81%、

12.70%、14.21%、6.74%，法系比上年下降-11.70%，它们占乘用车总销量的比重分别为18.50%、15.55%、12.16%、7.35%和2.64%（见表2）。

表2 2010~2016年乘用车品牌分国别销量及占有率

单位：万辆，%

类别	年份	2010	2011	2012	2013	2014	2015	2016
中国品牌	销量	627.30	611.22	648.50	727.48	758.04	873.76	1052.86
	占比	45.60	42.23	41.85	40.58	38.46	41.20	43.19
德系品牌	销量	197.49	238.49	285.74	337.14	394.09	399.82	451.03
	占比	14.35	16.48	18.44	18.81	20.00	18.85	18.50
日系品牌	销量	268.84	280.71	254.20	287.78	309.52	336.43	379.15
	占比	19.54	19.40	16.40	16.05	15.71	15.86	15.55
美系品牌	销量	141.21	157.68	181.21	222.15	252.55	259.57	296.46
	占比	10.26	10.90	11.69	12.39	12.82	12.24	12.16
韩系品牌	销量	103.60	117.23	134.00	157.75	176.61	167.88	179.20
	占比	7.53	8.10	8.65	8.80	8.96	7.91	7.35
法系品牌	销量	37.33	40.41	44.00	55.26	72.70	72.93	64.40
	占比	2.71	2.79	2.84	3.08	3.69	3.44	2.64

资料来源：《中国汽车工业产销快讯》。

4. 自主品牌继续主导乘用车市场结构变化

2016年乘用车市场中，运动型多用途车SUV、多功能乘用车MPV、1.6L及以下小排量乘用车的市场规模继续高速增长，占比进一步提升，轿车和交叉型乘用车占比继续降低，延续着近年来的这一结构性变化趋势，而自主品牌在这一变化中继续居于主导地位。

具体来看，2016年，SUV销量超过900万辆，达到904.70万辆，比上年增长44.59%，占乘用车销量比重提升到37.11%，比上年提高7.69个百分点；MPV共销售249.65万辆，比上年增长18.38%，占乘用车销量比重提升到10.24%，比上年提高0.28个百分点；轿车共销售1214.99万辆，比上年增长3.44%，占乘用车销量比重首次降至50%以下，为49.54%，比上年下降5.88个百分点；交叉型乘用车共销售68.35万辆，比上年大幅减少37.81%，占乘用车销量比重在连续下降5年后，再从2015年的5.19%降至2.8%（见表3）。

表3 2010~2016年乘用车市场结构（各细分市场份额）变化

单位：%

类别\年份	2010	2011	2012	2013	2014	2015	2016
轿车	69.01	69.94	69.34	66.99	62.82	55.42	49.84
SUV	9.64	11.01	12.91	16.67	20.69	29.42	37.11
MPV	3.24	3.44	3.18	7.29	9.72	9.96	10.24
交叉型乘用车	18.11	15.60	14.56	9.06	6.76	5.19	2.80
合计	100	100	100	100	100	100	100

资料来源：《中国汽车工业产销快讯》。

在持续增长的SUV、MPV市场中，自主品牌继续担当主力角色（见表4）。2016年，自主品牌SUV共销售526.75万辆，比上年增长57.57%，占SUV销售总量的58.22%，比上年增加4.48个百分点，销量排名前十的SUV品牌中，6个为自主品牌；自主品牌MPV共销售223.76万辆，比上年增长19.93%，占MPV销售总量的89.63%，比上年增加1.05个百分点，销量排名前十的MPV品牌中，9个为自主品牌。

表4 2015~2016年SUV和MPV中外品牌市场情况

单位：万辆，%

类别	年份	2015	2016	2016比2015
中国品牌	SUV:销量	334.30	526.75	↑
	比上年增长率	83.16	57.57	↓
	市场占有率	53.74	58.22	↑
	MPV:销量	186.58	223.76	↑
	比上年增长率	13.55	19.93	↑
	市场占有率	88.58	89.63	↑
外国品牌	SUV:销量	287.73	377.95	↑
	比上年增长率	27.73	31.36	↑
	市场占有率	46.26	41.78	↓
	MPV:销量	24.09	25.89	↑
	比上年增长率	-11.17	7.47	↑
	市场占有率	11.42	10.37	↓

资料来源：《中国汽车工业产销快讯》。

2016年中国汽车产业发展综述

在购置税优惠政策刺激下，2016年1.6L及以下小排量乘用车延续了2015年四季度该政策出台之后的增长态势，小排量乘用车市场份额继续提升，这是2016年乘用车市场结构的又一个趋势性特征。具体来看，2016年1.6L及以下小排量乘用车共销售1760.70万辆，比上年增长21.36%，占乘用车销售总量的72.23%，比上年提高3.62个百分点，对乘用车增长的贡献度高达97.85%。1.6L及以下小排量乘用车在各细分市场的份额均呈上升趋势（见表5）。鉴于2016年乘用车市场的快速增长在很大程度上有赖于SUV和MPV的快速增长，而自主品牌又对SUV和MPV增长做出了主要贡献，因此自主品牌也是乘用车小型化的主要推动力量。

表5 2013~2016年1.6L及以下排量乘用车各细分市场份额

单位：%

类别\年份	2013	2014	2015	2016	增减趋势
轿车	71.84	73.07	75.47	80.42	↑
SUV	23.49	31.19	45.07	54.86	↑
MPV	75.59	78.45	83.87	87.98	↑

资料来源：《中国汽车工业产销快讯》。

二 一系列管理政策出台或正式实施，注重对企业的引导和监管

汽车产业是我国国民经济的支柱产业，政府对汽车的管理，涉及行业、企业和产品的全方位，及研发、产销及服务的全产业链。近年来，随着政府职能转变，汽车产业的政府管理更加注重营造良好公平的竞争环境，更加注重发挥市场主体作用，更加注重事中、事后监管，前置性行政审批管理也正经历重大变革。

2016年，针对汽车产业出台的一系列相关政策文件，大致可分为四类：一是涉及产业发展目标、发展任务、发展路径等的顶层设计类，旨在使全行

业达成共识，形成合力。如受国家制造强国建设战略咨询委员会和工信部委托，由中国汽车工程学会组织行业专业力量，依据《中国制造2025》，研究编制的《节能与新能源汽车技术路线图》。二是直接约束企业行为的监管类，旨在以行政手段或法律手段规范企业行为，营造良好市场秩序，如油耗、排放标准、碳配额、双积分管理等。三是不直接干预企业行为的税收、补贴类，旨在通过经济手段引导企业行为，实现既定政策目标，如节能产品惠民补贴政策和小排量车购置税优惠政策等。四是市场准入类，这是我国政府一直以来对汽车产业实施管理的重要手段，如工信部《关于进一步加强汽车生产企业及产品准入管理有关事项的通知》等。以下对这一年中受到行业较多关注的政策文件及其将对产业发展产生的影响进行大致梳理，以使我们对一年来政府的政策方针、政策导向有一个概括性的认识。

1. 《节能与新能源汽车技术路线图》

在2015年5月和9月国务院和国家制造强国建设战略咨询委员会相继发布《中国制造2025》和《〈中国制造2025〉重点领域技术创新路线图绿皮书》后，中国汽车工程学会受国家制造强国建设战略咨询委员会和工信部委托，牵头组织行业专业力量，就其中的节能与新能源汽车部分进行进一步细化。经过全行业500余位专家学者历时一年多认真严谨、协调有序的研究工作，形成了《节能与新能源汽车技术路线图》，于2016年10月正式发布。

该技术路线图采用了"1+7"的整体架构，即由1个总体技术路线图和7个专题技术路线图组成。其中7个专题分别为：节能汽车、纯电动和插电式混合动力汽车、氢燃料电池汽车、智能网联汽车、汽车动力电池、汽车轻量化、汽车制造。该路线图识别了未来15年即至2030年各汽车技术领域的重点发展方向、关键技术及其优先程度，并据此提出全行业协同推进汽车技术创新的行动指南。

该技术路线图将是企业结合自身实际确立技术发展方向的重要遵循，是全行业政产学研协同创新的重要指引，是政府主管部门为重点领域提供支持和对创新资源进行布局的重要依据。未来对路线图实施情况的年度评估及对路线图本身的定期修订，将使该路线图对我国汽车产业实现技术追赶和由大变强的战略意义更加凸显。

2. 乘用车油耗四阶段和国五、国六排放标准

燃油经济性标准是重要的汽车监管政策。我国于2004年发布了第一个汽车燃油经济性标准《乘用车燃料消耗量限值》（GB19578—2004），规定了第一、第二阶段燃料消耗量限值；2011年和2014年又分别发布了乘用车第三、第四阶段油耗标准。

按照要求，我国从2016年1月1日起开始实施乘用车燃料消耗量第四阶段标准。其意义体现在三个方面：一是今后所有新认证车型必须满足标准规定的第四阶段单车限值（对在生产车型的要求从2018年1月1日起实施）；二是到5年之后的2020年，我国乘用车油耗平均水平须达到5L/100km；三是为实现2020年5L/100km的目标，2016~2020年企业平均燃料消耗量（CAFC）须分别降至6.7L/100km、6.4L/100km、6L/100km、5.5L/100km和5L/100km（工信部装备司2015年1月6日《乘用车燃料消耗量第四阶段标准解读》）。这对汽车企业特别是自主品牌汽车企业来说，是一个严峻挑战。

在污染物排放控制方面，2016年有两个重要事件，一是开始全面实施国五，二是正式发布《轻型汽车污染物排放限值及测量方法（中国第六阶段）》（GB18352.6—2016）（即国六），显示了我国在汽车污染物控制上快速加严的态势。

根据环保部和工信部2016年1月14日发布的《关于实施第五阶段机动车排放标准的公告》，2016年4月1日至2018年1月1日，将分四个阶段推进国五在全国范围的实施。首先是自2016年4月1日起，东部11个省市（北京、天津、河北等），所有进口、销售和注册登记的轻型汽油车、轻型柴油客车、重型柴油车（仅公交、环卫、邮政用途）执行国五标准。

国六和京六是2016年颇受关注的话题。自京六征求意见稿于2015年11月发布后，业内围绕两个标准所涉及的不同检测工况、不同检测方法和不同技术路线，以及对企业的影响热议不断。最后，环保部以"《大气法》支持

一个行业一个标准"的意见叫停了京六，并在 2016 年 12 月 23 日正式发布国六，业内有关国六和京六的纷扰终告结束。

相比国五，国六延续了欧洲排放标准体系，加严了污染物排放限值，采用了 WLTP 工况测试循环，引进了美国标准体系的蒸发排放、加油排放和车载诊断系统要求，增加了实际驾驶排放测试（RDE），并将加强达标监管。考虑到国五标准全面实施时间为 2018 年 1 月 1 日，距离国六开始实施的 2020 年 7 月 1 日仅两年多时间，企业将面临排放技术升级的巨大时间压力和成本压力，同时满足需求的油品能否同步到位也面临考验。

3. 新能源汽车购车补贴退坡及碳配额和双积分

对新能源汽车购车补贴标准逐步退坡的意见，是 2013 年 9 月财政部、科技部、工信部和发改委《关于继续开展新能源汽车推广应用工作的通知》中首次提出的。希望新能源汽车产业在获得一段时间的政府财政支持后，能够逐渐成长起来，走上完全市场化的发展道路。事实上，自 2013 年以来，新能源汽车购车补贴标准不断降低，并将于 2020 年后完全取消。在这一背景下，碳配额和双积分有可能成为未来接续新能源汽车购车补贴政策，并由此逐步建立起新能源汽车市场化发展长效机制的政策选项。

发改委于 2016 年 8 月 2 日发布《新能源汽车碳配额管理办法（征求意见稿）》。该办法借鉴了美国加州零排放汽车（ZEV）法规，以碳排放总量控制并分解到汽车行业为其政策设计基点。该办法的要点：一是所谓碳配额，即企业生产的新能源汽车在使用过程中相对于燃油汽车减少的 CO_2 排放量；二是碳配额的计算，是根据国务院碳排放总量规划目标，分解为企业生产或销售的新能源汽车与燃油汽车之比值要求，再折算为企业应缴的碳配额数量；三是碳配额可在碳交易市场上交易；四是碳配额不达标企业要接受高额罚款。

工信部于 2016 年 9 月 22 日发布《企业平均燃料消耗量（CAFC）与新能源汽车积分（NEV）并行管理暂行办法（征求意见稿）》。该办法也借鉴了美国加州零排放汽车（ZEV）法规，其政策设计基点有两个：一是 2020 年乘用车油耗目标要达到 5L/100km，二是 2020 年新能源汽车保有量和产能分别达到 500 万辆和 200 万辆。这里涉及 CAFC 积分、NEV 积分和并行管理三个概念。CAFC 积分的实质是，企业油耗的实际值与标准要求的达标值的差值及产量大小；NEV 积分的实质是，企业新能源汽车与传统汽车产量之比值（其中涉及积分目标比例和车型分值概念）；而并行管理主要体现为规定了使用两种正积分对 CAFC 负积分和 NEV 负积分进行抵偿归零的方式。

这两项政策设计的初衷是基本一致的，一是节能减排，二是接续新能源汽车补贴退坡，使新能源汽车的发展从依靠财政补贴向依靠市场和政策法规转变。目前业内对这两项政策的协调性、系统性、可操作性，及将对产业发展产生的影响等，仍在热议中。

4. 小排量购置税优惠政策和汽车销售管理办法

2016 年，小排量购置税优惠政策和汽车销售管理办法是最受关注、涉及汽车购买和使用环节的两项政府政策。

2015 年 9 月，随着国务院关于 1.6L 及以下小排量乘用车购置税减半政策的出台，低迷了三个季度的车市，立刻抖擞精神，呈现强势反弹。有报道称，实行一个季度的该政策对 2015 年全年汽车销量增长的贡献度为 124%。2016 年的车市继续处于该政策的作用之下，1.6L 及以下小排量乘用车对乘用车市场增长的贡献度为 97.85%。该政策不仅刺激了消费需求的增长，而且促进了市场结构的小型化，2016 年 1.6L 及以下小排量乘用车销量占乘用车总销量的比例继续提升至 72.23%。

关于是否应将小排量车购置税优惠政策延期甚至长期保持的问题，业内有不同看法，或认为其促进节能减排予以肯定，或认为其有碍技术提升予以否定。但我们认为，对于我国这样的千人汽车保有量仍低于世界平均水平、首次购车仍占很高比重的人口大国来说，节能效果较好且成本较低的小排量车，比起节能效果好但成本较高的新技术车，也许更具实际意义。

《汽车销售管理办法（征求意见稿）》于 2016 年 1 月 6 日发布，正式文本于 2017 年 4 月 14 日发布，并于 2017 年 7 月 1 日起实施。与由其替代的 2005 年发布的《汽车品牌销售管理实施办法》相比，最大亮点是打破了汽车销售品牌授权单一体制，实行了供应商可多渠道售车、经销商可售多品牌

汽车、消费者可多渠道购车的"三多"模式。在构建新型"整零"关系、推动汽车售后市场公平竞争和保护消费者权益方面实现了重大突破，对汽车使用环境的改善也有积极作用。

5. 汽车准入和退出政策

我国政府对汽车行业的准入管理主要包括两个层面，一是投资项目准入管理，二是企业和产品准入管理。在政府职能转变加速推进背景下，2016年关于汽车准入和退出方面的若干项新政策，体现了前置性行政审批做减法、事中事后监管做加法的改革思路。

2016年在投资项目准入管理方面，主要有两个新的相关政策文件：7月19日国务院发布的《关于在自由贸易试验区暂时调整有关行政法规、国务院文件和经过国务院批准的部门规章规定的决定》和12月7日发改委、商务部联合发布的《外商投资产业指导目录（2017年修订）（征求意见稿）》。前者在2015年版目录基础上，将原来仅限于合资的"汽车电子总线网络技术、电动助力转向系统电子控制器的制造与研发"，及原来要求外资比例不超过50%的"能量型动力电池（能量密度≥110Wh/kg，循环寿命≥2000次）的制造"，全部修改为"允许外商以独资形式"进行，对外商的投资准入限制进一步放宽。在《外商投资产业指导目录（2017年修订）（征求意见稿）》中，纳入了前述的第一项内容，但未纳入第二项。

中外合资整车企业股比放开是最受关注的投资准入问题。2016年这一问题再次成为热点，主要缘于发改委主任徐绍史在6月夏季达沃斯世界经济论坛期间表示"政府正在考虑取消50%的外资持股上限"，以及工信部部长苗圩4月在中国汽车论坛期间透露汽车合资股比放开"长则8年，短则3～5年"。

另一个广受关注的政策举措是，10月8日的国务院常务会议指出，"原则上不再核准新建传统燃油汽车生产企业"，在调控传统燃油汽车生产的同时推动新能源汽车发展的意图非常明确。自2015年6月发改委和工信部发布《新建纯电动乘用车企业管理规定》以来，批准新建的纯电动乘用车企业已达15家。

在企业和产品准入管理方面，2016年3月11日工信部发布了《关于进一步加强汽车生产企业及产品准入管理有关事项的通知》，要求建立企业诚信自律承诺制度，强化生产一致性和出厂合格证等事中事后监管，进一步完善汽车生产企业及产品准入管理体系。与此同时，建立"僵尸企业"退出机制，形成有进有出的动态管理机制是事中事后监管的重要内容。自2012年7月工信部发布《关于建立汽车行业退出机制的通知》以来，已有两批共27家汽车整车企业被强制撤销生产资质（《中国汽车报》2016年3月7日）。

三 自主品牌迎来第二个高速增长期，市场份额、性能品质、品牌价值全面提升

发展自主品牌是建设汽车强国的基本使命，拥有强大的自主品牌是实现汽车强国梦的应有之义。2007年，我国加入WTO五年之际，在我国汽车市场经历井喷式增长之后，我国汽车产业迎来了"自主创新加速年"（《汽车产业发展报告（2008）》总报告）。这一年，在奇瑞、吉利、长安、比亚迪等自主品牌企业继续取得新成就的同时，作为汽车产业主力的一汽、上汽、东风三大汽车集团强势奋起，也纷纷推出了自己的自主品牌轿车车型，呈现全行业自主创新加速发展的态势。经过十年发展，今天的自主品牌汽车与当初相比，更加不可同日而语，正迎来以技术品质、市场份额、品牌价值全面提升为特征的第二个高速增长期。可以肯定的是，这一发展趋势将会继续下去。

1. 多家车企自主品牌销量达百万级，明星车型跻身乘用车各细分市场

在2016年2800多万辆的汽车销量中，自主品牌占比为49.86%，与外资品牌平分秋色。其中，商用车几乎是自主品牌一统天下，自主品牌占比为94.4%。在2400多万辆的乘用车销量中，自主品牌占比为43.19%，比上年再提升2个百分点。

2016年，上汽集团、长安集团、北汽集团和东风集团的自主品牌汽车销量均为百万辆级，分别为257.58万辆、179.85万辆、137.63万辆和

128.44万辆,其中自主品牌乘用车销量分别为221.89万辆、136.15万辆、89.14万辆和79.25万辆。此外,长城、吉利、奇瑞和广汽乘用车表现优异,2016年自主品牌汽车销量分别为107.45万辆、79.92万辆、69.85万辆和37.11万辆。

与自主品牌销量增长和市场份额扩大相伴而生的是,自主品牌明星车型跻身乘用车各细分市场销量前列。2016年,吉利的帝豪销售24.1万辆,位列轿车销量第十,是自主品牌首次进入轿车销量前十排行榜;SUV销量前十的品牌中有6个自主品牌,其中哈弗H6、传祺GS4和宝骏560分列前三位,而哈弗从2011年以来,已连续6年位列第一,销量从2011年的16万辆增长到2016年的58万辆;MPV销量前十的品牌中除别克GL8外,均为自主品牌,其中五菱宏光从2013年连续4年位列第一,2016年销量达到65万辆。

2. 强力布局自主研发,平台建设成果显著

近年来,我国自主品牌车企强力布局自主研发的努力,主要体现在加大研发投入和研发体系建设两方面。

普华永道2016年6月发布的《2015年全球创新1000强:汽车行业数据分析报告》指出,"中国成为全球第四大汽车企业研发首选地",中国汽车研发费用占全球汽车研发费用的份额"从2007年的4%增长到11%"(《中国汽车报》2016年6月20日)。吉利汽车近三年的研发投入已占到营业收入的10%(《中国汽车报》2016年9月12日);长安汽车年研发投入占销售收入的5%,至"十二五"末已累计投入490亿元,"十三五"期间还将投入300亿元(《中国汽车报》2016年3月21日);上汽集团研发投入累计超过450亿元,"十二五"期间投入近300亿元,未来五年还将投入200亿元(《中国汽车报》2016年2月29日)。当然,我国自主研发投入强度与大众、丰田、戴姆勒、通用等跨国公司相比仍有很大差距。

进行全球研发网络布局是近年来自主品牌研发体系建设的重要特征,旨在充分利用国内、国际两个市场、两种资源,提高技术能力,缩短研发周期。其中,长安汽车的"五国九地"研发体系最为典型。表6为截至目前我国汽车企业在海外建立研发机构的情况。

表6 部分整车企业海外研发机构建设情况

汽车企业	海外研发机构地点和名称	成立年份
东 风	瑞典特罗尔海坦 T Engineering AB	2012（收购）
上 汽	英国伯明翰 上汽英国研发中心	2005
广 汽	美国硅谷 广汽硅谷研发中心	2017
北 汽	意大利都灵 北汽研究院意大利都灵造型办公室	2011
北汽新能源	德国亚琛 北汽新能源亚琛研发中心	2015
北汽新能源	德国德累斯顿 中德汽车轻量化技术联合研发中心	2016
北汽新能源	西班牙巴塞罗那 北汽新能源巴塞罗那研发中心	2016
北汽新能源	美国硅谷 北汽新能源硅谷研发中心	2015
北汽新能源	美国底特律 北汽新能源底特律研发中心	2016
长 安	意大利都灵 长安欧洲设计中心	2006
长 安	英国诺丁汉 长安英国研发中心	2010
长 安	美国底特律 长安美国研发中心	2011
长 安	日本横滨 长安日本设计中心	2008
吉 利	瑞典哥德堡 吉利欧洲研发中心（CEVT）	2013
吉 利	英国考文垂 前沿技术研发中心	2015
吉 利	美国洛杉矶 造型设计中心	—
吉 利	西班牙巴塞罗那 造型设计中心	—
江 淮	意大利都灵 江淮意大利设计中心	2005
江 淮	日本东京 江淮日本设计中心	2006
奇 瑞	意大利都灵	—
奇 瑞	日本东京	—
奇 瑞	澳大利亚墨尔本 自动变速箱研究院	2006
长 城	日本横滨 长城日本技研株式会社	2016
比亚迪	巴西圣保罗 电动大巴工厂兼研发中心	2015
众 泰	日本横滨 日本众泰研发中心株式会社	—
众 泰	意大利都灵 欧洲众泰造型中心	2016

资料来源：《中国汽车报》。

加紧研发布局的目的是掌握核心技术，坚持正向研发和国际标准，而开发出拥有自主知识产权的模块化整车技术平台，是这一努力的标志性成果。有了整车技术平台，企业就能够快速、高效地响应不断多样化的市场需求，就像我们所熟知的大众 MQB 产品平台。2016 年，不少自主品牌整车企业都

在这方面取得重大突破（见表7），标志着我国汽车自主研发已经开始步入成熟阶段。

表7 部分企业整车技术平台情况

企业名称	平台情况
东风	CMP平台规划覆盖B级和C级乘用车产品；2018～2020年，东风和标致－雪铁龙将基于此平台推出10款基本车型；平台规模为千万辆级
北汽	规划了D、F和高端三大平台，分别用于A级车、B级车和豪华车；2017年开始推出基于平台的产品；未来北汽所有车型均基于该三大平台
吉利	将形成AMA、BMA、CMA、DMA四大产品平台；其中CMA已经发布，将用于打造吉利、领克和沃尔沃三大品牌的A级车、B级车
长安	逐步形成P1、P2、P3、P4四个乘用车平台；P3为其经典平台
奇瑞	包括轿车平台和SUV、MPV专属的T1X平台；目前已规划了基于两平台的若干款产品，包括艾瑞泽5和瑞虎7；未来将基于T1X推出长轴版A级SUV、7座SUV、7座MPV和新能源车；轿车平台用于中大型轿车产品
广汽传祺	已形成A级、B级、C级三个平台；GS4、GA4基于A平台打造，GA6基于B平台打造，GA8、GS8、GM8基于C平台打造

资料来源：《中国汽车报》，2016年8月22日。

3. 从量变到质变，自主品牌开始全面向上

近年来，自主品牌汽车市场规模不断增长，但基本集中在中低端市场，采取低价战略。随着市场竞争加剧，向中高端发展不但是应对合资品牌价格下压竞争的需要，还是走向价值链高端、提升产品附加价值、改善经营状况的需要，更是企业可持续发展的必然过程。实际上，企业早就开始了"向上"的努力，如早前上市的众泰Z700、比亚迪唐、北汽绅宝D80、哈弗H8/H9、观致等。自2016年以来，一系列可喜的变化，传递出自主品牌从量变到质变、全面向上的积极信号。

第一，自主品牌大面积推出中高端产品，而不再像原来的星星点点，如红旗LS5、北汽BJ80、长城哈弗H7、长安汽车CS95、江淮瑞风A60、广汽传祺GS8/GM8/GA8、东风汽车A9、上汽荣威750/950、吉利博瑞、奇瑞瑞虎等。与此同时，汽车售价显著提升，打破了长期以来15万元的天花板，甚至涉足20万~30万元的价格区间（见表8）。

表8　自主品牌乘用车售价变化

单位：%

年份	在各价格区间占比				
	5万元以下	5万~8万元	8万~10万元	10万~15万元	15万元以上
2010	23.7	47.1	11.1	14.9	3.2
2011	22.5	47.2	13.5	14.0	2.8
2012	17.6	45.5	18.1	15.4	3.4
2013	12.5	45.8	20.3	18.0	3.4
2014	8.1	44.2	19.8	23.9	4.0
2015	4.3	38.0	23.5	28.9	5.3
2016年1~9月	3.1	33.1	28.2	29.2	6.4
增减趋势	↓	↓	↑	↑	↑

资料来源：国家信息中心。

第二，自主品牌汽车质量取得长足进步。从J.D.Power统计的新车质量综合得分情况看，十几年来，我国自主品牌汽车产品质量大幅提升，每百辆车的问题数（PP100）从2000年的834个减少到2016年的112个，与我国市场上国际品牌的差距从396个减小到14个。其中，2016年比2015年又下降了8个（见图1）。目前我国自主品牌汽车的总体质量，已相当于我国市场上国际品牌2012~2013年的水平，与当前我国市场上国际品牌相比也已相差无多。例如，2016年J.D.Power中国新车质量研究品牌排名中，位列自主品牌第一的广汽传祺，在全部品牌排名中位列第五，大大超过东风日产、一汽大众、广汽本田等众多合资品牌。

第三，在推出自主品牌中高端产品的同时，中高端品牌的推出是2016年自主品牌发展的焦点性事件。吉利中高端品牌领克LYNK&CO于2016年10月20日发布，将秉承"生而全球，开放互联"的理念和智能互联的产品发展路线，打造面向国内、国际两个市场的"车轮上的智能手机"。长城中高端品牌魏派WEY于2016年11月16日发布，意欲以轻奢理念及对市场的深刻洞察，打造中国豪华SUV的"品牌标杆"。与当年的观致相比，这是自主品牌经过若干年卧薪尝胆后，向品牌高端化发起的又一次攻势，将成为自主品牌汽车迈向中高端的新的里程碑事件。

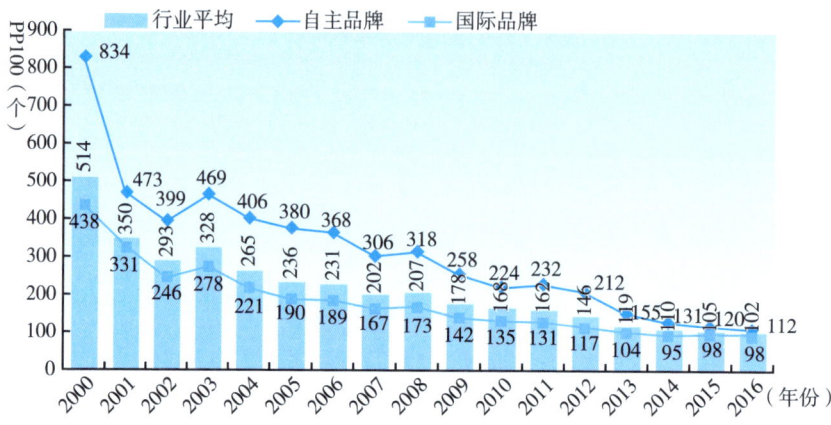

图1　2000～2016年我国新车质量综合得分情况

资料来源：J. D. Power 亚太公司历年《中国新车质量研究 SM（IQS）报告》。

第四，在自主品牌汽车企业技术能力提升方面，2016年有两个标志性的事件。一是广汽研究院协助广汽丰田开发了纯电动车产品GT03，未来将陆续向集团下属合资企业输出广汽自主品牌新能源车型及技术，帮助合资企业解决新能源车型不足的问题，标志着自主品牌车企开始具备向合资企业输出产品及技术的能力。二是盛瑞传动股份有限公司的"前置前驱8挡自动变速器（8AT）研发及产业化"项目获得2016年中国汽车科学技术进步一等奖，并获得2016年度国家科学技术进步一等奖。这是我国在汽车核心零部件技术上的一项重大突破，将为我国自主品牌汽车的发展提供有力支撑。

四　政策明确、目标清晰，智能网联汽车发展大大提速

智能网联汽车是指"搭载先进车载传感器、控制器、执行器等装置，融合现代通信与网络技术，实现车与X（人、车、路、云等）智能信息交换与共享，具备复杂环境感知、智能化决策、自动化协同控制功能，可综合实现安全、节能、环保、舒适等多重目标，并逐步替代人操作的新一代汽车"。目前，智能网联汽车产品大致包括三类：车载信息系统（VIS）、先进

驾驶辅助系统（ADAS）和自动驾驶系统（ADS）。其中，先进驾驶辅助系统 ADAS 分为自主式环境感知和网联式环境感知；自动驾驶系统 ADS 分为 5 个等级，即驾驶辅助 DA（即先进驾驶辅助 ADAS）、部分自动驾驶 PA、有条件自动驾驶 CA、高度自动驾驶 HA 和完全自动驾驶 FA。

2016 年，我国智能网联汽车在顶层设计、标准研制、测试运行，及在 VIS、ADAS 和 ADS 三类产品技术研发上均取得较大进展。

1. 路线图和实施方案为智能网联汽车发展提供基本遵循

在国务院《中国制造 2025》和中国工程院《中国制造 2025 重点领域技术路线图》基础上，工信部装备司委托中国汽车工程学会组织全行业，研究制定智能网联汽车发展的相关规划，并于 2016 年 10 月正式发布《智能网联汽车技术路线图》，为智能网联汽车发展提供了基本遵循。

《智能网联汽车技术路线图》提出了智能网联汽车（包括乘用车和商用车）技术和市场发展时间表、关键零部件和共性技术突破时间表，及行业标准和测试评价体系建设规划等。在技术和市场发展时间表中，提出了到 2030 年智能网联汽车市场应用目标和到 2025 年智能网联汽车技术发展目标（见表 9）。规划了从 DA、PA、CA 到 HA、FA，从自主式环境感知到网联式环境感知，以完全自动驾驶为最终目标、循序渐进的技术发展路径，为我国智能网联汽车的未来发展指明了方向。

此外，国家发改委和交通运输部发布《推进"互联网+"便捷交通促进智能交通发展的实施方案》，明确提出要大力发展车联网与自动驾驶等智能交通先进技术；由科技部、工信部牵头的核高基项目，2016 年设置了"面向互联网汽车的车载操作系统平台研发及产业化"研究课题；在 2016 年"新一代宽带无线移动通信网国家科技重大专项"中，设置了"LET－V 无线传输技术标准化及样机研发验证"和"面向 5G 关键技术研究与演示"两个对智能网联汽车发展至关重要的课题。初步形成在政府主导下，从顶层设计到基础研究、技术发展规划，从汽车到通信、电子、交通等各行业，协同推进智能网联汽车发展的局面。

表 9　智能网联乘用车市场应用目标和技术发展目标

年份		目标
市场应用目标	2016~2020（起步期）	DA、PA、CA 新车装配率超过 50%，网联式驾驶辅助系统装配率达到 10%，满足智慧城市建设需求
	2021~2025（发展期）	DA、PA、CA 新车装配率达 80%，其中 PA、CA 新车装配率达 25%，HA/FA 级自动驾驶汽车开始进入市场
	2026~2030（成熟期）	DA、PA、CA 新车装配率以及汽车联网率接近 100%，HA/FA 级新车装配率达到 10%
技术发展目标	2016	实现 DA 级智能化。通过自主式环境感知实现单项驾驶辅助功能，其中典型系统包括自动紧急制动（AEB）、车道保持辅助（LKA）、自适应巡航（ACC）、辅助停车（PA）等
	2018	实现 PA 级智能化。以自主式环境感知为主，并能提供基于网联的智能化信息引导，其中典型系统包括车道内自动驾驶、自动停车（AP）、换道辅助（LCA）等
	2020	实现 CA 级智能化。具备网联式环境感知能力，可适应较为复杂工况下的自动驾驶环境，其中典型系统包括高速公路自动驾驶（Highway Pilot）、城郊公路自动驾驶（Urban Pilot）、协同式队列行驶（CACC）、交叉口通行辅助等
	2025	实现 HA/FA 及智能化。具备车与其他交通参与者间的网联协同控制能力，实现高速公路、城郊公路和市区道路的自动驾驶，在此基础上，进一步实现全路况条件下的自动驾驶

资料来源：《智能网联汽车技术路线图》。

2. 标准体系规划和单项标准研制取得重要成果

标准先行对于新兴产业来说尤为重要。在标准体系建设方面，工信部、交通部正大力推动有关人车路协同（V2X）的标准体系建设和单项标准制定工作，推动专用无线频段研究规划工作，并明确表示将重点支持具有自主知识产权的 LTE－V 技术研发和产业化。

全国汽车标准化技术委员会在综合考虑各类车辆不同的需求、技术路线和智能化等级基础上，已制定完成我国智能网联汽车标准体系框架方案。框架方案共包括 80 余个标准项目，涉及环境感知、决策预警、车辆控制和信息交互等方面的具体产品标准和技术应用标准，以及功能安全、信息安全、人机界面、通信协议等基础性、通用性标准。汽标委已经启动了自动紧急制动、车道保持辅助、自动泊车、信息安全等 10 项标准的具体制定工作，其中，自动紧急制动、车道保持辅助和自动泊车标准将于 2017 年制定完成。

中国汽车工程学会历时一年组织研制的《合作式智能运输系统 车用通信系统 应用层级数据交互标准》（T/CSAE53—2017）是一项重要的智能网联汽车单项标准。该项目由重庆长安汽车股份有限公司、通用汽车（中国）投资有限公司和清华大学牵头，并有包括汽车、通信、交通等行业的40多家产学研单位参与。该标准除了定义重要应用场景、工作原理、通信方式、基本性能要求及数据交换核心内容外，一个重要意义在于其定义的上下两个标准接口，对下可兼容各种不同的通信协议，而不必考虑未来的通信标准是采用DSRC、LTE-V或5G，对上可以兼容各种不同的应用软件，而不必关心底层如何实现信息提供。该标准不仅是对市场需求的快速响应，而且在促进智能网联汽车技术发展方面具有前瞻性、引领性，必将大大加快智能网联汽车技术创新的步伐。

3. 跨行业企业间合作和智能网联汽车示范区建设方兴未艾

鉴于智能网联汽车跨产业、跨行业的特征，通信企业和IT企业的加入很有意义，同时汽车企业、通信企业和IT企业之间的合作也成为智能网联汽车研发模式的必然选择。

在新进入者中，互联网三巨头百度、阿里、腾讯主要推出与车载信息系统相关的车联网产品，如阿里的YunOS for Car、百度的CarLife、腾讯的车载ROM等，百度还进行了无人驾驶测试。还有一些新进入者直接尝试智能电动汽车制造，如蔚来、和谐富腾、车和家、智车优行、前途汽车、小鹏汽车等。

目前，除了与传统汽车零部件供应商进行合作研发外，与IT企业和通信企业在智能网联汽车研发上进行战略合作，是汽车企业的普遍做法。例如，北汽与乐视、上汽与阿里、长安与百度、江淮与蔚来、福田与百度、一汽红旗与英特尔和东软、宝马/奔驰/奥迪与华为等。长安还与华为、360、高德导航、科大讯飞、中国联通等信息通信技术企业达成战略合作伙伴关系。

智能网联汽车的验证测试是必不可少的。以自动紧急制动AEB测试为例，18万公里的测试里程需综合考虑不同天气、道路、路况、目标、地域，并形成1000种以上的场景组合，还需与传统测试项目相叠加。因此，智能网联汽车示范区的建设对于智能网联汽车的研发至关重要。

2016年是无人驾驶汽车示范区建设快速发展的一年。2016年6月7日,我国首个"国家智能网联汽车试点示范区"封闭测试区在上海嘉定区举行了开园仪式。该测试区可为无人驾驶汽车、自动驾驶汽车和V2X网联汽车提供29种场景的测试验证。此外,5月16日,百度与安徽芜湖市达成合作协议,将在芜湖共建"全无人驾驶汽车运营区域";7月1日,南方科技大学、密歇根大学、前沿科技管理有限公司签署合作协议,将在深圳联合建设无人驾驶示范基地;7月3日,百度与浙江乌镇旅游股份有限公司签署战略协议,将合力推进百度无人驾驶汽车在乌镇景区公共道路的日常化运营;7月6日,北汽新技术研究院与辽宁盘锦市大洼区签署协议,将在"红海滩国家风景廊道"合资合作,共同开发建设无人驾驶体验项目。此外,早先建设和规划的测试基地还有杭州、重庆、北京、常熟等地。

4. 长安无人驾驶汽车2000公里测试和上汽RX5热销具有里程碑意义

根据《智能网联汽车技术路线图》,目前我国智能网联汽车产品和产业化发展速度较快,但水平相比发达国家总体滞后5~10年。具体来说,在无人驾驶汽车研发方面,在环境感知、人的行为认知和决策、基于车载和基于车路通信的驾驶辅助系统的研发上取得了积极进展,并研制出无人驾驶演示样车;在先进驾驶辅助系统ADAS研发方面,开发了自适应巡航系统、车道偏离预警系统、防碰撞预警系统,并已进入产业化推广阶段;在市场应用方面,一汽、上汽、长安、吉利、广汽等企业部分车型已开始装备ADAS产品,但核心技术主要来自国外零部件供应商。

在这一背景下,长安无人驾驶汽车2000公里测试和上汽RX5热销事件,体现了我国智能网联汽车研发的最新进展,具有里程碑意义。

2016年4月12~17日长安无人驾驶汽车2000公里长距离路试,是国内有史以来的第一次,是我国智能网联汽车发展进程中的一个里程碑事件。首先,该测试是在高速公路及城市综合路况下的完全自动驾驶测试,将在绝大部分测试路段(除某些匝道或进站加油)依靠自身的无人驾驶系统。其次,该测试是对三级自动驾驶(CA级自动驾驶)主要功能和技术的真实道路验证测试,包括停走型自适应巡航功能、自动沿单车道自动驾驶功能、高速公路交通拥堵辅助功能、在驾驶员提出请求或确认后主动换道功能、超车换道功能等。最后，长安汽车已完成自适应巡航＋自动紧急刹车（ACC＋AEB）、正面碰撞预警（FCW）、全景泊车（AVM）、自动泊车辅助（APA）、盲区检测（BSD）等在整车上的集成和匹配，不久将推出具备这些 ADAS 功能的睿骋、CS 和逸动系列车型。

被称作"互联网汽车"的上汽荣威 RX5 的热销也是一个广受关注的事件。上汽荣威 RX5 在 2016 年 7 月发布后，月销量很快突破 2 万辆，其中 70% 是具备联网功能的车型。事实上，"互联网汽车"并不是一个严谨的用语，只不过是厂商出于市场营销需要而提出的一个说法。按照这个说法，"互联网汽车"不过是能够实现上网功能的汽车，或者是具有前装车载信息系统的汽车。说它是一个具有里程碑意义的事件，是因为在技术上，荣威 RX5 实现了与阿里 YunOS 操作系统、阿里云端大数据在系统底层上的对接，为未来车辆结构、性能方面的进一步联网打下了基础。说它是一个具有里程碑意义的事件，还因为它预示着用户开始接受互联网汽车并愿意为其买单，预示着互联网汽车市场的启动。可以相信，这两方面的进展，将有利于智能网联汽车技术沿着正确的路线迅速发展起来。

五 新能源汽车发展向成长期转型，面临补贴退坡及国际巨头发力双重挑战

在经历 2014 年新能源汽车进入家庭元年和 2015 年新能源汽车爆发式增长之后，中国新能源汽车产销量达到世界第一，实现了市场份额高于 1% 和累积产量 50 万辆这一新能源汽车导入期发展目标，从 2016 年起步入成长期发展阶段。总体来说，即使面对前一年的骗补阴影、补贴退坡的政策预期及各国际巨头纷纷发力的竞争态势，2016 年的中国新能源汽车产业仍保持了快速增长势头，产销量在 2015 年 30 多万辆的基础上，分别增至 50 万辆以上。

1. 产销增速比上年减缓，产销规模继续位列世界第一

2016 年我国新能源汽车产销量分别为 51.66 万辆和 50.66 万辆，分别是

2015年的1.52倍和1.53倍；占汽车总产销量的比例分别为1.84%和1.81%，比2015年的1.35%进一步提升。产销规模虽然低于年初预计的70万辆水平，增速比上年大大减缓，但仍然为高速增长。其中，纯电动汽车产销量分别为41.73万辆和40.87万辆，分别比2015年增长63.87%和65.13%，占新能源汽车总产销量的比重分别为80.78%和80.68%；插电式混合动力汽车产销量分别为9.93万辆和9.79万辆，分别比2015年增长15.71%和17.11%，占新能源汽车总产销量的比重分别为19.22%和19.32%（见表10）。另据机动车整车出厂合格证统计，2009~2016年新能源汽车累计产量为101.54万辆，突破百万辆大关（见图2），市场规模继续位列世界第一（见表11）。

表10　2011~2016年新能源汽车销量情况

单位：万辆，%

类别 \ 年份	2011	2012	2013	2014	2015	2016
纯电动	0.56	1.14	1.46	4.50	24.75	40.87
插电式混合动力	0.26	0.14	0.30	2.97	8.36	9.79
年度合计	0.82	1.28	1.76	7.47	33.11	50.66
年销量比上年增长率	—	56.77	37.93	323.78	342.86	53.01
年销量占当年总销量比例	0.044	0.066	0.079	0.315	1.35	1.81
2011~2016年累计	95.1					

资料来源：《中国汽车工业产销快讯》。

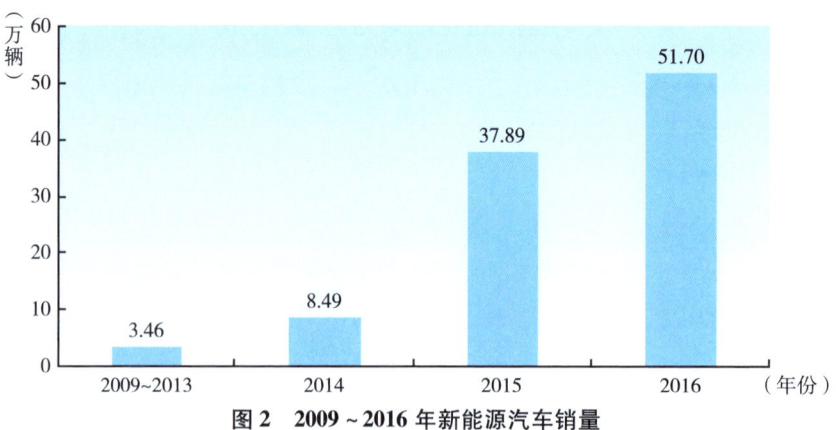

图2　2009~2016年新能源汽车销量

资料来源：机动车整车出厂合格证。

表11 部分国家2014～2016年新能源汽车销量

单位：辆

国家	2014年	2015年	2016年	国家	2014年	2015年	2016年
中 国	91207	380977	517000	瑞 典	4671	8595	13043
美 国	118684	115261	157181	比利时	1239	1579	9510
挪 威	12428	4039	43458	加拿大	3872	5524	8160
日 本	31609	22769	40410	韩 国	1181	3025	6034
法 国	11249	16888	33450	奥地利	1100	1308	4621
英 国	7690	10764	33220	瑞 士	1697	3347	3248
德 国	6064	7120	25800	意大利	1186	1385	2928
荷 兰	14849	3258	22534	丹 麦	1632	4548	1209

资料来源：根据MARKLINES数据及有关公开资料整理，其中中国数据为根据合格证数据整理的电动汽车产量数据。

2. 市场仍有赖多种政策的推动和拉动，政策性市场特征依旧

我国新能源汽车产业离不开政府政策的扶持，当前我国对新能源汽车的扶持政策包括：一是鼓励性政策，如购买补贴政策；二是限制性政策，如企业燃油消耗量限值标准；三是支撑性政策，如支持基础设施建设等。此外，城市限行、限购政策及新能源汽车推广应用城市推广数量目标等也对新能源汽车市场规模的扩大形成有力拉动。

尽管受到持续半年之久的全国性新能源汽车补贴调查及新补贴政策不明朗等不确定性因素的影响，但在各种推动、拉动政策综合作用下，2016年新能源汽车市场仍获得较快发展，政策性市场特征依然如故。

从2016年新能源汽车月度销量及同比增长情况看，均比上年同期有较大增长（见表12）。尤其值得注意的是，11月和12月分别达到6.5万辆和10.4万辆的月销历史最高水平。究其原因，是因为进入11月份后，一系列利好政策相继出台。第一，从2016年4月中断的第四批新能源汽车推广应用推荐车型目录于2016年12月4日正式发布，共涉及678款车型，其中新能源客车371款（纯电动客车293款、混合动力客车78款），新能源乘用车62款（混合动力乘用车14款、纯电动乘用车48款），燃料电池乘用车1

款，纯电动专用车 244 款。特别是前三批推广目录中缺席的纯电动物流车终于上榜，涉及车辆达到 178 款。第二，三元锂电池解禁。出于安全考虑，自 2016 年初起暂停三元锂电池在客车上的使用，直至 2016 年 11 月 15 日，工信部发通知表示，三元电池在满足《电动客车安全技术条件》下，将从 2017 年起正式解禁。第三，2015 年新能源汽车补贴发放到位，且传出新能源汽车全额补贴将持续到 2016 年底的信息。所有这些利好政策，使新能源汽车企业干劲倍增，使接近年底的新能源汽车市场异常火爆了一把。政府政策对新能源汽车产业发展的重大作用，由此可见一斑。

表 12　2016 年新能源汽车月度销量及同比增长率

单位：万辆，%

月份	销量	比上年同期增长率	月份	销量	比上年同期增长率
1	2.2	214.29	7	3.6	111.76
2	1.4	133.33	8	3.8	111.11
3	2.3	64.29	9	4.4	57.14
4	3.2	220.00	10	4.4	29.41
5	3.5	150.00	11	6.5	22.64
6	4.4	109.52	12	10.4	23.81

资料来源：《中国汽车工业产销快讯》。

3. 产业发展面临补贴政策退坡、竞争加剧、地方保护及电池安全等诸多挑战

2016 年 9 月 8 日，历时半年多的"骗补"调查有了结果，财政部发布了关于新能源汽车推广应用补助资金专项检查的通报，曝光了苏州吉姆西客车等 5 家新能源汽车生产企业骗补、谋补情况，共涉及财政补贴资金 10.1 亿元，分别给予取消补贴资格、不予补发 2015 年财政补贴、追回 2015 年度预拨补贴资金、取消整车生产资质、罚款等处罚。实际上，存在问题的远不止这 5 家企业。在骗补情况发生后，行业内对补贴政策展开了讨论，认为补贴政策存在门槛较低、补贴过度、监管不严等问题。

根据 2015 年 4 月发布的《关于 2016～2020 年新能源汽车推广应用财政支持政策的通知》，2017～2020 年除燃料电池汽车外，其他车型补助标准适当退坡，其中，2017~2018年补助标准在2016年基础上下降20%，2019~2020年补助标准在2016年基础上下降40%。根据2016年12月30日四部委《关于调整新能源汽车推广应用财政补贴政策的通知》，提高了补贴门槛，包括增加整车能耗要求、提高整车续驶里程要求、设置动力电池能量密度要求等；调整了补贴标准，分别设置中央和地方补贴上限，其中地方财政补贴（地方各级财政补贴总和）不得超过中央财政单车补贴额的50%；改变了补贴拨付方式，由事前预拨改为事后核查后拨付；明确了主体责任，生产企业、地方政府和国家有关部门分别承担生产和信息报告、推广应用、监督检查责任；建立了惩罚机制，对违规谋补和恶意骗补的企业，将予以严格查处。补贴标准逐年退坡，补贴监管更加规范、严格。

鉴于补贴政策逐年退坡并将在2020年完全取消的政策预期，有可能由碳配额和双积分政策接续，继续推动新能源汽车的发展。此外，政府支持政策将向促进创新方面转型，在研发环节加大支持力度，集中资源支持在动力电池、核心零部件、电控技术、轻量化、智能化等方面突破技术瓶颈，市场竞争更加激烈。市场竞争的加剧还将体现在两个方面：一是新进入者，从2016年3月23日国家发改委批复北京新能源汽车股份有限公司为第一家新建纯电动乘用车企业起，目前已有15家获得纯电动乘用车生产资质的新进入者；二是跨国公司纷纷发力新能源汽车，并将目光瞄准中国市场。例如：奔驰、宝马、大众表示，到2025年他们的电动汽车（包括纯电动和插电式）销量将分别达到其总销量的15%~25%（中国汽车报，2016年11月28日）；日本提出，到2020年，日本国内纯电动汽车和插电式混合动力汽车的保有量达到100万辆（中国汽车报，2016年4月11日）等。大众汽车强调，中国市场是大众集团最大的单一市场，加快推出新能源汽车对集团未来在中国市场的布局将起到关键作用（中国汽车报，2016年6月13日）；雷诺-日产CEO卡洛斯·戈恩认为，在中国纯电动汽车将迎来飞速发展，雷诺-日产"应尽早参与到这一竞争中来"（《中国汽车报》2016年11月21日），充分显示出对中国电动汽车市场的高度关注。

在2016年中国电动汽车百人会论坛上，财政部部长楼继伟重点强调了

两个问题,一是要严查骗补,二是要消除地方保护。关于地方保护,他指出:"地方保护导致市场被分割,企业无法形成规模,难以形成竞争力,必须破除。"当前,北、上、广、深等汽车限购城市是新能源汽车的主要市场,当地政府的相关政策,特别是对新能源汽车的补贴政策,对当地新能源汽车市场的发展至关重要。所谓地方保护,是指相关地方政策中所包含的对于异地车企进入市场的限定性条件,如:要求企业在当地注册公司或者建立工厂、补贴发放时间优先本地企业,以及对车型部件规格的特殊要求等。由于地方补贴的缘故,地方保护性政策似乎不可避免,但地方保护不利于新能源汽车产业迅速取得规模经济效益、降低成本、提升竞争力,是不言而喻的,这是行业的普遍共识。

近一年多来,电动汽车安全事故呈现上升趋势,成为行业关注的焦点。根据工信部发布的一份统计数据,"自2009年以来,我国共发生31起新能源汽车安全事故,其中2015年以来发生17起,2016年上半年发生8起。截至2015年底,事故率达到0.17‰,高出世界平均水平一倍多"。另据统计,"2016年1~8月,北京、深圳、上海、珠海、南京等地发生了14起电动或混合动力客车燃烧事故"。(中国汽车报,2016年8月29日)动力电池安全是电动汽车安全的核心,动力电池热失控和充电基础设施质量差是导致电动汽车安全事故的主因,随着动力电池能量密度的增大,这将成为关乎电动汽车可持续发展的大问题。

有鉴于此,2016年密集出台的一系列与动力电池安全性相关的政府政策。这些政策包括:①2016年3月工信部宣布暂停三元锂电池客车列入新能源汽车推广应用推荐车型目录;②工信部要求所有整车厂家,必须从符合《汽车动力蓄电池行业规范条件》的企业目录中,选择动力电池供货商,选择未进入该目录电池的新能源汽车产品,从2016年5月1日起,不再能进入新能源汽车推广目录,也无法获得相应补贴;③2016年4月29日工信部发布《关于符合〈电池行业规范〉企业申报工作的补充通知》,进一步加严对电池行业企业的入门审查;④2016年6月工信部发布《新能源汽车生产企业及产品准入管理规则》(修订版征求意见稿),新增了对动力电池的要求；突出强调对新能源汽车全生命周期安全的监管；⑤2016年11月15日工信部发布《关于进一步做好新能源汽车推广应用安全监管工作的通知》，要求落实安全主体责任，加强政府监管、行业自律和技术支撑；⑥2016年11月22日工信部发布《汽车动力电池行业规范条件（2017）》（征求意见稿），在2015年3月发布的《汽车动力蓄电池行业规范条件》基础上，对动力电池企业技术研发和电池安全提出了更高要求。这些政策的出台，充分体现了全行业对汽车动力电池安全隐患乃至电动汽车安全隐患的极大关注，体现了政府在推动电动汽车产业发展的同时，高度重视电动汽车安全，从而保证电动汽车产业健康可持续发展的政策导向。

主题研究——中国汽车产业数字化发展战略

Topic Research-China Automobile Industry
Digital Development Strategy

B.3
汽车产业数字化定义及技术体系

一 汽车产业数字化界定

1. 汽车产业数字化的内涵

当下,以大数据为代表的新一代信息技术正在引发数字化转型浪潮,数据已然成为推动新经济发展的"货币"。"数字化"在各行各业中扮演着重要角色,那么对于汽车行业来说数字化意味着什么?目前,国内外对数字化的相关研究越来越多,但是对于数字化的定义却并没有统一的定论。现阶段主要存在两种数字化的定义,一种是广义数字化,另一种是狭义数字化。

(1)广义数字化

广义数字化指的是核心企业(生产汽车产品或提供服务的汽车制造企业),及其相关联的成员(包括核心制造企业、供应商、软件系统服务商合作伙伴、协作厂商、客户、分销商等）使其生产与经营过程中所有的信息都数字化的动态运营模式。

（2）狭义数字化

狭义数字化指的是汽车制造商以制造资源、生产操作和产品为核心，并以产品生命周期数据为基础，应用仿真技术、虚拟现实技术和实验验证技术等，使产品在生产工位、生产单元、生产线以及整个工厂中的所有真实活动（包括设计、性能分析、工艺规划、加工制造、质量检测、生产过程管理和控制）都虚拟化，并对加工和装配的过程进行仿真、试验、分析和优化的一种集成式的组织方式。

（3）本项报告对汽车产业数字化的定义

可以看出无论是广义数字化还是狭义数字化，其核心都是利用数据的采集、传输、存储、处理和反馈的闭环，提取有价值的信息，完成汽车产品的研发、制造和服务等全产业链和产品全生命周期的管理、决策和控制，实现汽车产业的体系优化和转型升级。在数字化浪潮的推进下，各种新的概念包括云计算、大数据和移动互联网相继出现，其中未来工业发展所依托的核心技术被称之为 CPS，即信息物理系统或网络物理系统。它指的是由嵌入式传感器、处理器、执行器与物理设备（包括人）形成的无缝交互的"智能联网系统"，将控制、传感、联网和计算能力深度整合到每个物理单元中，通过信息网络系统与物理实体单元的交互，实现对物理世界的泛在感知、全面互联、分析优化、精准控制。汽车产业的数字化发展战略就是借助虚拟和仿真、云计算、大数据、物联网、传感器、控制器、增材制造、机器人等数字化技术，全面推动 CPS 在汽车行业的广泛应用，实现汽车产业"物理层、平台层、数字层"的高度融合，这必将带来汽车行业产品、技术、模式、业态的深刻变革，带来汽车产业格局的调整和重构，推动汽车行业进入以数字化为特征的崭新发展阶段。

2. 汽车产业发展进入数字化时代

工业发展水平决定着国民经济现代化的速度、规模和水平，在国民经济中起着主导作用。在历史上工业发展经历了几大阶段，18 世纪 60 年代从英

国发起的第一次工业革命,开创了以机器代替手工劳动的时代。随着科学技术的进步,19世纪七八十年代,以电力和石油的发展和利用为标志,第二次工业革命轰轰烈烈地展开,人们走进了"电气时代",这个阶段工业生产开始从单机自动化生产进入大规模批量化的流水线生产。到了20世纪四五十年代,随着电子计算机的迅速发展和广泛应用,人们开始走入"信息时代"。计算机的出现使得生产力进一步得到解放,人们只需要在电脑屏幕前就可以操控整个生产过程。

2014年德国正式提出了"工业4.0"国家战略。该战略旨在通过充分利用信息通信技术和网络空间虚拟系统——信息物理系统(Cyber-Physical System)相结合的手段,使制造业向智能化转型。汽车产业作为工业的重要组成部分之一,其发展与信息化、数字化、智能化的大趋势有着密不可分的关系。

随着第一次工业革命中蒸汽机的发明,动力机械开始取代传统人力和畜力。1769年,法国人N. J. 居纽创造了第一辆蒸汽驱动的"三轮汽车",为汽车产业的形成和发展奠定了基础。第二次工业革命时期,以石油为燃料的内燃机取代了蒸汽机,同时电机的出现使得汽车生产模式从单机机械自动化生产转变为批量流水线生产,汽车开始走入寻常百姓的生活。信息化时代的到来,更是在汽车行业兴起了新一轮的浪潮。计算机的出现和普及,带来了工业生产的自动化和管理的信息化。此时,人们仅需要在指挥室通过电脑屏幕和按钮操作就可以对汽车生产过程进行实时操控,同时基于信息化的MES、ERP信息管理手段,使得汽车生产过程更加高效。

随着工业4.0的出现,汽车产业也面临着数字化转型。汽车由交通工具向出行服务平台、载体等方向逐渐演进。汽车产业开始向着数字化时代迈进,CPS的引入出现了数字零售、互联供应链和车联网的概念。汽车企业可以有效地将核心应用和各个利益相关者结合起来,在未来,新型传感、人工智能等新兴技术以及社会消费模式的变化,将进一步促使汽车产业催生出无人驾驶、汽车共享平台等新兴产业。在未来的"智慧工厂"里,汽车的整个制造过程将尽可能减少人机交互,通过自动排产、智能物流、自主优化等方式，按照客户需求生产定制化产品，最终实现"数字化"时代向"智能化"时代的转变（见图1）。

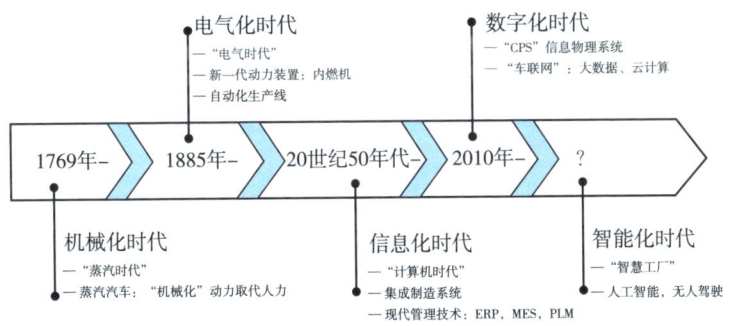

图1 汽车产业发展的五个阶段

3. 汽车产业数字化是实现信息化向智能化转型的必由之路

面对增长与利润的瓶颈、持续颠覆的新技术、不断涌现的跨界竞争、不断提升的客户预期、商业环境的剧烈变化，车企面临着不同以往的挑战。而以"汽车互联"和"汽车共享"等为代表的核心技术，将相互作用形成一股合力，把汽车工业推入数字化时代，车企传统的竞争优势不断受到挑战并开始重构，新的竞争将以"数字化"为核心驱动。

全球数字平台安全公司爱迪德和全球性行业分析公司弗若斯特沙利文共同发布的《汽车产业网络安全状况报告》指出，越来越多的整车厂商和一级供应商认识到，数字化以及技术合作、软件性能和定制将成为全球汽车产业未来发展的方向。越来越多的车企领袖相信，加快企业数字化变革的步伐，是保持竞争力的根本，持续的"数字化变革"成为传统车企实现信息化向智能化转型的必由之路，也是汽车产业转型升级的必由之路。表1展示了汽车产业信息化时代、数字化时代和智能化时代的差异。

追溯至2015年，数字化的概念在汽车圈方兴未艾，汽车已经超越了原有的技术边界。领先的企业已经在积极推动数字化改革，不少国际知名车企已经将数字化引入其业务的各个环节。作为全球汽车技术的核心，德国三大集团纷纷开始数字化布局，从汽车制造商向移动出行服务提供商转型，已经

表1　汽车产业信息化、数字化和智能化时代的对比

特征\时代	信息化时代	数字化时代	智能化时代
驱动技术	PC、可编程控制器	物联网、大数据、云计算	人工智能
组织架构	首席信息官	首席数字官	—
应用程度	单业务环节的信息化	全流程的数字化协同	知识自动化和智能决策
标志性工具	ERP、MES系统	PLM、超级BOM、MBE、MOB	工业互联网平台、核心工业软件

成为三大集团的共识。

在过去的2016年，开放式移动云技术成为宝马布局数字化的核心，其将各种智能移动硬件连接在一起，通过手势识别、自然语音识别等技术，改变着用车体验与服务形态。奔驰也打破了传统的部门架构，成立了单独的数字化部门，"Mercedes Me"在线门户网站和应用程序成为数字化战略下为用户提供的新服务形态，新一代奔驰E上首次采用的"Car-to-X"系统也让汽车实现了数据共享。大众在《携手同心—2025战略》中，将数字化和移动出行上升为集团战略，并成立了专门品牌MOIA，加大对数字化的重视程度和投入。大众在北京、波茨坦和加利福尼亚都建立了聚焦数字化的未来中心。其在欧洲推出了共享班车，可以根据乘客需求改变目的地和时间。奥迪计划在2015～2019年投资240亿欧元开展包括数字化在内的技术和产能建设，从生产、设计到销售各个环节逐步实现数字化、智能化。

不仅是这些跨国巨头，中国的汽车企业也已切实感受到这种未来的发展趋势，将数字化、智能化和电动化作为未来发展的方向。例如，上汽、东风、长安、广汽等一些传统汽车企业，以及阿里巴巴、百度、腾讯等互联网巨头企业也都在寻求在汽车数字化、智能化方面的合作与突破。

二　汽车产业数字化转型的体系框架和实现路径

正如其他正在经历数字化转型的行业一样，汽车行业也面临着许许多多

的挑战。全面数字化将为汽车行业供应商、制造商、经销商和服务商等提供了更多的技术支持，通过追溯汽车的全产业链和全生命周期，汽车产业可从研发、制造和服务三个方面着手完成数字化建设，带动产品设计方法和工具的创新和企业管理模式的创新。

纵观整个数字化汽车产业，可分为三个层次：①以研发、制造和服务为基础的物理层，也是汽车产业最主要的核心业务层；②基于数字化技术的平台层，通过互联网平台对数据进行集成、处理和计算；③由数字资产形成的数字层，为汽车产业的物理层通过数字化技术在虚拟空间的一个映射，实现汽车产业虚拟制造的全过程（见图2）。

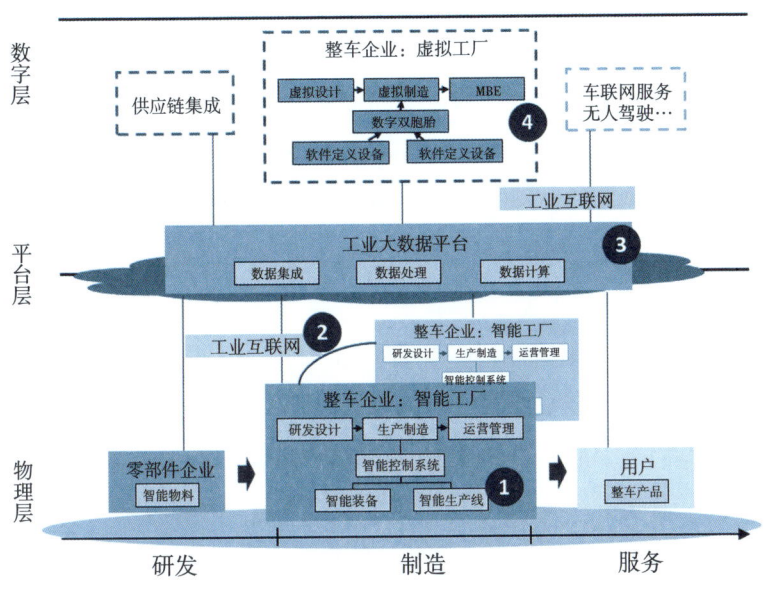

图2 汽车产业的数字化架构

图2包括的三大层组成了一个汽车产业的CPS，数字化是实现该框架体系的关键，其中数字化又包括四个核心技术要点：①实现智能生产线和智能装备，涵盖了自动化生产线、工业机器人和AGV等智能化生产要素；②工业互联网，用来收集和传输汽车产业物理层的数据；③工业大数据平台，用来对采集的数据进行处理和分析计算，形成数字化信息；④虚拟仿真技术，用

于基于数字化的虚拟汽车生产全过程的仿真。

1. 汽车产业的数字化体系

汽车产业经历了机械化、电气化、信息化时代，每一个时代都对应着一次生产技术的大变革，而这种变革的根源在于汽车产业自身竞争力的需求。新的时代，是数字化竞争的时代，汽车产业的数字化势在必行。汽车产业数字化需求主要体现在以下几个方面。

（1）通过MBE（基于模型的企业）的虚拟仿真设计和制造，可以大大提高新产品的研制效率，缩短研发和上市周期

在汽车研发的过程中，传统的研发一般包括基于二维纸质设计图纸和人工实体泥模制作的反复改进以及实车模型的试车试验，整个流程需要投入大量的人力和物力，同时耗费时间长。而基于数字化方法，可以实现汽车研发在设计、工艺、检测等各业务环节的高度集成，包括CAD（Computer Aided Design）、CAPP（Computer Aided Process Planning）、CAE（Computer Aided Engineering）、CAM（Computer Aided Manufacturing）和PLM（Product Lifecycle Management）的集成，虚拟仿真技术，MDB模型的应用，产品全生命周期管理的应用等。

除此之外，结合3D打印技术的数字化虚拟设计也是产业发展的趋势，在车型设计、开发的整个过程中，完全依靠集成数字化设计和虚拟开发技术就可以实现设计方案优化、性能仿真分析和验证评价，省去了实物样车制作和实验验证，做到了零实物验证。在汽车设计过程中采用数字化设计，还可以打破时间和空间的限制，数字化信息的传送速度十分可观，可以不受地点和人数限制，被众多处于不同地点的人同时访问，使得不同专业、不同地点的设计人员实时协同开展工作成为可能。与传统制造相比，不但节约人力，降低了设计过程中对人工操作能力的依赖性，还能够极大地减少材料的浪费，更可以实现更加柔性的个性化设计。

（2）基于工业大数据平台和相关供应链管理SCM的集成，实现供应链和整车制造过程的无缝对接

在汽车制造的过程中，传统的汽车制造已经基本实现了自动化的流水线

生产。数字化需求主要体现在利用数字化的手段应对日趋复杂的车间生产过程管理，并实现生产商和供应商的更有效沟通。这其中的核心技术一方面包括在汽车制造企业内部的制造执行系统 MES 的建设以及 MES 与 ERP、PLM 和车间现场自动化控制系统的交互。生产计划不再像以前那样只是下达到生产车间，而是通过 ERP 系统，通达企业的各个层面以及设备制造商。完整的汽车总装数字化方案应该具有数字化预装配（Digital Pre-Assembly，DPA），即在三维虚拟环境下进行数次仿真以验证产品设计；数字化工艺规划（Digital Process Planning，DPP），对产品、工位操作、装配线上所有的夹具等进行定义；数字化工艺规划验证（Digital Planning Validation，DPV），验证整个工作区域的工位优化布局，对生产能力进行评估并提供相应的工艺计划，接收反馈建议进行进一步的修改和完善。

另一方面是完成生产管理和供应商的协同，充分利用 MES、实时流程和控制（SCADA/HMI）以及流程规划的功能，确保零配件的质量，实现准时生产，实现一对一的信息交换。一个比较典型的例子是宝钢企业和上海汽车集团有限公司的协同合作，宝钢集团从被动的原材料供应转为主动提前介入汽车的设计环节，按照设计需求生产上汽集团所需要的钢材。其优点是省去了中间环节，提高了生产效率，同时供应商可以更加有针对性地生产产品。

（3）基于实体工厂的虚拟工厂通过大数据平台交互可提高整车装配和生产的质量和效率

大众汽车面对数字化浪潮，在优化现有开发策略的同时，尝试引入了全过程数字化虚拟开发，即通过计算机及虚拟技术完成产品开发的全过程，并建立了相应的业务流程。在汽车设计阶段将开发过程信息传递、存储的主要形式由传统的二维图纸、文档变成三维数据，同时组建了公司内跨领域、跨部门的"虚拟产品开发"团队，通过信息网络实现各部门相关人员的异地协同工作。产品研发数字样车小组在利用三维仿真设计软件设计成虚拟整车上，完成包括产品模拟校验、性能预测与评价和结构几何数据的校验调整等。

（4）借助数字化的车联网平台实现产品服务的延伸和价值链的提升

汽车的未来发展方向主要包括新能源和无人驾驶，其中无人驾驶的主要实现途径就是数字化。同时数字化还带来了车联网，车联网（Internet of Vehicles）是由车辆位置、速度和路线等信息构成的巨大交互网络。通过GPS、RFID、传感器、摄像头图像处理等装置，车辆可以完成自身环境和状态信息的采集；通过互联网技术，所有车辆可以将自身的各种信息传输汇聚到中央处理器；通过计算机技术，大量车辆的信息可以被分析和处理，从而计算出不同车辆的最佳路线、及时汇报路况和安排信号灯周期。车联网能给客户带来更好的用户体验。其中，沃尔沃汽车公司在数字化服务领域开展了大量工作，沃尔沃的车主可以通过在智能手机上安装"Volvo on call" APP，便可以用手机开车门、暖车、空气净化，甚至完成支付功能；同时沃尔沃云的应用还能让车主得到实时的路况信息，拥有更智能的驾驶体验。服务数字化带动了数字化的营销，提高了企业自身的竞争力。

（5）实现个性化产品定制和柔性制造

汽车生产商与用户之间实现供需协同，汽车生产厂商依据客户实际需求，完成个性化定制产品。可以通过汽车产品的多品种、小批量生产，实现柔性制造，用户和生产商的有效沟通可以更好地完善产品设计，了解市场需求，提高企业自身的竞争力。

我国长安汽车在天猫长安汽车官方旗舰店上接受新奔奔PPO版产品用户订单，其就应用到了系统的高级集成。该产品基于8种个性化配置，卖家提供选装包，客户可以根据自己的喜爱和需求自助选择配置，该过程实现了初级的客户个性化定制。通过将客户需求提交至销售管理系统实现订单的提交和审核，订单信息将直接传送到制造管理系统并加入生产计划中，在生产的全周期中将实时跟踪和反馈，直至完成汽车的生产和装配。

在汽车服务方面，需要完善的是汽车制造商、汽车零售商和客户之间的关系网络。利用数字化手段加强与客户的互动，进而为产品更新换代及产品维护提供充分的准备工作。这些数字化的信息通过互联网手段拉近了汽车制造商、汽车零售商和客户之间的距离，能够更好地响应客户需求（见图3）。

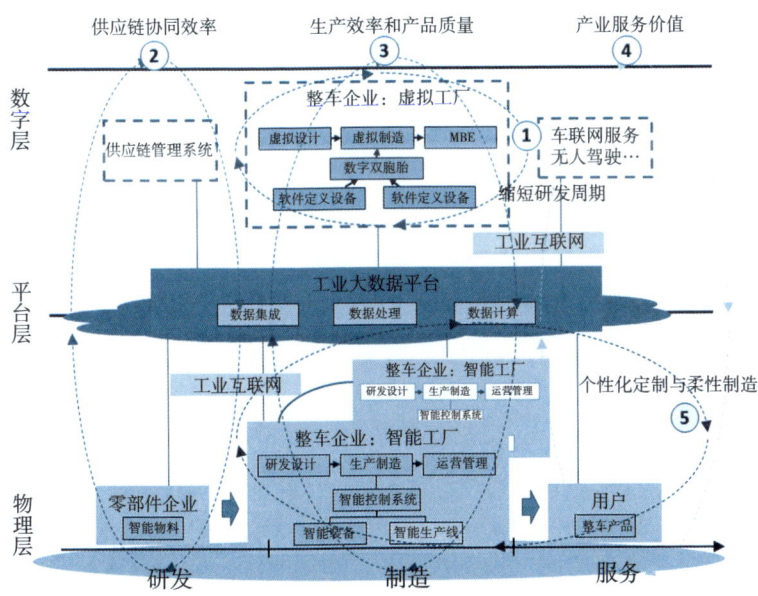

图3　汽车产业的数字化需求

2. 汽车产业数字化实现路径

实现汽车产业的数字化最终是为了完成汽车 CPS 建设的全过程。

通过数字化把物理层和数字层打通，消除业务部门的数据"孤岛"，在不同层次进行融合，在更高层次进行整合，最后形成一个 CPS 结构（见图4）。为了实现上述目标，需要建立如下几个数据闭环，对数字化的供给和需求进行整合。

（1）实现汽车产业各层次的互联互通

实现汽车产业各层次的互联互通，具体包括在物理层的企业与其协同企业之间、企业内部上下游之间、企业与供应商之间和企业与用户之间的互联互通。

具体来说，企业与协同企业属于并列研发生产关系。每个协同企业在汽车生产制造过程中拥有独立功能，最终各大功能的整合离不开数字化带来的互联互通。以长安汽车公司为例，长安逸动汽车各大汽车研发测试基地遍布全球，包括位于意大利都灵负责造型设计的欧洲设计中心、位于日本横滨负责内饰设计的长安研发中心等，各研发中心之间进行协同设计。由于数字化

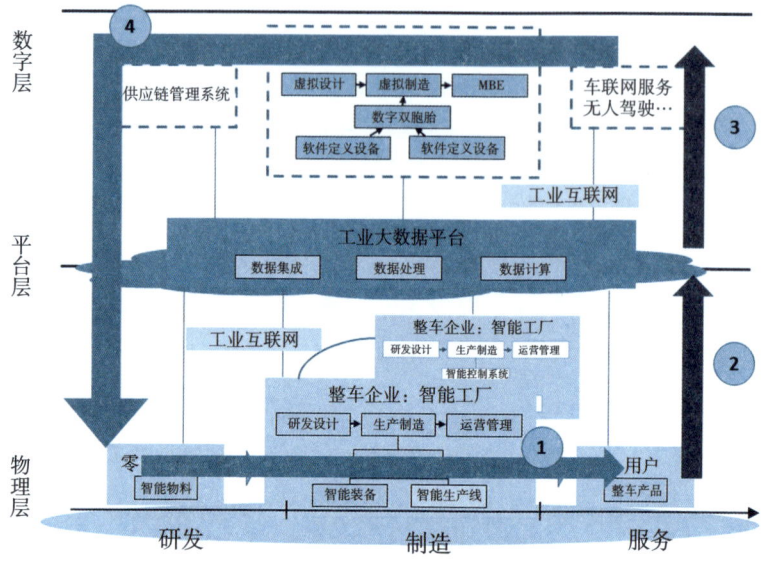

图 4　汽车产业数字化 CPS 结构

设计开发的加入使得全球资源可以更加快速有效地传递和交流,有利于协同设计和进行 PRM(合作伙伴关系管理)。

企业上下游之间的互联互通主要通过企业管理系统实现数据的基础集成。完成底层设备控制层、制造执行系统(Manufacturing Execution System,MES)与上层企业管理层(Enterprise Resource Planning,ERP)的系统集成,实现企业内厂际互联。其关键点在于中间执行层 MES 和上端企业管理层 ERP 的集成。

企业与供应商之间的互联互通表现为供应商与整车制造企业的业务实现无缝对接,根据企业需求提前准备相关原材料,实现一对一的供应服务。企业与用户之间的互联互通则表现为企业直接了解用户需求,完善客户服务体系,未来可实现个性化产品的生产并实时跟踪用户体验,为用户带来全新的售后服务体验。

(2)通过平台集成,消灭数据"孤岛"

平台集成指的是物理层和工业大数据平台的集成,使得实体工厂(物理层）采购、设计、制造和服务全过程所产生的数据不再是一个个数据"孤岛"，而是通过大数据平台进行采集、处理和计算。获取有价值的信息，形成数据库，同时反馈到物理层对实体汽车生产过程进行指导。一方面，数据资源的聚集，使得各个企业之间的数据可以实现共享；另一方面，数据资源构建的数据库可以实现汽车的标准化生产，保证生产质量。

奔驰发动机气缸盖生产线将时间、温度、预设工具等500多个自动化特征通过IBM SPAA预测分析技术对数据进行挖掘和预测分析，几个小时就可以获得原来需要三天高成本投入才能获得的数据信息，车间主任可以根据评估结果进行指导和措施部署，生产效率提高25%。日产公司将大数据的思想用于工业机械臂健康管理过程，通过控制器内的监控参数对机械臂健康进行分析和集群建模，进而分析社区内的机械臂数据，比较每一个机械臂与集群的差异性，判定异常程度。

（3）通过研发、生产的虚拟仿真，提高质量和效率

虚拟建模仿真设计的作用在于通过构建数字化模型，形成数字双胞胎，构建了从物理层到数字层的完全映射，实现在数字空间搭建数字工厂，完成汽车的虚拟化设计生产。

建模仿真的关键在于三维仿真设计软件的应用。常用的三维仿真设计软件包括CAD、UG、SolideWorks等具有三维建模和零件组装功能的常规软件以及兼备有限元建模和仿真计算功能的有限元仿真软件，如NASTRAN、ANSYS、ABQUS等。前者主要用于三维模型的建立，可以用于完成产品的造型设计和3D图纸以及工厂3D模型的建立，同时用于确定各种设备规划布置方案、物流路线和工艺流程等；后者可基于前者获得的设计图纸建立3D有限元模型，并进行进一步的有限元分析，对其具体的强度等性能进行评估和测定。产品设计人员通过三维设计仿真软件将产品的设计理念转化为数字模型，即完成产品几何模型建立，然后抽取模型中相关数据进行计算和分析，并根据分析结果完善产品设计。建模仿真提升了产品设计质量，缩短了设计周期，为协同设计奠定基础。

在许多车企的数字化进程中都可以看到虚拟建模仿真的应用。宝马i8

的设计完全基于虚拟车辆的概念进行。首先采用Dymola平台搭建混合动力汽车的动力系统模型，然后应用Simulink和IPG公司的控制系统及驾驶环境模型，构建整个虚拟样车，再从Google地图读取德国境内一段道路的数据，预测完成这段行程的油耗、安全性、操稳性等性能，并以三维视景展示整个虚拟仿真的过程，最后驾驶员基于IPG提供的环境和车辆操作仿真平台进行测试，并对整车设计方案的性能评估。我国汽车产业也不甘落后，除了传统的车企，中国新能源汽车行业领军企业精进电动科技股份有限公司也紧跟时代潮流，大力发展数字化建设。产品的设计与仿真均基于三维模型进行，大大减少了设计过程中的错误，提高了产品质量。

在汽车制造环节，对于三维仿真设计软件的应用主要涉及三维仿真数字化工厂的建立，包括新工厂建设规划、已有生产线改造和智能制造虚拟现实交互，目的是实现生产制造过程数据在计算机虚拟环境中的仿真、评估、优化。基于数字化模拟和三维设计对工厂设备、工艺流程等进行规划，利用三维设计软件进行厂区布置、厂房设计、物流规划。依靠高柔性运输和自动化装备，实现多品种混线生产的工厂建设。沃尔沃在比利时根特市工厂采用虚拟工厂系统，利用三维模拟将汽车的生产流程、生产线上的不同工具以及工人的操作动作模拟出来，实现在新车型投入生产前，不必造出实物样车。

我国一汽解放青岛即墨工厂利用三维仿真设计软件打造智能化、柔性化涂装和总装生产线。利用该工厂模型可以方便地对生产线或者设备位置进行调整，并可自如进行物流仿真。与传统平面图纸相比，三维模型仿真可以更直观地对生产环节进行模拟，更快地发现问题并进行优化。此外，数字化工厂还可以为快速、灵活地调整生产提供精准、全面的实时数据。我国吉利汽车集团还结合设计图纸，利用计算机辅助工程软件（CAE）完成了模拟碰撞方案的全过程仿真。利用三维软件建立的虚拟汽车模型，可以简便地更换汽车的材料属性和几何属性，可高效完成不同性能参数下的碰撞校验过程并对结果进行优化。相较于实车碰撞试验，用虚拟3D模型取代实车试验，减少了传感器的使用和试验次数，同时使试验成本大大降低。

（4）通过数字层全覆盖和对物理层的闭环管理，实现体系优化

闭环广义上包括物理层汽车生产过程中从研发到制造最后到服务的闭环、物理层到平台层最后到数字层的闭环等。最终能够实现整个 CPS 数字化供给和需求的整合。闭环优化针对的是数字层内部形成的闭环，通过虚拟的设计仿真，对产品性能进行不断完善，最终实现对物理层的指导。

长安汽车集团对车间底层的数据进行全采集，包括生产、工艺质量和设备等数据，利用大数据来驱动生产管理。并加入了自动大数据统计和自动报告生成技术，自动将数据提交至上层 MES 系统，对质量、能源和设备等进行管理，再由 ERP 系统提出反馈和需求，对底层车间生产运营的数据进行再一次优化。

三 汽车产业数字化的意义和价值

2009 年金融危机以后，美国、德国、英国、法国、日本、韩国等全球主要工业化国家纷纷重新思考制造业在其国民经济发展中的重要作用，推出一系列新型制造业发展战略，旨在进一步巩固其在全球制造业中的领先优势。2012 年美国发布《先进制造战略》，旨在强化本土制造业竞争能力，确保其在世界制造强国中的领先地位。早在 2008 年，在制造业衰退及全球金融危机的背景下，英国就提出"高价值战略"，以鼓励先进制造业发展、提高制造业价值含量，增强制造业在促进英国经济增长中的作用。2013 年，法国发布《新工业法国战略》，提出通过创新重塑法国工业实力，使法国处于全球工业竞争力第一梯队；德国 2013 年发布《工业 4.0 战略》，旨在发展以 CPS 为核心的智能工厂，使德国处于供应商领先和市场领先的"双领先"地位，确保德国工业处于世界前列。2014 年，韩国推出了被誉为韩国版"工业 4.0"的《制造业创新 3.0 战略》。我国也于 2015 年 5 月发布《中国制造 2025》，明确制造强国路线，计划到 2025 年迈入制

造强国行列。在新一代信息通信技术迅猛发展并与制造业加速融合的背景下，这些国家的新型制造业发展战略普遍选取数字化制造作为重点突破方向。

1. 汽车产业体系从纯硬件走向软、硬件结合

在当前经济环境下，汽车产业同全球各大制造产业一样面临着巨大的压力和挑战，如何提高核心竞争力，如何降低成本和提升价值是其在发展中亟须解决的问题，数字化是汽车产业发展的必由之路。

目前，汽车制造业发展的主要方向为：汽车制造从机械制造向电子制造发展，产业体系从单一的纯硬件逐渐向软件发展，核心竞争力从研发制造、硬件结合向客户服务发展，汽车研发生产从物质化实体工厂模式向数字化虚拟智能制造发展。汽车产业的思维革命归结到一点就是从目前的"硬制造"向"软制造"方向发展。"硬制造"指的是以实体工厂为代表的生产制造技术实力，"软制造"是以互联网为核心的虚拟技术制造过程，通过虚拟方式完成汽车研发、制造和验证过程。目前，"硬制造"的相关技术已经相对成熟和完善；而"软制造"作为互联网大环境下诞生的新概念，聚集了汽车产业无形的知识和智慧。"软制造"是已由实体经济中抽象出来的软件模型，或软件因子，用以形成整个产业新的竞争优势，可以实现科技全球化共享和促进高效创新，也成为提升核心竞争力的源泉。数字化时代，CPS等软实力的加入，有助于完成汽车产业在新时代的转型，大大提高其核心竞争力。

2. 汽车产业从生产和服务中挖掘效率

在汽车产业 100 多年发展历史中，各大汽车公司在汽车生产、制造、服务的全过程中不断寻求进步与创新，以挖掘更高的效率。福特汽车公司把流水线生产的效率挖掘到极致，丰田汽车公司把供应链效率挖掘到最大。未来新的效率挖掘点将转变到更高层次，从生产和服务体系中挖掘，而实现这一目标离不开数字化手段。21 世纪，随着计算机和互联网技术的迅速发展，数字化资产越来越重要。通过互联网技术快速高效地为客户提供定制化的产品和服务，借助销售管理系统和制造管理系统实现定制产品订单的生成、排产、制造和进度跟踪，都离不开产品研发、制造、服务的数字化。

因此，汽车产业数字化是历史的必然趋势，也是决定汽车产业转型升级的关键。汽车产业发展经过了机械化、自动化、信息化，未来中国的汽车强国战略，需要借助数字化战略来实现。

B.4
国际发展和经验

一 各国数字化发展战略

(一)美国数字化国家战略

数字化双胞胎(Digital Twin)一词由美国密歇根大学的 Michael Grieves 教授于2003年在他所讲的产品生命周期(PLM)课堂上引入,并且于2014年在其所撰写的 *Digital Twin: Manufacturing Excellence through Virtual Factory Republication* 白皮书中进行了详细的阐述。2006年,美国自然科学基金在 Austin 研讨会上提出 CPS 是探索快速有效开发以计算机信息为中心的物理和工程系统的科学基础和技术。其目的是引领新一代相互依存、高效和高性能"全球虚拟(互联网)和本地物理(实体对象)"的工程系统。

- 战略高度

美国政府的数字战略目标主要包含:随时随地为民众提供数字政府的信息和服务;政府要以智能、经济且安全的方式来对设备进行采购和管理,完全适应数字化;政府释放数据能力,鼓励全民创新。

- 主要原则

美国数字政府战略主要原则[1]为:以信息为中心,建设共享平台,以客户为中心,建立安全隐私平台。

- 执行机构

美国先进制造伙伴计划(Advanced Manufacturing Partnership,AMP)在

---

[1] http://intl.ce.cn/specials/zxgjzh/201403/05/t20140305_2423482.shtml.

2014年10月发布了《加速美国先进制造业》（AMP 2.0），报告中提到的优先发展的三个领域如下所示。

（1）先进传感器、控制和制造平台技术（ASCPM）。

ASCPM是指环绕机器－工厂－企业－供应链方面的传感、仪表、检测、控制和优化，以及相关软硬件平台的制造业自动化。利用ASCPM技术，制造业在智能制造的过程中实现机器设备和信息的无缝结合，提高生产率。①

（2）可视化、信息化和数字化的制造技术（VIDM）。

VIDM是一系列集成、尖端、企业层级的智能制造技术集合，提升供应链的效率，实现生产过程的柔性化以及提供个性化定制等，VIDM可以实现制造业向消费者提供更加优质的服务。②

（3）先进材料制造（AMM）。

美国数字制造和设计创新研究所（DMDII）：2015年向全部供应链参与者发出号召，鼓励这些供应链的参与企业，尤其是小型制造企业展示数字双胞胎相关技术。

先进制造技术协会（AMTech）：2013年成立，目的是建立新的或者加强现有的工厂生产力，因为这些工厂面临的技术难题阻碍了美国的发展。2016年，AMTech并入国家制造业创新网络。制造业预先联盟（MForesight）：2015年10月由美国商务部标准与技术研究院（NIST）和国家科学基金会（NSF）宣布联合成立。该联盟由密歇根大学领导，将确定先进制造的新领域，这些领域将得到研发、教育和培训方面的公私投资；制造业扩展合作联盟（MEP）：1988年成立，这一联盟就是为了巩固美国制造业而设置，其服务和合作对制造业的发展、美国创新和全球竞争力的增强产生了深远的影响。目前，MEP是国家标准与技术研究所（NIST）的一部分。制造业联盟投资伙伴（IMCP）：旨在倡议改变联邦机构利用经济发展基金的方式，鼓励联盟优先建立能够加强全球制造业和供应链投资竞争力的经济发

---

① http：//www.cnii.com.cn/wlkb/rmydb/content/2015-10/19/content_ 1638787.htm.
② http：//www.cnii.com.cn/wlkb/rmydb/content/2015-10/19/content_ 1638787.htm.

展策略。

• 配套政策

2012年5月,白宫发布了一项数字化战略计划,目标为"抓住数字化机遇,从根本上改变联邦政府为内部客户和外部客户提供服务的方式,建立21世纪平台,更好地为美国人民服务"。

2016年6月20日,奥巴马宣布最新的美国制造机构"智能制造"成立,即美国第九个先进制造中心,将被用于智能传感器的设计和制造。奥巴马政府还将开启五个新的制造中心,将从联邦政府和非联邦政府渠道得到8亿美元的资金,用于机器人制造技术以及细胞和组织的生物制造技术等领域。

美国联邦和地方政府对先进技术和未来制造业基础采取了大量激励措施。联邦政府实施先进技术车辆制造(ATVM)贷款计划,支持汽车整车和零部件制造商进行设备更新、制造场地扩建和新建,以及相关工程集成等,该计划总投资250亿美元,每个项目从5000万美元到59亿美元不等。例如,福特汽车公司从该计划获得59亿美元贷款,对伊利诺伊州、肯塔基州、密歇根州、密苏里州、纽约州和俄亥俄州的工厂进行升级改造,建立先进生产线和制造工厂。日产也获得了14亿美元,通过重组生产设施,建成了美国最大的先进电池制造工厂。2014年6月,国家税收服务计划(IRS)调整研发税收抵免政策,使企业更容易享受到优惠政策,进一步降低了新技术的投资成本。在地方层面,许多州政府为能够带来就业和创新的制造企业提供税收优惠。密歇根州经济增长委员会自1995年成立以来提供了120亿美元的高科技税收抵免,制定了一系列优惠政策。例如,如果通用、福特和菲克到2032年能为当地解决86000个以上的就业岗位,就能获得45亿美元的税收抵免。佐治亚州经济发展部通过提高劳动力技能,加大税收优惠力度,完善货物运输网络等措施帮助汽车企业提高生产率,降低货物运输成本。

(二)德国数字化国家战略

• 战略定位

"工业4.0"是德国政府推出的《高技术战略2020》中的十大未来项目

之一,"工业4.0"时代意味着智能化时代,其特征为"物理-信息系统"。"工业4.0"具体体现为"智能工厂",即智能机器、数据存储信息实时传输、生产设施交互控制等。"智能工厂"可以实现个性化制造和精准的按需生产,因为它将控制系统的原料、制造、物流、消费等环节连接在一起,通过收集各环节的信息,再以人工智能加以判断分析,来决定具体的生产方案,自动完成加工控制。

• 主要内容

德国政府在2016年5月提出了《德国数字化战略2025》,其中的十项行动计划[①]具体如下。

(1)到2025年之前,建立一个千兆网络。使上下游的传播速度达到千兆/秒,保证网络层面有足够的承载能力、可靠的实时能力以及良好的服务品质。

(2)改善融资条件,支持创业,促进初创企业与成熟企业之间的合作。

(3)建立法律框架,促进投资和创新。从数字化的视角审查国家法律框架,同时致力于欧洲法律框架的现代化,以推动形成强大的数字化单一市场,卡特尔法必须考虑在线市场的特殊性,相关并购行为必须符合国内和欧洲的法律框架。

(4)在德国经济的核心领域推进智能网联。全面、系统地在能源、交通、卫生、教育和公共管理等领域发挥数字化潜力,带来效率和整体经济的显著增长。

(5)加强数据安全和数据保护。数据安全和数据保护保障了人们的基本权利,提高了人们对数字化的接受度,同时保证了数字化的增长势头,因此数字化需要新技术和新商业模式的发展。

(6)推动中小企业、手工业和服务业发展新的商业模式。协助中小型企业,以成功应对全球数据经济的快速变化和继续发展,在特殊行业(如服务业),还需要采取措施以形成数字化发展潜力并由此产生的新价值链。

---

① 《德国数字化平台白皮书(中文版)·工业4.0创新平台》。

(7) 利用工业4.0增强德国制造业的地位。工业4.0通过新的商业模式可以促成高效、以客户为导向、资源节约型的生产和额外的增值，使德国成为工业4.0领先的供应商和用户，发展成世界最现代化的工业基地，因此工业4.0对中小企业的评估能力尤其需要增强。

(8) 利用数字化技术，使研发和创新达到具有竞争力的水平。大力推进竞争前领域的研发项目，尽早着手研究信息通信技术的未来主体，使科技成果加速转变为具有巨大应用潜力、以市场为导向的顶尖技术。

(9) 在所有年龄段实现数字化教育。数字化教育将促进创新经济发展，通过高水平的数字化能力带来优质工作机会和更好的职业生涯，有助于人们保障信息主权，因此数字化教育必须渗透到教育系统的各个层面。

(10) 创建数字化职能部门作为"数字化战略2025"的控制中心。克服联邦政府各部门涣散的行政模式，高效地支持数字化战略实施。"联邦数字化职能部门"在履行职权时，应沿着数字化价值链捆绑职权，从制度上支持数字化战略的实施，并通过中立的政策指导加强数字化的竞争力（短期内，联邦网络局通过处理工业4.0、智能网络、标准化等问题实现能力提升，扩大市场监测范围，以更好地理解数字化进程，并纳入监管系统）。加强数字化技术的研究、发展和创新，通过税收优惠激励企业对数字技术进行投资，未来资助计划将瞄准创新技术和创新应用领域。①

• 执行机构

数字化职能部门的具体任务包括：全面市场监测（例如继续开发个性化定价）；检测和实时管制；立法程序框架下进行咨询；研究和短期鉴定；协调竞争问题和消费者问题；监督实验室，负责追踪调查；启动和执行利益相关者进程；管理具体的信息项目和交流项目；组织数字化论坛和数字化会议；公共关系；信息运动和启蒙运动；促进竞争（如智能城市或者智能区域）。②

---

① http://www.cast.org.cn/n200735/n203689/c411786/content.html.
② 《德国数字化平台白皮书（中文版）·工业4.0创新平台》。

建立现代化的数字化机构。为了应对数字化带来的竞争，以及市场和消费者保护问题，仅仅建立一个数字化议程还远远不够，还需要建立一个高效、与国际接轨的数字化机构。它不仅可作为联邦政府决策的智囊，也能在执行阶段发挥服务作用，有效、中立、可持续性地提供支持，并对数字化进程进行引导。随着数字化机构的全面建立，德国有望获得国际领先地位。新成立的数字化机构应立足于职能统一、为数字化议程提供支持、持续加强数字化职能这三个方面，因而，联邦数字化机构的工作应该是：对数字化进展进行分析、观察和报告；为企业和消费者提供咨询和辅导，降低咨询和协调费用；在利用数字化潜能方面为重要行业（如工业、服务业等）提供支持；调解纠纷和消费者投诉等。除了加强数字化议程制度建设外，联邦数字化机构应特别注意其数字化职能在经济、法律和技术方面的持续建设。[1]

德国国家工程院和联邦教育部在战略和政策上予以支持。德国在工业数字化方面的起点很高，汽车、电气、化学和机械工程及其供应商为了迎接"大变革（工厂、产品开发和物流）"，都在进行不断创新。德国的大型工业公司都有自己的IT部门来支持产品的开发以及制造流程的自动化。许多公司将IT部门分离出去，成立独立的公司，这样就可以使分离出去的公司将知识产权出售给其他企业，或者为第三方企业提供智能服务平台。

• 配套政策

为了发展更现代化的数据经济，德国设立了政策上的条件：为数据使用建立一个清晰的法律框架；推行加密方案和认证方案，加强透明化；为数字化平台引进重要的透明化责任和信息责任；使在线合同签订和电子政府更简单、更安全；创立创新化、数字化和网联化的商业模型试验室。

（三）日本数字化国家战略

• 主要内容

日本于2009年制定了《2015年I-Japan战略》，该战略着力于3个领域

---

[1] http://www.cast.org.cn/n200735/n203689/c411786/content.html.

的重点应用,即通过电子政务推进政府透明、廉洁、高效;通过电子医疗保健建立居民的个人电子健康档案;通过教育和人力资源领域建设,提高学生学习的积极性,培养信息技术人才。

日本政府在2014年发布的《日本汽车战略2014》中提出了三大战略,分别为全球战略、研发战略和人才战略,就强化产学研共同研发体制问题,确定内燃机、电池(包括燃料电池)、材料(轻量化等)、传动系统、自动驾驶、生产技术六大重点领域,确定六大领域各自和横向联合任务,推进完善产业化机制。这一横向联合的协作平台有七大使命:制定路线图;建立重点领域技术研究与技术储备和企业方技术需求的数据库,便于查找和匹配;投入公共资金;知识产权管理(兼顾保护和扩大使用两方面);标准化战略;利用中小型风险投资的灵活投资机制实现双赢;通过研修将大学教授和学生纳入工作平台的人才培养机制。

2017年3月19日,日本政府与德国政府联合签署《汉诺威宣言》,加强九大领域的紧密合作以联手推动第4次工业革命,主要包括九大合作领域:物联网与工业4.0领域的网络安全,尽早启动网络安全国际标准化讨论;国际标准化;政府管制改革,落实2016年G7信息通信部长级会议中明确的数据流通准则,加强数据流通准则的效果评价合作;中小企业扶持,推动日本与德国物联网应用领域的中小企业之间互相交流,实现知识与资源的共享,两国政府从资金层面,加强对中小物联网企业国际合作的扶持;研发方面,日本产业技术综合研究机构(NEDO)与德国人工智能研究中心(DFKI)在人工智能领域缔结合作备忘录,两国政府从资金层面加强对日德企业间合作研发的扶持;推动物联网与工业4.0社会组织的深入合作;数字化人才培育,合作开展制造业企业员工的数字化技能培训以及技能提升工程;推进汽车产业政策协议,除了充电基础设施合作之外,还要启动无人驾驶汽车以及智能网联汽车等的研讨工作;信息通信领域合作,持续开展日德信息通信产业政策对话。

● 执行机构

日本汽车制造商协会(Japan Automobile Manufacturers Association, Inc. JAMA)成立于1967年,是由日本14个乘用车、卡车、巴士、摩托车

制造商联合而成的非营利性机构。目的是支持汽车工业在国内和国际上的良性发展，并促进社会发展和增加经济福利。

• 配套政策

为了推进制造业的转型升级，日本采取了三方面的行动。

（1）推动工业价值链（Industrial Value Chain）的发展，建立日本制造的联合体。

（2）以工业机械、中小企业为突破口，通过机器人革命计划协议会来探索企业合作的方式。

（3）利用 IoT 推进实验室与其他领域进行创新业务的合作。

在生产自动化/智能化方面，日本于 20 世纪七八十年代就开始从数控到柔性制造系统（Flexible Manufacturing System，FMS）的研究和应用工作；80 年代到 90 年代，随着计算机的广泛应用，日本又开始致力于 FA（Factory Automation）/CIM（Computer Integrated Manufacturing）研究。特别是 1989 年提出智能制造系统（Intelligent Manufacturing System，IMS）概念，1995 年启动 IMS 国际合作研究项目。2000 年，日本提出"e-Japan"（实现高速因特网社会的 IT 战略），2004 年变为"U-Japan"（基于物联网的国家信息化战略，构建任何时间、任何地点、任何人都可以上网的环境）。

但产业界的不配合使得"U-Japan"战略的网络技术与实体经济无法深入融合，其与德国提出的工业 4.0 概念最接近，而且专注于制造业智能化的应用。由大学和民间企业于 2015 年 6 月组织成立的"工业价值链倡议"，有近 60 多家制造业大企业及 IT 企业参加，主要从技术角度推动智能制造。

（四）英国数字化国家战略

2017 年 3 月 1 日，英国政府出台的《英国数字化战略》主要包括连接性、技能与包容性、数字化部门、宏观经济、网络空间、数字化治理、数据经济七方面的战略任务。[1]

---

[1] http：//www.amdaily.com/Policy/Industry/7165.html.

2017年3月8日，英国文化、媒体与体育部和财政部联合发布《新一代移动技术：英国5G战略》，旨在尽早利用5G技术的潜在优势，塑造服务大众的世界领先数字经济，确保英国的领导地位。[①]

（五）韩国数字化国家战略

2010年7月，韩国政府发布了《IT融合发展战略》，主要围绕四大政策任务：加强IT融合创新力量；培养IT融合零配件产业；开创IT融合市场；建立IT融合基础设施。

2014年5月，韩国政府出台的《物联网基本规划》提出："超连数字革命领先国家"战略。这一战略希望通过提升相关软件、设备、零件、传感器等的技术竞争力，培育出一批能主导服务及产品创新的中小企业和中间企业。该规划中提出的四大推进战略，分别为：推进开发创新；促进产业生态节内部参与者之间的合作；开发及扩大服务和实施企业支援；到2020年，实现扩大市场规模，提高中小企业和中间企业的企业物联网技术应用效率。[②]

二 数字化支撑体系

- 计算能力：超级计算机（超算中心）、国家脑工程

超级计算能力和应用水平关乎一个国家或地区在信息技术领域的国际竞争，也是国家创新体系建设的重要抓手，已经成为世界各国特别是大国争夺的战略制高点。由美国国家科学基金会资助的位于德克萨斯州的高级计算中心"Stampede"超算中心，主要用于可视化工具、教育、先进计算以及数据管理；欧盟下一代超级计算机DEEP（Dynamical Exascale Entry Platform）于2016年在德国尤利希超级计算中心启用，运算能力为每秒500亿次浮点运算；

---

① http：//www.casisd.cn/zkcg/ydkb/kjqykb/2017/201706/201707/t20170703_4821584.html.

② http：//www.forestry.gov.cn/portal/xxb/s/2529/content-861500.html.

日本正在建造名为"人工智能桥接云基础设施"（ABCI）的超级计算机。

从 2013 年开始，美国、欧盟、日本就相继发布"脑计划"研究战略。美国的"脑计划"主要任务是绘制动物大脑的神经网络和活动图谱；欧盟的"人脑计划"主要是模拟人脑的各种功能，用超级计算机来实现人脑信息平台的整合。

- 5G 通信基础设施建设

2010 年，欧盟委员会在《欧洲 2020 战略》中提出"欧洲数字化议程"旗舰计划，推进高速互联网的全面普及。[①] 2016 年 7 月 7 日，欧盟委员会发布了《欧盟 5G 宣言——促进欧洲及时部署第五代移动通信网络》（5G Manifesto for Timely Deployment of 5G in Europe），认为 5G 将有望成为"数字化"革命的关键，将快速推进垂直行业（重点有交通、物流、汽车、医疗、能源、媒体、信息娱乐）及公共行业（重点有智慧城市、公共安全、教育）的"数字化"。[②]

2016 年 7 月，美国联邦通信委员会通过开放更多频谱的决定，这一规定将把 24GHz 以上频率应用于移动宽带，使美国成为"世界上首个将这一频谱用于提供下一代无线服务的国家"。美国最大的无线运营商 Verizon 在 2016 年 7 月宣布完成了 5G 技术规范的制定和外场测试，2017 年提供 5G 商用。随后，美国第四大电信运营商 T-Mobile US 也宣布正在加速开展 5G 相关实验，在一个月时间内先后与爱立信、三星、诺基亚等国际大型设备商达成合作[③]，表示将在 2020 年前利用 600MHz 及高频段建立一个全国性的 5G 网络[④]。

2017 年 7 月，德国发布 5G 国家战略，主要内容有以下两方面。

（1）网络部署：大量敷设光纤，充分共享公共基础设施。

5G 频谱分配：700MHz 分配给运营商，用于运营商早期实现 5G 全覆

---

① http://www.360doc.com/content/15/0502/00/20625606_467361998.shtml.
② http://www.istis.sh.cn/list/list.aspx?id=10168.
③ http://news.china.com.cn/world/2016-10/14/content_39485220_2.htm.
④ http://www.cww.net.cn/article?id=406016.

盖,3.4~3.8GHz被认为将在5G中扮演重要角色,运营商利用这段频谱可以使用100MHz以上的信道带宽,覆盖和容量优势兼具,主要用于城区Small Cells部署。

(2)做5G应用的市场领导者,到2025年实现千兆社会(Gigabit Society)目标。

IMT-2020定义了2020年5G商用的三大应用场景,增强型移动带宽(eMBB)、大规模机器连接(mMTC)和超高可靠性与低延迟连接(URLLC)。3GPP也根据这三大场景为5G定义了KPI。

5G将推动六大领域数字化转型,包括智能交通和运输、工业4.0、智慧农业、智能电网、智慧医疗、媒体和内容创新等。

• 数字安全

为了确保大数据的安全,世界主要国家纷纷出台战略与政策。

2012年3月29日英国政府颁布《大数据研究和发展计划》,将大数据从单纯的商业行为上升到国家意志和战略。2013年2月法国发布了《数字化路线图》,将大数据列为5项大力发展的战略性高新技术之一;2013年7月,法国发布《法国政府大数据五项支持计划》,支持引进数据科学家,设立大数据发展基金,构建大数据应用环境,启动大数据项目。2013年8月15日澳大利亚发布《公共服务大数据战略》,提出发展大数据的战略目标和六条原则。2012年12月日本研发出硬盘存储故障预警技术,可以有效保护数据中心的数据安全,2014年日本实施《数字安全基本法案》,在引进美国网络防御系统的基础上研究开发数据安全和保护技术。2014年8月20日德国通过了《2014~2017年数字议程》,提出推动"网络普及""数字经济发展""网络安全"等重要进程[1];2015年设立隶属于内阁的数字安全战略小组,小组的主要任务是制订国家数字安全战略。2015年美国通过《网络安全法》,对网络信息安全进行了全面规制。[2]

---

[1] 李德斌:《国外大数据安全发展的主要经验及启示》,《信息安全与通信保密》2015年第6期。
[2] http://www.sohu.com/a/129167126_301529.

- 数字化人才培养

"2016年10月，德国政府推出'数字型知识社会'教育战略，确立未来10~20年五大行动领域：数字化设施、数字化教育培训、法律框架构建、教育机构和组织的数字化战略、国际化。德国希望通过这一举措使教育参与者能够掌握数字化授课的技能，并且保障不断更新线上数字化教育课程。联邦—州数字化协定规定，未来5年联邦教育部将加大对数字化教育的资金投入，包括教师的培训、设备的维护、校园的数字化建设等。德国联邦政府和州政府通过鼓励中小学生参加计算机类竞赛来培养有信息技术天赋的学生，提高中小学教师的多媒体使用技能。"[1]

数字化技术必须超越专业限制，继续扩展针对高校创业的扶持项目，以促进顶尖技术与经济界的融合，并使其在德国和欧洲得到应用，提供在线教学课程，如大型开放式网络课程（Massive Open Online Courses，MOOCs）等，通过与工会和雇主协会建立联系，为数字化培训创造优越的条件。要特别关注中小型企业，使其能够长期、可持续地为员工提供职业培训，同时也要扩展培训的功能，使所有人都能根据个人的条件在线接受培训，并对数字化信息和在线课程的质量进行评估。[2]

- 数字化平台

美国汽车制造业目前正在通过引入数字化智慧工厂来实现每年320亿元的成本削减，大约占可计算生产成本的20%。美国联邦机动车安全标准（Federal Motor Vehicle Safety Standards，FMVSS）鼓励汽车行业进行以下五方面的革新：减少测试所需的原型车数量；去掉没有附加安全好处的冗余的测试和校验；减少记录、数据处理监管资源；降低顾客在国家之间迁移的行政/改造费用；在国家边境处更高效地运输汽车和汽车零部件运输，以使汽车行业更加高效和有竞争力。

德国西门子公司在北京成立的"工业4.0创新实验室"，将第三方制造

---

[1] http://epaper.gmw.cn/gmrb/html/2017-03/01/nw.D110000gmrb_20170301_1-15.htm.
[2] http://www.cast.org.cn/n200735/n203689/c411786/content.html.

与检测硬件设施和西门子的 PLM、TIA 及 MOM 三大工业软件技术相融合，以数字的方式实现流程规划、产品设计和仿真、生产线仿真、机器人控制、虚拟调试、数字化质量控制、远程协作等生产制造流程管理。

三 各国汽车及相关领域的数字化实践

（一）美国

1. 汽车产品研发领域

通用公司是最早利用虚拟化技术的汽车公司之一，设计师借助虚拟化软件提供的三图形流水线部件在自身左、前、地面上的投影，再加上被当作第四面墙的单独的桌面系统，就可以设计出一台汽车。工作人员带上头盔式显示器、数据手套或者立体滤色眼镜等显示设备，就可以在大屏幕上看到和真实汽车一样大小的三维立体图，而且可以围绕虚拟车来回走动观察。在另一个设计室中，可坐在汽车的座椅上看见仪表盘等附属装置，还可以和旁边的工程师对汽车的内饰进行评价和改进。

"在福特汽车公司，产品设计师通过虚拟化软件可以看到虚拟的汽车车门和发动机罩之间的铰接，可以观察汽车在公路上行驶的情景。动力系统的工程师还可以通过更换一个虚拟机油滤清器来模拟发动机的维护。设计师通过借助虚拟化技术建立的三维汽车模型，可看到汽车的悬挂、底盘、内饰甚至每一个焊接点，以此来确定各个部件的质量和运行性能。"[①]

位于美国威斯康星州的 M&L 汽车专业公司设计了一辆"扑食者"轿车，该车时速可以达到 200 英里，是世界上第一辆用虚拟模型的计算机软件来进行设计的汽车，这种软件不仅能模拟汽车内部的构造，而且能够模拟汽车的运行情况。

---

① 《虚拟现实技术在汽车工业中的应用现状与前景》，http://auto.gasgoo.com/News/2013/07/21115830583060239233187.shtml。

2. 汽车制造技术领域

(1) 通用电气公司(GE) – IDT

为了收集设计、制造、服务、供应链装备的信息,提供对工业制造和绩效数据进行智能分析的方法,采用工业数字线程测试台(Industrial Digital Thread Testbed,IDT)。经过制造流程和步骤的数字化和自动化,工业数字化线程测试台可以提升生产效率、速度和灵活性。在设计之初,将设计系统与制造业进行无缝数字化融合,可以为基于模型的企业提供帮助,使其在生产实体零件之前,先进行虚拟操作。传感器协助下的自动化、制造流程、步骤以及机器数据可以对操作和供应链进行优化。一旦完善了制造流程,数字化"出生证明"(类似于建成签名)就相当于明确了工程意向。这为强大的大数据分析提供了机会,这样,服务团队和现场工程师可利用大数据分析,对设备进行更为准确的理解、透视和实际操作以提高对重要设备的服务与维护质量。

此外,在对软件和工业数据进行十多年的深入研究后,GE 成功推出 Predix,成为全球第一个专用于工业数据收集与分析的操作系统,能实时监控包括飞机引擎、涡轮、核磁共振在内的各类机器设备,同步捕捉它们在运行过程中高速产生的海量数据,还能通过对这些数据的分析和管理,能够做到对机器的实时监测、调整和优化,进而提升运营效率。基于 Predix 平台,GE 还打造了数字双胞胎(Digital Twin)技术,对于每个引擎、每个涡轮、每个核磁共振,GE 都可以在虚拟世界为它们创造一个"数字双胞胎",利用这些拟真的数字化模型,用户不再需要在庞大的机器上进行反复调试、试验。在 GE90 发动机上应用数字双胞胎技术后,大修次数减少,节省了上千万美元的成本;在铁路上应用数字双胞胎技术后,大大提升了燃油效率,同时降低了排放。到 2020 年,预计将有 68000 架飞机引擎、10000 万台燃气轮机、1.52 亿台汽车和 1 亿支照明灯泡接入工业互联网。GE 内部已通过启动数字化技术,在全球工业生产流程中节省了 5 亿美元,预计在 2020 年,GE 数字化战略将节省 10 亿美元成本。

（2）DXC Technology Company

DXC Technology Company 是一家最近成立的公司，于2016年5月19日在特拉华州注册成立。DXC Technology 公司在基础设施、应用和业务流程领域提供技术咨询、外包和支持服务，包括云计算、安全保密性、分析和数据管理在内的战略企业服务产品。该公司使用有限数量的变量为一个混合动力汽车的生产过程建立了数字双胞胎模型，目标是在车企进行实际生产制造之前对汽车的性能进行预测。DXC 和微软合作，在工业层面建立一个机器学习的解决方案，利用 Microsoft Cortana Intelligence Suite 来执行数字双胞胎，不断创建混合动力汽车仿真的新方法。

3. 汽车服务领域

（1）通用汽车于2016年正式推出"个人移动"（Personal Mobility）服务品牌 Maven，这一服务将率先在密歇根州的安娜堡推出，并计划迅速扩大至其他主要的美国城市，用户使用 Maven 后，就无需再使用车钥匙，只需要使用智能手机，就可以实现与车辆的互联，用户通过使用专有手机应用程序按位置或车辆类型搜索并预订车辆，该程序还支持车辆启动、控制空调温度等远程操作功能，用户可以通过使用苹果 Carplay、安卓 Auto、安吉星、SiriusXM 车载卫星收音机以及4G LTE 无线网络在车内享受智能生活。

（2）IT 企业也会通过与汽车企业的合作来介入汽车产业，并发挥其互联创新的优势。比如微软和福特合作，推动微软 Azure 云平台在汽车行业的应用；谷歌研发推广无人驾驶汽车的同时也正和福特合作开发预测目的地的 API。

（3）Openbay 成立于2012年4月，是美国一个汽车维修 O2O 平台，总部位于马萨诸塞州剑桥市，目标是把汽车修护服务的供应商和需求者匹配起来，向全美车主提供线上预订、线下维修的服务。2013年10月开始建立的 Openbay.com 数据库包含了车主需要的所有维修数据，当汽车出现问题时，车主只需在线描述汽车出现的问题或者对汽车服务的需求，本地汽修服务人员就会做出响应。车主可以根据价格、位置、排名和顾客评论等来选择汽车维修服务供应商。2015年，Openbay 推出 OpenbayConnect 项目，通过把蜂窝式的诊断装备插入仪表盘下的 OBD 系统端口,来采集汽车的诊断数据并进行分析,使汽车维修服务商在提供服务前即可远程对汽车进行故障诊断以及维修成本预估。

(4) 菲亚特克莱斯勒公司(FCA)在 2016 年 2 月 23 日的巴塞罗那全球移动大会上展出了一个身临其境的原型汽车销售程序,该程序是由埃森哲基于谷歌的 Tango 工具包设计和开发的。通过让消费者对虚拟物体进行观察和互动来展示增强现实技术是如何改变消费者的购物体验的,通过这一技术,消费者可以近距离、全方位观察他们想买的东西,例如汽车。

(二)德国

1. 汽车产品研发领域

在戴姆勒汽车设计中心,设计人员可以在"虚拟化中心"的虚拟环境中工作,例如车身设计师可以在这里检查车体的线条和轮廓,分析汽车的动力学性能等。数字化贯穿于从研发到售后服务的整个产业链,对于未来的汽车,在开发初期就可以将其以数字化原型精准地表示出来。

2. 汽车制造技术领域

2016 年 9 月,德国三大车企奥迪、宝马和戴姆勒联合爱立信、华为、英特尔、诺基亚及高通宣布成立"5G 汽车联盟"①。

(1) 戴姆勒。2016 年戴姆勒聘请中国区品牌总监盛澜宁(Sabine Scheunert),为奔驰打造一个新数字化中心。使用专业的交联传感器监控整个工厂原材料和零件的运输过程,从而实现供应链的可视化。

(2) 奥迪。奥迪在生产过程中,在难以实现自动化的环节应用了可合作式的机器人。奥迪计划 2015~2019 年将投资 240 亿欧元,打造汽车数字化时代,如今,奥迪的大部分新汽车工厂已经完全实现了智能化生产,从 3D 打印建模到机器人组装,奥迪还开始建立虚拟展厅,从研发、制造到服务等各个环节逐步实现数字化。

---

① http://news.xinhuanet.com/info/2016-10/14/c_135750173.htm.

在冲压车间，所有的冲压过程都在四个带有"M/W"标志的大白箱内由自动化设备完成，工人把箱子中的成熟产品拿出来进行检测和装箱即可；在焊接车间，对于车身左右侧围、下部、顶盖这三大件的焊接采用激光焊接房，相比普通焊接点，激光焊接点的强度要高出30%；在总装车间，采用HLS厂房规划系统，采用三维动态模拟对厂房进行设计规划，规避了可能出现的设备互相干涉等问题，总装车间大量的电控拧紧机既可以提高螺栓的拧紧精度，还可以将拧紧数据上传至数据库，保存15年以上，"物流超市"占据了总装车间近1/3的地面面积，电子看板可显示生产线各工位的零部件需求，并提示物流人员按计划及时补充生产线零部件。最终的数字化质保是奥迪总装车间的质量核心控制环节。

（3）奔驰。奔驰IAA概念车，在设计开发阶段的数字化模型中缩短了新车型的开发周期，20世纪70年代，奔驰只有1000余个部件利用计算机辅助开发，但在奔驰全球数字化未来战略的推动下，80年代骤增25倍，现在进行数字化的部件多达8000万个。原先，一款概念车的整个设计周期至少需要两年，而IAA却只用了11个月。IAA概念车进行了300多种变化模拟组合来进行空气动力学设计，通过改变外形设计，可以将风阻系数从0.25降低到0.19，创造了新的纪录。

（4）宝马。"宝马公司于2014年引入智能化能量管理数据系统（iEMDS），该系统在斯帕坦堡、莱比锡、雷根斯堡、慕尼黑和兰茨胡特工厂得到了应用，并计划未来推广到全球生产网络中。将来14个国家的30个工厂，可以不间断地测量机器人和生产设备的能量消耗，并把相关数据上传到公司大数据网络。"① 工厂生产线不仅能实现低能耗、高产出，而且还能保证产品品质。这些智能仪表可以提前识别出过度消耗的偏差值。分析数据还可以预防个别机器人和生产设备的损毁，确保车辆生产的一流品质。公司预计到2020年生产每辆车的能量消耗量将比2006年至少降低45%。2013年

---

① 《汽车行业的工业4.0　宝马数字化生产线介绍》，http：//www.autotech.cn/fresh/other/2814.html。

宝马公司车辆生产的能量消耗水平较 2006 年已经下降了 31%。

（5）劳斯莱斯。劳斯莱斯英国古德伍德工厂利用特殊的三维扫描仪和高分辨率数码照相机，不仅可以实现高达 2 毫米级别的测量精度，而且大大缩短了测量时间。目前该工厂已经建立了三维生产设备数据库，不再需要真实结构的计算机辅助重构图纸，也淘汰了耗时费力的现场人工。数字化提供了精准、全面、最新的数据库，以便快速灵活地适应生产需求。

3. 汽车服务领域

（1）BMW：2016 年 3 月，BMW Connected 互联应用在美国上市，这一应用是将一个车联网的功能集成在一个 APP 里，用户可以通过该 APP，实现远程查看车辆状态、控制开关门、行程规划、设置提醒等功能。

（2）保时捷数字化技术中心。2016 年 9 月，保时捷成立 Porsche Digital GmbH 数字化技术中心，为豪华汽车提供数字化解决方案。同年，保时捷还成立了 Porsche Digital Lab 数字实验室，为科技公司、创业公司提供研发和测试创新信息技术的解决方案。

（3）大众汽车。2016 年 3 月，大众汽车集团 CEO 穆伦（Matthias Müller）提出，大众汽车未来将在北京、波茨坦和加利福尼亚三个地方建立研究中心，数字化和设计团队专家将会共同努力来研究未来的汽车。目前自动驾驶汽车开发项目也已经在进行中，目标是实现大众在客户体验界面的设计、操控逻辑、娱乐系统达到同级别最佳。

（三）日本

1. 汽车产品领域

"马自达利用 MathWorks 公司设计的模型研发了 SKYACTIV 创驰蓝天车身技术。利用这种模型，工程师们可以看清楚发动机的内部。在建模之前，设计师还可以利用这种模型来对发动机的部件进行设计和测试，得到最优的设计方案，达到改善发动机性能和提高燃油效率的目的。"[①] Mazda 通过在每

---

① 《看大数据如何影响汽车业》，http://cda.pinggu.org/view/12915.html。

个车型项目投产之前进行约 20000 项数字化仿真研究,已经把项目周期从 30 个月减少到 18 个月,Mazda 的目标是今后每个车型项目在投产前做约 30000 项数字化预研究,把项目周期缩短到 14 个月。例如 Mazda RX8 发动机,是一款转子发动机,有 16 种不同的零件、13 种机型,最初需要 9 周的生产准备时间,在应用发动机解决方案后生产准备周期缩短到 3 周,在新机加工线上应用数字化仿真工具把机床从 54 台减少到 42 台,节约了大量设备投资,每个加工特征的投资从 540 万日元减少到 386 万日元,整个生产线上共节约投资 400 万美元。

2. 汽车制造领域

日本电装公司在 2015 年东京车展上提出"领先工厂"的概念。电装公司是日本最大的系统零部件制造商同时也是全球最大的汽车系统零部件制造商之一。大规模定制要运用现代化的信息技术、新材料技术、柔性制造技术等一系列高新技术,通过产品结构和制造流程的重构,把产品生产全部或者部分转化为批量生产,以大规模生产的成本和速度为单个客户或小批量多品种市场定制任意数量的产品。小批量而成本不变的"领先工厂"是融合了精益生产和大规模定制的一种生产方式。

广汽本田的发动机工厂在生产效率、先进性、节能环保等方面都居于本田全球工厂前列。焊装车间可以同时对焊接控制器进行联网监控,将收集和分析到的焊接数据用来指导高强度车身的生产;涂装车间的每一台车身都安装了无线射频(RFID)识别装置,实现了存储、传感、无线通信的集成化管理;由于总装线上的配件都被打上了标号,智能物流系统会将繁杂配件通过物流小车准确及时地送到所需工位,在整个智能物流系统中,智能 AGV(智能叉车)根据指令将零件送到对应的工位后,会把清空的"购物车"移走,再把全新装满零件的"购物车"送到下一个工位。广汽丰田的总装车间导入 SPS(精细的零件分拣)系统,分离零件区和装配区,极大地简洁化了工厂。

3. 汽车服务领域

(1)丰田 – Toyota Connected

丰田生产模式(TPS):丰田汽车工厂引入大数据技术进行分析优化管

理，在计算机环境中对整个生产过程进行仿真、评估和优化，最终实现自动化、智能化、互联化的生产制造。2016年，丰田和微软合资，成立了一家叫作 Toyota Connected 的新公司，微软提供 Azure 云服务，为用户带来精准、有情景、直接的服务。

"日本爱和谊日生同和财产保险公司、丰田汽车公司和丰田金融服务三家在美国的子公司合资成立车载信息保险服务公司，于2016年推出一款新型保险，通过车辆上安装的感应器采集车载信息数据，分析驾驶员主观发生事故的概率，对驾驶员的开车危险性进行评估，在此基础上上调或下调下一年的保险费。"① 该公司主要是为丰田汽车保险服务的发展提供支持，例如 "pay how you drive" 保险就是为了鼓励更安全的驾驶行为的保险服务。其计划基于大数据来推广新型保险服务，为消费者提供更多保险选择。

(2) 三菱

"三菱汽车公司研究的驾驶员注意力跟踪技术算法可以让预测的准确率提高66%。这一系统可以实时搜集来自摄像头和传感器的数据，例如司机操纵方向盘的数据、司机的心率和表情数据。"② 这些数据除了帮助分析疲劳程度之外，可能还会辅助监测酒驾。

四 国际经验启示

(一) 先进制造业国家已经将数字化战略作为经济发展的战略制高点

目前先进制造业国家纷纷将数字化战略发展为国家战略，注重顶层设计，并配套以政策支持。例如美国在汽车产业数字化方面拥有强有力的政府支持，美国政府为汽车制造先进技术提供贷款项目。美国具有发达的风险投资市场，为研发提供资金，分散风险。美国拥有全球最大的风险投资市场，

---

① 《丰田车载信息保险服务公司成立》，http://www.caam.org。
② http://www.qdaily.com/articles/16740.html。

2014年投资总额达到500亿美元,高于欧洲、中国和印度的总和。其中,硅谷的风险投资总额高居首位(240亿美元),纽约位居第二(50亿美元);软件行业具有规模效应,利润增长潜力巨大,是风险资本家的首选,占比达到41%。

德国联邦经济与能源部在《德国工业4.0白皮书》中提到,"我们希望德国和欧洲可以在产业价值和生产力中具有核心竞争力,占据数字化产业生产的领先位置。德国工业价值的优势也应该是数字化时代新优势的基础,为了建立这种基础,我们必须在德国经济中嵌入数字化平台和平台战略,平台作为关键节点、利益平衡点、数据处理中心、创新推动者和市场开拓者,对数字化经济发展影响极大,且不断定义国家的增长潜力和竞争框架。"

(二)先进制造业国家普遍重视数字化战略资源的提前布局

先进制造业国家纷纷开始了数字化基础和战略资源的提前布局,例如成立相应的研究机构,开展研究项目,开发研究平台,培养数字化科研人才等。

为了推进大数据的发展,先进制造业国家都将人才培养纳入重要议程。"英国政府在《英国数据能力战略》中对人才的培养做出了专项部署,通过奖学金、项目资助的形式来支持高校培养相应的人才,增设大数据相关课程,强化'数据科学'学科;法国在《政府大数据五项支持计划》中,提出引进数据科学家教育项目;澳大利亚在《公共服务大数据战略》中将大数据分析技术纳入现行的教育课程中,增加人才的储备;美国在《大数据研究和发展计划》战略中,鼓励研究性大学开设交叉学科的研究生课程,扩大大数据技术开发和应用所需人才的供给,培养下一代数据科学家和工程师"[1]。

---

[1] 李德斌:《国外大数据安全发展的主要经验及启示》,《信息安全与通信保密》2015年第6期。

2016年10月，戴姆勒大中华区为了深入了解自动驾驶技术在未来的发展趋势以及数字化大城市的发展现状，与清华大学在北京举办了"数字化大城市与自动驾驶峰会"。将来，该联合研究中心将开展自动驾驶、主被动安全系统以及信息技术和虚拟现实技术等多个领域的项目研究。清华大学汽车工程系、土木工程系、自动化系、经济管理学院及工业工程系将积极参与同戴姆勒的合作研究中。

（三）美德日等国家已经对数字化战略和汽车产业进行深度融合

部分企业纷纷成立专门的数字化部门，例如GE的Predix平台、日本电装的"领先工厂"。富士通公司除积极参与美国GE/IBM等倡议的工业互联网联盟（Industrial Internet Consortium，IIC）成为IIC标准与工程组总监外，基于自身的工厂实践提出了工业互联网（IIoT）应用模式："工厂可视化"试验平台FOVI。

（四）数字化是技术和商业模式的深度融合，会重塑新的汽车产业格局

美国大型汽车制造商利用技术集群中的现有知识以及良好的合作伙伴关系，推动新技术、新流程在庞大的汽车市场中的应用。美国有许多已建成的创新集群，例如硅谷。美国是全球十大IT公司中8家IT公司的发源地，这些公司为汽车产业数字化提供了强大的技术支持。此外，美国还具有大批受过高等教育的劳动力，可为数字工厂建设提供高素质人才。

德国汽车产业数字化发展主要由"中型公司"来决定，即规模中等且往往为家族所有的公司，只有这些公司投身于彻底的创新并采纳工业4.0流程，德国的工业4.0事业才能取得成功。德国目前还比较依赖国际硬件和软件生产商，这导致其不能及时跟上最新的发展趋势。

日本汽车工业的大多数零部件企业都属于某个围绕着整车厂而形成的集团，企业与企业之间、企业与银行之间在政府的协调下进行合作。在长期合作中，"日本汽车集团与零部件企业形成一种特殊关系，汽车集团为零部件

企业提供资金、原材料、技术、设备、人员等支持；汽车集团会成立各种协调组织，如日产汽车公司的'宝会'、丰田汽车集团的'协力会'等，这些组织协调生产分工，开展技术和信息交流，整车企业和零部件厂商一旦形成供给关系就会形成比较稳固的集团，不容易受到干扰。"①

---

① http：//yzs. mofcom. gov. cn/article/ztxx/201302/20130200028757. shtml.

B.5
汽车产业数字化发展评估体系

本文借助典型国家数字化评价模型和框架体系，提出我国汽车产业数字化研发和制造环节数字化发展评估体系，对我国汽车产业的数字化水平进行综合评价。

一 评估思路

（一）评估目标

1. 成为摸清我国汽车产业数字化发展现状、把握发展规律的有效途径

构建汽车产业数字化发展评估指标体系，并利用其对我国汽车产业数字化发展成熟度进行评估，有利于摸清我国汽车产业数字化发展现状。同时，通过总结国内外关于数字化建设的宝贵经验，有利于准确提炼数字化发展的规律，研判汽车产业数字化的发展趋势。

2. 成为帮助企业衡量汽车产业数字化水平、提供发展方向引导的科学工具

通过构建系统、科学、可量化的汽车产业数字化发展评估指标体系，企业可以参考该项指标体系进行自评估，能够帮助企业梳理实施数字化战略的关键点、识别企业数字化建设短板，为企业优化升级数字化发展战略规划并予以实施提供有效、科学的指导与支撑。

3. 成为助力政府推动汽车产业数字化发展的重要决策参考

为政府提供标准化、可量化、操作性强的汽车产业数字化发展评估方法和手段，可用于汽车行业开展数字化项目建设水平的评估和验收，其评估结果可为相关政府部门优化汽车产业数字化项目支持政策、完善行业管理体系提供决策参考。

（二）评估原则

（1）系统性原则。数字化是一个多方面、多维度的概念，具有典型的复杂性、系统性特征。因此，在构建数字化发展评估指标体系时，各指标之间要有一定的逻辑关系和内在联系，但又要相互独立，避免重叠，兼顾完整性、逻辑性、独立性三个方面，形成一个不可分割的评估体系。

（2）科学性原则。指标体系的设计及评估指标的选择均以科学性为原则，能客观真实地反映数字化在研发设计、生产制造等方面的建设特点和状况。既要避免指标信息遗漏，又不能过于烦琐，保证评估指标体系能从广度和深度两个方面对汽车行业企业数字化发展情况和成熟度进行全面评估。

（3）可操作、可量化原则。数字化发展评估指标体系构建时应充分考虑指标选取的计算量度和计算方法的一致性，尽量保证各指标简单明了、微观性强、便于收集，使各指标具有较强的可操作性和可比性，便于进行数学计算和分析。

（4）客观性原则。尽可能减少主观性判断指标，各企业考核标准不一，较难进行统一比较。尽量采用客观指标，尽量避免开放式回答，防止评估者人为迎合指标。

（三）评估总体思路

对现有国内外关于数字化工厂和智能工厂的评估体系进行归纳总结，重点关注其在研发设计和生产制造环节的评估内容，分析其核心要素、归类方式及划分等级，充分参考与数字化提升相关的内容，完善汽车产业数字化发展评估体系框架。在此基础上，围绕评估目标与评估原则，借鉴成熟度的分级理念，构建汽车产业数字化发展评估体系，在评估现状的同时说明企业数字化提升的发展方向与路径。通过实地调研，结合典型企业进行数字化发展成熟度评估，验证评估体系合理性的同时给出评估方法与步骤。总体思路如图1所示。

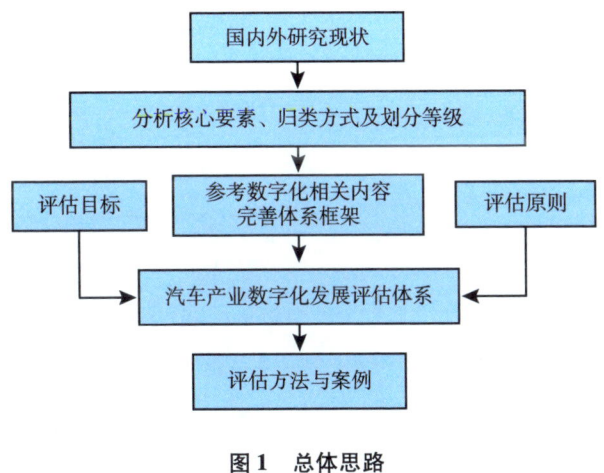

图1 总体思路

二 比较与借鉴

当前,关于汽车产业数字化发展评估的研究还处于早期阶段,国内外尚未有成熟的、可直接借鉴的汽车产业数字化发展评估体系。目前与汽车产业数字化发展评估相关的研究主要集中在智能制造、工业4.0等更宏观的层面,工厂数字化程度等虽然处于相同层面,但并未具体结合到汽车产业的评估。

(一)国家智能制造标准体系建设指南

2015年12月,工信部、国标委根据《中国制造2025》的战略部署,联合发布《国家智能制造标准体系指南(2015年版)》,将智能制造系统结构分为生命周期、系统层级和智能功能三个维度,对智能制造系统的内涵和外延进行了清晰的界定,为下一步标准制定工作打好基础。生命周期是由设计、生产、物流、销售、服务等一系列相互联系的价值创造活动组成的链式集合,相互关联、相互影响;系统层级自下而上共五层,分别为设备层、控制层、车间层、企业层和协同层,体现了装备的智能化和互联网协议(IP)

化以及网络的扁平化趋势；智能功能包括资源要素、系统集成、互联互通、信息融合和新兴业态五层。具体内容如图 2 所示。

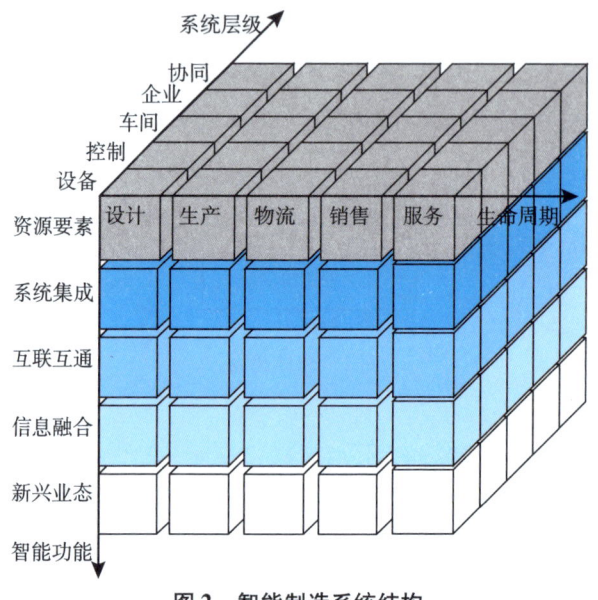

图 2　智能制造系统结构

系统结构总结了智能制造的核心特征与要素，借鉴并参考其系统结构，重点聚焦设计与生产领域，按照智能功能在资源、集成、网络、信息等不同层面的划分逻辑，将其分别映射到系统层级坐标，由设备级的单点应用向企业级的多点集成应用提升，为搭建汽车产业数字化评估体系打下框架基础。

（二）德国机械设备制造业联合会(VDMA)的工业4.0成熟度测评

德国机械设备制造业联合会（VDMA）下属 IMPULS 基金会委托 IW 咨询（科隆经济研究所子公司）和亚琛工业大学 FIR（工业管理研究所）共同推出了工业 4.0 成熟度在线自测评平台。该测评包括了战略及组织（0.254）、智能工厂（0.143）、智能操作（0.102）、智能产品（0.185）、数据驱动服务（0.138）和员工（0.179）六个维度。根据测评结果，将被测者分成从 level 0 到 level 5 六个等级层次。其中 level 3 到 level 5 为行业领导者的水平，如图 3 所示。

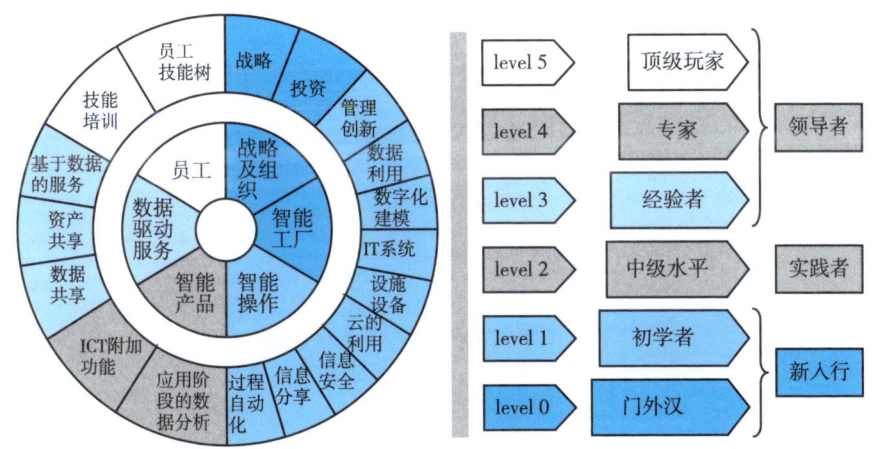

图 3　工业 4.0 成熟度测评

该评估体系可在线自评，评测方式简易、操作性强。在该指标体系中，考虑了组织、智能产品、员工素质及规模的因素，而且权重占比较高。测评中智能工厂评估维度的划分可为汽车产业数字化发展评估体系的构建提供借鉴。强调数据驱动，在数据共享和数据分析及基于数据的服务可为汽车产业数字化发展体系中数据集成内容方面提供参考。

针对中小企业的需求，VDMA 联合卡斯鲁尔大学生产工程学院等单位共同完成了《中小企业工业 4.0 实施指南》，用来指导德国中小企业确定工业 4.0 的发展方向与路径。该指南重点关注两个方面的内容，产品方面与生产制造方面，分别给出了相应的工具盒，并根据不同的应用级别划分出 5 个等级。产品方面包括了集成传感器和控制器、通信和连接性、数据存储与信息交换、监测、IT 服务以及商业模式六个部分；生产制造方面包含了生产数据处理、设备互联、公司级互联网络、生产信息与通信集成、人机交互、柔性生产六个部分，如图 4 所示。

该测评以中小企业侧重产品创新与生产技术创新为出发点，重点突出，简单易行。测评中生产制造评估维度的划分可为汽车产业数字化发展评估体系框架的构建提供借鉴。强调数据、设备、网络等的应用与提升，可为汽车产业数字化发展评估体系中设备、网络建设等内容提供参考。

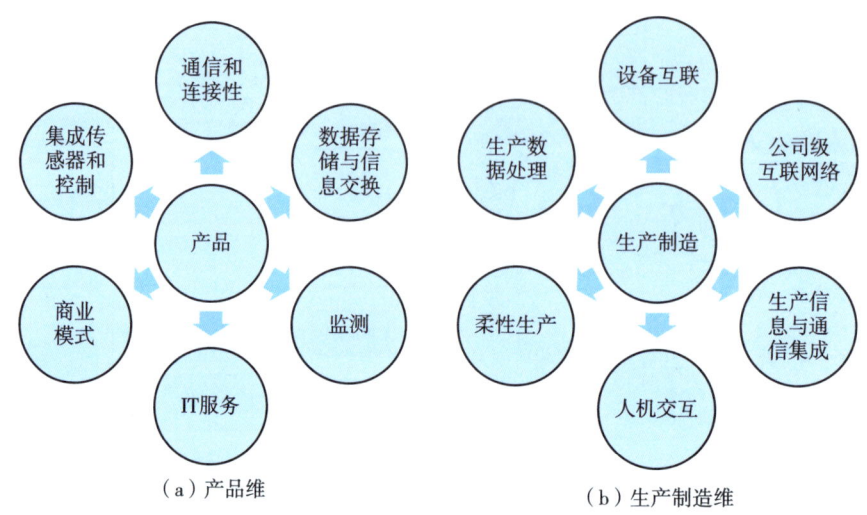

图 4　中小企业工业 4.0 工具箱

（三）美国国家标准与技术研究院（NIST）的企业 MBE 成熟度模型

美国国家标准与技术研究院提出了企业 MBE 成熟度评价模型。该模型围绕产品数据生命周期进行生产、制造、改进等活动，从数字化设计、技术数据包、数据存储技术、数据转换、质量控制与企业协同及数据交互六个方面对基于模型的企业成熟度展开评估。将企业运用模型的成熟度分为从 0 级到 6 级七个层级，如图 5 所示。

该评估模型强调以模型数据驱动产品生命周期，关注企业数据的利用率和可重用性，强调数据模型在产品生命周期中的作用。其对数据在产品全生命周期的贯通可为汽车产业数字化发展评估体系框架的构建提供借鉴，为汽车产业数字化发展评估体系中 MBE 应用内容提供参考。

（四）国际电工委员会（IEC）的数字工厂框架

国际电工委员会成立了 IEC/TC65 WG16 数字工厂标准制定工作组，用以

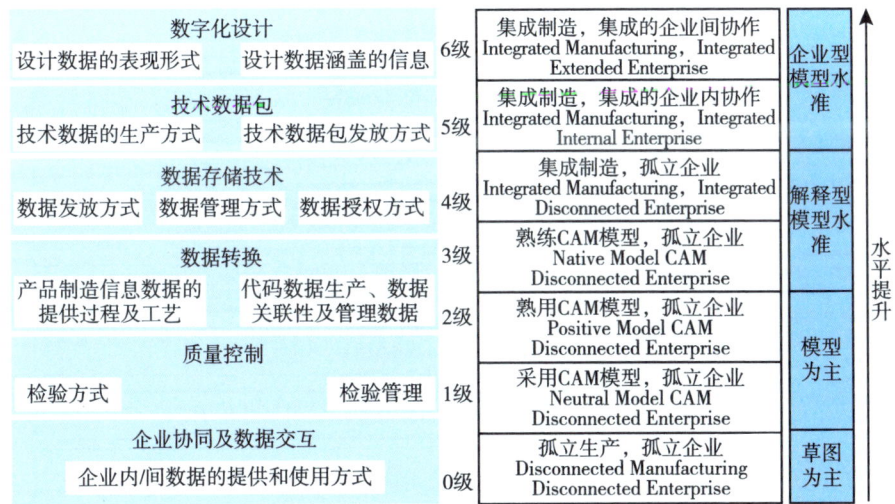

图 5 NIST 企业 MBE 成熟度模型

专门制定关于数字工厂的相关标准。IEC 认为，数字工厂是数字模型、方法和工具的综合网络（包括仿真和 3D 虚拟现实可视化），通过将连续的没有中断的数据管理集成在一起，是以产品全生命周期的相关数据为基础，在计算机虚拟环境中对整个生产过程进行仿真、评估和优化，并进一步扩展到整个产品生命周期的新型生产组织方式，是现代数字制造技术与计算机仿真技术相结合的产物。其设计的标准布局分别有：过程控制表示、信息安全、工业自动化能效、数字工厂层级概念、工业自动化中使用的工程数据交换格式、OPC 与 FDI 集成技术、产品属性和分类，以及工程过程测量/控制和自动化生产过程表示用参考模型（数字工厂）、工业过程测量/控制和自动化数字工厂框架等，如图 6 所示。

（五）分析总结

以上研究成果虽然并不能直接适用于汽车产业数字化发展评估指标体系研究，但经综合比较与分析，有以下三点重要的启示。

（1）评估重点应包括：数据集成、协同创新、智能装备、网络互联、系统集成、基于模型的企业、产品全生命周期。

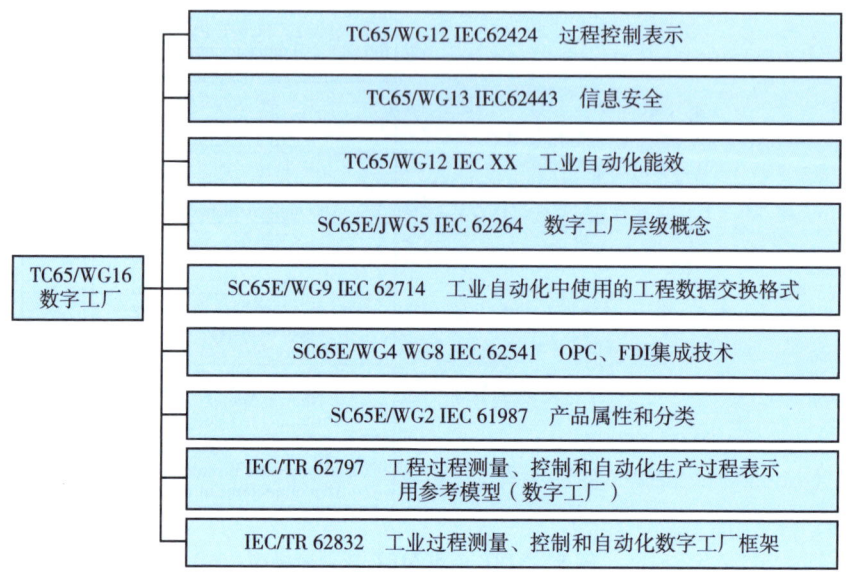

图 6 数字工厂标准框架

（2）指标设计原则应包括：可操作、可量化，所有指标设计到最后都要落实到具体操作评估中，如果设计的指标操作性不强，则会给以后的实际评估工作造成很大的困扰，而且实际评估效用也会大打折扣。

（3）评估体系构建应具有对汽车产业的针对性。汽车产业为典型的离散制造方式，具有独特的生产特征，研发复杂，周期长；生产制造多采用流水线，注重效率；汽车产业发展趋势是基于虚拟仿真的设计与制造，以及基于柔性产线的快速混线生产。

三 评估模型

（一）模型构建

构建汽车产业数字化发展评估体系是在对汽车产业数字化建设、发展现状进行深入调查的基础上，运用科学有效的研究方法，得出针对汽车产业数字化建设和实现效果的评估指标体系，用于测定汽车产业的数字化水平，客观全面地反映汽车产业数字化的建设阶段和存在的差距。评估的主要内容包括2个维度、9个小类、5个等级及成熟度要求，如表1所示。维度是指汽车产业研发设计与生产制造两大核心流程，小类是对汽车产业数字化两大核心流程的分解。等级表示不同的数字化发展水平，成熟度要求是对各小类在不同等级下的特征描述。

表1 汽车产业数字化发展评估体系

维度		研发				制造				
类		产品设计	产品仿真	数据集成	协同开发	智能装备应用	网络互联建设	运营管理系统应用	基于模型的企业开展	工业互联网平台应用
等级	5级									
	4级									
	3级									
	2级									
	1级									

（二）评估等级划分

1. 研发数字化成熟度分级

研发是指研究机构、企业或个人为获得科学技术新知识，创造性地运用科学新知识，或实质性改进技术、产品和服务而持续进行的具有明确目标的系统活动。汽车产业研发过程的数字化水平主要依据产品设计、产品仿真、数据集成、协同开发中数字化的应用程度进行评判，如图7所示。

（1）产品设计

产品设计（含产品的造型/工业设计）的目的是解决企业如何基于客户需求，利用计算机辅助工具，根据经验、知识等快速进行外观、结构、性能等的设计、优化与综合集成，以及与制造工艺的有效对接问题。传统的汽车制造业设计过程以二维工程图纸为基础，但随着数字化技术的发展，三维数字化设计技术得到了广泛的应用，基于数字模型的设计与制造技术已经成为

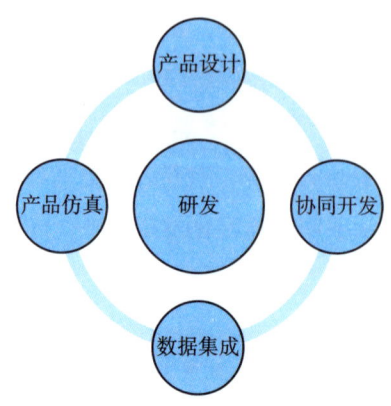

图 7　研发过程数字化水平关键评估项

制造业信息化发展的趋势，使得三维数模成为生产制造过程中的唯一参照对象，改变了传统以二维工程图纸为主、以实体物理模型为辅的设计方法，其等级及特征如下。

> 1 级：没有使用计算机辅助设计工具。

> 2 级：使用了二维的 CAD 计算机辅助设计工具。

> 3 级：使用了三维的计算机辅助设计工具和二维的制造工艺图纸。

> 4 级：使用了三维的产品设计软件和三维的工艺设计软件。

> 5 级：实现设计制造一体化，从设计到制造采用统一的三维数模数据源，无须二维图纸。

（2）产品仿真

产品仿真的目的是提升开发质量、降低开发费用、缩短开发周期等，采用物理模型或数学模型来模仿实际系统，代替实际系统来进行试验和研究。在汽车产品开发过程中，仿真技术集中应用于概念设计和可行性研究阶段、产品设计和原型车确定阶段、定性生产阶段。随着计算机的普及，以计算机为平台的仿真技术在现代产品开发中发挥着越来越重要的作用。其等级及特征如下。

> 1 级：无仿真软件。

> 2 级：初步使用一些仿真软件，作为研发与设计的辅助手段，但不

能全面支持正向设计。

➢ 3级：主要业务均使用仿真软件进行设计分析，能支持正向设计，并取代部分零部件试验。

➢ 4级：全业务流程均使用仿真分析手段，全面支持正向设计，实现虚拟性能开发，仿真分析结果与实际物理实验结果基本吻合。

➢ 5级：建立了虚拟仿真管理平台，对多业务进行协同管理，形成虚拟仿真、硬件在环仿真（HIL）与虚拟现实等技术的集成贯通，大量物理实验过程被取代。

（3）数据集成

数据集成的目的是解决数据的分布性和异构性问题，打破由数据运行在不同软硬件平台的信息系统而造成数据源彼此相互封闭的信息"孤岛"，实现不同软件、不同部门间的数据信息共享，使用户能够以透明的方式访问这些数据源，支持产品全生命周期的产品协同设计、制造和管理，能够有效提高产品质量，降低产品成本，帮助企业提升市场竞争力，并为研发类知识工作自动化奠定基础。其等级及特征如下。

➢ 1级：没有建立企业数据库系统。

➢ 2级：基于数据库存储管理研发数据。

➢ 3级：建立了先进的数据管理系统PDM。

➢ 4级：建立了面向产品全生命周期的管理系统PLM。

➢ 5级：基于PLM打通产品设计、制造、管理与服务各环节。

（4）协同开发

协同开发的目的是组织与调度相关资源，有效完成产品设计开发任务。汽车产业属于典型的离散型制造产业，拥有复杂的产品结构、繁多的产品种类和数量，缩短产品开发周期与上市时间，适应市场的快速变化是汽车产业的共性需求。建立产品协同开发系统可以有效地管理企业内部和企业间复杂而繁多的产品数据、业务流程、信息流，实现产品的高效开发。其等级及特征如下。

➢ 1级：没有建立协同设计系统。

➢ 2级：基于电子邮件或文件共享软件，实现设计资料的共享。

➢ 3级：建立了企业间的协同系统，产品协同开发效率提升。

➢ 4级：建立了成熟的协同设计系统，能够实现全球各地的协同设计。

➢ 5级：建立协同设计系统和统一的产品模型库，大幅缩短新产品研发周期。

2. 制造数字化成熟度分级

汽车制造过程是指从原材料到成品的生产过程，包含毛坯制造、零件加工、产品装配、检验、包装等。汽车制造过程的数字化水平主要依据智能装备应用、网络互联建设、运营管理系统应用、基于模型的企业开展、工业互联网平台应用等方面的情况进行评判，如图8所示。

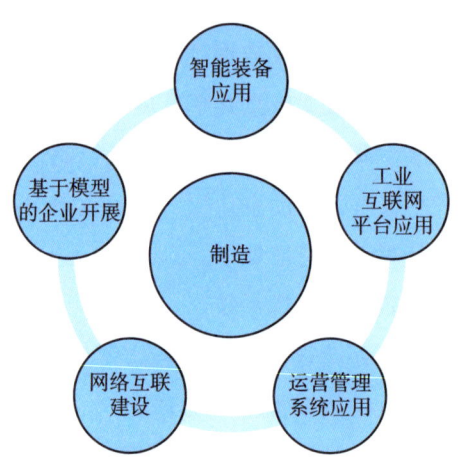

图8 制造过程数字化水平关键评估项

（1）智能装备应用

制造装备是工业的基础。智能装备是具有感知、分析、推理、决策、执行等多种功能的现代制造设备，是先进制造技术、信息技术和智能技术的集成和深度融合。与数字化装备相比，智能装备能够实现自律执行、自适应环境变化，在虚拟环境或虚实样机和环境中完成工艺验证，是企业发展智能制造，实现智能计划与调度、工艺参数优化、车间综合性能分析、质量分析与改善等应用的前提与基础。其等级及特征如下。

- 1级：无智能装备应用。
- 2级：局部环节的单点自动化。
- 3级：核心工艺环节全自动化。
- 4级：装备数据采集及设备智能化管理。
- 5级：基于数据分析的装备运行优化，实现自适应装配与人机协同。

（2）网络互联建设

网络互联是指现场人与设备、设备与设备、数据与数据之间的可获得性和交互性，人与设备之间通过电脑、移动终端、AR/VR等信息技术手段进行互动协同的能力，设备与设备之间通过总线、工业以太网、互联网等载体进行信息交互的能力，以及现场数据采集情况。实现企业的网络互联是企业具备数据采集、传输能力的基础，是实现汽车产业智能化发展的前提。其等级及特征如下。

- 1级：没有建立车间网络，依靠光盘、U盘进行数据传输。
- 2级：建立了设备连接的总线网络，能够实现基于PLC的设备互联。
- 3级：使用了工业以太网和车间无线网络，基本实现车间数据的互联互通。
- 4级：使用了高可靠性、广覆盖面的企业网络，从车间到企业基于网络互联实现纵向集成。
- 5级：应用SDN、TSN等新兴网络技术，大幅提升企业网络互联水平，尝试开展基于无线网络的设备控制。

（3）运营管理系统应用

企业运营管理系统是指对整个企业从头到尾（端到端）的业务，即从原料供应到生产制造与产品分销，把工厂、供应链和日常运营连接在一起的实时管理系统。企业竞争力最重要的源泉就是基于创新的知识及其载体，通过对不同领域范围内专业的应用系统进行有效集成，达到计划、控制、反馈、调整的完整闭环管理。采用大数据技术，为工艺优化、质量改善、设备预防性维护等提供科学的决策支撑。其等级及特征如下。

- 1级：没有建立企业运营管理系统。

➢ 2级：建立了ERP、SCM、CRM、MES等单个运营管理系统。

➢ 3级：建立了完整的企业运营管理系统。

➢ 4级：各个独立的运营管理系统功能健全，且实现系统之间的有效集成。

➢ 5级：运营管理系统与大数据结合，实现对生产制造全过程的深度优化。

（4）基于模型的企业（MBE）开展

MBE是基于模型的定义（MBD）在整个企业及其上下游的供应商之间建立集成和协作环境的方法。各业务环节均在全三维产品定义的基础上开展工作，有效地缩短了整个产品研制周期，改善了生产现场的工作环境，提高了产品质量和生产效率。在实施过程中，产品设计、生产、管理等各环节所使用的数据或信息全部包含在三维模型内，产品工程数据的结构特征减弱，数字化程度提高。

➢ 1级：没有建立企业模型。

➢ 2级：对单个设备、关键装备建立了三维模型。

➢ 3级：能够在单个工序，基于三维模型实现辅助装配与调试。

➢ 4级：能够基于企业级的三维模型进行仿真实验、教学演练。

➢ 5级：基于完整的企业数字模型库，实现对生产制造过程深度优化。

（5）工业互联网平台应用

工业互联网是互联网和新一代信息技术与工业系统全方位深度融合而形成的产业和应用生态，是工业智能化发展的关键综合信息基础设施。工业互联网平台以机器、原材料、控制系统、信息系统、产品以及人之间的网络互联为基础，通过工业数据的全面深度感知、实时传输交换、快速计算处理和高级建模分析，实现智能控制、运营优化和生产组织方式变革。

➢ 1级：没有建立工业数据平台/工业互联网平台。

➢ 2级：建立了面向供应链管理、行业数据分析的工业互联网平台。

➢ 3级：建立了面向生产现场环境、装备运行数据分析的工业互联网平台。

➢ 4级：建立了面向生产现场、供应链、市场需求等全方位数据集成分析的工业互联网平台。

表 2 中国汽车产业数字化发展成熟度评价指标体系

主要环节		中国汽车产业数字成熟度分级				
		Level 1	Level 2	Level 3	Level 4	Level 5
1. 汽车研发数字化成熟度	(1) 产品设计	没有使用计算机辅助设计工具	使用了二维的CAD计算机辅助设计工具和二维的制造工艺图纸	使用了三维的计算机辅助设计工具和二维的制造工艺图纸	使用了三维的产品设计和三维的工艺设计软件	实现设计制造一体化,从设计到制造采用统一的三维数模数据源,无需二维图纸
	(2) 产品仿真	无仿真软件	初步使用一些仿真软件,作为研发设计的辅助手段,但不能全面支持正向设计	主要业务均使用仿真软件进行设计分析,能支持正向设计,并取代部分零部件试验	全业务流程均使用仿真分析手段,全面支持正向设计,实现虚拟性能开发,仿真分析结果与实际物理实验结果基本吻合	建立了虚拟仿真管理平台,对多业务进行协同管理,形成虚拟仿真、硬件在环仿真(HIL)与虚拟现实等技术的集成贯通,大量物理实验过程被取代
	(3) 数据集成	没有建立企业数据库系统	基于数据库存储管理研发数据	建立了先进的数据管理系统PDM	建立了面向产品全生命周期的管理系统PLM	基于PLM打通产品设计、制造、管理与服务各环节
	(4) 协同开发	没有建立协同设计系统	基于电子邮件或文件共享软件,实现设计资料的共享	建立了企业间的协同设计系统,产品协同开发效率提升	建立了成熟的协同设计系统,能够实现全球各地的协同设计	建立协同设计系统和统一的产品模型库,大幅缩短新产品研发周期

续表

中国汽车产业数字成熟度分级

主要环节		Level 1	Level 2	Level 3	Level 4	Level 5
2、汽车制造数字化发展成熟度	(1) 智能装备应用	无智能装备应用	局部环节的单点自动化	核心工艺环节全自动化	装备数据采集及设备智能化管理	基于数据分析的装备运行优化,实现自适应配与人机协同
	(2) 网络互联建设	没有建立车间网络,依靠光盘、U盘进行数据传输	建立了设备连接的总线网络,能够实现基于PLC的设备互联	使用了工业以太网和无线网络,基本实现车间数据的互联互通	使用了高可靠性、广覆盖面的企业网络,从车间到企业基于工业互联网实现纵向集成	基于SDN、TSN等新兴网络技术应用,大幅提升企业网联水平,尝试开展基于无线网络的设备控制
	(3) 运营管理系统应用	没有建立企业运营管理系统	建立了ERP、SCM、CRM、MES等单个运营管理系统	建立了完整的企业运营管理系统	各个独立的运营管理系统功能健全,且实现系统之间的有效集成	运营管理系统与大数据结合,实现对生产制造全过程的深度优化
	(4) 基于模型的企业 (MBE) 开展	没有建立企业模型	对单个设备、关键装备建立了三维模型	能够在单个工序基于三维模型实现辅助装配与调试	能够基于企业级的三维模型进行仿真实验、教学演练	基于完整的企业数字模型库,实现对生产制造过程深度优化
	(5) 工业互联网平台应用	没有建立工业数据平台或工业互联网平台	建立了面向供应链管理,行业数据分析的工业互联网平台	建立了面向生产现场环境、装备数据运行分析的工业互联网平台	建立了面向生产现场、供应链、市场需求等全方位数据集成分析的工业互联网平台	基于工业互联网平台开发出各类优化应用(APP),实现对生产特定场景的精确优化

新的数字化技术应用情况

➢ 5级：基于工业互联网平台开发出各类优化应用（APP），实现对生产特定场景的精确优化。

四 评估方法

（一）模型与评估

汽车产业数字化发展评估是依据汽车产业数字化发展评估指标体系要求，与汽车行业企业的实际情况进行对比，得出数字化水平等级，有利于企业发现自身差距，结合企业的数字化发展战略目标，确定发展方向，寻求改进方案，提升企业数字化水平。使用者根据自身需求，可选择整体成熟度模型或单项能力成熟度模型，单项能力成熟度模型即使用者选择研发设计或生产制造一个维度进行评估，使组织能够针对其选定的某类关键维度进行重点改进。汽车产业数字化发展评估体系与评估的关系示意如图9所示。

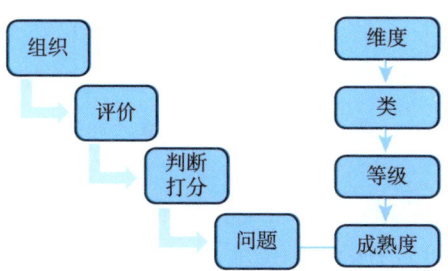

图9 评估体系与评估的关系

（二）评估过程

企业首先结合自身的发展战略及目标，选择适宜的模型（整体或单项），通过"问题调查"的形式判断是否能够达到成熟度的要求，并根据满足的程度进行评估打分，给出结果。问题来自成熟度的要求，是评估的主要依据。

判断问题是否满足条件要立足于实际,专家根据访谈记录、文件或系统部署和运行记录、实际运行过程等进行客观的打分与评估。

针对每一小类下列出的成熟度要求设置不同的问题,根据问题的满足程度进行评判,作为汽车产业数字化评估的根据。专家现场取证,对证据和问题进行对比得到对问题的评分,同时也是对成熟度等级的评分。根据对问题的满足程度,依据成熟度等级 1~5 的分级,对应分值分别为 0 分、0.25 分、0.5 分、0.75 分、1 分共 5 档。如对"产品设计"类的评估如图 10 所示。

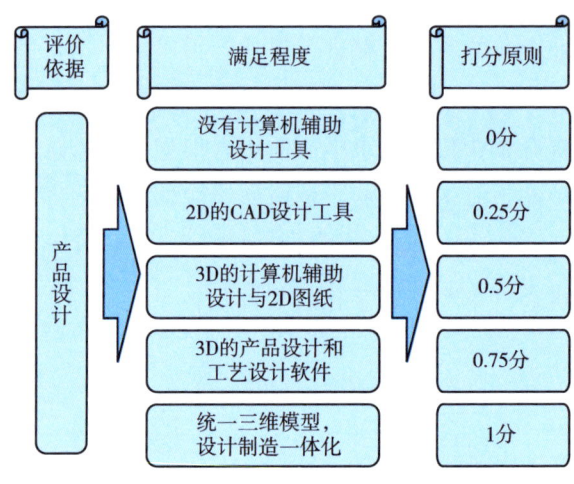

图 10 "产品设计"类的评估

对各个小类按照要求进行打分后,算术平均后形成对应维度的得分,如果企业选择的是单项能力模型,该得分对应等级即该企业单项的数字化水平;若企业选择综合能力模型,对研发和生产维度的权重设定采用平均原则,进而得到企业对应的综合能力的数字化水平。具体过程如图 11 所示。

当组织申请某等级的评估时,该等级内设计的所有类的平均分值与总分的差不能超过 0.2 分,且必须有 5 个及以上的类与总分处在同一层级,才能视为满足该级别的要求,否则,尽管总分达到该等级分值的层级,若等级不为最低级,对应等级应下降一个级别。评估等级的取值间隔为 0.2 分,共分为 5 个等级。最终结果与等级对应关系如表 3 所示。

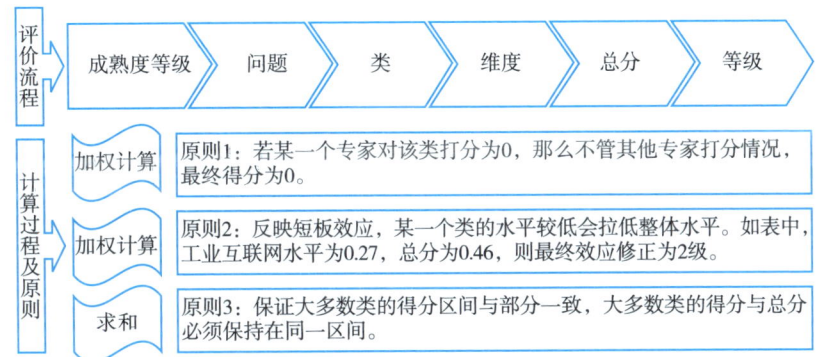

图11 打分评估过程及打分原则

表3 分数与等级的对应关系

等级	对应评分区间（分）
5级	$0.8 \leq X$
4级	$0.6 \leq X < 0.8$
3级	$0.4 \leq X < 0.6$
2级	$0.2 \leq X < 0.4$
1级	$X < 0.2$

（三）评估示例

某汽车制造企业，于201×年申请汽车产业数字化发展评估，选用综合能力模型，全面评价该企业研发与制造两个维度的数字化水平。专家在进行现场评估时，对每个维度共9个小类进行客观评估，计算每个小类的得分结果，最终确定每个维度的得分，最后根据总得分及评估原则确定该企业的数字化水平。评估结果如表4所示。

表4 某汽车企业201×年数字化水平评估得分

类	产品研发	产品仿真	数据集成	协同开发	智能装备应用	网络互联建设	运营管理系统应用	基于模型的企业展开	工业互联网平台应用
得分									
维度	研发				制造				
得分									
总得分					所处等级				

该企业总得分为×分,且各类的得分及类的数量符合图11中的三个原则,按照表3的对应关系,该企业的数字化水平达到×级。

五 评估结果

(一)问卷调查数字化成熟度初步结果分析

根据上文提到的中国汽车产业数字化发展成熟度评估指标体系,本报告研究小组选择了30家汽车整车及零部件企业进行了问卷调查,通过对问卷调查的初步分析发现,我国汽车企业研发数字化发展成熟度处在3~4级水平,制造数字化处在3级水平。在汽车制造数字化方面,汽车整车制造数字化水平明显高于汽车零部件制造数字化水平,后者的数字化发展水平为2级。

1. 研发数字化评估初步结果分析

从国内整车企业研发数字化问卷调查情况来看,被调查企业研发领域数字化得分为0.7分,处于4级成熟度水平(见表5)。由于本次主要针对国内研发实力较强的整车企业进行调研,从全国情况来看,国内汽车研发数字化整体水平处于3~4级。

表5 国内汽车研发数字化水平评估

分级维度	产品设计	产品仿真	数据集成	协同开发
得分	0.79分	0.72分	0.70分	0.59分
等级	4级	4级	4级	3级
总分	0.7分			
等级	4级			

产品设计方面,评估分数为0.79分,处于4级水平,国内重点整车企业都使用了三维计算机辅助设计工具和二维的制造工艺图纸,部分研发水平较高的企业可以实现三维工艺设计。产品仿真方面,评估分数为0.72分,

处于4级水平，大部分整车企业可以使用仿真软件进行设计分析，能支持正向设计，并取代部分零部件试验；部分企业实现全业务流程均使用仿真分析手段，全面支持正向设计，实现虚拟性能开发。数据集成方面，评估分数为0.70分，处于4级水平，汽车行业整体研发环节数据集成在3~4级水平，与国外的4~5级水平相比低一个层级。协同研发方面，评估分数为0.59分，处于3级水平，目前国内汽车整车企业均建立了企业间的协同系统，产品协同开发效率提升，部分企业建立了成熟的协同设计系统，能够实现全球多地的协同设计。

2. 制造数字化评估结果分析

从汽车制造数字化评估问卷调查情况来看，国内汽车制造业数字化总体得分为0.46分，处于3级水平。国内整车及零部件企业在智能装备应用方面得分为0.57分，核心工艺环节实现全自动化，装备数据采集及设备智能化管理逐步建立起来，处于3级向4级迈进阶段；在网络互联建设方面得分为0.52分，大部分企业使用工业以太网和车间无线网络，基本实现车间数据互联互通；在运营管理系统应用方面得分为0.50分，多数企业在ERP、SCM、CRM、MES等单个运营管理系统的基础上，建立起完整的企业运营管理系统，达到3级水平；在基于模型的企业（MBE）开展方面，多数企业能够在单个工序，基于三维模型实现辅助装配与调试，处于3级水平；在工业互联网平台应用方面，得分为0.27分，国内多数整车及零部件企业在工业互联网平台建设方面经历了从无到有的过程，开始尝试建立面向供应链管理、行业数据分析的工业互联网平台，处于2级水平（见表6）。

表6 国内汽车制造数字化水平评估

分级维度	智能装备应用	网络互联建设	运营管理系统应用	基于模型的企业（MBE）开展	工业互联网平台应用
得分	0.57分	0.52分	0.50分	0.43分	0.27分
等级	3级	3级	3级	3级	2级
总分	0.46分				
等级	3级				

国内整车企业制造数字化水平明显高于零部件企业。整车制造数字化评分为0.50分,处于3级水平;零部件企业制造数字化评分为0.31分,处于2级水平。零部件企业在网络互联建设、运营管理系统应用、基于模型的企业(MBE)开展、工业互联网平台建设方面均比整车企业低一个层级(见表7、表8)。

表7 国内整车汽车制造数字化水平评估

分级维度	智能装备应用	网络互联建设	运营管理系统应用	基于模型的企业(MBE)开展	工业互联网平台应用
得分	0.57分	0.55分	0.52分	0.53分	0.31分
等级	3级	3级	3级	3级	2级
总分	0.50分					
等级	3级				

表8 国内零部件企业制造数字化水平评估

分级维度	智能装备应用	网络互联建设	运营管理系统应用	基于模型的企业(MBE)开展	工业互联网平台应用
得分	0.53分	0.28分	0.33分	0.24分	0.19分
等级	3级	2级	2级	2级	1级
总分	0.31分				
等级	2级				

(二)结合问卷调查、实地调研交流的专家综合评估

在上述问卷调查初步分析结果的基础上,报告研究小组组织了相关行业专家对国内典型汽车企业的研发和制造数字化发展情况进行了实地调研,并结合本报告提出的我国汽车产业数字化发展成熟度评价模型,结合问卷调查和典型企业实地调研的情况,从行业的角度,对我国汽车产业数字化进行了专家评价及国际比较,具体内容详见接下来的B6~B8章关于我国汽车产业在研发、制造、服务等环节数字化发展程度的具体评估。

1. 我国汽车研发数字化发展成熟度综合评级及国际比较

我国汽车研发数字化在研发软件的使用方面与国际车企水平相当,但在软件的深度使用和开发上,与国外先进水平有一定差距。

在产品设计领域,我国各车企均使用了三维的计算机辅助设计工具,大部分企业使用二维的制造工艺图纸,部分企业使用三维的工艺设计软件;国内整车企业的产品设计数字化发展水平处于3~4级,与国际领先企业的5级水平存在一定差距。

在产品仿真领域,我国各车企的主要研发业务均使用仿真软件进行设计分析,能支持正向设计,并取代部分零部件试验;部分企业实现全业务流程均使用仿真分析手段,全面支持正向设计,实现虚拟性能开发,仿真分析结果与实际物理实验结果基本吻合;个别企业正在建设虚拟仿真管理平台,对多业务进行协同管理。国内整车企业的产品仿真数字化发展水平处于3~4级,与国外领先企业的4~5级水平存在一定差距。

在数据集成领域,我国车企均建立了先进的数据管理系统PDM,部分企业建立了面向产品全生命周期的管理系统PLM,少数企业就基于PLM打通产品设计、制造、管理与服务全环节制订出实施计划,国内整车企业的数据集成发展水平处于3~4级,与国际领先企业的4~5级有一定差距。

在协同开发领域,我国车企均建立了企业间的协同系统,产品协同开发效率提升;部分企业建立了成熟的协同设计系统,能够实现全球多地的协同设计;少数企业就基于PDM建立协同设计系统和统一的产品模型库做出规划。国内整车企业的数据集成发展水平处于3~4级,与国际领先企业的4~5级有一定差距。具体如表9所示。

表9 汽车研发数字化发展成熟度综合评级及国际比较

分级维度	国别	1级	2级	3级	4级	5级
产品设计	国外					■
	国内			■		
产品仿真	国外				■	
	国内			■		
数据集成	国外				■	
	国内			■		
协同开发	国外				■	
	国内			■		

2. 我国汽车制造数字化发展成熟度综合评级及国际比较

由于本文关于国内汽车制造数字化发展评估主要对比的是国外主流的先进汽车制造企业，综合汽车制造数字化评估问卷结果及专家调研情况来看，国内汽车数字化各方面较国外有一定差距。

在智能装备应用领域，国外多数先进的汽车制造企业能够实现装备数据采集及设备智能化管理，并且能够借助数字化工具进行数据分析、优化装配运行，处于4级和5级水平，国内大部分汽车企业处于3级向4级迈进阶段。

在网络互联建设方面，国内外汽车制造企业逐步实现从车间数据互联向企业网络互联的过渡，处于3级向4级过渡阶段。

在运营管理系统应用方面，国外主流汽车制造企业在ERP、MES、PLM等软件系统布局方面相对领先，系统集成程度明显高于行业平均水平，基本实现覆盖汽车制造全价值链的高效集成，达到4级水平。国内多数企业在ERP、SCM、CRM、MES等单个运营管理系统的基础上，建立起完整的企业运营管理系统，达到3级水平；少数企业逐步实现覆盖汽车制造全价值链的高效集成，逐步向4级水平过渡。

在基于模型的企业（MBE）开展方面，国外汽车制造企业基于企业级的三维模型与模拟仿真，其数字化技术已经能够覆盖产品全生命周期，普遍达到4级水平。国内多数汽车制造企业能够在单个工序，基于三维模型实现辅助装配与调试，处于3级水平。

在工业互联网平台应用方面，国外主流汽车企业建立了面向生产现场环境、装备运行数据分析的工业互联网平台，达到3级水平；少数企业如西门子安贝格工厂、保时捷等可以实现面向生产现场、供应链、市场需求等全方位数据集成分析的工业互联网平台，达到4级水平。国内多数整车及零部件企业在工业互联网平台建设方面经历了从无到有的过程，开始尝试建立面向供应链管理、行业数据分析的工业互联网平台，处于2级水平。具体如表10所示。

表 10 汽车制造数字化发展成熟度综合评级及国际比较

分级维度	国别	1级	2级	3级	4级	5级
智能装备应用	国外					■
	国内			■		
网络互联建设	国外			■		
	国内			■		
运营管理系统应用	国外				■	
	国内			■		
基于模型的企业开展	国外				■	
	国内			■		
工业互联网平台应用	国外			■		
	国内		■			

B.6
汽车研发数字化发展现状和趋势

通常来说,汽车研发主要是指汽车产品的设计开发,包括从产品定义、概念设计、方案设计、工程化开发、虚拟/试验验证、样车试制直至量产前的整个过程(见图1)。现代汽车产品开发流程由造型设计、产品设计、性能开发、产品验证(试制试验)、项目管理等业务环节组成。

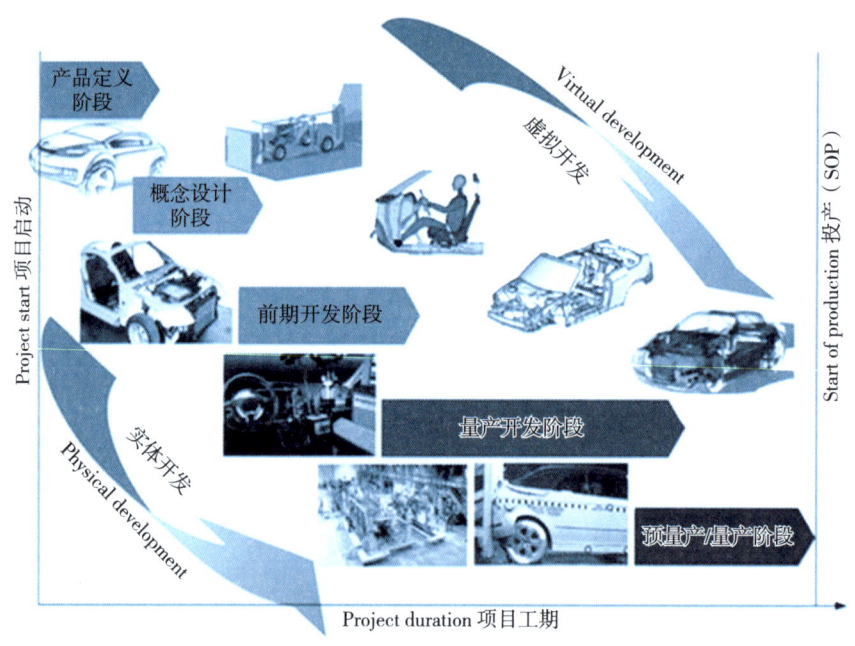

图1　整车工程开发项目的全周期过程示意

根据麦肯锡2017年2月的一份报告,汽车研发属于典型的知识密集型或知识型工作,其数字化渗透率在42%~54%,高于各类产业的数字化水平总体平均值(37%),也远高于汽车工业产、供、销等其他环节的数字化水平。

一 汽车研发数字化发展现状

汽车研发数字化是指汽车产品的数字化实现以及实现产品数字化的研发流程各环节的数字化实现。即以虚拟化和数字化的形式代替或辅助传统汽车研发的业务环节,以实现时间、成本的节约和质量的提升。

汽车产品的数字化实现本质上就是以实现新产品设计为目标,"利用计算机生产出'数字汽车',即汽车全部采用三维数字化设计,形成全车数字产品模型,不但在几何上,而且在属性上全部采用数字化方式描述。不难看出,汽车数字化设计技术是一个跨学科的综合性技术,它包括汽车数字化定义、仿真、可视化、虚拟现实、数据集成、优化等技术"[①]。这些基于汽车研发流程的数字化研发技术是利用计算机技术来实现的,主要包括计算机辅助设计、计算机仿真分析、计算机辅助制造及虚拟制造、计算机辅助实验及虚拟实验、虚拟现实等先进的数字化技术;CAX 软件的应用是汽车数字化研发的基础,目前的数字化研发技术广泛采用 CAX 工具,在研发过程中必须考虑到设计、性能、工艺、试验、维修、销售以及后市场的各个环节,面向汽车产品的全生命周期进行研发;另外汽车研发是基于知识的设计,需要依靠汽车工程师的知识和经验;汽车研发还需要进行协同并行,即需要不同专业、不同领域、不同部门、不同地域工程师的协同和并行工作。

随着数字化技术的应用,新车型的开发周期从 20 世纪六七十年代的约七年逐渐缩短至目前的约两年,并呈持续下降趋势。数字化技术的应用不仅缩短研发周期,而且降低汽车研发成本,同时满足汽车产品多种车型和多种特性的平台化研发需求。"在方案设计中,可以同时对多个方案进行综合性能的模拟预测,以便迅速确定最佳方案;在工程化设计阶段,可以通过仿真,对结构、参数是否适合产品综合性能要求进行验证;在仿真分析阶段,数字化仿真可以代替或部分代替样车制作、工艺试验,能显著地

---

① 汽车数字化设计 - 百度文库,互联网文档资源(http://wenku.baidu.c),2012。

降低开发成本;还可以通过对制造过程、装配过程的模拟,在设计阶段早期就发现并解决工艺设计、加工制造中可能发生的问题。"[①] 因此,国内外各大汽车企业,包括福特、通用、戴姆勒－奔驰、丰田、上汽、东风、广汽等,每年都投入巨资进行数字化设计与虚拟开发技术的深入推广应用,取得了显著的效果。

然而,汽车产品研发是一项复杂的系统工程,研发流程中各业务环节的任务不同,其数字化采用的技术不同,数字化的实现和应用程度也不同。产品设计、性能开发是数字化实现及应用程度都比较高的环节,基本实现了全数字化的建设和应用,并朝着数字化技术集成以及知识型工作自动化的方向发展。造型设计、试制试验等环节的数字化实现和应用程度相对较低,是以物理开发为主、虚拟开发为辅的环节,但其数字化实现程度在逐步提升,新的数字化技术正在被研发并应用到这些环节,比如造型设计中的 VR 技术、试验环节中的虚拟试验场技术等。总体来讲,汽车研发是汽车产业中数字化渗透率较高的环节,而且随着技术的发展,研发数字化正朝着数字化技术集成以及知识型工作自动化(或知识自动化,Knowledge-work Automation,KA),特别是研发业务流程的自动化方向发展,促进了汽车研发模式的转型升级。要实现汽车研发业务流程的自动化,首先须对汽车产品研发的现行流程有足够的了解,开展业务流程建模(BPM)、分析与优化,实现汽车研发项目管理的数字化。

汽车研发是汽车产业的重要环节,是汽车产业数字化渗透率最高的环节,其数字化技术主要体现在三维建模技术、虚拟仿真分析技术和产品全生命周期的数据管理技术。

(一)国外汽车研发数字化发展情况

根据研发数字化发展成熟度分级中的产品设计数字化水平分级,国际领先企业在产品设计领域已经实现设计制造一体化,从设计到制造采用统一的

---

① 杜志强:《仿真技术在汽车研发中的应用及发展趋势》,《上海汽车》2015 年第 5 期。

三维数模数据源,无须二维图纸,达到 5 级水平。在产品仿真领域已实现全业务流程均使用仿真分析手段,全面支持正向设计,实现虚拟性能开发,仿真分析结果与实际物理实验结果基本吻合;部分企业建立了虚拟仿真管理平台,对多业务进行协同管理,形成虚拟仿真、硬件在环仿真(HIL)与虚拟现实等技术方面的集成贯通,大量物理实验过程被取代;国际领先企业整体处于 4~5 级。在数据集成领域建立了面向产品全生命周期的管理系统 PLM;部分企业基于 PLM 打通了产品设计、制造、管理与服务全环节;国际领先企业整体处于 4~5 级。在协同开发和互联互通领域建立了成熟的协同设计系统,能够实现全球各地的协同设计;部分企业建立了协同设计系统和统一的产品模型库,大幅缩短了新产品研发周期;国际领先企业整体处于 4~5 级。

1. 国外产品设计方面数字化发展情况

数字化技术从其产生之初,便迅速在汽车行业得到应用,目前,几乎所有汽车公司均在不同程度上采用数字化技术。国外一些著名的汽车公司很早就自行开发汽车产品数字化设计工具软件,目前在汽车行业应用较广泛的主要有达索公司的 CATIA 软件和西门子的 NX 软件。

20 世纪 80 年代初,美国福特汽车公司就开始了 CAD 系统的规划与实施,至 1985 年已经有超过 50% 的产品设计工作通过 CAD 系统实现,到 90 年代初其产品研发全面采用 CAD 系统。伴随着数字化技术的发展,以 I-DEAS 为核心的主流工具软件,逐渐取代了早期自行开发的以 PDGS 为主的 CAD 系统。

美国通用公司曾经以设计车身为目标,自主研发了 DAC-1 系统,用于车身三维曲线设计。到 20 世纪 90 年代初,三维产品数字化设计软件 UG(最新的产品为 NX)被美国通用汽车公司选为数字化设计的主导系统。经过不断的发展,目前美国通用汽车公司几乎 100% 的产品设计已通过 NX 等数字化设计工具软件实现。

目前在汽车领域应用较广泛的 CAD 设计工具为达索公司的 CATIA 软件。CATIA 源于航空航天业,其强大的功能得到各行业的高度认可,在汽

车行业基本上成为事实上的标准,成为欧洲、北美、亚洲大部分汽车公司用于产品设计的核心系统。近年来一些著名汽车制造商,如雷诺、丰田、沃尔沃、克莱斯勒等均不断加大在 CATIA 软件上的投入,更加强化了 CATIA 在汽车产品设计领域的领导地位。CATIA 的应用给汽车公司带来了很好的效益,比如瑞典著名的卡车制造商 Scania 公司,其卡车年产量超过 50000 辆,当其他竞争对手的零件数在 25000 个左右时,该公司借助 CATIA 系统,成功将零部件数减少了一半,在增强整车性能的同时,大大缩短了整车研发周期。该公司已将 CATIA 系统作为其主要的 CAD 软件系统,用于整车系统和零部件的设计。

目前,CATIA 的最新版本 V6 相比之前的 V5 版本,可以实现真正的在线协同和创新设计,但由于两个版本软件在架构上存在非常大的差异,国外只有少部分汽车公司如雷诺和本田开始逐步切换升级到 V6,其他大部分都还在使用 V5 版本,对升级至 V6 采取待观望的态度,因为这样的软件升级对业务部门的影响非常大,并且将导致现有的 PDM 系统不能使用,使数据管理压力陡增。

另一个在汽车产品设计领域应用比较广泛的数字化设计工具是西门子的 NX 软件。菲亚特全球三大战略生产和研发中心之一,成立于 1968 年的土耳其汽车公司 Tofas,曾经在装配设计,特别是在三维应用方面遇到了许多严重的问题。通过借助 NX 软件,Tofas 的工程师们解决了这些问题,工作效率获得了显著提升,可在相同时间内处理更多的设计结构。借助 NX 系统,工程师在工装和模具设计过程中,可以把重点放在单个零件上。当需要进行工程变更时,工程师利用 NX 的装配结构功能可在数秒内返回到主要部分,进行必要的更改并自动更新整个结构。NX 的建模功能也比较强大,该软件可允许公司依照客户的流程、方法和标准要求进行规划。可利用历史数据是 NX 应用所带来的一个优点,使用 NX 系统,能够快速修改旧数据,可以有效管理庞大数据的再利用,此外利用 NX 建立的宏,不仅节省了大量时间,还显著提高了模型质量。

在产品设计知识工程建设方面,国外车企都在积极建立企业的知识工程，将研发设计、项目管理等知识沉淀下来，以提高研发设计水平。一个通常的做法就是通过二次开发将研发知识集成到数字化开发工具和系统中。目前大部分车企都已基于 CATIA、UG、Pro/E 开展二次开发的工作，企业根据业务需要自主开发或与开发商一起合作开发。目前知识工程的建设体现在整车研发的造型设计、详细设计、验证设计等阶段。比如 Tofas 汽车公司，在概念设计与造型阶段，设计人员利用软件工具，可以快速查看各种建模技术和汽车专用模板，并能快速评估各种不同选项，摆脱设计工具本身的限制；设计团队在参与日常开发工作期间，可以快速获得或者创建各种可重用设计和制造元素，从而极大地提升产品设计开发的效率和质量。

在产品设计数字化方面，达索公司的 CATIA 软件应用最为广泛，该软件的应用不仅取代了早期的二维手工画图，实现三维建模，而且可以通过知识工程建设进行二次开发，将经过经验总结规范化的知识型工作固化到系统中，实现简单知识型工作的自动化，提升研发效率。

2. 国外产品仿真方面数字化发展情况

随着汽车产品种类的增加和研发周期的缩短，CAE 在汽车研发领域的应用深度和广度不断拓展。当前，CAE 技术已经进入汽车行业的工业化应用阶段，包括用于零部件疲劳寿命分析、碰撞仿真、零部件结构强度分析、整车的 NVH 和发动机内部的仿真等，几乎涵盖了汽车性能研发的所有方面。

统计结果表明，"应用 CAE 技术后，新车型的设计验证费用占总成本（包括人力、物力等所有研发阶段的成本投入）的比例从 80% ~ 90% 下降到 8% ~ 12%。例如：美国福特汽车公司 2000 年应用 CAE 后，其新车型开发周期从 36 个月降低到 12 ~ 18 个月，开发后期设计修改率减少 50%，原型车制造和试验成本减少 50%，投资收益提高 50%。"[1]

CAE 的应用主要集中在整车、大总成或大子系统、零部件和小总成三

---

[1] 《汽车开发中 CAE 技术应用的现状和发展》，互联网文档资源（http://wenku.baidu.c），2017。

个层面。通过在整车层面的CAE应用，建立虚拟样车，模拟车辆行驶过程的动力性、经济性、操稳性等，可以确定整车参数；通过在大总成或者大子系统的CAE应用，保证整车参数在各个总成中的实现；通过零部件和小总成层面的CAE应用，确定它们的力学特性符合总体设计要求，或进行优化以进一步改进初始设计。

很多著名的汽车公司都有CAE的应用规范和仿真分析流程，甚至还有自己开发的专业软件，以下分别介绍奔驰和大众CAE仿真分析的案例。

奔驰公司在新CLA Blue Efficiency Edition四门轿车上实现了0.22Cd的车身风阻系数，空气动力学仿真分析在其中起到了十分重要的作用。

减少车辆风阻系数需要系统的解决方案，通过在各部件上进行持续优化，最终实现整车风阻系数的降低。如果按照传统的先制作样件再进行实车试验的方法，开发成本会非常高，开发时间也会很长。目前在研发过程中，常常通过各种仿真分析手段进行虚拟风洞测试，对所有与风阻系数相关的部件分别进行分析，以改善空气动力学性能。在仿真分析中，根据经验和数据的积累，通常会通过改变散热器叶片、后车灯透镜等的弧度，改善车尾部造型，在后保险杠下方加装一个扩散器，同时对车底部分采用密封处理，可以快速得到各种优化车身风阻系数的方案。

大众汽车应用RomaxDesigner进行NVH仿真开发验证，其计划开发一套可靠、可重复和精确的验证策略，采用步进式流程来检查实测和仿真之间的一致性，这个流程应用在每个层面：齿轮激励、轴系统、轴、箱体和整车等各个层面。若每个层面都保持一致性，就易于查明任何差异，这样就能避免耗时的调查工作。在不同的阶段只需用Romax来搭建一个系统模型，无须费时费力地使用不同软件工具进行建模。使用RomaxDesigner能在系统级层面快速精确地研究齿轮啸叫，其分析速度和独一无二的系统级仿真方法，是目前市面上其他软件产品所不具备的，目前已经开发了清晰的策略来执行简明的模型更新流程，增加了Romax齿轮啸叫模型的有效性和可信度，设计变更不是依赖于测试和错误，而是基于经过验证且值得信赖的仿真方案。

3. 国外数据集成方面发展情况

在汽车产品的设计开发过程中，概念设计、产品详细设计和试验验证等各阶段会产生大量的设计、仿真以及测试数据，由于设计工具的差异以及上下游业务的差异，这些设计、仿真数据往往都是非结构化异构的数据，设计工程师在开展整车布置、系统部件集成或性能验证等工作时，往往需要对不同格式的数据进行转换。早期都是通过系统自带功能进行手工转换，效率和数据准确性较低。随着软件技术的发展，产品数据管理、仿真分析数据管理等专业化数据集成软件平台开始出现（见图2）。

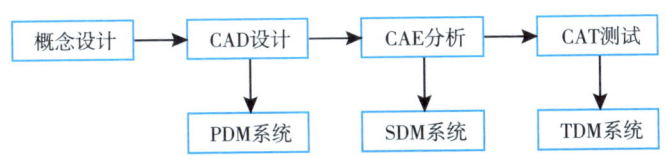

图2 汽车产品开发过程及对应的数据管理系统

在 CAD 设计阶段，采用产品数据管理（PDM）系统对数据、文档、设计过程、数字资源进行一体化集成管理，开展产品的设计，管理产品结构的修改以及设计进展的跟踪等。目前 PDM 系统日益成熟完善，国际汽车公司大多采用西门子公司的 TeamCenter、PTC 公司的 Windchill 以及达索公司的 Enovia，这三家公司的产品基本垄断了国外主机厂在产品研发与设计方面的数据管理软件系统。

在 CAE 分析阶段，许多企业通过构建面向企业用户的仿真数据分析管理（Simulation Data Management，SDM）系统，来整合设计仿真业务中的仿真工具、仿真数据及仿真流程，规范仿真流程及应用过程，对常用的仿真工具进行集成，构建向导化的仿真分析模板，管理仿真过程数据，实现仿真数据的共享与重用，并支持计算作业管理及计算资源的负载均衡与调度，同时打通工具软件间的数据关联，集成仿真过程中使用的仿真工具，形成统一的仿真客户端应用环境。由于不同仿真分析软件在 CAE 数据的结构和存储方式上各不相同，不同分析系统的仿真结果信息没有交互的基础，导致共享困

难。而用于仿真分析管理的系统即仿真数据分析管理（SDM）的开发比较困难，成熟软件也较少。

目前汽车行业使用的仿真数据管理系统主要有两大类，一类是集成在CAE软件中的仿真数据管理模块，主要有ANSYS公司的工程知识管理器EKM（其实是SPDM，实现设计过程Process的集成与管理功能）、MSC的SimManager（用于捕获完整的仿真流程，包括产品设计、仿真算法、数据模型、分析结果、产品生产等所有环节）、Altair ADM（通过其强大的数据分析功能提供可视化的信息）等。另一类是PLM厂商推出的仿真数据管理系统，例如Teamcenter for SimManager（对CAE数据进行有效管理，包括有限元模型、分析求解与工况、计算结果与报告等数据）、达索公司SIMULIA SLM（可将仿真数据、流程管理和决策支持集成为一体）等。

4. 国外协同开发和互联互通发展情况

产品协同开发可以定义为不同专业的设计团队在产品设计过程中有序、高效地进行一系列协调和配合以实现共同的开发目标。在整个产品开发过程中存在着多方面的协同需求。

多专业多领域的设计协同：汽车产品的研发是一项复杂的系统工程，需要多专业跨领域的工程师一起协同工作，才能完成整车的研发。

异地设计中心的协同：在汽车产品研发的过程中，需要分布在多地的研发设计中心进行跨地域的协同设计。

设计与制造协同：在汽车产品研发的过程中，制造部门需要提前介入设计对产品的可制造性进行评审，提前对生产制造装备进行并行设计，研发部门需要与制造部门进行反复的评审和沟通，尽量在设计的早期完成对产品可制造性的确认，完成生产装备的规划。

汽车研发过程中的协同需求还包括与合作伙伴的协同、与供应商的协同等，在这个复杂的系统工程中，很多环节还需要同时与各方进行协同，在此过程中，需要有一个可以供大家使用的数据平台或系统，用于支撑产品设计数据的交互和存储。

汽车公司通常使用产品全生命周期管理软件PLM来实现协同，PLM可以将企业产品研发过程中各阶段的数据和文档、制造过程中的各种信息集成在统一的系统中，对设计数据、过程、文档进行有效管理和利用，同时可以加强对 CAD、CAPP、CAM 等系统的集成与对接，提高研发效率，积累数字化资产，实现有效数据的重复使用，节约研发成本。

国外车企在协同设计方面起步较早并已有成熟应用，取得显著成效。其中达索的 PLM 系统灵活性强、应用快速并具有针对系统工程的专业功能，因而成为众多汽车公司的首选。宝马汽车公司已决定将其 PLM 系统从 V5 升级到 V6。通过 V6 的应用，宝马公司将实施一个将 E/E 流程各个部门和人员联系起来的无缝协作流程，在定义系统的逻辑架构以及软硬件的同时，宝马将客户的需求与汽车的可行性功能相联系，从而将客户的价值置于创新流程的核心位置。宝马也将利用 V6 提供的解决方案为研发的车型创建主控架构，满足汽车功能不断升级的需求，从而有效应对未来嵌入式系统未来的复杂性。V6 系统还可以提供功能再利用和研发中软硬件组件分离处理的解决方案，这些解决方案将会显著降低在 E/E 领域的成本。

菲亚特从十几年前开始使用 Teamcenter 软件进行产品全生命周期管理及协同设计，并使用 NX 软件进行计算机辅助设计。菲亚特在美国、意大利和巴西等多地的研发中心需要协同合作，通过利用西门子的 PLM Software，可帮助分布在不同地点的设计师进行合作，从而确保安全地共享最新产品数据。通过同一个平台对在不同地点的设计工作进行监督，并通过单一解决方案进行必要的修改，使得菲亚特能够与全球各地的设计师高效共享数据，就像所有人都在同一个办公室。Teamcenter 帮助其消除了网络和服务器之间的通信障碍，让所有人能够使用一套统一数据库进行同步设计。

日产同样利用 Teamcenter 共享整个公司的信息。Teamcenter 中包含 NX 和 I-DEAS 生成的 CAD 数据、数字验证模型和结果、CAM 文件、物料清单和工艺数据。这个应用在日产 V-3P 项目的应用上取得巨大成功。在该项目开始实施时，日产汽车公司的新车型设计从定型到投产需要花费 20 个月

的时间,而 V-3P 项目中迄今开发的四款车从定型到 SOP 只用了 10.5 个月的时间,V-3P 项目的产品质量获得了大幅提升。具体来说,一方面设计变更减少,减少幅度从 60% 到 90% 不等。60% 的减少幅度是通过一项大量采用新技术的车辆开发项目实现的,90% 的减少幅度则是基于已有的平台,实施新的车辆开发项目而实现的。另一方面 Teamcenter 在 V-3P 项目的应用,对车辆质量的提升也发挥了巨大作用,车辆投放到市场上后客户报告的故障数降低了 80%。

5. 国外新技术应用情况

目前,汽车领域数字化新技术应用主要包括:虚拟现实技术、混合现实技术、大数据技术等。

虚拟现实技术在其成熟应用之前,就早已在实验室开展研究。2016 年被认为是虚拟现实技术元年,虚拟现实技术在游戏、旅游、房地产、直播等行业逐渐成为成熟应用。而国外车企早在 20 世纪 90 年代就已开始将虚拟现实技术应用到虚拟评审,并逐步扩展到虚拟工艺校验、虚拟协同设计、虚拟可视化、虚拟人机工程分析等研发设计环节,并通过虚拟现实技术逐步打通研发、生产、销售、售后整个汽车产业链。例如,用户通过虚拟现实看车,所选择的配置、颜色、发动机等关键数据回传到研发工程师,帮助工程师了解用户喜好,有针对性地提高性能,提高研发设计效率。

如今虚拟现实技术在汽车开发研究中应用的主要领域有:造型评审、虚拟干涉检查、DMU 评审、人机工程评审、汽车虚拟设计等。在汽车研发过程中可以利用虚拟现实技术,创建一个虚拟设计系统,在该系统中汽车工程师佩戴三维立体眼镜,身临其境地进行产品设计,并检查和体会设计的合理性和舒适性,及时发现问题,完成整改和优化,减少物理样车阶段的整改和反复,节省研发费用,提升研发效率。

目前,世界上主要汽车公司都已采用虚拟现实技术,并在汽车研发领域进行推广。

美国福特汽车公司也开展了虚拟现实技术应用的研究,并取得了一定的成果。2010年，福特公司VR开发部门的FiVE Lab实验室利用VR技术帮助设计师进行车辆外观设计。工程师运用虚拟现实软件可以看到虚拟汽车的零部件，并可以设想在座舱内解决人机工程问题，优化视野等。2014年，福特联合美国Oculus公司推出一项利用虚拟现实技术的服务，该服务可以为汽车工程师在产品设计工程中提供帮助。通过佩戴Oculus，汽车工程师不仅可以看到不同款式的汽车外观，而且可以进入虚拟汽车查看汽车内饰，甚至还能通过该设备透视汽车内部的零部件，并通过交流平台与其他工程师一起商讨改进。到目前为止，福特已经应用VR测试10多年，也在100多场汽车发布上应用了VR技术，如2015年野马和2016探险者的发布。

美国通用公司也是全球汽车界最早利用虚拟现实技术的公司之一。通用汽车已将是否能在产品开发全过程中完整地运用数字化手段提升到关乎企业生存的战略高度，数字化虚拟开发能力的提升，已在通用汽车近几年开发实践中显示出来，并已在效率提升、质量提高、费用节省等方面取得了巨大成果。

日本丰田汽车在开发新型卡罗拉轿车时也运用了虚拟现实技术，无须制造试验样车，只需把众多设计的过程在计算机上进行虚拟仿真，由此将开发时间缩短到了18个月。虚拟现实技术在德国汽车行业也得到了广泛应用，虚拟现实开发中心几乎成为所有德国汽车公司的必备部门。

另外，全球知名汽车公司的研究报告显示，采用虚拟现实技术后，数字化的"虚拟汽车"可以在一定程度上替代传统的物理汽车模型，这种替代可以将新车型的造型设计验证时间从原有的1年多缩短至2个月，甚至可以将造型设计验证的成本降低到传统的方式的10%。

混合现实技术被认为是虚拟现实技术的进阶版，可使人在真实的环境中体验虚拟物体，而不像虚拟现实技术中，人在虚拟环境中是与现实世界隔离开的。大众已开始研究将混合现实眼镜HoloLens应用到高尔夫的设计中。通过微软开发的移动计算机，配合HoloLens投影，可以改变高尔夫车身颜色，换装车轮、挡泥板等不同配件，然后通过操作转变为全新版本车型，如

R-Line 车型。大众汽车通过虚拟工程实验室,将混合现实技术作为研发部门的一个工具,使工程师能够在"数字汽车"上直接调整车辆配置,甚至可以将设计出的新零部件直接装配在"数字汽车"上,工程师可以快速看到并检验自己的设计成果。

另一项新技术——大数据分析技术也在国外车企中开始应用。例如,大数据分析技术将帮助汽车公司进行精确的市场定位。未来企业进行品牌定位将首先进行基于大数据的市场数据分析和调研,制定基于大数据的市场战略,这将帮助企业进行更深入更广泛的市场调研,得到涵盖汽车行业市场构成、细分市场特征、消费者需求和竞争者状况等众多因素的数据;对这些数据进行科学系统的管理和分析,将得到更加有利于企业进行品牌市场地位的信息。然而,目前各企业对于大数据的应用都仍处于摸索阶段,对该技术的应用还比较有限。一些汽车公司开始了大数据分析技术应用的探索,如宝马汽车、福特汽车等。

宝马汽车从全世界收集保修、诊断、修复等方面的信息形成大数据,借助预测分析工具,将有效信息运用在新车型研发上,修复潜在问题,使得以往频繁发生的故障不再出现。宝马汽车计划将车接入互联网,对行驶的车辆及行驶环境进行实时监测,在车辆故障即将发生时,对用户进行提醒,改变车辆抛锚只能依靠救援的情况。

福特以新的方式将企业外部数据与内部数据相结合,更好地预测或者获得对于生产设计的更好方案,挖掘用户的非结构化数据信息。在利用外部信息上,围绕互联网上的博客文章、评论和其他类型信息进行情感分析,帮助工程师了解客户或者潜在客户的想法以及他们的态度。同时,福特汽车内部每年也会产生大量的数据,从业务运营到车辆研究再到客户,在互联网上的所有数据都能产生价值,通过使用大数据分析技术,可以将所有这些数据结合起来,通过大数据技术和平台化来管理,可提升研发效率。福特对每辆车配装传感装置,并通过这些传感装置获取车辆使用过程的数据,以便更好地掌握汽车运行的状态,用户使用汽车的方法,并且将这些信息反馈到设备及流程中,帮助优化用户的体验。

（二）国内汽车研发数字化发展情况

我国汽车研发数字化在研发软件的使用上与国际车企水平相当，但在软件的深度使用和开发上，与国外先进水平与一定差距。

在产品设计领域，我国车企均使用了三维的计算机辅助设计工具，大部分企业在使用二维的制造图纸，部分企业使用三维的工艺设计软件；国内整车企业的产品设计数字化发展水平处于3～4级，与国际领先企业的5级水平存在一定差距。

在产品仿真领域，我国各车企的主要研发业务均使用仿真软件进行设计分析，能支持正向设计，并取代部分零部件试验，部分企业在全业务流程均使用仿真分析手段，全面支持正向设计，实现虚拟性能开发，仿真分析结果与实际物理实验结果基本吻合，个别企业正在建设虚拟仿真管理平台，对多业务进行协同管理。国内整车企业的产品仿真数字化发展水平处于3～4级，与国外领先企业的4～5级水平存在一定差距。

在数据集成领域，我国车企均建立了先进的数据管理系统PDM，部分企业建立了面向产品全生命周期的管理系统PLM，少数企业就基于PLM打通产品设计、制造、管理与服务全环节制订了实施计划，国内整车企业数据集成的发展水平处于3～4级，与国际领先的4～5级有一定差距。

在协同开发和互联互通领域，我国车企均建立了企业间的协同系统，产品协同开发效率提升，部分企业建立了成熟的协同设计系统，能够实现全球多地的协同设计，少数企业就基于PDM建立协同设计系统和统一的产品模型库进行了规划，国内整车企业协同开发和互联互通的发展水平处于3～4级，与国际领先的4～5级有一定差距。

1. 国内产品设计方面数字化发展情况

全面应用数字化技术提升汽车研发水平和能力是提升中国汽车研发水平、实现工业强国战略的必由之路。

20世纪70年代，我国就开始研究和推广CAD软件，这一软件技术在

汽车领域得到普及应用，有效提升了国内自主汽车研发水平。目前，国内大型汽车厂商已普遍应用CAD软件系统，已经取代传统手工作业，一些大型汽车厂商CAD应用水平甚至已接近国际先进水平。但我国在CAD软件系统集成方面刚刚起步，国内相关机构推出的CAD软件系统难以得到广泛应用。国内车企所采用的CAD软件基本和国外车企一样，都是一些商业化成熟的产品，如CATIA、NX以及Pro/E等。另外在数字化设计工具知识工程自动化方面，国内汽车企业虽有一些尝试，但也还处于起步阶段，与国外一些大的车企之间还存在着比较大的差距。

国内在这方面做得比较好的一个案例是上汽技术中心，在二次开发自动化工具、系统集成等方面上汽已开展了大量工作，并以此来提升产品设计的质量及研发效率。截止到2016年，上汽技术中心所拥有的二次开发自动化工具的数量达到近300个，主要集中在CAD设计流程自动化和CAE仿真分析流程自动化等方面，有效提升了研发效率，主要开发工作均能自主完成，只有少部分委托外部供应商协助开发。

目前，根据研发数字化发展成熟度分级中的产品设计数字化水平分级，国内汽车整车企业都使用了三维的计算机辅助设计工具，大部分企业在使用二维的制造图纸，部分企业使用三维的工艺设计软件。国内整车汽车的产品设计数字化发展水平处于3~4级。

2. 国内产品仿真方面数字化发展情况

目前国内车企已基本掌握了常规的仿真分析技术，并形成企业级的仿真分析规范、流程以及人才队伍，仿真分析技术已贯穿到产品的整个研发过程中，可针对汽车的安全、操稳、耐久、NVH、油耗等方面开展仿真分析。相关工作主要体现在三个方面，一是仿真分析应用，已由原先只是后端的开发验证、试验验证向前延伸至前端的概念设计优化，以仿真推动开发；二是建立了仿真分析验证评估指标体系；三是对仿真分析软件进行二次开发，形成流程自动化软件，将知识沉淀并提高知识的重用度。

仿真分析在国内汽车设计过程中占据着越来越重要的地位，仿真分析的计算量在不断地增加，工程师的本地计算机已不能满足仿真计算的需求。目前，大的仿真模型的计算一般都在高性能计算服务器上进行，只有小的仿真模型的计算才会在工程师本机上进行。但对高性能计算资源方面的投入并没有引起国内各车企的足够重视，各家企业在高性能计算核数上参差不齐，最高的拥有5000多核数，最低的仅有几百核数，部分车企还没有充分发挥仿真分析在设计开发中的作用。目前国内车企高性能计算资源的获得通常采用自建并少部分租用外部资源的方式。但外部资源（无论是公有云还是超算中心服务器）对车企来说存在两方面的问题，一是数据传输慢、存在数据安全风险，二是芯片老化、速度慢、费用高，所以大部分车企都趋向自建方式，在平衡成本、安全性的同时，可有效提高仿真分析计算能力。

由于商业软件功能的局限性，针对流体、结构、NVH、碰撞等仿真需求，在实际工作中仍需做大量二次开发工作，目前国内大部分车企都具有对仿真分析软件进行优化和定制化的开发能力，这些工具少部分自主开发，大部分委托第三方的专业公司开发，通过这种对软件进行二次开发的方式，可以逐步积累、沉淀企业研发知识和经验。例如：广汽自主开发的仿真分析软件及高性能计算资源监控系统，可实现对软件的占用情况、使用状态、作业等待情况以及资源使用状况等信息进行监控，并可根据分析项目的优先级对作业进行调整。

上汽技术中心在仿真分析数字化方面做了较多的二次开发工作，比如在ADMAS平台上做二次开发，建立虚拟道路谱，并于2016年应用于上汽车型开发，目的是在未试制样车的情况下对耐久性等性能进行测试，可有效减少道路试验数据的采集、底盘的调校等工作。另外在仿真分析二次开发方面还有一些更深入的应用，如上汽技术中心联合国内其他单位自主开发的FE柔性假人模型，相比于传统商业假人七八十万个网格单元，对计算机CPU要求高，计算量大的不足，该假人在内部构造、材料特性等方面做了优化改进，在仿真精度与商用假人相仿的情况下，网格数只有商用假人的一半，同时兼顾了仿真效率和精度，在仿真实验的对标上应用效果显著。

国内另一家车企福田汽车在仿真数字化方面也做了很好的工作，建立了仿真管理平台（见图3）。福田汽车的仿真管理平台可以实现仿真数据管理、仿真任务管理、仿真流程自动化管理三大核心功能。仿真数据管理模块可以对整个仿真过程中所使用的模型、前后处理和报告产生的数据进行分层次分类管理，同时基于所管理的数据，用户可以对数据进行查询、搜索、前后级追溯以及数据的增删等生命周期管理；仿真任务管理模块能够构建仿真分析流程管理环境，对仿真项目及任务进行定义、分配、发布及管理；仿真流程自动化管理模块对设计分析过程进行定制，对设计、分析过程进行标准化、知识化的处理，可以实现可配置分析类型的分析流程和过程的创建，规范了设计分析流程，规定了分析流程之间的数据传递关系，为工程师提供了各个分析类型的向导式分析模块，为仿真分析提供有针对性的帮助。

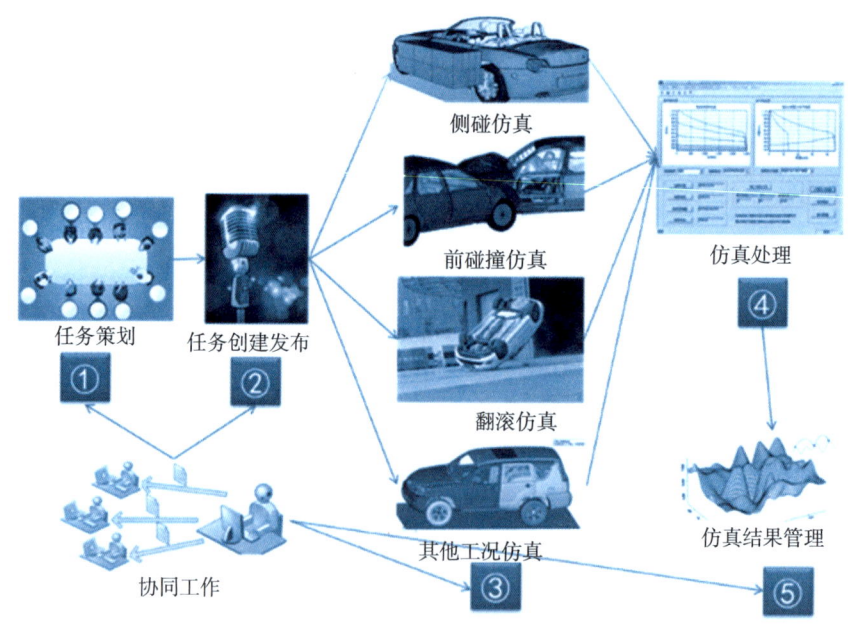

图3　北汽福田仿真管理平台

北汽福田的仿真管理平台建立以后,在实际应用中发挥了很好的效果,对提升产品设计开发效率和规范仿真分析流程都起到了很好的作用,主要体现在五个方面。一是统一乘用车、商用车仿真任务管理形式,规范任务管理流程,提升仿真管理效率;二是通过有效的仿真数据的管理,实现统一平台下数据的共享和协作;三是通过相关工具软件管理,规范作业流程,提高作业的便捷性;四是通过流程自动化的工作模式,规范操作的同时实现仿真经验的积累;五是自动生成报告模式,减少重复性的操作,全面提升作业效率。

根据研发数字化发展成熟度分级中的产品仿真数字化水平分级,目前国内汽车整车企业的主要业务均使用仿真软件进行设计分析,能支持正向设计,并取代部分零部件试验;部分企业全业务流程均使用仿真分析手段,全面支持正向设计,实现虚拟性能开发,仿真分析结果与实际物理实验结果基本吻合;个别企业正在建设虚拟仿真管理平台,对多业务进行协同管理。国内整车企业的产品仿真数字化发展水平处于3~4级。

3. 国内数据集成方面发展情况

目前国内汽车产品设计过程中的CAD、CAE都是相互独立的,产品数据集成主要体现在CAD和CAE的一体化、自动化方面。CAD、CAE的软件较多,在此基础上进行二次开发的应用更是多如牛毛,这些软件及其二次开发的应用犹如一个个孤岛,彼此间相互独立,数据版本不一致。如果能用某种方式将这些CAD、CAE软件集中在一个平台上进行管理,实现按照研发业务流程自动开展相应的研发工作,例如:数据下载 – 网格 – 属性 – 连接 – 工况 – HPC – 结果提取 – 报告的整个过程自动化,从而打破专业技术间的壁垒,提高知识的重用度,让研发设计人员可以有更多的时间去做更具创造性的研发工作,提高研发设计效率。

目前国内车企在这方面开展的研究工作还较少,但随着国内CAE应用技术的不断深入,一些高校和企业率先开展了数据集成方面的研究并开发了一些产品,例如清华大学和北京航空航天大学等高校联合开发的协同仿真平台COSIM、天舟COMAN系统等,北京索为系统技术公司在这方面开展了一

些尝试，并和车企建立了合作关系，但这些工作目前还只是停留在仿真分析的部分领域，并未建立起全仿真领域的协同。

根据研发数字化发展成熟度分级中的数据集成水平分级，目前国内汽车整车企业均建立了先进的数据管理系统 PDM，部分企业建立了面向产品全生命周期的管理系统 PLM，少数企业就基于 PLM 打通产品设计、制造、管理与服务全环节制订了实施计划，国内整车企业的数据集成发展水平处于3~4级，与国际领先企业的4~5级有一定差距。

4. 国内协同开发和互联互通发展情况

国内早期将设计数据以文件的方式存储在文件服务器上，将三维建模及仿真数据存储在文件服务器上，并向工程师开放特定存储权限对文件进行存储，但存在容易造成数据易丢失、保密性不够、协同性不好、数据源不一致等问题。所以需要使用信息系统对协同研发的过程及数据进行管理，将基于文件服务器的方式转变为在线存储的方式，将多数据源转变为单一数据源，将阶段性协同研发变为实时协同研发。

目前国内自主品牌车企的发展势头越来越好，开发的车型越来越多，因此针对产品的协同开发越来越受重视。协同性主要体现在 PDM/PLM/BOM 对数据的管控以及对其他信息系统的集成，这些都是企业的核心数据管理系统，服务于各专业领域工程师的协同开发，实现模型文件实时在线设计的功能。国内车企使用的协同开发软件以成熟商业化的软件为主，如 Enovia、WindChill、Teamcenter 等，并在此基础上做二次开发和集成，例如可以和 BOM、数据发放、OA 等系统集成。也有部分企业采用与供应商联合进行定制化的二次开发，例如江淮与供应商共同开发的设计协同系统，可实现异地协同、图纸发放、流程变更、项目管理、交付物管理等功能，所有数据都可在系统里上传和下载，但并没有真正实现 CATIA 模型实时在线设计的功能。

目前国内大部分企业都开始或已完成 BOM 的建设，主要集中在 EBOM、PBOM、MBOM 的建设管理方面，在功能上完成了 BOM 业务协同、配置管理、变更管理，做到所有 BOM 的历史信息都可追溯，作为研发设计、生产制造和订单的唯一数据源，有效减少冗余数据。但部分企业也存在研发和制造阶段 BOM 数据不统一的问题，这需要企业从系统层面做统一规划管理，解决数据混乱、版本不一致的问题，真正建立协同工作的机制。

奇瑞汽车是国内较早通过系统实现协同设计的自主车企。在上系统前奇瑞面临着如何提高产品开发与制造速度、实施"按订单生产"以及提高汽车产量的挑战，后来通过采用西门子的 PLM 系统 Teamcenter，建立了完善的产品寿命周期管理方法和知识重用、产品配置管理、数字化管理流程 PDM-ERP 集成等功能，实现了更多的信息共享，可尽早及时发现问题，减少了工程组态更改所需要的时间，工程组态更改由以前的 10~20 天减少到 3~5 天，数据重用从 5% 提高至 20%~30%，查找和恢复数据所需时间减少了 90%，文档一致性也由以前的 65% 增加到 95%。该项目的实施还带来了一些意料之外的好处，如改良产品开发流程、更高的设计模块化程度导致了更高的部件重用率等。

根据研发数字化发展成熟度分级中的协同设计水平分级，目前国内汽车整车企业均建立了企业间的协同系统，产品协同开发效率提升；部分企业建立了成熟的协同设计系统，能够实现全球多地的协同设计；少数企业就基于 PDM 建立协同设计系统和统一的产品模型库进行规划；国内整车企业的数据集成发展水平处于 3~4 级，与国际领先企业的 4~5 级有一定差距。

5. 国内新技术应用情况

目前，国内数字化新技术的应用主要体现在虚拟现实（VR）技术、大数据分析技术等。

国内车企在研发设计端的 VR 技术应用，主要包括利用 VR 技术进行造型评审、装配工艺设计、人机分析及 DMU 评审和满足用户个性化需求四个方面。

国内车企在造型设计中通常需要制作油泥模型，而油泥模型制作周期较长，影响研发设计进度，而且成本较高。而利用 VR 技术进行三维建模仅需要几天时间，结合 RTT、VRED、UE4 等渲染画质较好的软件，可细致观察造型内外饰的每个细节。泛亚汽车技术中心在 2004 年建成了虚拟现实中心，是国内最早利用虚拟现实技术的公司之一，并把虚拟现实技术应用到造型评审之中。泛亚的虚拟现实中心的定位为"利用先进的虚拟现实技术，提升在造型设计、工程设计、性能分析、试验和制造等领域中充分利用数字技术的能力"。汽车外造型评审，包括造型方案评审、多方案对比、不同方案切换、曲面质量评估、高光检查、反射贴图效果等；汽车内饰方案评审，包括造型方案评审、色彩方案评审、光照度检查等。泛亚还开展了"基于虚拟模型的造型快速改动""基于虚拟样车的驾驶员视野主观评估"等课题研究，但受限于设备性能尚未解决"与虚拟模型更自然的交互"、虚拟现实软件与 CAX 软件之间的数据接口等问题，部分新应用效果不佳。

利用虚拟现实技术搭建虚拟"数字样车"的工程师，在研发设计时可以在与真实汽车同样比例的虚拟环境中确立整体设计方案，结合 VR 交互手柄可对虚拟零部件进行装配检查、装配路径分析、断面分析等，全方位掌握每个设计细节，优化零部件设计，最大限度地避免设计和生产工艺的失误，减少物理产品原型需求，节约时间和成本、提高效率。

汽车研发过程中用于人机工程分析的实体模型制作需要几个月的时间，人机工程分析评审发现问题时，需要对有问题的零部件进行变更设计，实物制作不但较为烦琐，而且耽误研发周期。现在利用 VR 技术可提前制作虚拟模型以缩短制作周期，增加仿真可视化效果，通过虚实结合，提前预判变更设计，方便虚拟协同评审、干涉检查等业务场景。通过 VR 协同软件还可以达到异地协同评审的效果。

目前汽车产品研发、制造越来越复杂，产品的生命周期却在不断缩短，用户的个性化需求越来越多样化。VR 技术可帮助研发企业适应这种改变，通过 VR 技术可以按照用户的需求进行"量体裁衣"式的私人订制，满足用户个性化配置和外观需求，并能预览与实物一致的"数字汽车"，同时结合大数据分析结果，锁定用户爱好，提高产品的爆款率。

大数据技术目前在国内的应用处于起步阶段，但这是未来汽车研发的发展趋势。其中，在这方面已有成熟应用的是泛亚技术中心，该中心通过自主开发的车辆远程数据平台，对工程试验样车进行远程管理并做数据分析，以数据研究为主线对车辆研发、试制及认证的整个过程进行管控。建立了车辆实时监控系统、故障分析和快速定位系统、道路试验评估系统、便携式诊断系统、DTC故障报表、纯电动远程监控等功能，可为车辆推送试验改进方案。

大数据分析技术目前的应用还包括远程智能诊断（故障预测、故障监控）、可靠性研究（整车功能模块使用的频率和工况统计、整车结构载荷冲击、耐久标准化）、智能领航员（经济能耗驾驶、智能保养、路况提醒）。例如荣威RX5，通过搭载许多传感器，实现远程智能诊断、监控等功能，虽然这些研究尚处于起步阶段，但大数据等新的互联网技术必将为汽车研发提供新的工具。

二 汽车研发数字化发展趋势

（一）国内研发数字化存在的问题

当前汽车行业的竞争日趋激烈，我国正处于从汽车大国向汽车强国转变的时期，如何提升我国汽车产业研发实力，增强在全球制造业中的竞争力，还面临着严峻的挑战，其主要表现在以下几方面。

（1）研发数字化使用的基础软件对外依存度高，缺少自主可控的核心技术。现阶段，我国缺乏自主的数字化研发软件，国内现在使用的核心研发工具、软件、系统等大多是国外的，自定义、自研、自用并嵌入体系的软件和系统还很少，缺少自主可控的核心技术，尤其缺乏国产的工业软件、解决方案以及实验/测试装备等。

目前，"西门子、达索等国际工业软件巨头已在汽车数字化研发基础工业软件上形成排他、封闭和垄断的生态系统，已经不利于创新技术的出现，

也不利于国内中小软件企业的生存和发展。"① 而在知识自动化及工程中间件领域，由于差异化、市场分散、技术难度大，各大型软件企业涉足不深或较少，尚未形成垄断性的产业生态，同时该领域所对应的业务恰好对应了不少国内汽车企业的迫切需求，形成了自主工业软件发展的良好土壤和市场空间。

目前汽车研发各个专业领域的CAX技术及其商业化应用工具（工业软件）已渗透到整车开发项目全流程的各个阶段、环节和领域中，对于中外整车企业而言情况大多如此。多数国内车企的现状为仅仅用到数字化基础设施和工具，包括IT硬件和商业软件工具及系统，这方面的水平和国外基本相当。然而，我国汽车行业的数字化研发水平和西方国家相比，差距虽有所缩小但还是很大。主要表现在研发流程的数字化集成度低，研发管理、工程技术、研发实验室、整车/主机厂与供应/销售商互动等方面的知识型工作存在大量离散的"数字化、信息化孤岛"，致使研发过程的协同、效率的提升、知识的"组织化"及其传递与积累不理想，难以按工作流/业务流/数据流构建起完整的工程技术体系，不能体系化地顺畅实施"仿真驱动开发"。

（2）整车研发缺乏有效的数字化技术与平台进行支持，系统"孤岛"现象明显。在产品研发设计、试验和验证的过程中，针对知识经验固化进行的系统开发与应用较少，数据集成度与研发设计流程效率不高，缺乏丰富的经验数据积累；另外，专业化、标准化程度不高，导致研发设计效率、成本和质量不高，这都是我国汽车行业推广数字化研发技术的难点。

例如"工业技术软件化"的经典案例波音公司，其787机型研制中用到了8000多种软件，其中不到1000种是商业软件，其余7000多种是嵌入波音多年工程技术、知识和经验打造的私有软件，它们造就并保护了波音公司的核心竞争力，奠定了其在本领域的领先地位。跨国车企的情况也大体类

---

① 《技术体系与软件，中国工业的阿喀琉斯之踵》，中国工控网，http://www.gongkong.com，2015。

似。如日产从2001年起实施了基于知识工程的CAX集成化"V-3P项目",新车开发从造型冻结到SOP的平均周期从之前的20个月减为如今的10.5个月,开发过程的设计变更量减少了60%~90%,新车上市后的问题减少了80%。仅对比相应开发周期一项,我国各大车企平均用时就要多出50%以上。

在设计软件、试验验证软件、流程信息化管理系统等"看不见"的领域,西门子、达索、PTC、IBM、SAP、甲骨文、MSC、Altair等企业为了保持核心竞争优势,其软件底层技术不对外开放,要想建立这些研发专业技术的集成化体系,只能在从这些企业购买的软件上进行二次开发。而这正是汽车企业面临的困境,即"孤岛"太多,企业可能使用了大小上百个软件和应用系统,需要整合互联起来的各种软件或应用是异构的,处于不同的操作系统和环境内,采用不同的数据库解决方案或计算机语言、不同的数据与时钟格式,或采用不再得到软件商支持的过期版本等。全部购买这些软件和系统并在系统上进行二次开发和整合的难度太大,而且如此实现的专业技术体系是绑定在基础软件上的,只要基础软件变更或者升级,原有系统就无法使用,不得不需要重新开发或升级,汽车企业无法掌握主动权。

(二)研发数字化发展趋势

随着数字化技术的普遍应用和发展,传统各个专业领域的CAX技术发展日趋成熟,例如各类CAD、有限元分析、多体动力学分析等软件技术平台的壁垒早已不在,产品功能以及各企业应用水平的差异越来越小。"CAD、CAE等系统厂商之间的竞争逐渐向两个方向发展,一方面,三维数据化设计技术的应用由面向单一的几何建模和零件级应用转变为面向整机的虚拟装配、干涉检查、用户自定义特征、主模型技术和各种专业应用技术集成(如知识工程、工业设计、人机工程、网络化异地协同设计、数字样机的可视化浏览技术等)发展,以满足当今制造业面对激烈市场竞争对新产品快速开发、缩短开发周期的要求;另一方面,数字化技术应用系统的功能完善向更加重视对新产品开发流程的支持,在这一变化中,新产品设计的知识表

达和应用成为最核心的技术。"①

因此,在信息通信技术、物联网技术、互联网技术以及管理技术快速发展的网络信息时代,数字化技术发展将更加强调汽车领域知识工程的嵌入、专业化、自动化和智能化,同时与新产品开发的流程紧密结合。汽车研发数字化也将转向以知识流程来驱动产品研发,并覆盖产品研发的全生命周期。汽车数字化设计发展趋势可归纳为网络化、虚拟化、知识自动化及管理创新。具体体现在以下几个方面。

(1) 研发流程数字化

基于CAD、CAE及数字化集成开发技术,实现汽车全数字化研发体系,即从汽车的概念设计开始,到三维建模、仿真分析、虚拟验证以及项目管理的研发全流程数字化。

具体来说,针对今后车企在研发数字化以及系统集成化方面的发展,建议可从以下几个方面开展相关工作。一是构建SDM(Simulation Data Management)的集成开发与应用;二是在构建企业(专有)云 IaaS→PaaS→SaaS 的基础上,把单一组织内的业务应用软件联通起来,消灭离散化的"孤岛",使企业内任何互联的应用(软件)与数据源的数据流、业务流互联互通;三是尽可能地使业务流程简化和自动化,同时避免使现有应用与数据结构产生重大变化;四是建立基于AI和由大数据驱动的知识工程体系,用软件实现知识的"组织化"及其传递与积累;五是建立虚拟样车,开展虚拟验证,实现无图纸化研发。

(2) 虚拟研发可视化

利用基于计算机辅助的仿真技术,构建包括虚拟环境、虚拟设计、虚拟产品以及虚拟企业等在内的虚拟研发体系,提高产品研发的一次成功率,并大大缩短研发周期;伴随网络通信技术的快速发展,可以通过网络组建动态联盟企业,实现异地协同开发,极大地提高产品研发的效率和质量。

(3) 知识型工作自动化

它"将工业技术进行数字化表达和模型化,并将其移植到工程中间件

---

① 汽车数字化设计—百度文库,互联网文档资源(http://wenku.baidu.c),2012。

平台，以便驱动各种软件、硬件和设备，从而完成原本需要人去完成的大部分工作，将人解放出来去做更加高级、更具创造性的工作。同时，知识型工作自动化还能通过对企业历史数据和行为数据的深度挖掘，利用机器学习技术对经验性知识进行显性化和模型化表达，进而实现工程技术知识的持续积累，实现工业技术驱动信息技术、信息技术促进工业技术的双向发展。"①

麦肯锡著名研究报告 *Disruptive Technologies*：*Advances that will Transform Life*，*Business*，*and the Global Economy*，提出了驱动未来经济发展的 12 种颠覆性新兴技术，所有这些技术都可能产生广泛、重大的经济社会影响，推动第四次工业革命。其中知识型工作自动化位列第二，到 2025 年其经济规模预计将达到 5.2 万亿～6.7 万亿美元（移动互联网以 3.7 万亿～10.8 万亿美元排第一）。

知识型工作自动化技术将在汽车等复杂产品的研制过程中有着广泛的应用。知识型工作自动化将实现大部分研发设计工作（知识型工作）由系统自动地完成，从而改变以往知识型工作者约 80% 的工作量是基于知识的重复性、操作性劳动，约 20% 的工作量是创新性智力活动的现状。在智能的知识型工作自动化系统中，这 80% 基于知识的重复性、操作性劳动由系统代替人来自动地完成。

（4）需求响应敏捷化。

瞬息万变的市场使汽车企业对客户产品的交付期的长短成为限制其竞争力的首要因素，汽车企业将加速应用能够即时响应客户需求的新技术，如虚拟现实技术、大数据分析技术、并行工程技术、模块化设计技术、快速原型技术等。

伴随着我国汽车行业的发展，我国汽车研发实力也不断增强，研发实力的提升离不开研发数字化的发展。虽然目前我国研发数字化面临着基础软件对外依存度高、缺少自主可控的核心技术、信息"孤岛"多、数据集成技

---

① 《技术体系与软件，中国工业的阿喀琉斯之踵》，中国工控网，http：//www.gongkong.com，2015。

术水平低等问题，但是我国汽车行业的数字化研发水平跟国际领先水平的差距在不断缩小，各自主品牌车企不断加大研发投入，持续不断地开展研发数字化领域的探索，并取得了可喜的成绩，下文将介绍几个企业研发数字化应用的案例。

三 汽车研发数字化应用典型案例

（一）广汽研究院研发数字化案例——碰撞安全仿真技术

广州汽车集团股份有限公司汽车工程研究院成立于2006年7月，是广汽集团直接投资、管理，并在授权范围内相对独立运营的分公司和战略事业部。作为广汽集团的技术管理部门和研发体系的枢纽，其负责广汽集团新产品、新技术的总体发展规划并具体实施重大的研发工作。

1. 碰撞安全数字化研发的背景及必要性

随着计算机的更新换代和现代计算力学的发展，碰撞安全仿真技术得以快速发展，目前较常用的是多体动力学求解以及有限元计算求解，而有限元计算求解过程通常需要对模型进行有限元离散建模，然后提交计算器运算，其实质是典型数字化研发的应用。碰撞仿真分析由于计算量大通常采用并行计算，采用并行计算可以把计算任务动态分配到各个节点机上进行，极大地提高计算效率，缩短计算时间。

目前随着竞争的加剧和消费者需求的多样化，新产品的开发周期越来越短，汽车产品的款型也越来越丰富，碰撞安全仿真技术在汽车碰撞安全性能的开发中能很好地应对上述这些变化，其优点主要体现在以下几个方面。

（1）在产品设计阶段就可以快速进行模拟分析，从而缩短开发周期，降低研发费用。

（2）碰撞安全仿真计算可以消除真实车辆制造中的制造、工艺、试验设置等误差，使虚拟碰撞过程具备高度的可重复性。

（3）碰撞安全仿真过程可以准确获取结构变形、乘员伤害过程中的各类动画、力、位移、应力应变等信息，有助于更深刻地理解碰撞过程，从而快速优化碰撞安全性能。

汽车碰撞安全的仿真技术主要为有限元仿真技术及多体动力学仿真技术，其研究领域主要包含车体结构碰撞安全研究、乘员约束系统研究、人体损伤生物力学研究等、碰撞事故过程研究和弱势道路交通使用者保护研究等几个方面。整车高速碰撞过程具有材料非线性、结构非线性、接触行为非线性等特点，其过程综合了车体结构碰撞安全研究、乘员约束系统研究、人体损伤生物力学研究等，在有限元计算领域是一个较复杂的问题，因此本文选取广汽研究院在整车碰撞方面的案例进行介绍。

2. 针对 NCAP 评价体系的碰撞安全仿真过程

根据最新的 C-NCAP 要求，在正面刚性墙碰撞中，汽车需要以 50km/h 的速度正面垂直撞击刚性墙，根据碰撞过程中试验假人头部、胸部、腿部等部位出现的伤害情况，来确定碰撞安全级别，伤害越低，碰撞星级越高。如果要取得较高星级评价，必须确保碰撞过程中试验假人头部、胸部、腿部等部位不出现较大的伤害情况。模拟此碰撞过程，通常采用有限元法，利用常见的 LS-DYNA 软件建模并计算。

其关键是要建立高精度的整车结构有限元模型，以确保车体结构在碰撞过程中有准确的力学响应，包括车身模型、焊点模型（见图4）以及底盘结构、动力总成、内外饰等关键结构模型，在建模过程中，保持整车质心分布、整车中焊接、螺栓连接等连接方式的模拟与实际物理结构和特性保持一致，完成完整整车结构模型的建立（见图5）。

对整车模型进行碰撞仿真分析，根据分析结果快速地修改主要吸能结构的材料、料厚及特征等，对产品进行优化。根据仿真结果，将最优的整改方案反馈到整车结构设计中，依据优化后的设计进行样车生产，开展物理试验。

目前在高精度的有限元仿真优化后，通常物理试验能基本满足设定的目标要求，且仿真结果能与试验结果达到高度一致。图6为仿真与试验后在车

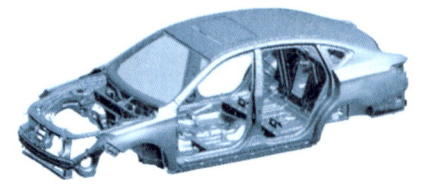
(a)白车身模型

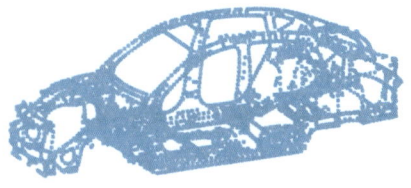
(b)焊点模型

```
$ =============
$ CONTACT cards
$ =============
$
*CONTACT_SPOTWELD_ID
     10000C_Contact_Spotweld_1
     10001     10000         2         2         0         0         0         0
       0.1       0.1       0.0       0.0       0.0         0       0.0       0.0
       0.0       0.0       0.0       0.0       0.0       0.0       0.0       0.0
$
$
```

(c)焊点接触定义

图4 白车身与焊接模型

图5 整车有限元模型

身B柱下端采集到的加速度时间历程曲线对比,可以发现,计算机仿真与物理试验曲线在一致性上可以达到较高的程度。

整车结构仿真取得较优化的结果后,可以开展约束系统仿真研究,并优化相关约束系统零件。通过对零件单品的仿真与试验对标研究,建立约束系统模型,将其放入整车碰撞模型中,进行碰撞试验研究,并与最终的假人伤害评价、最终的NCAP星级评价建立联系。图7是整车有限元仿真结果与物理试验结果的对比。通过最终结果的对比,可以在碰撞仿真模型中提取车体结构的碰撞信息,也可以提取假人伤害值的信息。

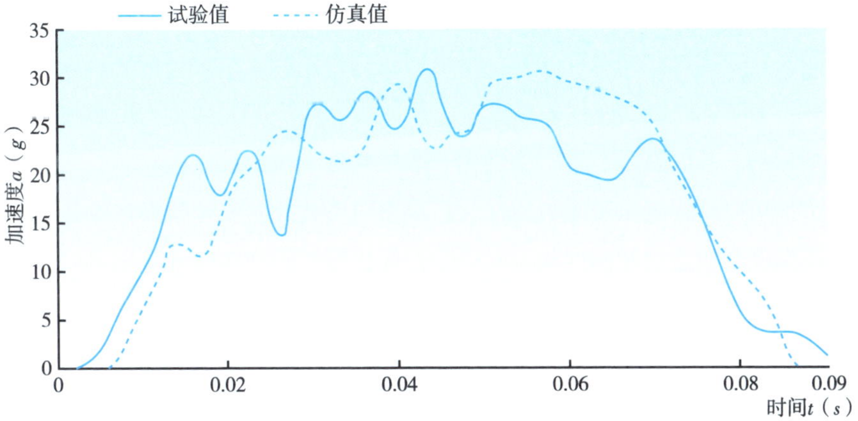

（a）轿车左侧B柱加速度

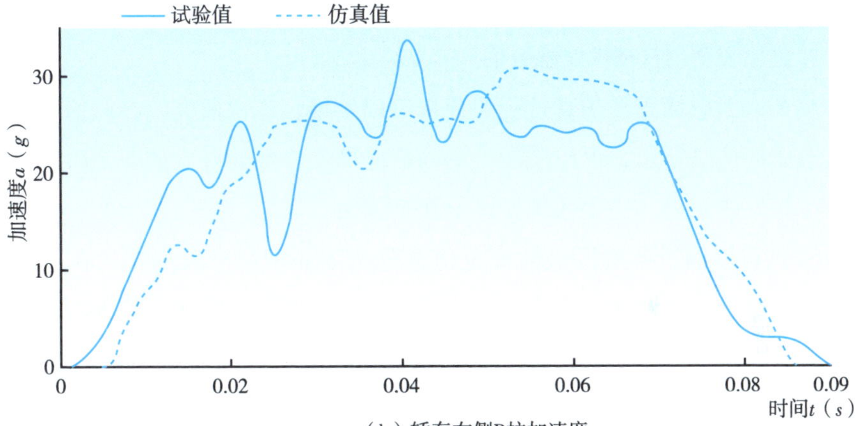

（b）轿车右侧B柱加速度

图 6　有限元仿真与试验 B 柱加速度曲线对比

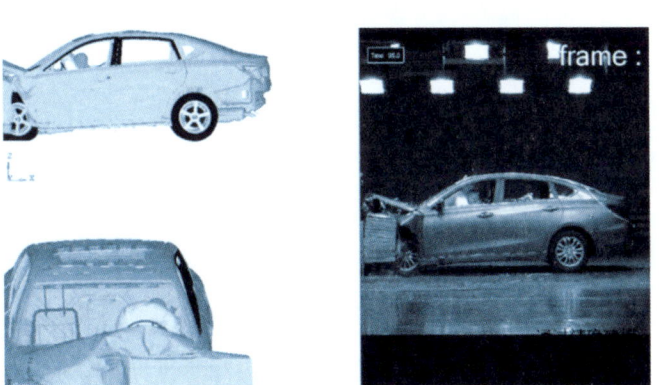

图 7　整车碰撞安全仿真与试验结果对比

在整车碰撞有限元模型中，提取各类信息，可以开展碰撞安全性能的优化及评价工作，优化对象通常分为车身结构及约束系统。车身结构优化可针对钣金结构、材料、厚度、连接关系进行。甚至在设计早期能基于原型车建立可靠的预研模型，开展整车布置结构优化、造型优化、整车尺寸优化等。约束系统优化方面可以进行安全带限力值优化、预紧时刻优化、安全气囊包型优化、发生器选型优化和点火时刻优化、安全配置优化等。同理在设计早期可以基于可靠的预研模型，进行乘员舱内部布置结构优化、造型面优化等工作。

在完整的优化分析后，开展碰撞安全仿真结果评价，读取最终假人伤害值参数，与评价体系进行对比分析，便可获取最终的碰撞安全性能评价结果。图8是基于仿真结果提取的假人伤害值参数。

3. 碰撞安全仿真技术实施效果

基于以上碰撞安全仿真过程的分析可以发现，广汽研究院在碰撞安全方面所形成的仿真技术，可应用在车辆高速碰撞安全性能开发的各个阶段，并取得了较好的效果，主要体现在以下几个方面。

（1）可以通过各阶段碰撞安全仿真分析缩短项目开发周期。在项目立项前开展预研分析，在碰撞安全性能目标设定及潜在风险评估等方面提供决策参考依据。在概念设计阶段，可以通过预研分析，为造型设计及整车布置提供较好的设计建议。在详细设计阶段，可以通过结构优化，快速完成结构设计，避免设计失败的风险。

（2）可以通过碰撞安全仿真分析，减少实际碰撞试验次数，从而节约物理样车，降低开发成本。

（3）可以通过碰撞安全仿真，提取丰富的参数信息，建立各类数据库，提高对碰撞过程的分析能力，加深对碰撞试验过程的理解，提高车辆性能及设计水平。通过全面缩短开发周期，降低开发成本，提升车型的市场竞争力。

目前碰撞安全仿真技术已经在乘员约束系统匹配、人体损伤生物力学、弱势道路交通使用者保护研究以及碰撞事故分析等方面大量应用。未来随着汽车智能网联化、电动化的发展，可以结合碰撞安全仿真技术针对主被动安

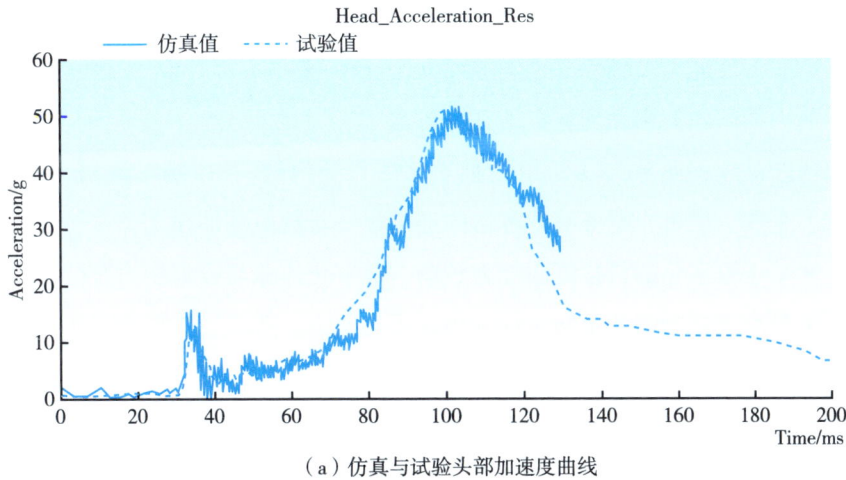

（a）仿真与试验头部加速度曲线

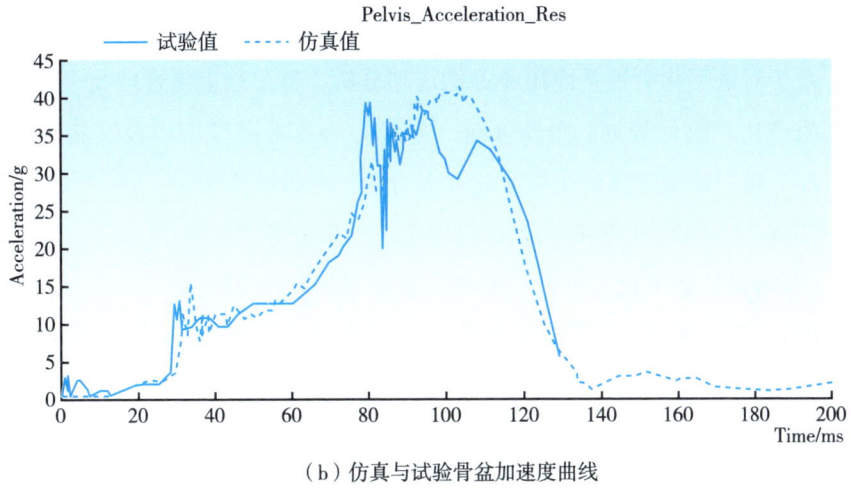

（b）仿真与试验骨盆加速度曲线

图 8　仿真提取假人伤害值结果

全一体化背景下乘员对车辆的控制行为进行研究，或者开展基于无人驾驶工况下各类坐姿乘员保护研究以及动力电池的碰撞安全防护研究。

（二）福田汽车研发数字化案例——协同设计

北汽福田汽车股份有限公司（以下简称福田汽车）是中国品种最全、规模最大的商用车企业之一。福田汽车成立于1996年8月28日，拥有欧曼、欧辉、欧马可、奥铃、拓陆者、图雅诺、风景等汽车产品。

2015年底,福田汽车工程总院牵头对现有研发工程能力(先行研发能力、整车开发能力及体系、管理能力)进行了整体评估,认为制约新产品交付能力的问题突出表现在以下几个方面。

• 产品工程业务与其他相关业务存在"部门墙",市场、规划、产品、制造、采购、质量、财务等业务协同还需进一步规范和加强。

• 基于数字化的科技创新能力较弱,数字化作业与管理能力有待提升。

• 没有建立全面的正向设计和仿真优化能力,造成工作集中在实物样车出来以后的整改上。

• 三维和二维数据、实物不一致,数据可继承性差。

• 平台化/模块化的理念虽已导入,但实际转化为成果还需要较长周期。

1. 数字化管理和应用

基于对数字化管理及应用业务的规划分析,整个数字化管理及应用业务的实施遵从"整体规划、分步实施"策略。根据业务范围以及实施复杂程度,经分析讨论确定将整个数字化业务分为三个阶段实施。

Phase Ⅰ:数字化基础管理以及在工程开发业务中的应用。

Phase Ⅱ:数字化在工艺、制造、服务等环节的应用。

Phase Ⅲ:通过 IT 手段实现数字化业务与公司产品创造开发流程的一致。

整个数字化管理与应用业务体系的建设主要由 8 个核心系统支撑(见表1),其中目前已开展的第一阶段工作主要分为设计协同(CDS)、数据管理与发放(PDM + SRM)以及数字化工程阶段的应用(SDM)三部分内容,并且依据阶段内容分别开展了系统的规划与建设。

下面将对第一阶段中协同设计系统的系统架构(见图9)以及实现方案等内容进行重点介绍。

(1)功能架构

CDS 系统作为三维数据协同设计过程管理系统,完成数模的初始设计、流程审核和数字样车审查等三维设计过程。

表1 数字化管理与应用业务体系建设八大核心系统支撑

序号	阶段	备注	系统	主要内容
1	Phase I	设计协同	协同设计系统（CDS）	协同设计系统构建虚拟的3D协同设计环境，实现产品在研发阶段设计并行、协调和数据管理。即设计人员在同一系统中按照相同的规范进行在线设计，并通过彼此实时分享设计过程中的数据来共同完成设计目标
2	Phase I	数据管理与发放	产品数据管理系统（PDM）	产品数据管理系统（PDM）目前是集团统一的产品工程数据管理平台，主要管理产品BOM、图纸、文档、资源、数模以及相应的变更管理。对于数字化业务，PDM系统主要实现了三维数据的存储以及发放管理控制
3	Phase I	数据管理与发放	供应商关系管理系统（SRM）	供应商关系管理系统主要用作工程设计阶段，设计人员在工程设计阶段与外部供应商的交互平台，主要包括研发设计协同以及采购协同两部分内容
4	Phase I	数字化在工程阶段的应用	虚拟仿真数据管理系统（SDM）	虚拟仿真数据管理系统（SDM）主要是从项目管理的角度对福田公司的五大仿真业务按照业务流程进行规范管理，通过流程自动化的形式提升仿真效率，实现仿真业务及仿真数据的规范管理
5	Phase I	仿真计算资源管理工具	求解中心系统（HPC）	搭建统一计算集群支持CAE快速分析计算，实现计算资源的有效利用，提高计算分析效率和计算分析能力
6	Phase II	数字化在工艺制造阶段的应用	制造工程管理系统（MEDS）	制造工程管理系统（MEDS）主要是在TC平台的基础上对制造工程进行任务管理、问题管理、知识库管理，建立知识重用原则，对ECR变更管理及业务流程等进行规范，基于研发过程中的3D数据实现工艺制造的模拟仿真
7	Phase II	数字化在工艺配件服务阶段的应用	服务工程管理系统（EPC&STMS）	是对售后服务配件技术文件（SBOM、电子图册、配件主数据）和服务技术文件（维修手册、说明书、保养手册、保修手册、服务代码）进行规范管理的系统平台。实现基于3D设计数据的服务文件自动生成
8	Phase III	产品创造项目管理	项目管理系统（PCMS）	以计划管理为主线，实现整车开发计划、零部件开发计划、项目交付物、项目费用、成本、质量、销量和收益的管理，支撑商用车产品创造流程FCVDS的落地。本项目中主要实现产品开发项目计划管理与数字化业务流程的交互与衔接

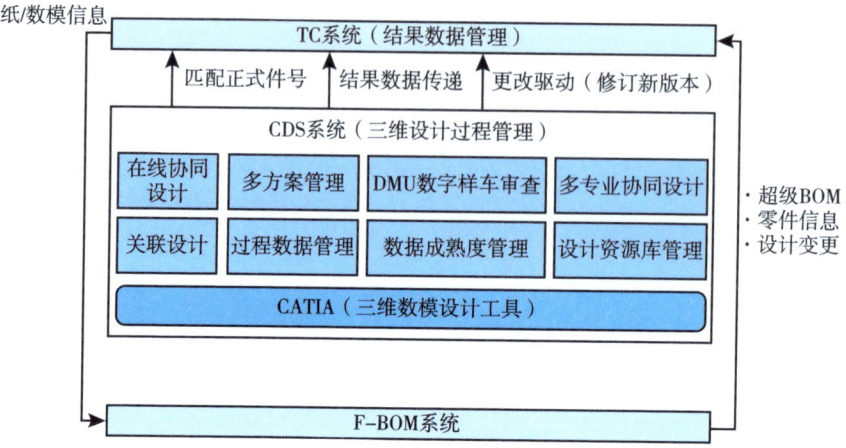

图9 协同设计系统

TC 系统主要为 CDS 系统提供正式的零件号，接收 CDS 发送的结果数据，对数据进行存储并发放。同时作为中间桥梁，接收 F-BOM 的变更信息，触发 CDS 系统生成新版本。

F-BOM 系统中的 EBOM 结构与 CDS 系统中的三维 BOM 结构有较大差异，目前不做传输，但 EBOM 的发布要通过数模设计验证。

（2）搭建协同设计平台实现多专业协同

系统通过搭建协同设计平台，实现多专业协同，即不同专业的设计人员在同一平台下按照相同的设计规范对同一个目标进行设计，实现数据的实时共享和保存。

（3）过程数据、多方案数据管理

对系统引入临时件的概念，实现对数据的过程管理和多方案管理。并且通过由临时号转正的方式有效解决正式号占用过多的问题。

（4）审签流程、数据成熟度管理

实现数模图纸审签管控，实现数据的成熟度管理。设计人员不需要切换系统，即可完成数据审签工作。

（5）基于骨架的关联设计

CDS 系统自上向下的设计原则支持基于骨架的关联设计。由于所有零部件在同一个整车环境下，可很好地组织整车设计环境，且各个零件的位置始终处于整车坐标下的正确位置。

（6）数字样车（DMU）审查

在系统中可完成静态 DMU 和动态 DMU 审查，审查结果通过 PVR 存储到系统中。整车评审时可直接在里面查看审查结果。

（7）与 PLM 系统的集成

CDS 作为设计过程管理系统，PLM 作为结果存储和数据发放系统，两系统集成对确保数据的一致性和审签流程的完整性至关重要。

目前两系统已完成相关集成工作，运行稳定，确保了数据状态的一致性和数据审签、更改流程的完整性。

2. 应用效果

通过构建统一的协同设计平台，支持在线设计、基于骨架模型的关联设计以及基于成熟度的并行设计，实现了跨地区、多专业领域的协同。协同设计平台系统的建设与应用，将使各专业设计参考更统一、设计状态更同步，从而大大缩短产品研发周期，提高设计效率20%左右。

实时在线设计与整车虚拟样车实时共享提高了数据应用的时效性，可在设计早期第一时间暴露设计问题。设计修改得越早，其设计修改、工艺修改及模具修改的成本越低，从而减少后期设计修改成本约50%。

通过建立面向供应商的统一数据管理与发放平台，实现实时电子化发放图纸以及更改通知，提高设计人员与供应商之间的沟通效率，节约沟通成本60%，减少可能由纸质图纸发放误差导致的零部件错误。

实现仿真业务的规范管理，包括3D数据的共享和协作；实现仿真流程自动化管理，使整个仿真管理的流程时间缩短40%；节约后期样车制造成本40%。

通过建立支持样车设计和样车审查的系统平台，并且规范 DMU 审查流程以及检查内容，在数字化产品定义与开发阶段尽早发现产品的问题，减少干涉类设计错误90%，预计能减少试制制造成本30%，可提前进行基于虚拟制造装配环境的验证分析，减少试生产阶段制造成本30%。

基于商用车研发云，实现多地域、多研发中心在设计开发中虚拟验证评审的共享与协同，整体提升商用车的产品开发能力与沟通效率。

目前商用车项目已经全面实施CDS系统，乘用类项目正在切换中，其中商用车的国六项目正在应用此系统进行概念设计，在整车搭建方案确定一项工作上就节省了一半的时间。进入商改阶段的超级卡车业务，由于之前的三维数字化样车搭建完整，因此可以快速应对市场上的新需求进行优化设计调整，大大缩短验证时间，为产品快速进入市场提供保障。基于整车的多专业设计和优化更改目前已经在全面推广，相比之前先在本地搭建设计环境然后搭建整车环境方案的做法，工作周期缩短1/3左右，同时更改次数减少，重新开模具的次数减少，节约前期研发成本1/5左右。

（三）上汽集团研发数字化案例——虚拟路谱

上海汽车集团股份有限公司乘用车分公司成立于2007年，是上海汽车集团股份有限公司依法注册并拥有营业执照的分支机构，主要承担上汽集团自主品牌产品的研发、制造和销售工作。

1. 虚拟路谱技术的研发背景及必要性

随着汽车行业竞争日渐加剧，研发周期和研发成本成为汽车厂商实现利润最大化的决定性因素。如何在项目开发早期设计出满足苛刻道路耐久验证需求的产品，减少试验问题，对缩短项目开发时间和减少项目开发成本有重要意义。

在车辆前期开发阶段，没有样车、没有实际零件的条件下，对于如何进行零件的强度校核和疲劳寿命预测问题，传统的路谱采集方法正面临着严峻挑战。

随着车辆动力学仿真分析能力的不断发展，整车动力学仿真精度有了很大提高，高精度的轮胎模型、悬架模型已经逐渐被应用到汽车耐久性能开发中。通过开发基于轮胎和数字试验场路面的虚拟路谱技术，能够实现路面－轮胎－悬架－车身这一完整传递路径的整车结构动态载荷分析，从而逐渐摆脱路谱采集试验对开发流程的制约，为车辆耐久性能评估提供准确的设计载荷，极大地降低开发成本和缩短开发周期。虚拟路谱技术路线如图10所示。

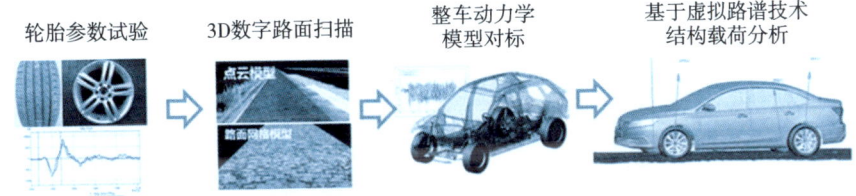

图 10　虚拟路谱技术路线

传统的路谱采集技术，需要进行零部件改制及标定、夹具制作、试验场地及数采设备构建等工作，时间周期长，投入大；同时采集的数据除了与路面不平度有关外，很大程度上与整车状态相关，早期设计迭代更新频繁，往往早期采集路谱时的整车状态定义，在后期更改很大，这时路谱的有效性存在一定的问题，而虚拟路谱技术能够便捷地实现整车设计状态的变更，实时体现设计变更的性能状态。应用虚拟路谱技术的优势有以下几点。

（1）省去传统路谱采集方法需要进行零部件改制及标定、夹具制作、试验场地及数采设备构建等工作，大大减少项目开发时间和成本。

（2）直接评估整车在各种路面状况下的动态性能，快速分析参数变化对整车综合性能的影响，而传统方法则无法有效支持此需求。

（3）方便进行滥用工况分析，如撞击路沿、双轮过坑等恶劣工况，而传统方法往往较难采集滥用工况数据，也不便于频繁进行实车验证。

（4）方便预测并复现道路耐久试验工况，有效支持道路试验问题解决，相对于传统方法更加方便、快捷。

2. 虚拟路谱技术的开发应用情况和特点

（1）数字路面建模

获取整车耐久试验 3D 路面信息（见图 11）是虚拟路谱技术的关键技术之一，本项目首次引入了路面激光扫描设备，对路面进行三维扫描、建模。

对数据量过大的原始路面数据进行处理，就原始路面点云，基于路面节点处理的二次开发程序对路面扫描点进行自定义算法的滤波、修补，删掉过于密集的局部小特征，保留路面上较为明显、光顺的特征线，如比利时石块

图 11　路面三维模型

路面的石块边沿以及方坑、扭曲路的大波形线条，最终输出可用的 CRG 格式路面文件，如图 12 所示。

图 12　虚拟试验场路面

（2）轮胎参数库

基于 3D 数字路面的虚拟路谱技术建立在高精度的路面模型和轮胎模型的基础上，需要对轮胎进行准确的建模，以便真实可靠地反映整车的受力状态。

采用国际上通用的可用于平顺性、结构耐久分析的 FTire 轮胎模型，通过一系列轮胎特性试验对各自对应的参数进行识别，建立可用的轮胎模型。

选择目前上汽车型项目中常用的轮胎进行参数识别，建立上汽 FTire 轮胎模型参数库，涵盖 205～235cm、16～19 英寸等不同等级的轮胎型号。对经过参数识别后的某轮胎模型凸块进行试验对比发现，轮心力纵向、侧向、垂向对标精度均较高，能够满足耐久分析的要求。

（3）高精度整车动力学模型

建立了衬套、减振器、缓冲块等复杂弹性单元的非线性力学模型，开发完成了整车多体动力学模型自动化建模、分析流程。经过衬套、减振器、缓冲块等力学特性试验，涵盖非线性段力学特性，集成 FTire 轮胎模型建立整车动力学分析模型。

在此基础上，进行整车级的动力学特性试验以支持整车多体动力学模型验证。主要试验有 K&C 试验和四台柱试验，分别对整车模型进行运动学、动力学的静态和动态特性验证，能够较好地对整车模型参数、各子系统模型参数进行静态、动态特性验证。经过对标的某车型 K&C、动态载荷激励，在考虑各子系统模型非线性特性的整车刚柔耦合动力学模型（见图 13）基础上，整车具有较高的静态、动态响应精度。

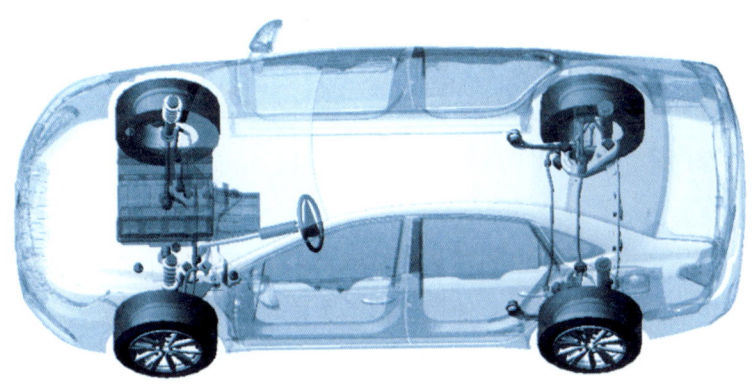

图 13　整车多体动力学刚柔耦合模型

（4）虚拟路谱整车轨迹控制与对标

虚拟路谱技术与现有技术最大的不同在于引入了"驾驶"的概念，由整车驱动轮胎在 3D 数字路面上驾驶，直接获取整车的零部件载荷。因此需对整车行驶状态进行控制，以保证车辆按照耐久性试验规范行驶。

采用闭环跟踪补偿控制，在 ADAMS 环境下进行整车驾驶轨迹控制，整车模型沿目标轨迹进行指定行驶速度、轨迹的动态仿真，通过对某车型虚拟路谱仿真速度与目标速度的对标，可以发现，整车动力学模型可以较好地按照目标速度行驶。

在此基础上，经过子系统试验、整车模型对标，驱动某整车动力学模型进行比利时石块路、短波路、扭曲路的虚拟路谱仿真，得到载荷谱对标，载荷对标精度表明虚拟路谱技术输出的载荷具有足够的精度。

3. 虚拟路谱技术应用

基于3D数字路面虚拟路谱技术分析的整车动态载荷和耐久性能评估已成功应用于多个整车项目开发，并通过道路耐久试验结果验证了该技术的可靠性。虚拟路谱技术已成功应用于结构耐久动态载荷提取、整车滥用强度工况考核、平顺性能评估以及整车动态包络、姿态检查等较多应用场景。

4. 虚拟路谱技术应用成效

虚拟路谱技术的成功应用，可大幅减少物理样车路谱采集数量，缩短开发周期。

在全新车型开发早期阶段，使用虚拟路谱动态载荷替代静态载荷对整车底盘零部件进行耐久性能评估，更贴近于零件的实际受力状态，有利于实现精益化开发，从而在项目早期就避免过度设计，提前进行减重方案优化，降低项目开发成本，节省公司资源并合理使用开发费用，增强公司市场竞争力。

对于衍生车型在不同开发阶段，如有参数变更，重新采集路谱成本高、周期长，影响项目开发进程。使用虚拟路谱技术能快速分析参数变化对整车结构耐久性能的影响，提前进行多目标、多参数的结构优化，减少TIR问题。由于不需要重复路谱采集，可避免前期零部件贴片、改制和传感器标定等需求，缩短结构耐久载荷开发时间。

采用虚拟路谱技术可提升对子系统要求的定义能力，如有助于对车身刚度、零部件刚度等开发目标值的制定，提高整车精细化开发能力。

基于虚拟路谱技术进行整车平顺性、操稳性能评估，能够快速支持整车调试参数开发，与结构耐久性能分析相结合，可有效避免调试参数对整车不同性能产生不同影响的问题。

（四）上汽大众汽车有限公司——产品研发数字化

上汽大众汽车有限公司是一家中德合资企业，由上汽集团和大众汽车集团合资经营。公司于1984年10月签约奠基，是国内历史最悠久的汽车合资企业之一。上汽大众目前生产与销售大众和斯柯达两个品牌车型，产品覆盖

A0级、A级、B级、C级、SUV、MPV等细分市场。

1. 产品研发数字化背景和必要性

在经济全球化、社会信息化的形势下，汽车制造企业之间的竞争日趋激烈，对市场的快速响应已经成为竞争的焦点。市场竞争的背后是技术的竞争，汽车生产企业要想赢得竞争，就要以市场为中心，以技术创新为驱动力，以最快速度响应市场变化，并迅速赢得市场与用户。产品研发作为汽车制造企业中最具有创造力的因素，开发模式应满足企业发展的需要，确保企业在竞争中处于有利位置。

近年来，随着数字化和虚拟产品开发等新技术的不断涌现，特别是计算能力、存储容量的提升，计算机网络技术、计算机辅助技术在汽车产品开发中的广泛应用，明显缩短了开发周期，提升了产品开发质量，显现出很大成效。为了进一步加快新产品量产上市速度，产品开发由传统的串行为主模式向数字化开发并行为主模式转型势在必行（见图14）。

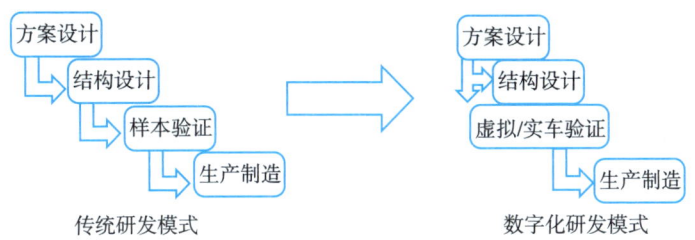

图14 研发模式转换

2. 产品研发数字化技术应用的基本情况和特点

决定一个产品上市后其特性、质量能被客户认可的因素，以及产品的经济价值，都将在产品开发设计阶段确定。相对于传统的产品开发设计过程，新型开发过程有以下特点。

• 开发设计涵盖内容扩展。除了传统的方案规划、产品设计和产品试验外，还需兼顾生产规划、制造装配、售后等过程。

• 产品的复杂性和多样性。借助模块化设计战略，在降低产品成本的同时，可以通过多种不同配置组合，尽可能满足用户个性化的需求。

●快速的动态协同开发过程。为提升对用户需求和市场变化的反应能力，产品设计必须能够灵活应对新决策、新任务，各职能部门应具备快速响应能力。

●高效的产品数据管理机制。网络信息技术的发展、成熟的产品生命周期数据管理系统为实现数字化开发提供了有力的技术保障。

面对市场竞争的加剧、平行开发项目数量的增多，上汽大众优化现有开发策略，尝试引入了全过程数字化虚拟开发模式，即通过计算机及虚拟技术完成产品开发的全过程，并建立了相应的业务流程。数字化虚拟开发使得开发过程信息传递、存储的主要形式由传统的二维图纸、文档变成基于三维的C3P（CAD/CAE/CAM/PDM）数据，原先的信息传递的不连续、缓慢甚至中断，变成连续、快速和同步（见图15）。

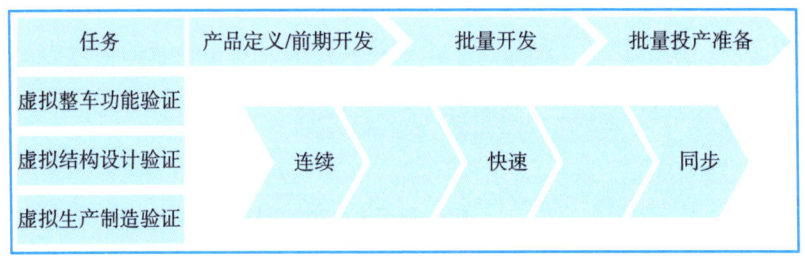

图15 全过程数字化虚拟开发模式

在组织形式方面，项目开发初期上汽大众就组建了公司内跨领域、跨部门的"虚拟产品开发"团队，团队成员由项目管理、设计、仿真计算、数字样车、生产规划、预批量、质保、售后等方面的人员组成，通过信息网络实现各部门相关人员的异地协同工作。

为了提高效率，由设计工程师提供最新状态的零部件数据，产品研发数字样车小组负责建立并维护由超过2000个数据组成的虚拟整车，确保整车数据的完整性和准确性。全公司各部门的虚拟团队成员能够基于同一个产品模型工作，不仅减少了大量数据准备工作和不必要的等待时间，而且提高了并行工作效率，同时还能在设计过程中及早地发现问题，并快速制订局部方案措施。

但是产品开发的复杂性常常体现在要兼顾多方面的要求，有时甚至是相互矛盾的优化目标，这使得决策过程往往面临很大的挑战。面对不断缩短的开发周期，"虚拟产品开发"团队通过设计小组会议、开发例会、技术会议和虚拟验收四个层级的虚拟开发会议进行各功能部门之间的信息交换和活动协调，以便加快决策过程确保项目进度。

为确保产品开发质量，针对开发过程不同阶段的特点，采用了相应的虚拟业务流程。数字化虚拟整车开发可分为面向整车性能、试制样车、结构设计的三个主要虚拟验证方面。在开发早期通过近30项虚拟整车性能模拟校验，对新产品的动力性、经济性、安全性、舒适性、通过性和可靠性等进行预测和评价，确保产品特性符合期望的产品定义；专业设计部门结合零件或子系统模块的设计及知识管理系统，以及以往产品开发、生产、使用过程中获得的经验教训，进行有效的开发设计，确保零件开发的设计质量；数字样机小组负责进行虚拟整车数据管理、结构数据几何空间校验、动态包络面分析等，确保设计的可靠性；生产工艺、装配性及质量保障的可实施性校验，则由相关职能部门在开发过程中同时进行。

3. 数字化研发实施效果

产品研发数字化作为上汽大众产品研发部的重点工作，旨在从项目前期方案规划阶段开始就组织协调市场、质保、规划、生产、售后等部门建立跨部门的"虚拟产品开发"团队，由产品研发数字样车小组统合虚拟产品数据，从零件设计、产品性能、生产装配、质量保障到售后维护等各个环节全面评估虚拟仿真和模拟计算结果，系统性地制订技术解决方案。通过新项目数字化虚拟开发工作试点，形成并逐步完善了上汽大众数字化开发虚拟整车评审和验收机制。

因为有了产品开发阶段全面的虚拟分析保障，减少了后期部分物理试制样车数量和试验，不仅有效降低了产品开发费用，而且有利于在前期发现新产品潜在风险，并及时在后续设计中改进和规避，确保开发进度。通过新流程的实施，仅在2016年试点开发过程中，通过减少实物样车以及优化零件结构设计就节省开发费用逾1亿元，其中一个项目的设计质量在满足项目要求的同时，结合并行同步开发设计，开发时间比常规状况缩短了6个月。

B.7
汽车制造数字化发展现状和趋势

汽车制造流程包括从生产计划、制造执行至产品入库的全过程。其中，制造执行过程包括冲压、焊接、涂装、总装、检测等系列业务环节。

一 汽车制造数字化发展现状

汽车制造数字化，是指将数字化技术应用于产品工艺规划和实际制造过程中，通过建模、仿真分析和信息处理等手段来改进制造工艺，以达到提高制造效率和产品质量，降低制造成本的效果。

数字化手段能够显著提高汽车制造业生产过程的可管理性。汽车企业利用软件、网络、信息系统等多种支撑技术，对与制造环节相关的涉及研发、生产、工艺、产品、资源等各类信息进行标准化、结构化、模型化，并在此基础上进行分析和优化，从而提高整个制造流程的灵活性、生产效率、产品质量，降低生产过程中的不确定性，并缩短产品上市时间。

当前，在新一轮信息通信技术迅猛发展并与制造业加速融合的大背景下，美国、德国、英国、日本等全球主要工业化国家纷纷推出了一系列新型制造业发展战略，并以数字化战略作为重点突破方向。世界先进汽车制造企业更是将数字化作为提升核心竞争力的关键因素之一。汽车制造领域的数字化技术的应用虽然晚于航空航天领域，但发展潜力巨大，势头迅猛。当前，汽车制造业中各大乘用车企业采用数字化技术的比例已经超过90%，部分环节已经实现了较高的数字化水平，尤其在生产规划环节，CAPP（计算机辅助工艺规划）及相关同类数字化工具的应用比例已接近100%（见图1）。

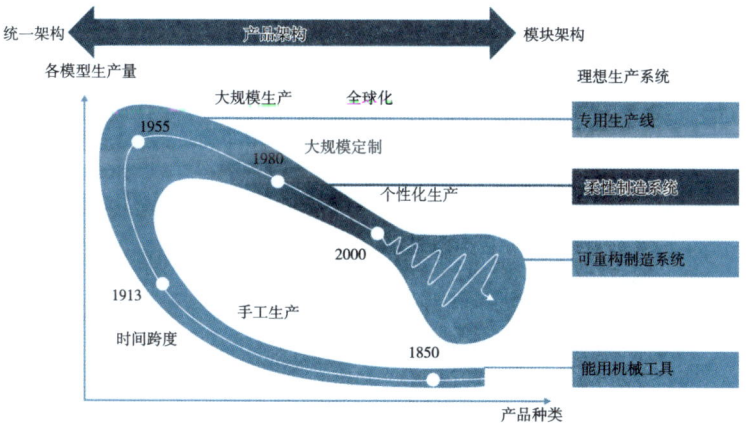

图1 处于持续变革之中的汽车制造业

资料来源：MTA SZTAKI, Fraunbofer.

（一）国外汽车制造数字化发展情况

1. 汽车制造数字化发展历程

伴随信息技术、网络通信技术、人工智能技术的发展，世界制造业由手工操作模式逐步向机械化制造、自动化制造、数字化制造、智能化制造模式转变（见图2）。汽车制造是制造业的重要组成部分，汽车制造技术紧跟世界制造业发展潮流而发展进步，世界汽车制造业由小批量手工作坊式生产逐步向大批量流水线生产、柔性化、自动化、数字化制造、智能化绿色制造模式转变。

具体到汽车制造数字化的发展历程，大致分为数字制造装备的推广应用、虚拟建模与仿真技术推广应用、信息化集成三个发展阶段。

（1）起步期：数字制造装备推广应用

20世纪50年代，数控机床的出现开辟了制造装备的新纪元。随着微型计算机的产生和发展，计算机数控编程技术得到广泛应用，相继出现的数控三坐标测量机（CMM）、工业机器人和数控机床一起成为重要的数字化加工、测量和操作装备。其本质是用数字控制代替凸轮行程控制，实现运动数字化。数控技术发展的趋势是提升各种装备性能甚至使其更新换代，即实现

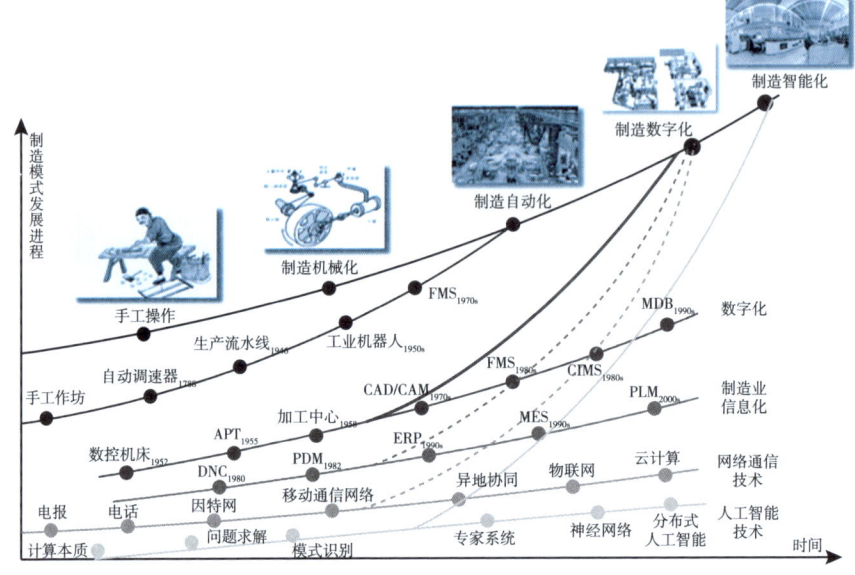

图 2　世界制造模式发展进程

装备的数字化。

20世纪60~70年代，数字化技术开始应用于汽车制造业。这一阶段，数字化技术应用于制造业的重要标志是可编程控制器PLC（Programmable Logic Controller，以下简称PLC），其在汽车制造业生产需求驱动下应运而生。在使用PLC之前，汽车制造领域应用的主流控制系统仍然是基于继电器形成的，这类控制系统只能按照事先设定的时间和条件顺序进行有序工作，想要改变控制顺序的唯一途径是在硬件上进行重新接线。这意味着，只要汽车型号、配置发生变更，就要对控制系统进行重新设计和重新接线。1969年，美国数字设备公司（DEC）成功研制出第一台PLC设备，并应用于美国通用汽车公司。PLC设备除了对电压、电流等技术参数进行限定外，还特别强调编程、数据传输与存储问题。

（2）发展期：虚拟建模与仿真技术推广应用

到了20世纪80~90年代，先进的汽车制造企业将虚拟建模与虚拟仿真技术应用于汽车制造。部分先进的汽车制造企业采用虚拟建模与虚拟仿真技术，在产品研发设计阶段大幅减少物理实验次数，从而缩短研发设计周期并降低成本。例如，福特汽车公司早在1980年左右，即开始了对CAD系统的规划部署，1990年以后，其所有产品的设计开发，全面采用CAD系统。通用汽车公司采用UG（Unigraphics，以下简称"UG"）软件CAD/CAE/CAM全套系统，实现从汽车概念设计、产品设计，到仿真和制造全过程的数字化。

虚拟建模与仿真技术的应用持续改进。到如今，世界领先汽车制造企业已经能够对95%以上的设计与实际制造过程进行模拟仿真，除了更加高效集约地实现产品设计，还能够对实际制造工艺进行分析和优化，精准控制生产节拍，从而缩短调试与试运行时间，降低实际生产中的不确定性。例如，大众汽车集团在实际生产线布局之前，利用生产规划软件在虚拟环境中持续对设计方案进行验证、分析与优化，大幅提升了生产线规划的效率，并有效节约了实施后返工所需要花费的额外成本。据不完全统计，大众汽车集团平均从每个白车身项目中节约成本250万美元，3年内预算累计削减近3000万美元；沃尔沃汽车公司通过对协同产品定义管理cPDM（collaborative Product Definition Management，以下简称"cPDM"）软件生产管理功能组合的应用，实现了生产过程的在线规划和模拟。一方面，产品数据运行仿真所需时间大幅缩减；另一方面，在白车身生产过程中，点焊、激光焊接、涂胶等工艺流程实现98%的机器人离线编程并持续改进，整体工程成本减少50%。

这一阶段，汽车制造业自动化水平实现了进一步的提升，数字化技术逐步普及，并在龙头企业中取得了相当大的发展。

（3）深度应用期：信息化集成成为发展重点

随着PLM全生命周期管理软件的应用，汽车制造领域逐渐呈现企业间横向与纵向集成融合的信息化集成发展趋势。横向集成可实现全流程价值链的合作效率提高。企业内部及企业间通过价值链及信息网络实现资源整合，具体做法是将原先集中于企业内部的信息集成、研发体系、供应链管理及价值链重构等环节拓宽到企业间，使产品生产过程的信息流、资金流、物流等要素在更大范围内衔接与协同，从而提高整个产业链，包括研发设计、生产

制造、营销等上下游企业的合作效率,并带来更大的经济效益。纵向集成主要是解决企业内部信息孤岛的问题。其具体包括 PDM 与 ERP 系统集成,可打通产品开发与生产管理甚至仓储管理等,有效缩短产品形成周期,加速产品设计到制造领域的转化;ERP 与 MES 系统集成,可不断完善 ERP 与 MES 系统的自身功能,为制造业信息化提供有效手段;PLM 与 MES 集成,不仅可提高生产的灵活性,还可以提高生产速度,提供创新的产品和优化方法,通过将最新的产品设计和组装方法分发到更多、更快捷、更有效的生产价值链中,确保生产和工程领域全面可视化转移需求[①]。

2. 国外汽车行业制造数字化发展情况

美国、德国和日本是除中国以外的三大汽车制造国,其数字化技术应用平均水平高于国内汽车制造企业,主要体现在智能装备应用、网络互联建设、运营管理系统、基于模型的企业(MBE)、工业互联网平台水平五个方面。下文采用中国汽车产业数字化成熟度评价指标体系对美国、德国和日本主流制造企业制造数字化水平进行分析评价。

智能装备应用方面,国外主流汽车制造企业处于第 4 层级到第 5 层级,基本实现核心工艺全自动化,大量采用传感器、RFID、智能网关设备,并可以运用数字化工具进行数据采集与分析;网络互联建设方面,国外汽车制造企业发展水平介于第 3 级与第 4 级之间,逐步向高可靠、广覆盖的企业网络互联过渡;在运营管理系统应用水平方面,主流汽车制造企业的 ERP、MES、PLM 等软件系统集成程度明显高于全球行业平均水平,基本实现覆盖汽车制造全价值链的高效集成,达到第 4 级水平。在工业互联网平台水平方面,国外大多数汽车企业处于第 3 级水平,建立了面向生产现场环境、装备运行数据分析的工业互联网平台。

(1)国外汽车制造业智能装备的应用情况

智能装备的应用主要包括几方面内容,一方面包括自动化装备、工业机器人等自动化设备的应用;另一方面包括智能制造技术的应用和推广,包括

---

① 陈明、梁乃明等编著《智能制造之路——数字化工厂》,机械工业出版社,2017。

生产线规划仿真技术、自动控制技术、自动识别技术（RFID、条形码等）、机器视觉、自动化生产调度及物料配送技术（MES、SPS 等）等；此外，智能装备应用还包括生产数据的管理及对装备运行优化（见表1）。

表1　智能装备涵盖的主要工具及软件系统

智能装备主要工具及软件系统	自动化设备	数控机床、工业机器人、自动化输送线、自动检测设备等
	智能制造技术	生产线规划仿真技术、自动控制技术、自动识别技术（RFID、条形码等）、机器视觉、自动化生产调度及物料配送技术（MES、SPS 等）等
	生产数据管理	数据采集、数据分析、基于数据分析的装备运行优化等

仅从应用智能装备的种类与核心工艺的自动化程度上看，国外汽车制造业与国内汽车制造业水平相差无几，主要包括数控机床、工业机器人、PLC 等。国外汽车制造业领先于国内汽车制造业之处，主要体现在智能装备普及程度、装备数据采集与智能化管理程度等方面。

• 智能装备

在智能装备普及程度方面，国外制造业发达国家在汽车制造领域的智能装备普及程度高于国内。以工业机器人的应用为例，根据国际机器人联盟（IFR）2016 年报告数据，在汽车制造领域，日本工业机器人使用密度为1276 台/万人，位居世界第一，美国以 1218 台/万人位居第二，德国以 1147 台/万人排名第三，而中国仅为 392 台/万人（见图3）。日本、美国、德国是工业机器人使用大国。日本同时也是工业机器人制造大国，2016 年日本工业机器人国内销量占比 23.5%，出口销量占比 76.5%。在汽车制造领域，工业机器人主要应用于焊接、喷涂、组装、输送等环节。日本机器人厂商如安川、发那科、川崎重工等在全球机器人市场占有重要位置；德国从 20 世纪 70 年代开始应用机械手，主要用于起重运输、焊接和设备上下料等作业。目前，德国奔驰辛德尔芬根工厂拥有 4500 个工业机器人用于汽车制造。德国汽车制造企业在中国的合资企业最新的工厂完全依照德国最先进的工厂模型建立。如一汽－大众佛山工厂车身车间配备超过 800 台机器人；北京奔驰的后驱车型工厂车身车间配备 800 多台机器人；华晨宝马新大东工厂车身车间拥有 856 台机器人，可实现自动生产和检测。

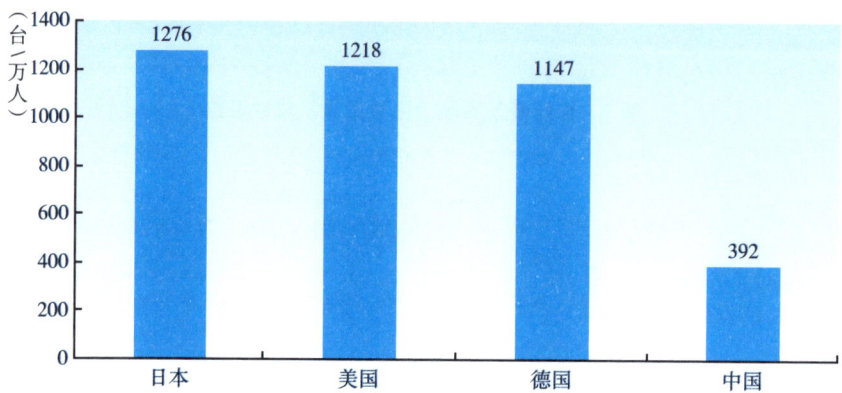

图 3　2016 年世界主要国家汽车行业机器人使用密度

资料来源：根据 IFR 数据整理制作。

- 生产数据管理

在生产数据管理方面，RFID 无线射频识别技术（Radio Frequency Identification）在国外汽车制造企业的广泛应用，被视为数字化与智能化应用的集中体现。以梅赛德斯－奔驰汽车公司为例，通过采用智能电子标签和 RFID 技术，能够实现数据与信息在汽车生产过程中的全程追溯，即便在恶劣的环境下，也能保证读取正确率达到 99.99%（见图 4）。

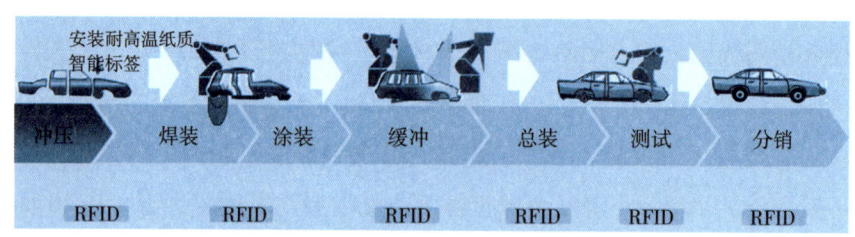

图 4　梅赛德斯—奔驰一张电子标签贯穿整个生产过程

根据汽车制造数字化发展成熟度分级中的智能装备应用水平的分级，国外汽车制造企业在冲压、焊接、涂装、总装等各个环节中，大量采用 PLC、工业机器人等智能控制、执行设备，基本实现了核心工艺环节全自动化；在工业物联网、大数据需求的驱动之下，超过80%的企业大量采用传感器、RFID、智能网关设备；在装备数据采集及设备智能化管理方面，国外汽车企业比国内汽车企业做得更好，超过50%的企业能够借助数字化工具进行数据分析、优化装配运行，并在部分工艺采用了人机协作方式。

（2）国外网络互联建设方面的情况

工业设备互联需求不断增加，工业以太网市场份额迅速扩大。工业通信相当于工厂内各系统之间的"语言"，是工业4.0的核心，主要的方式有三种，即现场总线（Fieldbus）、工业以太网（Industrial Enternet）和无线（Wireless）。近年来，在智能制造、工业物联网、工业大数据等概念的驱动之下，工业设备互联需求不断增加。根据瑞典HMS工业网络有限公司最新发布的2017年工业网络市场份额的年度分析报告数据，在制造业日益增长的对于数字化、工厂设施与IT系统集成以及工业物联网的需求推动下，工业以太网的市场份额迅速扩大，由2015年的38%提高至2016年的46%。作为最广泛应用的工业通信类型，现场总线也实现了增长，但增速出现了放缓态势（见表2）。

工业通信贯穿汽车制造企业制造的全过程，保障汽车制造全过程的顺利进行。早在20世纪80~90年代，现场总线技术即开始应用于美国汽车制造业，发展至今，以PLC为代表的现场设备控制器、设备单元、人机界面（Human Machine Interface，以下简称"HMI"）、上位工控机（Industrial Personal Computer，以下简称"IPC"）等，均可通过以太网、现场总线构成完整的设备网络实现设备的监控及快速通信，几乎贯穿汽车制造企业全部生产活动。与普通以太网相比，工业以太网在实时性、可靠性、抗干扰性、安全性等方面表现更加优越，能够有效保证汽车制造业生产、物流、质量控制及产品追踪等一系列环节的顺利进行。

不同汽车厂商由于国家间工业通信标准的不同，网络标准的选择也不同。大众汽车公司Emden工厂采用PROFINET作为以太网标准，控制系统与压力机、输送系统和机器人实现无缝通信，从而兼顾冲压车间产能与效率。

表2 2017年全球工业网络市场竞争情况

单位：%

网络类型	网络名称	2016年市场占比	2015年市场占比	2016年增长率
工业以太网	EtherNet/IP	11	46	38	22
	PROFINET	11			
	EtherCAT	7			
	Modbus-TCP	4			
	POWERLINE	4			
	Other Ethernet	9			
无线	WLAN	4	6	4	32
	Bluetooth	1			
	Other Wireless	1			
现场总线	PROFIBUS DP	14	48	58	4
	modbus-RTU	6			
	CC-Link	6			
	CAN/CANopen	5			
	DeviceNet	4			
	Other Fieldbus	13			

资料来源：HMS 中国。

此外，基于标准 TCP/IP 的以太网技术，PROFINET 可将底层生产车间网络集成到上层管理网络，实现对车间生产设备控制系统的故障诊断和维护；通用汽车公司采用 EtherNet/IP 为控制器、机器人和过程控制设备之间提供实时通信以及为高层商业系统提供信息，并要求其供应商也同步采用相同的通信协议；日本丰田汽车于 2016 年在全球范围内统一采用 EtherCAT 作为主流以太网技术，以匹配未来基于工业物联网的汽车制造系统的布局。

根据网络互联建设成熟度层级划分，目前国外汽车制造企业的发展水平介于第 3 级与第 4 级之间，出于对安全性、可靠性等方面因素的考虑，主流的工业通信仍然依赖现场总线和工业以太网，由于德系数字化与智能控制产品在汽车行业的应用比例较高，因此在通信方面，PROFIBUS、PROFINET 应用比例也相应较高，相比之下，无线应用的比例则相对较低，SDN、TSN 等新兴网络技术应用的普及程度则更低。

（3）国外运营管理系统方面的情况

实现工业4.0的目标需要完成三大集成——企业间价值网络横向集成、跨越整个工业企业价值链端到端的工程数字集成、信息化的纵向集成。其中，纵向集成旨在打通企业内部信息孤岛，实现企业内所有环节信息的无缝连接，亦即实现ERP、PLM、MES等系统之间的集成，是数字化工厂所要解决的重要问题之一。

国外汽车制造企业在运营管理系统方面相较于国内企业具有明显优势。不仅表现在各大系统完备程度及系统之间的集成方面，还表现在国外汽车制造企业更多地将数字化技术应用贯穿于汽车制造过程全价值链，而非单一环节的数字化工具应用。数字化建模技术不仅可以实现实体样车制造成本和人员重复劳动成本的下降，而且通过PDM/cPDM（产品数据管理/协同产品定义管理）数据平台，还能够实现汽车所有属性数据与信息全过程可追溯；基于PDM/cPDM平台数据，产品设计端与制造端能够实现无缝对接。采用CAPP（计算机辅助工艺规划）则可以对生产线布局、设备布局、生产工艺路径、生产线物流等进行仿真，大幅减少对实际生产线的更改，从而有效降低成本、缩短工期、提高效率；MES与ERP、PDM/cPDM之间的集成，能够保证所有相关产品属性信息从始至终保持同步，并实现实时更新。生产过程中所积累的海量数据，能够通过大数据分析得以充分利用，例如掌控生产运行时间、识别设备故障、预知能源消耗，并据此进行优化，提高汽车制造企业盈利能力（见图5）。

国外主流汽车制造企业的工业软件系统及集成应用多为自主研发。国外汽车制造业发展水平一直领先于制造业的平均水平，因此在信息化、数字化建设方面也比较超前，相当一部分主流汽车制造企业，基于历史发展需求，并没有采用商业化的工业软件系统，而是选择了自主研发。例如，上汽大众ERP系统部分模块来源于SAP公司，其他MES、PDM均采用自主系统，系统之间的集成也通过内部统一的软件平台完成。

根据汽车制造数字化发展成熟度分级中的运营管理系统应用水平成熟度分级，国外主流汽车制造企业在ERP、MES、PLM等软件系统布局方面相对

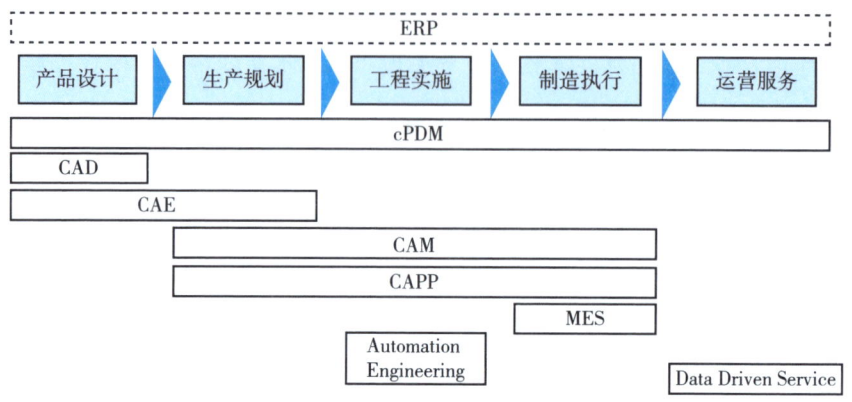

图 5　数字化制造全价值链

领先，系统集成程度明显高于行业平均水平，基本实现覆盖汽车制造全价值链的高效集成，达到第 4 级水平。少数企业基于生产过程产生的数据驱动服务，推动了生产制造的持续优化与提升。

（4）国外基于模型的企业（MBE）应用情况

基于模型的企业（Model-Based Enterprise，以下简称"MBE"）是在基于模型的定义（Model-Based Definition，以下简称"MBD"）的基础之上，为制造企业建立起来的能够有效实现数据协同与信息共享的集成与协同环境。MBE 是三维建模、模拟仿真等各类数字化技术集成体应用于制造企业的解决方案，尤其适用于工艺复杂、制造难度较大，在质量与效率方面面临巨大压力的领域。MBE 不仅限于 MBD 的定义范畴，还覆盖企业从产品设计、制造到服务的完整的产品全生命周期业务（见表3）。

表 3　MBE 的发展阶段

发展阶段	发展阶段特征
第一阶段	单纯二维工程图
第二阶段	以二维工程图为中心，三维为辅
第三阶段	以三维模型为中心，二维为辅
第四阶段	基于模型的定义（MBD）
第五阶段	基于模型的企业（MBE）

资料来源：e-works。

MBE 的应用逐渐从国防与航空领域向汽车制造领域拓展应用。从 MBD-MBE 应用发展历程来看，国防与航空工业一直扮演着先驱的角色。基于模型的企业是 2005 年美国推出"下一代制造技术计划"（The Next Generation Manufacturing Technologies Initiative，简称 NGMTI）中的六个目标之一，旨在加速制造技术突破性发展，加强国防工业的基础和改善美国制造企业在全球经济竞争中的地位。美国陆军研究院指出，"如果恰当地构建企业 MBE 的能力体系，则能够减少 50%～70% 的非重复成本，缩短 50% 的上市时间。"近年来，虽然随着汽车制造复杂程度的持续提高，数字化技术的应用日渐深入与广泛，但仍然未达到全面应用 MBE 的程度。汽车制造领域 90% 以上的数字化解决方案，是基于西门子 Tecnomatix 和达索系统 DELMIA 系列软件完成的。

依据基于模型的企业（MBE）应用成熟度模型评价标准，国外汽车制造企业已经普遍达到第 4 级水平，即基于企业级的三维模型与模拟仿真，数字化技术已经能够覆盖产品全生命周期，但是仍然没有国防军工、航空航天领域 MBE 水平高。

（5）国外工业互联网平台应用情况

工业互联网平台（即"工业云平台"）和工业 4.0 平台起源的背景是相通的，即基于 IT、CT 与 OT 的融合，通过对于数据的收集与分析，优化决策，推动各个工业行业生产与运营的智能化，有效实现装备与资源的优化配置，从而创造额外的价值增值与社会经济效益。"优化"是工业互联网的核心价值。广义的工业云平台，包括云设施 Iaas 层（Infrastructure-as-a-Service，基础设施即服务）、物联网平台和工业云（见图 6）。狭义的工业云平台则不包括云设施。

工业互联网研究机构 IoT One 发布的 2017 年世界工业互联网百强排行榜显示，美国和德国工业互联网解决方案供应商位居世界前列，如 IBM、SAP、Cisco、GE、Bosch、Siemens 等（见表 4）。其中，尤以 GE 的 Predix 与 Siemens 的 MindSphere 两大工业互联网平台最受工业企业关注。GE Predix 主要应用于大型设备与能源领域，而 Siemens 的 MindSphere 则主要应用于制造业领域。目前，两大平台都在积极构建"生态系统"，但仍处于试运行、试

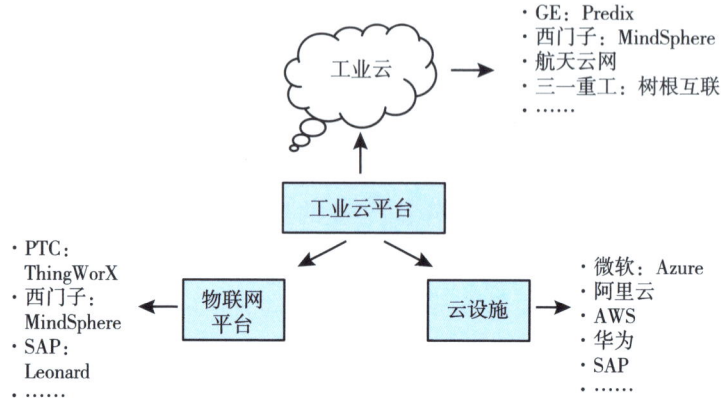

图 6　工业互联网平台三大支柱

资料来源：《"工业云"春秋时代来临》，界面新闻。

点应用阶段，包括私有云的建设及相关工业大数据的分析等。汽车制造领域工业互联网平台，距离大范围的扩张和应用的普及，还有相当长的路要走。

表 4　2017 年全球工业互联网百强排行榜前 16 名

公司名称	国家	排行			
		总体排名	品牌影响力	创新指数	生态开放性
IBM	美国	1	2	3	3
SAP	德国	2	7	5	2
Cisco	美国	3	9	2	4
intel	美国	4	1	18	1
General Electric	美国	5	4	1	23
Bosch	德国	6	18	7	9
ABB	瑞士	7	22	17	6
Siemens	德国	8	16	15	19
Dell	美国	9	21	25	5
Ericsson	瑞典	10	6	26	23
AT&T	美国	11	23	24	11
NEC	日本	12	10	10	40
Google	美国	13	5	19	36
Microsoft	美国	14	14	28	19
Verizon	美国	15	3	44	19
Fujitsu	日本	16	50	8	8

资料来源：IoT One。

依据工业互联网平台水平成熟度分级标准，国外主流汽车企业处于第 3 级水平，建立了面向生产现场环境、装备运行数据分析的工业互联网平台，少数企业如西门子安贝格工厂、保时捷等可以实现面向生产现场、供应链、市场需求等全方位数据集成分析的工业互联网平台，达到第 4 级水平。

（二）国内汽车制造数字化发展情况

1. 国内的汽车制造数字化发展历程

我国与汽车工业发达国家相比，虽然起步较晚，但汽车制造技术紧跟世界发展步伐，由起步阶段的单一品种小批量半机械化生产，逐步发展成大批量流水线生产、多品种柔性化半自动生产、信息化精益制造，汽车制造数字化也经历了从无到有、由小变大、由弱向强的过程。

（1）20 世纪 50 年代：从无到有

我国汽车制造技术及装备的发展始于 20 世纪 50 年代，第一汽车厂通过引进苏联的大批量流水生产方式，我国汽车制造技术在半自动生产线、组合机床等领域取得较大进展。随后，第二汽车厂通过消化吸收国外部分先进制造技术，自主研发气缸体大平面拉削工艺及设备，以及各种壳体、轴类机械加工及检测自动线等先进技术设备，达到当时世界商用车制造的先进水平。

（2）20 世纪 70 年代至 20 世纪末：由小变大

20 世纪 70 年代以来，伴随着 CAD、CAM、机器人制造技术、成组技术等先进技术应用于汽车制造领域，汽车制造领域数字化技术逐渐被广泛应用。

20 世纪 80~90 年代，伴随着技术引进、合资建厂热潮，先进汽车制造技术、自动化生产装备大量引入中国，我国汽车制造技术和装备水平大幅提升。据有关资料，20 世纪 90 年代，全国汽车工业投资额占全国投资总额的 0.85%，其中，用于大型骨干企业汽车制造的现代化生产设施、技术改造和新技术新工艺装备的投资占汽车工业投资额的 49.6%，用于总成、零部件生产的技术改造和先进装备投资额占汽车工业投资额的 31%，对形成企业规模经济、扩大产能批量、提升产品水平、发展车型品种和完善服务等诸多

方面起到了至关重要的作用。

(3) 21世纪以来：由弱向强

进入21世纪，控制核心技术、工厂规划和设备全球招标成为法定规则，我国汽车制造业进入以数字化制造为特征的新阶段。2001年Profibus总线成为第一个进入中国的现场总线标准后，Interbus、CC-Link等工业总线标准相继进入国内汽车市场，自主品牌整车企业制造工艺开始从局部环节的单点自动化向核心工艺环节全自动化转变，并开始进行数字化制造技术尝试。自主品牌汽车企业制造技术和工艺水平开始进入快速增长期。总体来说，进入21世纪以来，我国汽车产销量不仅突飞猛进，国内企业汽车数字化制造技术也得以迅速发展。主要表现在以下两个方面。

首先，以数字化工厂软件应用为标志的虚拟制造工艺与仿真技术在国内汽车企业得以应用。2005年，中国一汽集团自主品牌一汽轿车有限公司引进数字化工厂软件技术，开始对制造工艺和制造装备进行数字建模，并进行虚拟制造工艺过程检测、验证、调试。虚拟数字化制造技术在汽车企业迅速得到广泛应用，如数字化工艺规划、数字化工艺规划验证、数字化装配、数字化物流规划－验证－优化等被国内汽车企业大量应用于生产实践。随着数字化技术的发展和汽车企业的需求变化，现有的生产线也被进行数字化建模。目前，这一技术被命名为"数字化双胞胎"，作为对实际物理系统的映射，可以在虚拟环境中进行分析和优化。

其次，RFID技术与MES结合，使生产车间数字化制造和信息管理水平又提升一个台阶。2007年，以长安汽车为主联合国内多家单位，承担了国家863计划重点项目"射频（RFID）技术在整车及零部件生产质量监控和流程管理中的应用"，标志着国内自主品牌企业在数据采集、数据通信、生产计划排产、相关的系统管理等方面有了长足进步。汽车企业通过引入RFID电子标签跟踪制品，进行数据采集、处理，可实现精准物流控制；将RFID技术与MES结合，实现MES对生产数据的高效采集和对订单、在制品的实时追踪，并利用传统调度算法和质量统计分析技术提高MES的智能性。

2012年以来，工业互联网、工业4.0、智能制造等理念掀起一股工业创新与变革浪潮，新的竞争态势以"数字化"技术作为重要驱动要素呈现出来。我国汽车产业作为制造业重要组成部分，也面临着数字化转型的重大机遇期。中国汽车制造厂商实施数字化制造的步伐加快，不仅从广度上，更从深度上加大了数字化制造在企业的探索和落地。

面对智能制造的浪潮，我国汽车企业相继制定智能制造总体策略和规划路径，并开始逐步实施，如北汽福田汽车公司，在分析自身现状及优劣势情况下，搭建福田汽车智能制造2025"一云、四互联、五智能"的顶层规划，以车联网、大数据、云平台为基础，利用智能工厂实现大规模客户个性化定制，进行智能制造的探索和实践（见表5）。

表5 福田汽车智能制造2025战略规划

规划要素	包含内容
五智能	商业智能、智能管理、智能汽车、智能工厂、智能制造
四互联	企业内部互联、企业与企业互联、企业与客户互联、企业与产品互联
一云	云平台

资料来源：北汽福田汽车股份有限公司。

当然，汽车企业实现智能制造不是一蹴而就的。下面将通过对国内汽车企业在智能装备的应用、网络互联建设、运营管理系统、数字化虚拟工厂、工业互联网平台等五个方面的分析，来说明我国汽车数字化制造的发展脉络与现实情况进行梳理。

2.国内汽车制造数字化发展情况

从汽车制造数字化评价问卷调查情况来看，国内整车企业制造数字化水平明显高于零部件企业。整车企业在智能装备应用水平、网络互联、企业运营管理系统、基于模型的企业应用等方面大多处于第3级水平，基本实现核心工艺环节全自动化。其中，在网络互联建设方面，建立了工业以太网和车间无线网络，基本实现车间数据互联互通；在网络运营管理系统应用方面，基于ERP、SCM、CRM、MES等单个运营管理系统逐步建立起完整的企业

运营管理系统,能够在单个工序上,基于三维模型实现辅助装配与调试。少数合资企业处于第4级水平,装备数据采集及设备实现智能化管理,企业网络实现从车间到企业的网络互联,企业运营管理实现系统之间的有效集成等。在工业互联网平台建设方面,国内整车企业初步建立起面向供应链管理、行业数据分析的工业互联网平台,达到第2级水平。零部件企业制造数字化水平参差不齐,合资零部件企业和少数先进零部件制造企业在制造数字化建设方面比较重视,大体和国内整车企业水平相当,大部分自主品牌零部件企业在制造数字化方面相较于整车企业低一个层级。

国内智能装备应用情况主要从对自动化装备应用、智能制造技术推广应用以及生产数据管理和装备运行优化三方面进行评估。

- 自动化装备应用

在自动化装备应用方面,国内整车企业尤其是乘用车企业,基本实现核心工艺全自动化。发动机车间的金属加工设备多采用高精尖数控化设备,整车制造四大工艺车间广泛采用机器人和机械手。物流传输方面,通过采用程序控制葫芦、自动化输送线、先进总装系统、自动化滚床、自动检测装备等工具,自动化程度达到较高水平。如国内某汽车企业在2015年新建的汽车制造厂配备机器人规模达到232台,涉及整车制造四大工艺流程(见表6)。

表6 某汽车企业新建工厂自动化设备应用情况

生产车间	自动化装备应用情况
冲压车间	全封闭自动化冲压线,2500吨伺服压力机,全自动横杆机器人上下料操作,SPM达到每分钟13次
焊装车间	自主研发的快速高柔性焊装线,全线187台机器人自动化生产,高速(51秒完成1台车)、高柔性(4平台6车型)
涂装车间	有32台喷涂机器人,另有6台机器人实现自动化PVC底涂、裙边胶
总装车间	采用AGV等先进总装系统、SPS(Set Parts System)配送,实现"一个流",并全面采用地源热泵空调
发动机工厂	采用智能加工线(由加工中心和多轴箱加工专机组合而成),在装配环节批量化采用电动扳手,拧紧精度100%符合品质规格要求
设备控制	生产车间每个设备控制柜中均配有主PLC系统;并对安全回路使用独立安全PLC

- 智能制造技术推广应用

在智能制造技术应用方面,汽车行业成为新一代智能制造技术应用的引领者。在汽车生产车间,汽车车身焊接生产线配备视觉定位系统和智能化自适应焊接控制器,实现焊接过程管理智能化;在焊装车身总拼线和涂装全车间,部署 RFID 芯片自动读写的识别系统模块,依靠该技术根据读取的车型信息实现自动作业的柔性定位、柔性输送、设备柔性切换和校验报警等功能。在生产物流方面,国内汽车制造企业实施 AGV 管控系统,同时实现软件、硬件监控管理,确保内部生产物料供应精准化。

图 7 上汽大众车身焊接生产线上的视觉定位系统

资料来源:上汽大众汽车有限公司。

- 生产数据管理及装备运行优化

国内部分汽车制造企业能够实现对车间现场数据的详细收集及分析,在现场有针对性制定改善措施。上汽乘用车公司制定了一套 PMC 系统和生产线控制系统的接口标准,对于自动化程度高的车间,PMC 系统从设备系统中自动获取生产线的生产过程数据,再分车间、线体、工位等层级来分析自动统计堵线、缺料、人工超时、设备故障等各种因素对生产的影响。由于总装车间人工装配环节较多、线边物料较多、采用工具辅助装配的环节较多，PMC系统则逐个定义每个工位有可能引起停线的原因，并在每个工位安装扫描枪。对于能够从设备系统中自动收集的数据，PMC系统在每次产生停线时自动获取停线信息并判断出停线原因。对于人工拉暗灯工位，系统不能自动判断停线原因，生产现场则需在拉暗灯产生停线后，扫描上传预先定义的原因。通过对现场详细数据的收集，准确判断停线原因并现场制定改善措施，进而通过自动统计分析车间每个工段、每个工位的停线时间的趋势、各种停线原因的改善情况趋势等大量管理数据，实现工厂管理水平的大幅提高（见图8）。

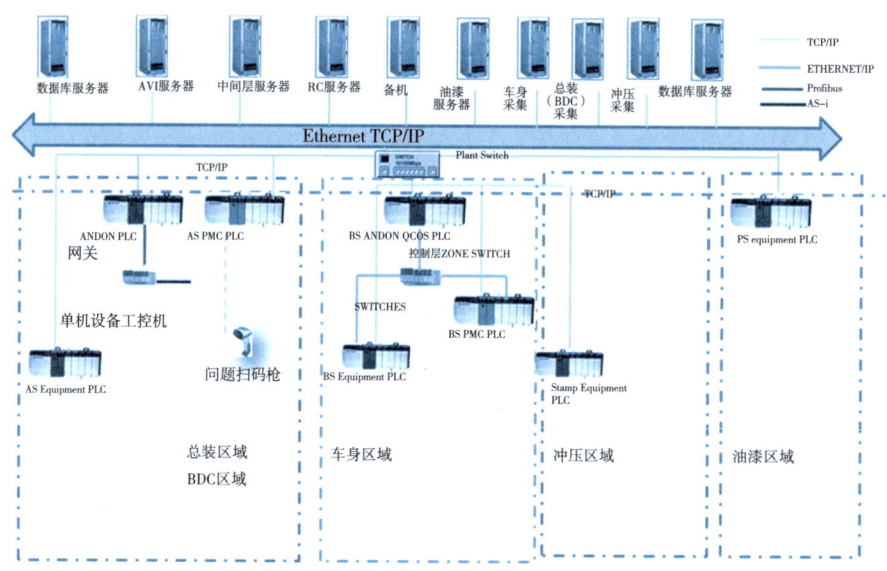

图8 上汽乘用车公司生产数据采集系统

资料来源：上海汽车集团股份有限公司乘用车公司。

根据汽车制造数字化发展成熟度分级中的智能装备应用水平评价体系，国内整车企业基本实现核心工艺环节全自动化，达到第3级水平；有部分企业实现装备数据及设备智能化管理，达到第4级水平；只有极个别合资企业基于数据分析的装配运行优化，实现自适应装配与人机协同，达到第5级水平。

国内零部件企业的智能装备应用水平远不如整车企业，可谓参差不齐。

国内大部分零部件企业逐步实现核心工艺环节全自动化过程，处于第2级向第3级过渡阶段；合资零部件企业和部分国内先进零部件企业达到装备数据采集及设备智能化管理的层级，达到第4级水平。

3. 国内网络互联建设方面的情况

国内自主品牌汽车企业在生产线的网络互联建设方面起步较晚，基本是在委托第三方进行自动化生产线建设时，由第三方代为进行工业网络互联方案选择并实施建设。如2007年，奇瑞汽车在车身焊接生产线建设时，委托意大利柯马公司进行设计和制造，柯马公司采用PROFIBUS总线构建工业以太网，实现车间管理系统主机和控制PLC之间的通信。近几年来，总线技术和工业以太网在整车生产厂得到了普及应用，各大整车企业的新建工厂都使用了工业以太网技术。如广汽本田于2014年新建第三工厂，实施CC-LInk IE总线，基本实现车间数据的互联互通。上汽通用凯迪拉克金桥工厂和武汉二期工厂都是通用全球体系中首批全面应用工业级全以太网络系统的智能工厂。通过工业级以太网的控制，可以根据市场订单情况确定生产节奏。

自主品牌汽车零部件企业在网络互联方面较整车企业水平低，多数企业处于设备互联向数据互联的过渡阶段，少数先进零部件企业能够使用工业以太网和车间无线网络，基本实现车间数据的互联互通。国内先进的汽车零部件企业新建的工厂中，现场设备控制器、设备单元、人机界面、上位监控PC，可通过以太网、现场总线构成完整的设备网络，实现设备的监控及快速通信。如潍柴动力生产车间电气控制系统采用PLC+现场总线控制方式，整条线上分段设置总控制柜，通过PLC及PROFIBUS（或PROFINET）总线，集中控制线上的工位输送及转台回转。发动机零部件生产线上配备RFID读写设备，通过总装线的信息计算机与MES系统联网，将装配计划下达到总装线，总装线按生产计划及上线情况，以RFID为中间存储介质，执行上线、打印发动机编号，记录各发动机在总装线上的生产、质量、产量等信息。主控PLC通过以太网与管理计算机建立连接，进行实时的数据交换，可实现机型、物流、生产质量状态的监控数据的上传。

此外，潍柴动力网络互联建设正在从第3级向第4级转变。在该企业的

发动机总装工厂，采用一台工业控制计算机进行现场信息管理：通过以太网接收管理层（MES）下传的、经过分解的生产计划，指导上线，上传计划完成情况，实行生产计划的管理。主控 PLC 与信息 PC 实时通信，信息 PC 与 MES 数据交换采用 OPC SERVER 模式，实现 MES 下传计划到主控 PLC，主控 PLC 的装配信息上传到 MES 系统。

根据网络互联建设成熟度层级划分，目前国内大部分汽车整车生产企业能够使用以太网和车间无线网络，基本实现车间数据互联互通，实现第 3 级水平；有部分企业从车间到企业基于网络互联实现了纵向集成，达到第 4 级水平；大部分自主品牌零部件企业建立了设备连接的总线网络，能够实现基于 PLC 的设备互联，实现第 2 级水平，少数先进零部件企业可实现车间数据互联互通，达到第 3 级水平。

4. 国内运营管理系统方面的情况

国内汽车企业运营管理信息系统的建设是一个渐进的过程，经历了企业信息化需求萌芽阶段、信息化基础应用阶段、信息化系统建设阶段、信息化应用系统整合阶段和价值整合阶段（见表7）。

表7　企业运营管理信息系统发展情况

发展阶段	阶段名称	发展阶段特征
20 世纪 80 年代	企业信息化需求萌芽	企业缺乏信息化工具，基本靠手工收集数据、整理报表、进行管理分析等工作
20 世纪 90 年代至 21 世纪初期	企业信息化从基础应用逐渐向系统整合过渡	从单机信息化应用，到逐渐建立起独立的信息系统，并且将各个系统进行整合，实现网络互联
21 世纪	集中信息化建设	建立面向生产全流程的运营管理信息系统，进入价值整合阶段

目前，国内汽车制造企业对信息化建设的重视度较高，信息化管理成熟度较高。"多数企业不仅在汽车产业各业务环节设施管理信息化建设，而且陆续在集团层面建立了信息化管理中心，搭建了信息化监控和服务平台。"其信息化建设的主要成果有两项。

一是大型整车企业逐渐进入信息系统集成应用或协同创新阶段。以华晨汽车为例（见图9），在车身工艺规划及装焊开发前期，搭建企业数字化工厂管理平台（TCM），实现虚拟仿真与制造数据的整合协同管理。对装焊工艺虚拟仿真功能和数据（工艺仿真、机器人仿真、人机仿真、工厂仿真等），以及包含工艺数据管理、数字化工艺规划、工艺流程及文档管理三个方向在内的制造数据，通过数字化工厂管理平台进行统一整合及系统化管理，实现全部工艺资源的数字信息化管理。上汽大众宁波工厂通过统一的产品数据管理系统平台，实现研发与制造环节的有效对接；同时生产运营管理系统通过 FIS 系统、Eco EMOS 系统，可实现信息实时采集、上传、存储以及指令下发，控制整车生产全过程。

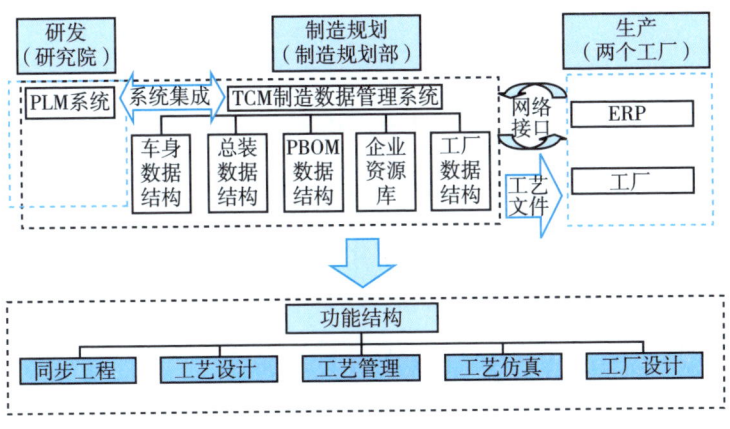

图9　华晨汽车制造信息集成系统

资料来源：华晨汽车集团控股有限公司。

二是物流供应链和客户关系管理系统开始应用。"一汽大众在供应链管理（SCM）方面使用 SAP SRM 进行寻源与非生产性物料管理，2010 年开始使用 SAP EWM 管理售后配件仓储业务，在客户关系管理（CRM）方面使用 SAP CRM 进行客户互动与商机管理。上海通用使用 SAP DP 进行高级预测管理，使用 SAP APO 进行有限能力计划和详细排程管理，使用 Siebel 客户关系管理系统进行客户与商机管理，使用 Infor-service 经销商管理系统进行经销商协同。"

按照企业运营管理系统应用水平成熟度评价体系，国内大多数整车企业

运营管理系统建立了完整的企业运营管理系统（见表8），并且逐步由各个独立的运营管理系统逐渐向系统有效集成过渡，处于第3级至第4级之间。零部件企业运营管理系统成熟度较低，大部分零部件企业处于ERP、SCM、CRM、MES等多个不同的运营管理系统向完整的企业运营管理系统过渡阶段，即从第2级向第3级过渡阶段。

表8 国内汽车企业应用ERP系统情况

汽车企业	上汽通用	上汽大众	一汽大众	北京奔驰	华晨宝马	东风汽车	奇瑞汽车	比亚迪	上汽乘用车
ERP供应商	SAP	SAP	SAP	SAP	SAP	SAP	SAP	SAP	SAP
汽车企业	吉利汽车	郑州日产	长安汽车	广汽乘用车	江淮汽车	东风本田	江铃汽车	华泰汽车	东南汽车
ERP供应商	SAP	SAP	Oracle	Infor	Infor	上海信岩	QAD	北京利玛	神舟数码

5. 国内基于模型的企业（MBE）应用情况

在汽车制造环节，企业使用数字化工厂软件对制造设备、生产线、工艺、物流等进行建模仿真，减少制造调试时间和制造成本。国内最早使用数字化工厂软件的是一汽集团，于2005年开始进行数字化工厂建设，但国内企业大范围进行数字化工厂建设的时间是2014年以后。

国内汽车制造企业最先开始在焊接和涂装两个关键工艺环节进行设备建模、工艺仿真和验证。2015年年底，西门子公司依据对国内部分整车企业的调查，给出了企业生产线在数字化制造模型方面建设的情况（见表9），焊接车间全部应用机器人焊装工艺仿真和验证，涂装车间全部应用机器人喷涂仿真。其他工艺环节数字化制造模型应用情况较少。

基于模型的企业要求在产品设计阶段的三维模型，就要标注出制造阶段的相关信息（如实体几何模型、零件尺寸、工程说明、材料需求等），实现产品设计数据、工艺数据和制造数据集成。国内部分自主品牌企业已经通过系统集成，实现从设计部门的PLM系统中获取产品相关数据，并在"数字化工厂"环境中进行工艺评审、公差分析。

表9 整车企业产线数字化制造仿真模型应用情况

工艺环节	仿真项目	应用程度
冲 压	冲压线规划与仿真	两家自主企业采用部分仿真技术，只有一家合资车企没有采用
焊 接	机器人焊接工艺仿真和验证	全部应用
涂 装	机器人喷涂仿真	全部应用
总 装	虚拟仿真实现虚拟装配与人机工程学	大部分车企难以实现，两家企业部分实现
动力总成	测试台及测试台自动化系统	大部分没有独立的动力总成车间，有动力总成车间的车企中只有两家会用到

注：共调查16家企业，其中，合资车企5家；自主车企7家；新能源车企4家。
资料来源：西门子（中国）有限公司。

依据基于模型的企业（MBE）应用成熟度评价体系，国内大部分整车企业能够在整车制造单个工序基于三维模型实现辅助装配与调试，达到第3级水平。企业焊接生产线的工艺规划、仿真模拟、离线编程、虚拟调试等能够完全在数字化环境完成，通过最先进的工业网络技术，与生产线智能交互，实现智能柔性应用。国内少数企业可以实现总装生产线的三维模型仿真分析。

目前，国内大部分自主品牌汽车企业并没有实现产品设计、工艺和制造数据统一管理，没有实现企业级的三维模型。主流汽车企业处于三维仿真实施工艺规划及验证阶段，尚不能进行PLC仿真，更谈不上实现离线编程和调试的同步工程。对自主品牌企业来说，要实现三维数字化模型对整个生产制造工艺过程全覆盖和对设计、工艺、制造三维模型数据全打通，任重道远（见图10）。

6. 国内工业互联网平台应用情况

2013年，伴随着通用电气在全球推出第一个大数据与分析平台，工业互联网平台概念进入国内汽车制造企业的视野。工业互联网平台主要作用是通过数据采集、数据分析实现对生产系统的全天候监控。"工业大数据的一个重要功能是可以对产品的生产过程建立动态虚拟模型，或对在工艺规划阶段建立的三维仿真模型进行验证和实时信息链接。实时数据与三维仿真模型链接

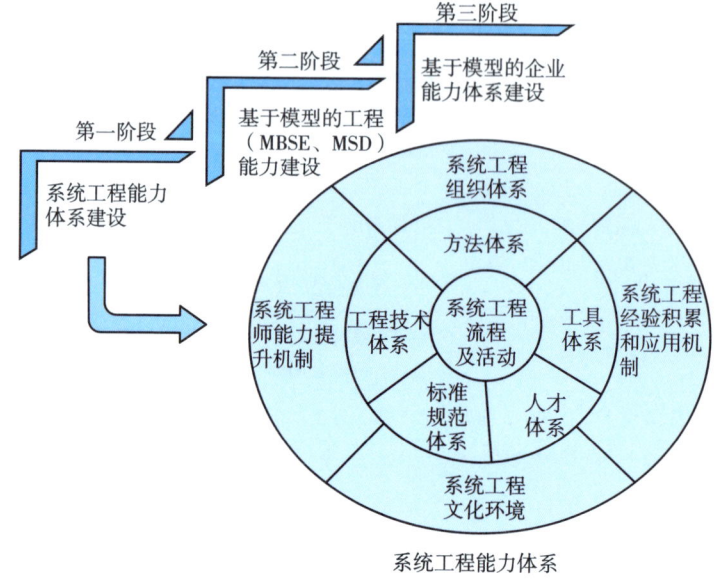

图 10 构建基于模型企业的初步规划

资料来源：李小平，《初探基于模型的企业之路》。

后，工厂将变得可视化和透明化，工艺人员可持续对生产工艺进行优化和改进。另外，智能装备在大数据分析与积累的基础上可实现自我调节，自我改善。"[1]

目前，国内市场的工业互联网平台有 GE 推出的 Predix 平台，西门子推出的 MindSphere 平台，三一集团推出的"树根互联"平台，航天科工集团推出的"航天云网"平台，海尔集团推出的 COSMO 平台等。另外，施耐德公司的 EcoStruxure 平台也正在进入中国市场。

工业互联网平台在汽车制造领域的应用主要通过数据的采集、处理实现汽车生产过程的优化。主要通过汽车制造生产线上安装的数以千计的小型传感器来探测温度、压力、热能、振动和噪声等信息，通过采集和处理这些信息，实现多种形式分析，包括设备诊断、用电量分析、能耗分析、质量事故分析、生产线物联网分析、供应链优化、生产计划与排程优化等。

---

① 刘来超：《汽车产业智能制造关键技术综述》，《汽车工艺师》2017 年第 4 期。

对国内汽车企业来说，工业大数据的采集、传输和分析利用还处在探索阶段，因此大多数汽车企业处于初步建立起面向供应链管理、行业数据分析的工业互联网平台阶段，即处于第2级水平。

二 汽车制造数字化发展趋势

当今，虽然汽车的外观较之以往并未发生巨变，但是车轮之上所架设的车体早已今非昔比，即便将其称为"由0、1基因构成的超级机电一体化虚实共同体"也毫不夸张。在这个过程中，数字化所扮演的角色和所创造的价值不言而喻。

1. 汽车制造数字化发展的主要瓶颈

当前数字化工厂发展存在的瓶颈主要有两个。

（1）数据管理协作平台和MES并未真正关联贯通。虚拟数据的变动，无法实时地使实际制造流程同步变动，而制造执行系统的指令也无法在瞬间激活生产软件模块。这方面目前尚有许多硬件和软件的瓶颈无法突破。例如，混线生产中，要实现即插即用，目前移动通信的带宽就远远达不到要求。市场上部分领先的数字化解决方案供应商已经能够使用虚拟控制器在实际生产开始之前，即可进行虚拟调试和设备仿真，从而显著提高总体质量水平、减少错误发生概率。

（2）产品设计数据和生产规划数据必须由人工传递到独立的自动化工程软件。在未来，则有望通过统一的数据管理协作平台自动整合机械电子和自动化系统的数据，缩短工程组态时间和工作量。此外，在数字化工厂的运营构建中，工业云是未来的应用趋势。将数据管理协作平台与工业云对接，通过工业云可以将生产过程、能源和质量实时管理起来，进行诊断和预判，并给出最终报告指导企业决策，而与之相辅相成的信息安全也须同步推进。

2. 汽车制造数字化转型的主要发展趋势

为了有效应对市场需求多元化与复杂性的持续提升，汽车制造企业将进一步深化数字化转型，以求尽可能降低成本、提高效率、优化质量、减少误差、缩短产品研发周期。其数字化转型的主要趋势包括以下几个方面。

第一，扩大数字产品模型的使用，在设计早期就对产品进行优化，更好地验证机械系统、电子系统和软件系统，全面整合机械、软件和电子组件，以求尽可能地提高汽车产品的整体性能。

第二，采用集成程度更高的综合 PLM 软件系统，尽早优化模型驱动的系统。

第三，在汽车制造全价值链内集成各个系统，使产品设计阶段产生的数据与汽车制造的全价值链各环节的数据保持一致，做到数据全程可追溯。

3. 汽车制造数字化的重要解决方案

具体到实际操作层面，主要向以下几个方面发展。

第一，并行设计与协同开发。在数字化环境下，从设计到汽车上线之间的许多工作都更易于并行开展，数据与信息也更易于协同。如果能够在汽车制造企业与零部件供应商之间加以应用，新产品的设计研发周期将进一步缩短，新车型的上市速度将进一步加快。

与上游零部件供应商企业使用同样的数据管理平台，从而实现协作性更强的设计流程。在一款车型处于早期的概念设计、系统设计阶段时，就与内部、外部各类供应商共享数据与信息，让供应商们参与设计流程，对方案的可制造性与经济性进行充分的沟通与反馈，并保持数据与信息的实时协同一致。在此基础之上实现并行设计，从而大幅缩短研发设计周期，并有效减少误差，同时提高汽车制造企业和供应商双方的工作效率，在提高产品质量、优化成本、降低产品开发风险和时间延迟方面都有非常显著的成效。

当前，这种产业链上并行设计与协同开发即便在国外也并未广泛普及，但从大趋势上看，产业链的纵向整合会逐渐深化。

第二，采用性能更加优越的仿真与优化软件。实践证明，采用性能更加优越、全面的 CAX 软件，并尽早开始通过虚拟仿真对产品进行优化改进，能够更加有效地应对日益加大的市场需求复杂性。所谓"未雨绸缪"，在产品设计阶段，即采用高级的仿真软件，尽可能全面地对可能影响产品性能的因素进行分析、调整与优化，有利于减少材料、环境的"或然性"所造成的意外情况。

第三，数字化工厂整体解决方案。当前，即便是数字化水平最高的汽车制造企业，也并没有达到工业4.0的水平，甚至没有应用完整的数字化工厂解决方案。汽车数字化工厂的建设过程，就是为汽车制造企业构建"数字化双胞胎"的过程。这个过程共分为基础数据库与局部数字化、互联互通、虚实精准映射三个阶段，具体描述如下。

（1）汽车制造企业建设数据的统一存储与管理系统，即数据管理协作平台。

首先，建立产品数据信息。汽车涉及3万多种基础零部件，以及组合而成的各种中型、大型零部件，都要在虚拟空间中一一建立自己的数据信息，统称为BOM。这些数据信息在研发、生产、物流的各个环节中被不断丰富，实时保存在一个数据平台中。数字化工厂的运行，都是基于这些基础数据。其次，建立数据管理协作平台，作为数字化工厂的数据指挥管理中枢，收集和管理这些碎片式的虚拟数据BOM。最后，在数据管理协作平台基础上，建立生产工艺流程的数据信息，即每个工序的节点、时长和时序等，这些信息都可以以数据信息定义，并与生产规划软件共享。

在这一阶段中，产品、工厂和设备分别在虚拟空间中得以构建，但是尚没有形成一个系统的整体，即使在虚拟空间中也是相对孤立的，仅能够在局部环节实现效率的提升。这也是目前绝大多数汽车制造企业数字化应用的现状。

（2）汽车制造企业将数据管理协作平台与ERP、PLM、MES \ MOM、控制系统及供应链管理等进行信息关联。

在虚拟环境下构建起与现实制造全流程对应的生产体系（产品、生产工艺、设备），现实生产流程（研发设计 - 仿真 - 工艺定义 - 设计和生产 - 自动化和电气配套 - 调试）全部可以通过虚拟来实现。但是，虚拟与现实生产之间的数据交互，不是实时的，而是周期性的。也就是说，数据管理协作平台与MES没有真正贯通，虚拟数据的更改还不能在很短时间内更改生产制造的整个流程。

（3）数据管理协作平台与MES \ MOM之间真正实现集成，与ERP、

PLM、控制系统及供应链管理全部实现无缝对接。

虚实空间的数据交互是实时的、动态的，现实生产运行状况都能够实时反映到虚拟空间，虚拟空间优化后的决策也能够实时地反映到现实生产活动中，形成虚实精准映射、动态交互、高度智能的生产制造方式。这就是数字化双胞胎，是未来工业制造的最高级阶段。

三 汽车制造数字化应用典型案例

当前，全球主要工业发达国家正在大力推广和应用智能制造发展，旨在重塑制造业新优势，实现制造业转型升级。数字化战略是实现智能制造的重要手段，对实现智能制造起着举足轻重的作用。中国制造业面临着严峻挑战和重大机遇。加快我国汽车制造数字化转型，需要结合众多核心技术和工艺，以其前瞻性、低成本和提升企业整体效率的优势，实现制造数字化、智能化和定制化。

下面以上汽大众宁波工厂、长安汽车、华晨宝马、吉利汽车为典型案例，介绍企业在数字化制造上取得的进展及实施成果，这对我国汽车制造数字化转型具有一定借鉴意义。

（一）上汽大众宁波工厂数字化制造进展和成果

上汽大众汽车有限公司宁波分公司（以下简称"宁波工厂"）于2012年1月开工建设一期项目，包含冲压、车身、油漆和总装四大工艺。其2015年初达到30万辆/年的生产能力。二期项目于2014年5月启动，目前已完成二期一线的建设与投产，达到30JPH（即15万辆/年）生产能力。二期二线的项目建设正在进行中。

1. 数字化制造技术应用情况

（1）智能装备应用情况

● 自动化情况

在生产制造领域引入了较多的自动化工艺设备。例如，冲压车间全自动高速拆垛系统，可实现不停机更换垛料，线尾双 KUKA 机器人放料，整线实现自动化。车身车间机器人在线测量技术，能对每一台车身尺寸进行 100% 精确监控。油漆车间机器人自动喷涂技术和空腔注蜡技术，实现了 100% 机器人自动喷涂，保证油漆表面质量和车身防腐性能。总装车间自动化底盘合装设备，能有效提升装配效率、降低人工成本。

在物流领域率先尝试了 AGV 与机械手结合的技术方案。前风窗零件在物流仓库智能编组，AGV 自动运输补货，在排序区域通过机械手智能识别排序，并最终通过 AGV 自动运输上线，这是一种多流程结合的自动化解决方案。项目中使用了全向行走的 AGV、智能识别和抓取机械手等技术，同时将生产系统与物流系统相结合，尝试不同物流流程之间的设备系统、同流程的不同设备之间的相互配合。待该项目 2018 年实施后，从仓库到排序区将不再需要配料工、排序工、上线工，实现厂内物流多流程的自动化智能化。

- 智能装备技术

在智能设备技术应用方面也取得了一定的成果，主要体现在 ISRA 智能视觉系统和 RFID 技术应用方面。

ISRA 智能视觉系统。ISRA 智能视觉系统是应用于车身车间的一套视觉识别定位系统，它通过机器人手臂上的摄像头对零件定位孔拍照，计算出零件在空间的实际位置，然后指示机器人按照零件的实际位置去抓取零件，确保零件的装配精度。通过 ISRA 智能视觉系统，能够消除传统安装技术在零件制作和运输过程中产生的累积误差，确保零件的装配精度，提升车身一致性，稳定整车车身质量。

RFID 技术。通过采用 RFID 技术读取车辆的条码以获取信息，随后相关设备会根据车辆具体信息将指令发送给相关工位的机器人和工厂的生产控制系统，命令设备做出相应操作。例如，在前底板定位焊装工位，通过识别 RFID 信息，自动焊装设备收到指令，焊装不同车型的后底板总成（对应不同的后桥结构）；在侧围内板总成与底板的合拢工位，利用 RFID 技术与机器视觉系统，精准实现侧围内板总成与底板的合拢；在车顶安装工位，机器

人通过识别 RFID 信息,实现多种车顶形式的装配。

(2) 网络互联建设水平

建立了一系列网络互联基础设施。例如,将生产设备以及生产信息网络通过车间级的网络互联,集成应用于生产设备和 ANDON 上位监控系统(SCADA)。生产设备和工艺设备建立了工业以太网网络,PLC 与 RFID、PC 互联,并与上层的监控系统联结,实现对生产设备的可视化管理和生产控制。

在设备层,通过 PROFINET 总线网络的覆盖,实现设备层的各控制元件、传感器、驱动设备之间实时的互联。PLC 与各类传感器、各类驱动设备之间通过 PROFINET 进行数据通信,实现 PLC 对设备的监控。

在车间层,通过基于 TCP/IP 的工业以太网将各 PLC、客户端、服务器联结在一起,实现车间级的信息互联。通过车间级网络,底层设备的数据被采集至服务器内。同时,服务器中的数据(如设备状态、故障信息、生产信息等)通过网络显示在 PC、显示屏、平板等客户端上。

在企业层,通过公司级的 FIS 和 OA 网络,将工厂、车间网络集成到整个公司网络之中,实现 OT 与 IT 之间的融合。来自 ERP 的生产订单自动传递至车间设备实现柔性生产。在公司总部办公室就可访问异地工厂的 SCADA 系统,掌握异地工厂的生产信息和设备状态(见图 11)。

(3) 运营管理系统应用水平

公司运营管理系统应用主要体现在研发系统与制造系统对接、生产运营管理系统、流程管理系统、环保与能源运营管理系统等方面。

• 研发系统与制造系统对接

上汽大众通过统一的产品数据管理系统平台,来实现研发与制造环节的有效对接。该系统平台功能覆盖从研发到制造的各个领域,为同步工程小组提供数据支持平台和在线信息交互工具,支持小组内协同及工作组之间的协同。通过系统进行协同工作,便捷关联项目信息和设计信息,提升协同效率。数据管理系统具备数据格式转换功能,可以将不同格式的产品数据转换成通用中性文件或其他 CAX 数据文件,从而实现信息在各部门间的有效传递(见图 12)。

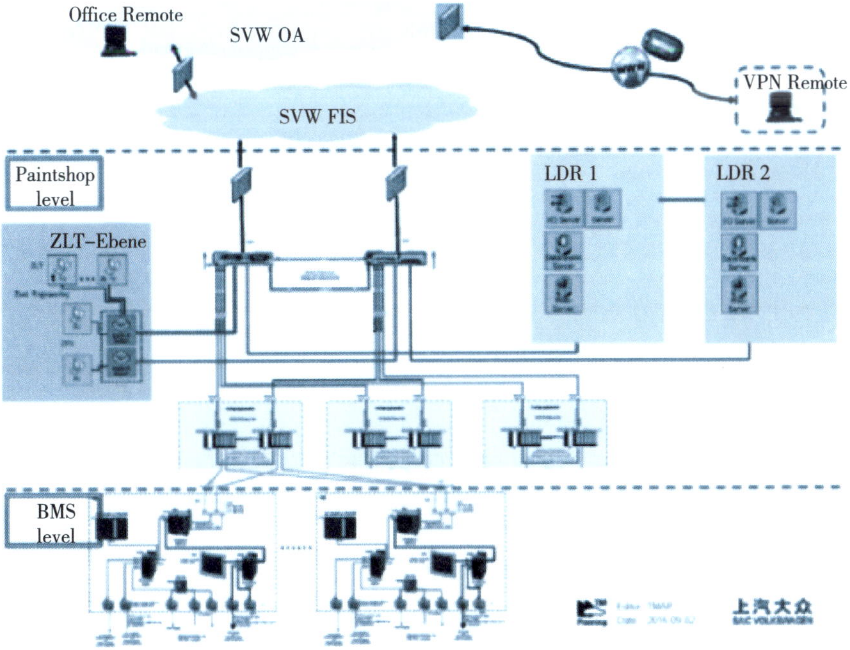

汽车制造数字化发展现状和趋势

a 车间级网络互联平台

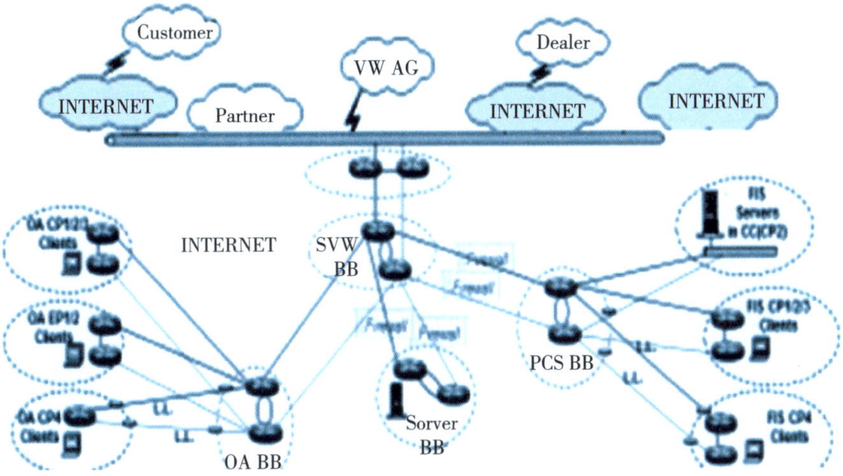

b 企业级网络互联平台

图11 上海大众宁波工厂网络互联平台

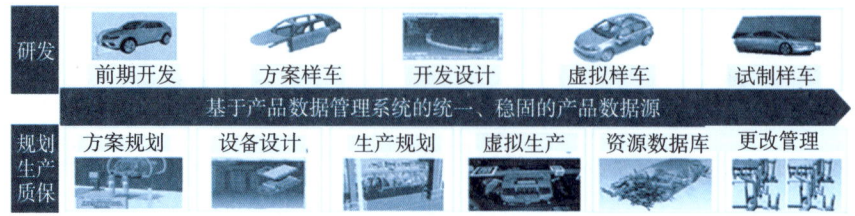

图 12　统一的产品数据管理系统平台

- 生产运营管理系统

生产运营管理系统主要有 FIS 系统和 Eco EMOS 系统，可实现信息实时采集、上传、存储以及指令下发，控制整车生产全过程。FIS 系统主要功能是生产信息流转、生产控制和质量控制（缺陷管理）。同时，总装车间高精度螺栓数据采集管理系统，从工位至中控室服务器数据通信采用 AP 无线网络，与工厂 FIS 系统建立数据通信；Eco EMOS 生产监控系统处于中央监控层，通过深度分析产品生产过程、PLC 数据采集，实现生产过程可视化与设备运行状态实时监控。通过分析 Eco EMOS 系统收集的数据，可以发现设备瓶颈点，从而进一步优化、减少停线时间。此外，该系统具有实时信息反馈、生产数据分析、设备管理、订单管理、网络安全通道防护等优势。

- 流程管理系统

通过多种工作在线平台，实现流程管理互联化、标准化、透明化。在项目工作领域中，"项目 FMEA 管理系统"通过对新项目或工艺更改的 FMEA 分析流程进行管理，实现上汽大众总部规划部门、产品设计部门和各生产工厂工艺管理部门之间的信息互联互通；在日常工作领域，"上汽大众管理文档在线"通过搭建公司文件系统管理平台，实现公司手册、程序文件、工作指导书、记录表样以及内控权限等信息的统一管理，各部门工作流程标准化、透明化；在员工发展领域，"员工职业发展系统"通过将员工职位层级评价和绩效考评体系标准化、透明化，实现员工与领导层之间的信息传递，同时记录并明确员工发展路径。

- 环保与能源运营管理系统

通过建设环保与能源管理系统，着力实现绿色工厂愿景。通过覆盖车间所有能源的智慧能源管理平台，管理人员可实时查看工厂范围内水、电、气用量，及时发现波动情况，调整能源供应参数并记录能源消耗量。同时通过数据分析，发现车间及各辅助单体的用能规律，预测未来能源消耗。目前，宁波工厂已实现纯水制备能力 $110m^3/h$、中水制备能力 $60m^3/h$、废水物化系统处理能力 $110m^3/h$ 和废水生化系统处理能力 $150m^3/h$，公司环保运营系统自动化率达80%。

（4）基于模型的企业（MBE）开展情况

- 数字化工艺

通过 AP（Arbeitsplan）系统贯穿产品全生命周期，记录和优化整车、动力总成、零部件生产过程，实现工艺数字化。AP 系统数据结构清晰，能够发现各生产工位的增值时间与隐藏浪费，为进一步优化生产工艺、提升劳动生产率打下基础。另外，AP 系统也为规划、物流、制造等部门提供了统一工作平台，实现各部门间信息共享。例如，物流部门可直接在 AP 系统中获取实时工艺信息，以此为基础进行线边物流规划。此外，AP 系统还与多达十几个系统有直接接口，可以进行不同数据调用，方便多部门系统整合和信息获取。

- 数字化车间与数字化工厂三维建模

上汽大众建立了支持工艺规划、三维布局规划和仿真优化的数字化工厂规划平台，着力推进涵盖汽车制造各个工艺内容的数字化工厂应用，构建标准资源库。通过数字化工厂规划平台，宁波工厂在建造之初就进行了工厂布局设计分析、产品装配设计分析、制造工艺优化验证、工厂运行状态仿真。在建设过程中，宁波工厂实现了厂房基建、生产线模型、工艺设备、机器人的三维建模。在计算机建模的基础上，规划部门还对宁波工厂生产制造过程和生产设备配置方案进行了仿真模拟、验证和优化。

（5）工业互联网平台应用水平

目前工业互联网在上汽大众的应用方向主要有：数据分析平台的应用，

可以采集工业数据，进行数据分析和挖掘，对质量、设备、生产等方面提供改进意见；在数据分析的基础上，考虑应用人工智能技术，实现生产的改进。

上汽大众基于HANA技术，建立了面向整车生产的生产系统和供应链的报表中心，可以对生产情况和供应链进行监控和分析。生产报表中心实时抽取各生产业务系统的数据，在报表中心数据库进行汇总，建立模型，对生产情况、质量情况、物流情况进行分析和展示。基于此套系统，各工厂对生产、质量和物流情况可以实时掌握，并对其进行分析。

同时，通过建立供应链监控平台，抽取ERP、生产系统、仓库管理系统、运输管理系统等各种业务数据。再通过进一步整合，对库存、供应商、订单等核心指标进行监控和分析，从而全面掌握供应链的运行情况。

2. 实施数字化战略后的效果

在宁波工厂的建设过程中，面向工厂规划和生产过程的数字化工厂建设理念得到应用，建立起包括工艺规划、三维布局规划和仿真优化的数字化规划平台。通过这一平台，规划部门及时整合产品、工艺、工装设备的数据信息，使预规划工作的效率更高，方案评价更准确直观，投资估算更准确。同时，各规划专业部门可以在同一平台上并行工作，提高方案规划一致性，减少规划中可能存在的多专业布局规划方案的冲突和干涉，降低现场施工阶段的返工风险，缩短工厂规划的时间。平台的搭建还提升了异地和跨国沟通的便利性，各部门可以进行规范方案的远程讨论，降低出差沟通成本。

智能设备的广泛应用使工厂生产过程控制能力得到显著提高。通过自动化识别与探测系统的应用，宁波工厂实现了车型、零部件、车身焊点和油漆膜厚等各项参数的自动识别。一旦有生产环节发生异常，设备即可实时报警，避免缺陷车下线，从根本上保证产品质量和客户满意度。同时，通过网络互联和信息存储，宁波工厂实现了车辆缺陷信息的自动存档，其中车辆关键信息的存储期限可达15年或更久。保证了在车辆生产过程中和用户使用过程中，一旦发生异常，实现产品全生命周期可追溯。

在流程管理方面，数字化技术的应用简化了公司各项工作流程，使公司管理流程电子化、透明化，审批流程可视化、可监督，显著降低管理成本，提高内控监管能力。

（二）长安汽车数字化制造进展和成果

长安汽车的信息化建设历程有 20 年之久，已初步成为数字化企业，并成功通过首批工信部两化融合管理体系认证。在智能化工厂方面，通过数字化开发技术应用，实现全球协同开发；以 ERP、MES 等系统为核心，结合数据采集分析的设备监控、智能设备互联等打造数字化工厂。

1. 数字化制造技术应用情况

（1）虚拟制造技术

- 建立工艺规划与仿真平台

长安汽车建立工艺规划与仿真平台，并开始应用到鱼嘴二期基地工艺初期规划及物流仿真环节。以焊接、总装工艺流程为指导，建立了鱼嘴整车基地焊接车间、总装车间的三维布局模型。其中焊接车间包含了底盘拼焊区、车体拼装区、车身调整区三大区域；总装车间包含内饰线、底盘线、最终线、门线、仪表台板线等，实现工厂模型动态更新机制（Dynamic Model Update，DMU）、工厂三维建模、输送设备等三维规划。

- 生产线仿真实施

长安汽车开展的生产线数字化仿真，主要包含焊接工艺仿真、总装工艺仿真以及车间内物流仿真。其中，焊接工艺仿真主要进行机器人仿真、焊枪优选、焊接可达性分析等；总装工艺仿真主要进行可装配性验证以及人机工程分析；物流仿真能够对鱼嘴基地乘用车总装车间进行整体仿真，实现 JPH 目标。

长安汽车在机器人仿真方面主要实现的功能包括，验证机器人焊接的焊点可达性、机器人路径规划、机器人节拍分析、机器人离线编程。物流仿真方面，长安汽车建立了鱼嘴生产基地焊接、总装车间的物流模型，并应用该模型进行生产线虚拟运行仿真，对生产节拍、缓存大小、车间物流通道、生产瓶颈等方面进行分析，提高车间生产物流效率。尺寸偏差三维仿真方面，通过对整车各系统的装配尺寸链的研究，持续优化产品结构设计和工艺设计，并输出系列的尺寸公差设计指导文件，指导试生产与量产。尺寸偏差三维仿真陆续应用于逸动、CS75 项目，通过对整车尺寸公差设计及虚拟验证、产品偏差数据的采集与分析，在整车制造过程中的外观间隙断差和白车身尺寸方面合格率均有大幅度提高。

（2）信息化建设

长安汽车信息化建设方面主要体现在企业资源计划管理系统（ERP）、制造执行系统（MES）、计算机辅助工艺规划（CAPP）、长安供应链系统（OTD）的建设和应用方面。

● 企业资源计划管理系统（ERP）

长安汽车 ERP 系统以财务管理为核心，通过对企业内部生产、采购、物资、资金、人力等资源进行规划、管理，最终实现物流、信息流、资金流三流合一。实现业务执行过程透明、流程固化，企业整体运行效率和市场反馈速度快速提高。功能主要涵盖生产控制、分销管理和财务管理（见表10）。

表10 长安汽车 ERP 系统实施前后对比

序号	ERP 系统实施前情况	ERP 实施后效果
1	基础数据混乱,各个部门数据规则不统一	制定数据标准,公司按标准建立基础数据库,形成统一数据源
2	各个部门信息封闭,信息孤岛众多	业务信息共享,上下游协同应用
3	生产制造、财务、销售业务互相脱离,账账难平,信息反馈滞后、不真实	物流、信息流、资金流三流合一,账务能及时准确反映出实际生产、销售状况,建立起集团财务集中管控模式
4	业务人员只掌握某个岗位技能,对于公司整体性业务、全局化思路缺乏了解	培养一批复合型人才,既了解核心业务流程又了解系统,可以整体性、全面为公司考虑,提升整体效益
5	没有准确量化、一致的资源支撑,难以提供有效的报表支持决策	为领导决策提供各种有效报表,随时可以利用系统中的资料全面地、准确、动态地掌握公司的营运状况
6	业务部门流程不规范、不精益,不能充分考虑上下游之间联系,不能全局性地进行改善,局部利益为重	业务流程固化、标准化,公司管理更加规范精益,支持持续改善

长安 ERP 系统与其他系统平台逐步集成，实现数据集中采集、信息共享。长安 ERP 系统通过集成物料清单系统（BOM）平台，实现基础数据统一管理；通过集成制造过程相关的 MES、PPM 等系统，将生产信息传递给执行层；通过集成 Portal 平台与上游供应商实现协同；通过集成运输管理系统（TMS）和配送管理系统（DMS），实现与经销商联动（见图13）。

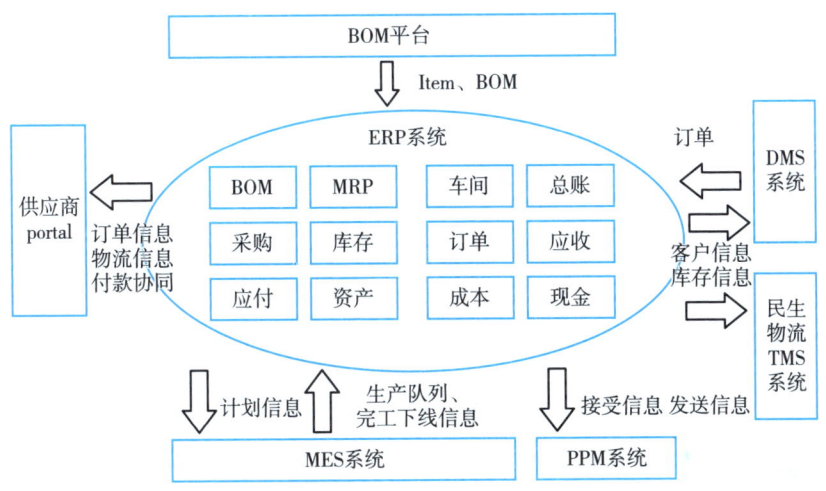

图 13　长安汽车 ERP 系统集成示意

- 制造执行系统（MES）

长安汽车 MES 系统以高效支撑长安"多车型、多品种、小批量"柔性制造模式为目标，通过各个子系统的集成应用，实现生产全过程的精益管理。制造执行系统（MES）以总装下线为基准，制定"总装拉式平准化顺序"生产计划，通过生产过程控制（PPC）来对生产排序、主数据管理、可视化等进行控制，以及通过质量管理系统（QMS）、停线管理系统（LSS）等来实现对生产全过程的精益管理。系统与底层的设备通过 PLC、AVI、ANDON、RFID 等物联网建设，自动采集生产全过程数据，实时监控生产线运作，建立过程控制评价标准，实时展示生产控制指标，以数据支撑生产决策（见图14）。

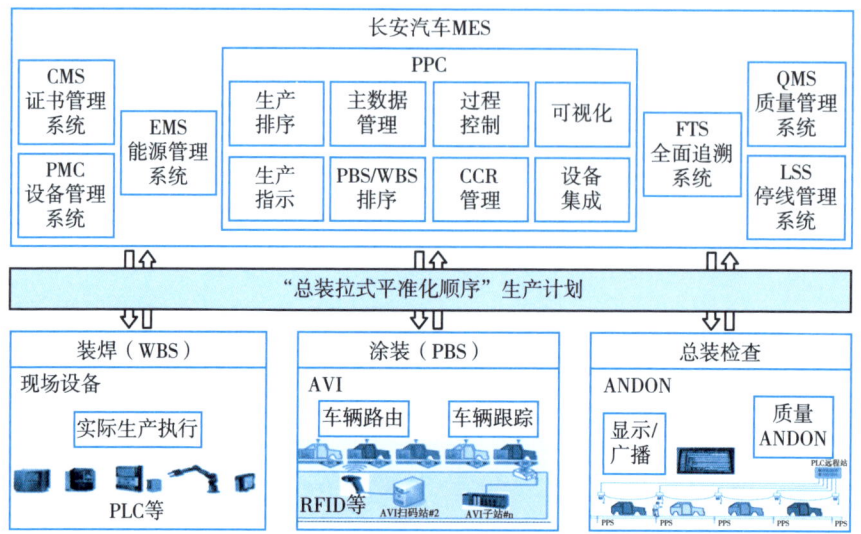

图 14　支持"拉式生产"的长安汽车渝北工厂 MES 系统架构

注：长安制造执行系统（MES）由七大功能子系统构成：生产过程控制系统（PPC）、证书管理系统（CMS）、设备管理系统（PMC）、能源管理系统（EMS）、全面追溯系统（FTS）、停线管理系统（LSS）以及质量管理系统（QMS）。

- 计算机辅助工艺规划（CAPP）

长安汽车计算机辅助工艺规划（CAPP），主要用于工艺技术部和商用车事业部、江北发动机工厂、渝北工厂、鱼嘴基地、北京基地、合肥工厂等制造基地的工艺设计和管理，覆盖冲压、焊接、涂装、总装、机加工专业领域，是衔接设计和制造的重要桥梁。长安汽车工艺管理系统架构已于 2015 年实现工艺技术部与北京基地分布式异地协同。

长安汽车计算机辅助工艺规划（CAPP）作为工艺研发过程中的重要管理平台，通过工艺编制、工艺内容入库等功能组件，能够快速搭建适应企业个性化需求的工艺设计平台。并且基于知识参数化工艺设计平台，集成了参数化定义、参数化解释等功能组件，并与工艺编辑平台无缝集成，实现工艺智能化设计。

目前，长安汽车计算机辅助工艺规划（CAPP）在重庆、河北、北京等生产基地得到应用，如北京长安 CS75 项目。CAPP 共覆盖工艺开发项目 92 个，工艺规程 11 万份，项目覆盖率达 100%，工艺数据覆盖率达 90%。

• **长安供应链系统（OTD）**

长安汽车全供应链系统旨在建立以市场为导向，订单拉动的汽车精益供应链体系，可实现管理与信息技术融合。通过运用前沿信息技术，可对企业内部的系统进行有效整合及合理的系统架构布局。同时运用系统集成、大数据建模、过程监控等手段，实现 OTD 全供应链信息共享、管理协同、业务诊断、数据追溯等，为企业的销售、计划、采购、生产、物流等过程管理提供全方位的决策支持。

长安汽车企业供应链信息化体系的总体框架分为模式、组织、流程、绩效、信息系统五大方面 10 个模块。目前新建完成 OTD 计划平台、MES 制造执行、整车可视化大屏监控、供应链 BI 分析等系统。企业原有 ERP、DMS 和 TMS 等核心系统通过贯通整合，长安汽车供应链信息化体系已基本成形，减少了整车、工厂、零部件各环节应对销售的反应时间，缩短产品交付时间 6 天，降低成本近 1 亿元。

2. 实施数字化战略之后的效果

长安汽车在数字化工厂建设方面，建立了工艺规划与仿真平台，并开始应用到重庆鱼嘴工厂工艺初期规划及物流仿真环节，实现了产品设计与工艺设计等生产制造各环节的高度协同，推动了数字化工厂与实物工厂交互控制、等效验证，迈出了数字化工厂的第一步。

在信息化建设方面，通过 IT 网络集群、工业控制、物联网集群，实现了从底层工艺设备到企业上层管理系统之间的信息贯通；在业务集成方面，将生产、质量、工艺、设备、能源等管理逻辑融入系统，并自动运行，实现了工艺业务从"人管理"到"系统管理"的变革；在数据集成方面，车间底层数据（生产、工艺质量、设备）可全部被采集，实现了大数据驱动的生产管理。

（三）华晨宝马数字化制造进展和成果

华晨宝马汽车有限公司智能化工厂项目载体主要为铁西工厂、发动机工

厂和新大东工厂。铁西工厂于2012年投产，主要生产宝马1系、2系、3系、X1及合资公司自主品牌之诺新能源车型；发动机工厂于2016年1月正式运营，主要生产最新一代BMW 3缸和4缸涡轮增压发动机；新大东工厂（扩建）投产，产品为全新一代宝马5系轿车。

1. 数字化制造技术应用情况

华晨宝马智能化工厂项目实施的先进性主要体现在智能化、数字化、大数据应用等多个方面。

（1）智能化

• 智能生产与检测一体化机器人

自适应焊接机器人。新大东工厂的车身车间拥有超过800台机器人，自动化率在95%以上，可实现自生产和自检测。车身车间的焊接机器人实现了对每个焊点的实时监控和动态调整，每一次焊接的过程信息都实时地显示在PLC中，通过每个工位大量的焊接信息的积累，不断优化焊接工艺。

新一代集成喷涂机器人。新大东工厂的涂装车间采用35个新一代集成喷涂机器人。机器人内部装载大量传感器，能够实时检测机器人喷涂时颜料流量、喷射压力等参数，这些数据通过系统实时传输到PLC，并能够实现在线监测，确保喷涂的精准度和效率。

智能扭力扳手。总装车间大量采用智能扭力扳手，能够在工人的每次拧紧操作完成后，实时检测扭力的大小，并显示在PLC中，多次的拧紧动作形成一条光滑曲线。将这条光滑的扭力曲线与理论曲线进行对比，能够直观地看到实际操作过程中哪些地方与理论值存在较大的偏差，通过不断校正这些偏差，实现精准化拧紧操作。

6序伺服冲压机。冲压车间采用高精度、高智能化的6序伺服驱动高速冲压机进行冲压，控制冲压机的电脑有22台，可对冲压的力度和精度进行非常精准的控制，冲压件的尺寸公差精度被控制在0.02mm，相比传统液压机可节能44%，降噪12分贝。冲压线上的线首能够实现智能化的抓取识别和位置识别。

- 智能质量检测装备

ADD自动检测系统。新大东工厂涂装车间采用100%的自动检测系统，对喷涂结束后的白车身表面进行检测，并实现对白车身表面缺陷智能化分类。通过ADD自动检测系统，车身表面的缺陷识别率从原来人工识别率的65%上升到98%，确保了缺陷的高识别度和检测的精准度。

动力总成照相检测系统。通过检测动力总成各部件与MAT的相对位置，保证合装的准确性。每台车的动力总成进入照相机站，系统会读取MAT的信息，从而判定需要检测的车型信息，调取该车型的标准图片；同时采用42个高清摄像头，对动力总成部件进行精准检测。通过应用动力总成照相机站系统，缩短了检测的时间，确保了产品的高标准和一致性。

GAM检测系统。新大东工厂质检部门采用GAM检测方法检测冲压件的尺寸精度。通过先进的照相设备，对整个冲压件进行全面拍照，然后与系统的标准数据进行比对，自动标记缺陷位置。

- 智能生产控制系统（Intelligent Production System-Technology，IPS-T）

IPS是宝马集团MES系统的一个统称，IPS包含了多个系统，其中IPS-T主要面向生产和设备控制，也是IPS中最为核心的部分。

强大的集成功能。智能生产控制系统面向生产过程的管控，由IT部门负责日常的维护。这个强大的生产控制系统主要包含对质量信息的监测和生产过程的管控、生产设备的远程控制、设备故障的预警和自修复，以及生产节拍和设备状况的实时显示。

质量信息监测和生产过程管控。IPS-T系统连接了所有的PLC终端，能够实时显示PLC的动态状况，并向PLC发送指令数据，实时动态地对生产过程进行管控。另外，监控的对象并不局限于数量庞大的PLC，也包含多种工业自动化设备。这些设备基于宝马集团的设备通信协议，建立了与IPS-T系统的连接，可完全实时地将各个自动化设备的运行状态信息同步到中心管理平台。

生产设备远程控制。对于一些有提前启动预热需求的设备，IPS-T系统能够实现远程的启停，有利于提高设备运行的效率。当车间工作结束时，

IPS-T系统能够实现对车间设备的远程定时关闭，避免能源的浪费和机器的消耗。

设备故障自动报告和自修复。IPS-T系统提供了多种方式，比如邮件，短信等，可以按照事先定义好的缺陷类型和级别，将故障信息实时共享给需要及时进行维护的工段组。当设备发生一些常见的问题时，系统能够实现自动应答和修复，不用操作人员重复参与，在提高效率的同时还节省了人力。

生产节拍和设备状况实时显示。IPS-T系统能够实现对每天的计划生产量、实际生产量、超速或滞后完成工作量等生产节拍信息的实时显示，还能通过对PLC的监测，实现对车间每台设备状况的显示，有助于直观地显示每天的计划是否已经完成。

支持全球各地在线监测。IPS-T系统的另一大特点就是支持全球各地的在线监测，不管身处何地，只要有相应的权限，管理人员就可以通过网络登录系统，打开整个监控页面，查看各个工厂、各个车间的实时情况。

- 智能物流管理系统

适应柔性生产的IPS-Logistic系统。IPS-L能够更好地适应顾客订单的定制化以及整车交付日期的差异化需求，适应在实际生产中的柔性混线生产方式。其主要功能包括车间级的排产和车辆状态实时跟踪。

车间级别的排产。从销售系统接受订单，生成生产订单，并拆分成车间级别的订单，分别进行排产，同时进行优化。一方面在车间级别考虑工艺流程的差异和特性，优化生产顺序；另一方面，在车间之间，进行优化调整，尽可能降低车间前序与后序之间的约束性。排产的信息会进一步与各个车间不同工艺序列的PLC实时同步，把最优化排产的结果与生产设备的实际生产作业进行无缝连接。

车辆状态跟踪。通过与车间PLC系统的整合，来进行车间的位置状态跟踪。具体包括了对整车（涂装车间/总装车间）的状态追踪，对白车身分总成件的跟踪（比如前车身、后车身）。除了在MES系统内部跟踪状态信息，提供整体透明化信息之外，IPS-L还将车辆的跟踪信息与

ERP（SAP）系统进行集成，为 SAP 的智能物流系统提供最主要的信息支撑，从而完成从 ERP 到 MES，最后到车间 PLC 控制级别的纵向控制体系。

智能取件装备。在铁西工厂车身车间，焊接机器人的外部还可以看到很多带自动升降功能的货架，货架的底端安装有若干个传感器，可自动识别货架上剩余的加工件数，旁边的控制器也会显示加工件当前的数量和是否需要补料，每个货架前面会有一个铲车，物流工人可从货架上铲走加工件。智能取件装备使车间内的物流运送更加高效和智能，省去了人工查看物料的时间和通知准备运送物料的时间，大大提高了车间物流的效率。

AGV 运输车辆。零部件从配送区运往生产线由 AGV 自动运输小车完成，当生产线上常备零件用完时，生产线会发出请求运送配件的信号，然后由后台计算机调动 AGV 小车运输相关配件，装有零部件的物料小车会随车一起移动，从而实现精准执行。

（2）数字化

虚拟仿真系统。华晨宝马新大东工厂生产系统通过计算机 3D 模拟技术建立数字模型，不仅使生产线调试更加高效，而且生产作业更加精密，大幅缩减制造周期。目前华晨宝马在工艺仿真、装备仿真和工厂布局仿真方面都有应用。比如，铝材的冲压比钢复杂 3 倍以上，但是通过数字模型精准计算出铝板冲压回弹度等参数后，成型精度达到 0.02 毫米；车身车间采用数字虚拟调试，让焊接机器人的生产效率和生产质量得到进一步优化；新大东工厂在生产线规划布局之前，将工厂厂房和制造设备进行数字化建模，大幅降低了在实际生产过程中出问题的概率。

激光扫描 3D 检测系统。车身车间采用了全新的离线激光扫描检测设备，激光扫描仪将车身上的所有焊点还原成 3D 数模形式，通过与标准数模的对比，监测每一点是否在设计的公差范围内，节省了大量时间，保证实时的测量结果，方便进行大数据处理，同时可以提供专家级的数据分析。

实时定位识别系统（LIS）。华晨宝马铁西工厂 LIS 系统实现了车辆识别的数字化和自动化，取代了原先由人工扫描条形码识别车辆的做法。RTLS 标签取代了纸质条形码，流水线上的传感器自动收发 LIS 系统发出的信号，不仅节省了工人扫描时间，也大幅降低了零件安装的错误率，从而提高了产品品质。

零件多样化扫描系统（IPS-Q&BVIS）。零件扫描系统通过扫描枪收集零件上的条形码信息，摘取其中的零件号或订单号与后台系统里的零件号或订单号对比，判断零件是否安装正确，以保证正确的零件安装到正确的车辆上。目前一台车上有将近 100 个零件采用扫描的方式控制安装质量，通过零件扫描可以提高 10% 的工作效率，还可以减少错装、漏装等质量问题，节约了检验成本和返修成本。目前总装车间零件扫描包括 IPS-Q 扫描和 BVIS 扫描两大系统。

维修管理软件系统（Maintenance Management System，MMS）。华晨宝马自主开发的维修管理软件系统（MMS）将所有设备的参数、图纸及使用说明等信息集成到软件中，实现了统一管理设备文件的电子化、无纸化，系统还能自动生成每台设备运行状态曲线，实现每台设备运行状态可视化。

（3）大数据应用

华晨宝马在智能工厂制造环节的大数据应用，一方面体现为对生产过程、设备运行装备的检测预警，从而进一步优化生产工艺，提高产品质量；另一方面体现为通过工业大数据的应用，降低工厂能量消耗，实现能源管理的智能化、高效化。

2. 实施数字化战略之后的效果

华晨宝马生产工厂通过数字化技术应用，在各方面取得显著成果。智能机器人可以实现生产自动化和在线实时监测，保证更高精度、更高品质；3D 数字化仿真设计能够优化生产规划和工艺；领先的智能生产管理能够实现设备之间、设备与系统之间的实时交互，生产过程效率提升、智能化；智能物流管理系统可满足客户个性化需求以及多产品混线生产；智能能源系统在设备中植入了智能传感器，确保能源的高效利用和环保，实现可持续发展；数字化工厂持续收集数据，机器完成不断地学习，进一步优化生产过程。

（四）吉利汽车数字化制造战略实施方案及成果

加快数字化转型，并应用于汽车制造全过程，是实现汽车产业数字化的关键所在。吉利汽车数字化制造战略是基于制造大数据软件，并在根据工作需求完成软件二次开发的基础上实施的。主要体现在虚拟生产系统、虚拟现实系统、智慧生产与管控、智能管理四个方面。

1. 构建虚拟生产系统

按类别建立模型库，实现三维虚拟生产车间的快速构建，使车间模拟系统尽可能与未来实际生产系统的三维空间布局结构、生产运行和物流过程相吻合，为生产方案的可行性、合理性提供身临其境的评判依据，并为将来可能由不确定因素带来的生产布局变更，提供快速修正和预先评估。模型库采用的都是预投产设备的真实模型，与真实工厂完全一样，以保证评估的有效性和可靠性，具体工作流程见图15。

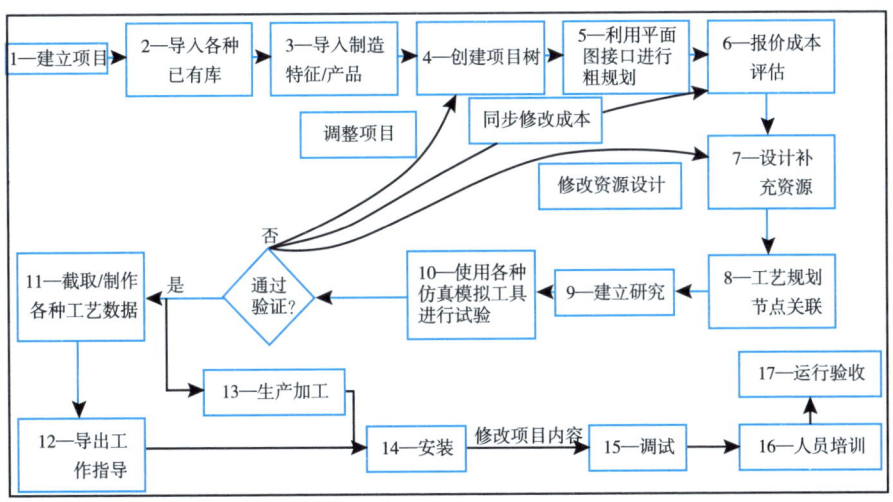

图15　数字化模型库建立流程

（1）确认生产系统规划布局

在构建数字化工厂前，需确认该生产系统的规划布局、生产线的布局形式和该生产线的评价指标。一般生产系统规划布局遵循四个原则：设备布局形式合理、给其他组成部分安排预留空间、确保工艺流程满足要求、按照工厂尺寸要求选择恰当的生产加工设备。

（2）构建虚拟系统

参考原型与资料准备。在构建虚拟系统之前需找到与目标生产系统类似的生产系统，并收集该生产系统原型资料、设备和工艺的借鉴，以及选型决策、人员配套和资金投入信息。参考成熟合理的工艺方法，分析在用设备和市场上可供选择的新型设备的性能参数，初步决定工艺设备的选型，充分了解设备的性能、价格、采购和维护周期等。

模型和技术准备。构建静态模型，主要是指构建生产系统所需要的设施、设备、人员的三维模型；构建动态模型，主要是对静态模型（如机器人、夹具、焊钳等）的作业动作和运行空间路线进行建模。进行支持数据库构建和支持功能模块开发的数据准备，包括数据的识别、分类、转化及系统分析，将数据应用于产品设计评估和工艺开发，充分发挥制造资源数据的作用。

（3）虚拟生产系统应用方式

虚拟生产系统是现实制造系统在虚拟环境下的映射，是集模型、仿真、数据管理于一体的综合性平台。"在虚拟环境中，对整个生产过程进行有效仿真、评估和优化，实现产品生命周期中的设计、制造、装配、物流等各方面的功能，降低从产品设计到生产制造之间的不确定性，将试制过程压缩，提前进行评估和验证，大大缩短新品投放时间，提高产品质量和盈利能力。"[1] 虚拟生产系统应用主要包括数字化预装配、数字化工艺规划、数字化工艺规划验证、生产管理和供应商协同、应用数字化工具的生产预演及评估等多个方面（见表11）。

---

[1] 李瑞方、蔡修斌、赵华博：《三维激光扫描技术在汽车数字工厂中的应用》，《汽车工艺与材料》2016年第8期。

表11 虚拟生产系统应用方式

序号	应用方式名称	主要职能
1	数字化预装配	在三维虚拟环境下进行数次仿真,以验证产品设计
2	数字化工艺规划	对产品、工位操作、装配线上所有的夹具等进行定义
3	数字化工艺规划验证	验证整个工作区域的工位优化布局,对生产能力进行评估、提供相应的工艺计划,并接收反馈建议进行进一步的修改和完善
4	生产管理和供应商协同	充分利用MES、实时流程和控制及流程规划的功能,确保零配件的质量,实现准时化生产
5	生产预演及评估	在构建完成虚拟工艺流程和虚拟生产车间的基础上,应用数字化技术,按生产工艺节拍和操作流程,实现关键工位或区域的交互控制功能,进行生产预演并进行评估,在实物生产车间建造前,及时发现问题并予以修正

2. 虚拟现实系统

物理样机开发的局限性使汽车开发中的很多方案无法充分验证,导致产品研发周期长、开发费用巨大、生产与研发脱节等问题。虚拟现实技术VR（Virtual Reality）已带来信息技术创新革命,VR技术已在国防军事、航空、航天、轨道交通等领域广泛运用并逐渐向汽车制造领域扩展。以吉利NPDS研发流程为契机,依托已获得审批的浙江省重点研发计划项目"新能源汽车虚拟现实仿真系统研发与推广应用",构建了虚拟现实系统技术路线图（见图16）。

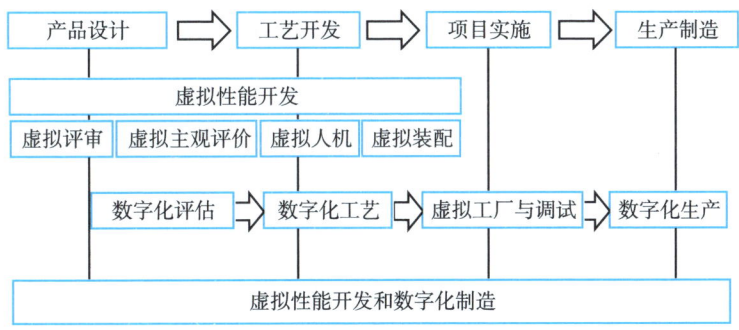

图16 虚拟现实系统技术路线

用虚拟仿真替代物理样车是制造发展的必然趋势。一方面，制造物理样车需要相当长的时间，对于严格按照研发进度日历进行的技术团队而言，必须为各种后知后觉的问题不断提供补救措施；另一方面，制造物理样车需要相当大的资金投入，而为了降低研发成本，尽可能减少甚至取消物理样车是企业管理者的迫切要求。运用虚拟仿真技术则极大地弥补了这方面的不足。虚拟现实系统能够使用现有设计 CAD 模型，进行刚体部件的可装配性分析、动态碰撞检查、运动机构的定义和动态仿真、基于真实材料物理属性的柔性体定义及行为仿真等。

虚拟现实系统主要包括虚拟评审、虚拟装配、虚拟展示三个方面（见图 17）。

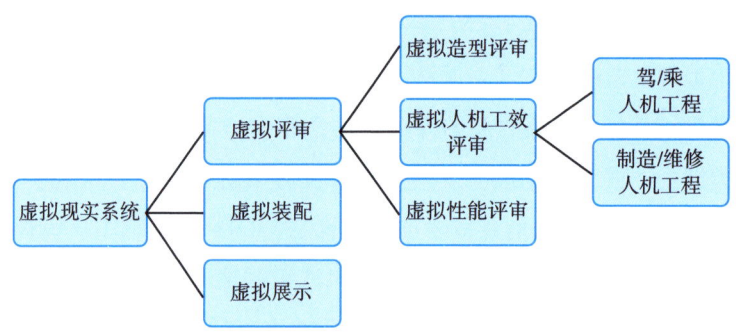

图 17　虚拟现实系统组成部分

虚拟评审。通过使用三维交互式系统进行设计评审，能为企业决策者提供不同于以往的决策环境，是准确了解设计意图、状态、问题，加速决策流程的一种快捷方式，虚拟评审包括虚拟造型评审、虚拟人机工效评审和虚拟性能评审。虚拟人机工效评审又分为驾/乘人机工程和制造/维修人机工程。

虚拟装配。结合虚拟生产系统，在统一的使用环境下实现虚拟装配，在读取 CAE、CAD 设计数据进入系统时，用户仅需进行简单的定义，无须预先进行运动路径等复杂的设置，就能实现对数据中零件的实时交互操作，包括实时仿真、动态干涉检查、摩擦与滑动分析、实时拖曳、移动、隐藏、标注标记、测量等动作。

虚拟展示。依托虚拟现实系统提供对外宣传平台，通过虚拟现实系统和虚拟生产系统的结合，可以让参观者戴上设备在虚拟环境中参观工厂，缩短汽车制造商与客户之间的距离，增强与客户的互动，更好地了解客户的需求，并将其需求转化到产品设计中。

3. 智慧生产与管控

传统的汽车制造已基本实现了自动化的流水线生产，数字化需求主要体现为利用数字化的手段应对日趋复杂的车间生产过程管理，实现系统集成和大数据管理。通过构建IT网络集群、工业控制、物联网集群，可以实现从底层工艺设备到企业上层管理的集成贯通；将生产、质量、工艺、设备、能源等管理逻辑融入系统、自动运行，实现业务上的集成，实现从"人管理"到"系统管理"的转变；将车间底层的数据进行全面采集，完成数据的集成，最终实现大数据驱动生产管理。系统集成的终极目标是个性化定制，即实现按客户需求交付个性化产品。

（1）建立数据采集管理平台

数据管理系统的网络架构自下而上分为感知层、监控层和业务层（见图18）。

感知层由现场仪表组成。网络基于短距离无线通信技术（Zigbee技术）和GSM通信网组成的传感器网络，是由大量的无线传感器节点（簇）、汇聚节点（簇头）和GSM数据传输模块组成的分布式系统。"传感器节点由传感器模块、处理器模块、无线通信模块和能量供应模块组成。数据在汇聚节点进行融合后，再通过GSM网络传送给能源实时数据库服务器。"

监控层读取实时数据库中的数据，提供重点能耗设备计量数据的动态监测。

"业务层实现基础能源管理功能模块。该层包含能源数据库服务器、应用服务器、Web服务器。能源数据库服务器作为能源历史数据归档的重要设备，使用SQL数据库管理系统存储长时归档数据，向应用服务器系统提供能源消耗基础数据，应用服务器运行基础能源管理应用软件。Web服务器为外网用户提供Web服务，通过Web方式进行数据查询、报表查询、报表打印。"[1]

---

[1] 石伯明、王坚：《集团型装备制造企业能源综合管理系统研究》，《电脑知识与技术》2015年第5期。

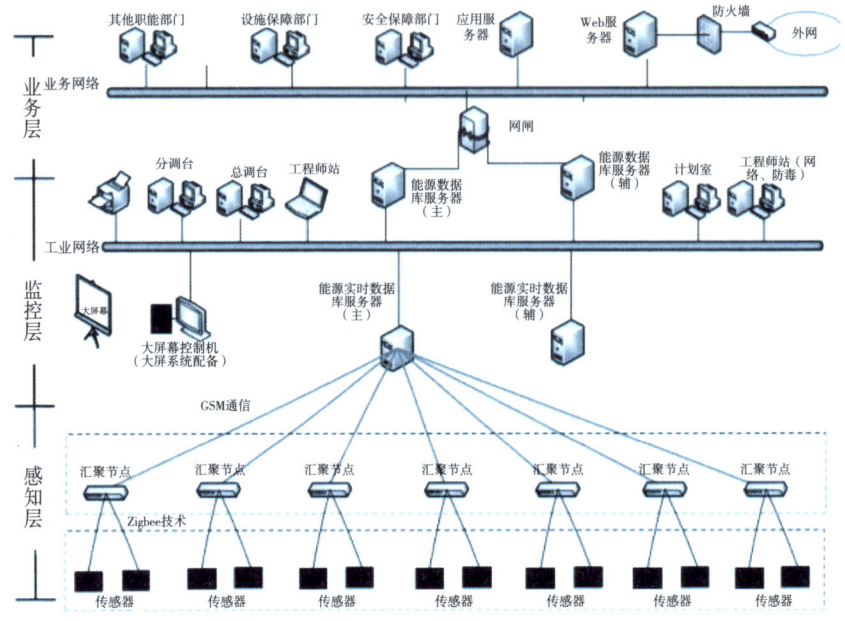

图18 数据管理系统网络架构

(2) 设备监控维护

设备监控维护的实质是建立一套具有科学性、规范性和适用性的设备状态监控体系，提高设备运行效能，提升设备预知性维修水平，提升设备管理、维修、操作队伍素质，逐步实现设备状态可控的目标。

制定设备检测标准，需涵盖检测的项目及方式。设置监测点，对设备开机和运行条件、关键部位进行定时或定期监测。对异常数据或信息，利用长期积累的检测数据，进行统计分析，并对维修结果进行跟踪验证。比对检测数据和维修结果，持续优化设备检测标准；建立设备动态台账，对监测的异常数据和信息进行定期统计分析，做趋势对比，并寻找规律，准确掌握设备故障隐患信息或配件的寿命周期，为合理储存相应配件提供科学依据；建立设备维修操作库，在设备需维修时，有针对性地准备配件和工具，减少设备维修时间。

(3) 个性化定制与服务

个性化定制是指，卖家提供选装包，客户可以根据自己的喜爱和需求自助选择配置，并将需求提交至销售管理系统，实现订单的提交和审核，订单信息将直接传送到制造管理系统并加入生产计划，在生产的全周期中将实时跟踪和反馈，以完成汽车的生产和装配。在汽车服务方面，主要完善的是汽车制造商、汽车零售商和客户之间的关系网络。利用数字化手段增强与客户的互动，进而为产品更新换代及产品后续故障维修、质量追踪做好充分准备。除此之外，服务的数字化还能给客户带来更好的用户体验。

4. 智能管理

智慧管理主要包括管理与决策系统、FMEA 系统建立两个方面。

（1）管理与决策系统

随着企业经营范围的多元化以及业务流程日益繁杂，系统中的数据越发细化，历史数据不断积累，汽车企业信息化进程面临着前所未有的挑战。因此，建立一个统一的、高质量的管理与决策系统非常必要。管理与决策系统除了建立数据整合存储平台外，还需建立高效稳定的数据整合平台。

（2）FMEA 系统建立

在企业实际质量管理体系运作中，虽有关于"预防措施"的程序文件，但真正发现预见性潜在问题难度较大。为保证"预防措施"的有效实施，建立一个从识别问题到控制潜在影响的管理系统势在必行。FMEA 系统的建立，能够识别设计可靠性上的弱点，并从中找到能够避免或减少这些潜在失效发生的措施；利用实验设计或模拟分析，对不适当的设计，实现实时、低成本的修改，减轻事后修改危机。FMEA 系统是一个动态的管理系统，需要实时更新，对设计或生产中存在的问题要及时录入系统，为后期项目的开展提供更多可借鉴的意见或建议，进一步改进或完善产品的质量、可靠性与安全性。

5. 实施数字化战略后的预期效果

综上所述，"数字化制造战略的实施是通过信息自上而下和自下而上的穿透实现信息流、能量流和物流车的全面集成，实现从部件到组件到系统的

全域能效管理,从而达到以最小排放、最小浪费和最大限度回收为目标的'绿色制造'。"① 系统集成、大数据技术和其他数字化技术的广泛运用,为企业处理日益增长的海量非结构化数据提供了高效、可扩展的低成本解决方案,弥补了传统关系型数据库或数据仓库处理非结构化数据方面的不足,形成了数据驱动的决策机制,提高了决策水平。实施数字化制造发展战略,企业可以在产品开发周期、产品质量、资源消耗以及企业柔性生产能力等方面形成核心竞争优势,并可准确进行生产决策,提升对客户的服务能力。

---

① 《"智慧工厂1.0"在北京自动化展全新展示》,《自动化应用》2013年第6期。

B.8
汽车服务数字化发展现状和趋势

一 汽车服务数字化发展现状

在制造业服务化的大背景下,互联网、大数据、社交网络等新技术不仅对汽车研发和制造带来了深远的影响,还催生了整个汽车产业结构和价值链的变革,特别是在汽车服务领域,数字化带来了巨大的价值增值和效率提升。通过数字化的产品和服务,汽车企业更好地适应了消费者对数字化的需求和偏好,也带来了以服务为核心的商业模式变革。

汽车服务的数字化起始于消费者生活方式的数字化和互联网化,而消费者对数字化的偏好和需求是与生俱来的。因为对于逐渐成为汽车消费主力军的"千禧一代"来说,其早已处于数字化生存时代。面对这种需求,汽车产品也在发生变革,汽车价值开始由硬件创造向软件和服务创造转变,汽车智能网联化以及相应的交通环境数字化加快到来,面向未来的移动出行生态系统初步构建,汽车产业开始迎来从"汽车即资产"向"汽车即服务"的转型。

相比较而言,在支撑未来数字化变革的汽车软件领域,与国外领先车企动辄上万人的IT研发人员相比,国内汽车企业在此关键领域的投入存在数量级的差别,这势必会影响到未来的竞争格局和长期竞争优势的形成。而在汽车服务数字化与汽车研发、制造一体化、汽车全生命周期数据协同等方面,国内外汽车企业均有相当长的路要走。

(一)国外汽车服务数字化发展情况

1. 国外消费者进入数字化生存时代和汽车的软件化转型

(1)国外消费者进入数字化生存时代,"千禧一代"偏好数字化

数字化、信息化、网络化使人的生存方式发生了巨大的变化,并由此带

来了一种全新的生存方式。20世纪90年代，美国学者尼葛洛庞帝在其《数字化生存》一书中首次提出数字化生存，即人类生存于一个虚拟的、数字化的生存活动空间，在这个空间人们应用数字化技术从事信息传播、交流、学习、工作等活动。在该书中，作者认为：信息技术的革命将受制于键盘和显示器的计算机解放出来，使之成为人类能够与之交流、一道出行、能够抚摸，甚至能够穿戴的对象，这些发展将改变人们的出行、工作、社交、娱乐、学习等生活方式。

从世界范围来看，消费者总体上处于数字化、互联网化的时代。在汽车消费和使用方面，消费者对汽车数字化技术的需求和偏好与日俱增，特别是伴随互联网、计算机等成长起来的"千禧一代"（又称"Y一代"），成长于数字化时代，精通于数字化产品，其对数字化也具有更高的需求。据汽车调研机构 J. D. Power 的《2015 全美消费者技术满意度调查报告》，可知汽车科技产品价格对不同年龄层消费者购买意愿的影响程度，以及不同年龄层的消费群体在汽车科技产品上愿意投入的费用，如图 1 所示。从图 1 中可以看出，产品价格对年轻消费者购买意愿的影响程度相较于其他年龄层次人群较小，且年轻消费者愿意为汽车数字化产品支付更高的费用，而中老年消费者则相对比较理性。

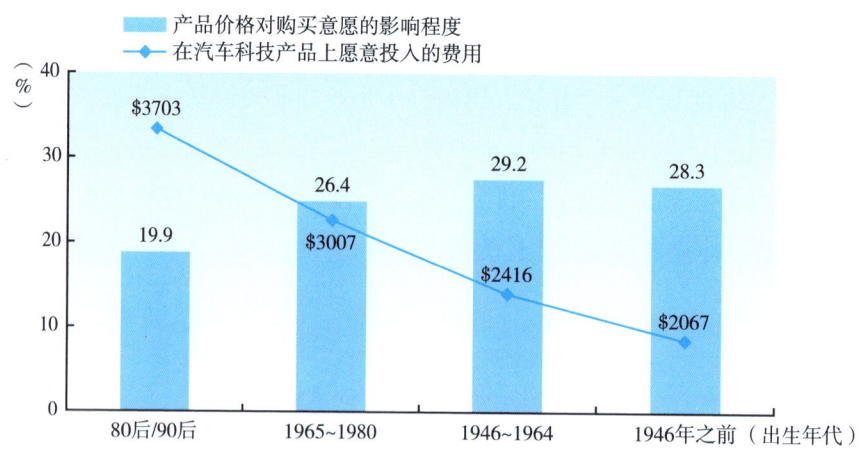

图 1　不同年龄层的消费群体对待汽车科技的态度

（2）汽车价值逐步由硬件研制驱动转变为由软件和服务驱动

面对汽车市场和消费者对汽车数字化的需求，在以信息技术为代表的新一轮产业变革和科技革命下，汽车产品的内涵和形态正在发生显著变化，汽车产业链的价值创造也由汽车硬件的研发制造驱动，逐步转为由软件和服务驱动。同时，从汽车研发、制造和服务等产业价值链的环节来看，由于汽车硬件和车载软件的研发周期和特点的显著差异，在汽车软件化特征增强的情况下，呈现出汽车软硬件分离的趋势。汽车硬件开发完毕后就投入生产，而软件需要持续开发，软件和安全更新将覆盖整个车辆硬件生命周期（约15年）。

国际主要的汽车制造商和供应商对汽车软件及其带来的价值链的变化都给予了高度的重视，近十年来，车企和供应商均在积极提升自身的软件开发能力。大众汽车集团在IT方面的研发人员超过1万人，约占总体研发人员的20%，在其发布的《携手同心—2025战略》中，数字化成为其未来业务转型的关键，如图2所示。通用汽车也在不断减少软件外包业务，并且建立了一个由8000多名软件开发师组成的专业队伍。博世在2016年组建了由1.4万名软件工程师组成的庞大研发队伍，以研发与智能网联汽车相关的技术，并将其作为进入物联网领域的一部分。

图2　数字化浪潮下大众《携手同心—2025战略》提出的核心业务转型

2.国外汽车智能网联化和交通环境数字化加速到来

总体来讲，汽车产品数字化是一个动态的不断演进的生态系统，包含车辆数字化和智能网联化、驾驶员数字化、交通环境数字化等系统。

（1）国外汽车数字化技术逐级导入，智能网联化风起云涌

汽车产品数字化是包括车辆基本信息数字化、整车零部件及系统运行信息数字化、车辆故障信息数字化等基本信息的数字化，以及更高级别的代表未来发展方向的智能网联化。在数字化仪表、OBD 等初级数字化技术基本普及的基础上，汽车智能化、网联化技术正在以前所未有的速度加快到来，各国政府纷纷加快在政策法规方面的研究和制定，大众、通用、丰田、博世、谷歌等主要汽车集团、供应商及相关的科技公司纷纷加快在智能网联汽车方面发展的步伐。

世界各国政府高度重视汽车智能化技术的发展，正制修订相关法规以促进自动驾驶汽车发展。2016 年 3 月，联合国正式通过了《维也纳道路交通公约》修正案，规定在全面符合联合国车辆管理条例或者驾驶员可以选择关闭自动驾驶功能的情况下，自动驾驶技术应用具有合理性；有关允许无人驾驶系统的讨论正在进行中。2017 年 5 月，德国修订《道路交通法》，规定当汽车的高度自动驾驶或完全自动驾驶系统运作时，驾驶人可把对方向盘和刹车的控制交给汽车，但驾驶人必须坐在方向盘后，如果自动驾驶系统出现意外，驾驶人要能及时介入并切换到人工驾驶模式。2017 年 9 月，美国众议院通过了一项无人驾驶法案。该法案授权美国高速公路交通安全管理局，以监管普通车辆的方式去管理自动驾驶汽车的设计、制造和性能，并授权汽车厂商豁免权，其在第一、二、三和四年可以部署最多不超过 2.5 万辆、5 万辆、10 万辆和 10 万辆尚不满足当前汽车安全标准的自动驾驶汽车。

国外主要整车企业、供应商及相关科技公司积极布局智能网联汽车的发展，并依据各自的技术路线图分步骤推出了相应级别的智能网联汽车。欧洲整车企业如大众、宝马、奔驰、沃尔沃，零部件供应商如博世等纷纷加快布局自动驾驶。2016 年以来，在多个层面上开展自动驾驶技术研发，DA、PA 级智能网联汽车技术已实现产业化，CA 级及以上智能网联汽车技术也处于大规模公共道路测试阶段，预计 2020 年前后可实现产业化，具体如表 1 所示。

表1　2016～2017年欧洲重点企业智能网联汽车产品技术进展

车企名称	产品化应用进展		技术研发进展	
	智能化等级	装备车型	路测情况	预期目标
奥迪	PA级	A8	处于大规模公共道路测试阶段，与英伟达合作，利用人工智能训练自动驾驶系统在公路上驾驶	基于英伟达AI驾驶系统的自动驾驶车型，计划2020年推出全自动驾驶汽车
沃尔沃	PA级	XC90	处于大规模公共道路测试阶段，卡车和轿车产品同时进行测试，在中国和瑞典各推出100辆无人驾驶汽车	计划到2020年前推出完全自动驾驶汽车
宝马	PA级	宝马5系	处于大规模公共道路测试阶段，将在德国慕尼黑进行无人驾驶汽车测试，测试车数量约40辆	计划于2021年推出iNext电动无人驾驶旗舰车
奔驰	PA级	奔驰S级	处于大规模公共道路测试阶段，与博世、英伟达合作，具备CA级自动驾驶技术储备	计划2020年量产自动驾驶汽车，与美国打车软件服务运营商Uber合作推出无人驾驶出租车服务

资料来源：中国智能网联汽车产业创新联盟。

2016年以来，美国传统车企、新型车企以及互联网科技企业全面开展大规模公共道路测试验证，同时在DA、PA级产品化、关键芯片、标准法规等方面进展快速。在DA、PA级产品化方面，通用、福特等传统车企已经实现量产；在CA级及以上技术研发方面，正处于大规模公共道路测试阶段，预计2020年前后实现CA级自动驾驶（见表2）。

2016年以来，日本三大汽车制造商丰田、本田和日产都加快了智能网联汽车领域的产业技术布局，并计划到2020年推出自动驾驶量产车。目前，DA、PA级智能网联汽车已基本实现产业化，CA级及以上智能网联汽车技术也处于大规模公共道路测试阶段，预计2020年左右可实现产业化。同时，在技术层面以提升人工智能的技术实力为核心。例如，丰田宣布斥资10亿美元与美国斯坦福大学及麻省理工学院合作成立人工智能研究院。本田将在东京建立新的研发中心，与其他研究机构合作研究自动驾驶技术所需要的人工智能系统。日产在收购三菱34%股份之后，计划出售旗下子公司日本康奈可41%的股份，所获资金将用于支持人工智能的研发工作（见表3）。

表2　2017年美国重点企业智能网联汽车产品技术进展

企业名称	产品化应用进展		技术研发进展	
	智能化等级	装备车型	路测情况	预期目标
通用	PA级	凯迪拉克CT6	处于大规模公共道路测试阶段。自动驾驶车辆可以处理交通灯信号变化、走走停停、行人穿过马路等复杂道路交通情况,并完成变道、停车等操作	以Bolt无人驾驶汽车为模板,计划2018年开发商业共乘业务
福特	PA级	蒙迪欧	处于大规模公共道路测试阶段,拥有专业的无人驾驶研发团队。福特将在密歇根州、加州、亚利桑那州测试车辆,车队数量将达到90辆	计划在2021年投入生产,用于车辆共享
特斯拉	PA级	Model S、Model 3	处于大规模公共道路测试阶段,已有10万辆车能够回传驾驶数据,积累数十万亿驾驶数据	计划在2018年底量产
谷歌	HA级	克莱斯勒Pacifica	无人驾驶领域的先驱。已积累300万英里驾驶测试数据	与传统车企合作,计划2018年共享服务投入运营

资料来源：中国智能网联汽车产业创新联盟。

表3　2016～2017年日本重点企业智能网联汽车产品技术进展

车企名称	产品化应用进展		技术研发进展	
	智能化等级	装备车型	路测情况	预期目标
丰田	PA级	雷克萨斯LS车型系列	处于大规模公共道路测试阶段,测试车型基于雷克萨斯LS600hL打造,采用激光雷达、毫米波雷达、摄像头和GPS天线等传感器设备,该套系统可以在没有高清地图的辅助下完成自动驾驶	计划2020年实现无人驾驶量产
本田	PA级	本田思域和讴歌旗下的多款车型	处于大规模公共道路测试阶段,与Waymo进行技术合作,帮助本田研发部门探索不同的自动驾驶技术方法	计划于2020年正式推出量产版无人驾驶车型。此外,没有方向盘、油门和刹车板的车型计划在2021年用于网约车服务
日产	PA级	Serena及欧洲版Qashqai	处于大规模公共道路测试阶段,测试车辆可在高速公路、交通拥堵路段及遍布交叉路口的城市道路上实现自动驾驶,同时达到4L(无须司机介入的完全自动驾驶)已经在欧洲进行了路试	计划2018年实现包括高速公路上的变道在内的自动行驶,2020年实现普通公路和十字路口的自动行驶

资料来源：中国智能网联汽车产业创新联盟。

网联化技术的应用可有效解决安全、高效、节能等社会问题，为创建可持续发展的生态社会提供了新思路。美欧日的汽车网联化产业发展较早，产业链相对完善，且重视网联化在安全、节能等领域的应用，初级网联化（Telematics）业务用户数量粗具规模。表4为国外初级网联化的情况分析。其中，美国比较注重安全，以前装为主，由政府导向的服务较多，如E911服务；欧洲主要是导航服务商助推，前装和后装市场共同发展；日本路况比较复杂，前期导航居多，当下还是汽车制造商占主导地位。

由于自动驾驶技术的发展，网联化技术（V2X，Vehicle-to-X，X：车、路、行人等）已与各类新型无线通信技术紧密结合。国外主导的是基于IEEE 802.11p的专用短程无线通信技术（Dedicated Short Range Communications，DSRC），现处于小规模测试阶段。整体来讲国外汽车制造商已从单纯销售终端产品，逐步发展为整合车载信息服务、卫星导航、无线通信网和运营平台的出行服务提供商，形成集驾驶辅助、安全救援、信息娱乐、便利服务功能为一体的终极集成商，实现全方位的汽车智能化。

表4 国外初级网联化（Telematics）情况分析

区域	主导方	代表	用户规模	产业链结构
美国	由汽车制造商主导的前装模式	通用OnStar	北美上市的通用汽车安装OnStar系统的比例达95%，美国和加拿大使用OnStar服务的用户超过600万	TSP运营商、网络运营商、终端提供商、内容提供商（导航、路况、防盗等），以及救援提供商等第三方服务提供商
		福特SYNC	用户数2011年底已超300万	
欧洲	以汽车制造商主导的前装模式为主，后装市场的TSP也占据一定比例	eCall	2010年开始强制推eCall，2014年覆盖全部车辆	各国政府、车厂、汽车零部件厂、电信业者、科技厂商、服务提供者、金融保险业者、研究机构等
日本	以汽车制造商为主导，IT巨头占一定地位	丰田G-BOOK、Entune	LTE基本覆盖日本大部分移动用户	汽车厂商、TSP、车载终端供应商、网络运营商等
		Nissan CARWINGS		
		Honda Internavi		

（2）消费者意图和行为感知数字化，提升驾乘安全性

驾驶员相关数字化主要包含个人信息数字化、生理状态数字化和驾驶行为数字化。

个人信息数字化主要在自适应座椅、营运车辆管理等方面进行了应用。目前，多家汽车零部件商正在研发"智能"座舱，可进行自我调节从而提升司机或乘客的舒适度。

生理状态数字化主要应用在驾驶员意图识别和驾驶员状态感知等方面。随着安全事故频频多发，安全理念已备受人们关注，将数字化应用于汽车安全监测成为主流。目前，世界各发达国家均在积极开展驾驶员意图识别与状态感知的研究。在驾驶员意图识别方面，主要面向汽车安全辅助系统和主动安全技术。在驾驶员状态感知方面，主要有对行驶轨迹特征（如沃尔沃、福特）、方向盘操作特征（如大众、奔驰）、表情特征（如丰田）的监测和分析技术，这三种技术无一例外均基于机器学习，利用数字化来实现高精度监控，提升汽车驾乘安全性。

同时，驾驶行为数字化分析也得到广泛应用，为规范驾驶员安全驾驶和保险公司根据驾驶员行为进行定制化保险提供依据。驾驶行为分析系统可减少车队运营费用，同时提升行驶安全性。如以色列 Traffilog 公司开发的 Traffilog 系统旨在规范驾驶员行为，发现并纠正司机的不良驾驶行为，从而达到低油耗、低车损、高安全的目的。同时，驾驶行为数字化也可为定制化保险服务作铺垫。如丰田成立合资车载信息保险服务公司，推出一款新型保险，旨在基于大数据分析开展营销活动，推广新型保险服务，为消费者提供更广泛的保险选择，鼓励更安全的驾驶行为。

（3）数字化基础设施开始起步，交通环境数字化提上日程

交通环境数字化包含静态和动态交通环境数字化。其中，前者主要是指静态的高精地图信息；后者是指智能网联汽车的动态环境感知信息。

①高精地图信息。伴随汽车智能化的提升，地图与导航系统的应用为人们的生活带来了极大的方便，而高精地图在未来会成为智能或自动驾驶的基础。从普通地图到高精地图，地图图层更多，信息量更大。图3给出了清华

大学汽车系提出的高精地图分层范例。由图 3 可知，普通地图一般只有道路级导航层，而高精地图则丰富了道路级导航层信息，增加了车道级导航层和自动驾驶辅助层。从图层数量上看，高精地图包含诸如宏观动态层、中间层、车道级细节层、动态障碍物层等更多数据层；从图层质量上看，高精地图每一图层描绘得更精细，包括准确的道路形状，每个车道的坡度、曲率、航向及侧倾数据等信息，可实现厘米级导航。假设在城市道路上行驶遇到车道线模糊不清的情况，此时 Camera 无法监测到有效的道路标识信息，但根据实时更新的高精度地图就可确定车道线位置，并进行轨迹规划与控制，实现自动驾驶。

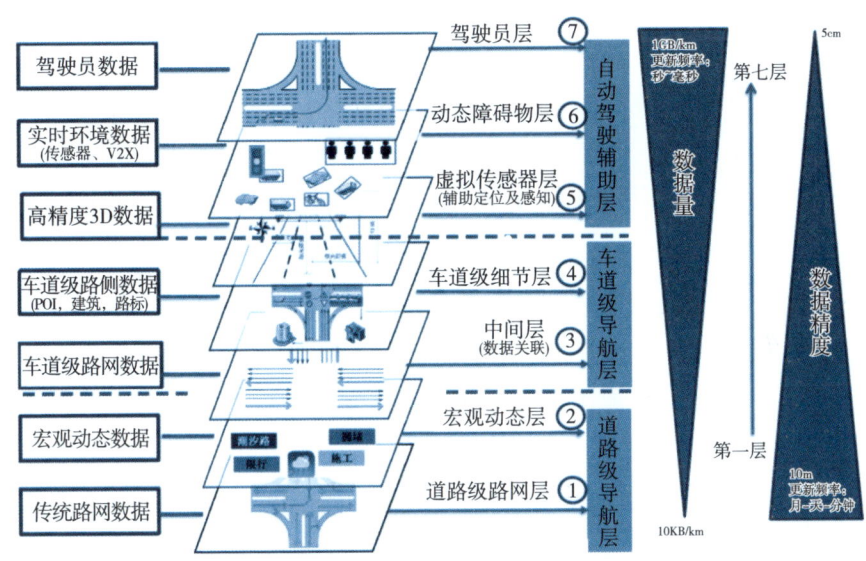

图 3　清华大学汽车系提出的高精地图分层范例

高精地图的发展受到世界各国的重视。在美国，Google 地图利用测试车采集数据形成地图；Uber 与 Digital Globe 签署协议以利用其高分辨率地图；DeepMap 利用测绘、计算机视觉、SLAM（即时同步定位与地图构建）与大数据和云平台等技术，支持车辆精准定位和共享车辆。在欧洲，2015 年底德系三强（宝马、戴姆勒、奥迪）收购 HERE；NDS（Navigation Data

Standard）协会主导欧系高精地图标准，并有望成为 ISO 标准。日本"Dynamic Map Planning"由三菱电机、地图绘制商 Zenrin 及九家汽车制造商共同参与，计划在 2020 年前绘制出日本 3D 高精地图。

②动态环境感知信息。动态交通环境数字化，即通过环境感知建立三维立体环境，包含路面、静态和移动物体的 3D 重建，可实现自动驾驶服务。基于智能网联汽车的环境感知系统主要由雷达、视觉摄像头、V2X、定位等系统组成。雷达包含激光雷达、毫米波雷达和超声波雷达；视觉摄像头包含高清摄像头、高动态摄像头和环视摄像头等，以满足系统不同的功能需求；V2X 则包含 4G/5G 和 DSRC/LTE-V 技术的专用设备；定位系统则包含卫星定位、惯性测量、视觉匹配定位、多模式协同定位等。

目前雷达和视觉技术多掌握在国外开发商手中，国外 V2X 设备的发展也处于先进之列。世界各国激光雷达应用最为广泛、技术领先的公司主要有 IBEO、VELODYNE、SICK、HOKUYO 等。国外厂商在车载毫米波雷达硬件中不但占据产品绝对优势，且具有成本和性能优势，如德尔福、博世、电装等。

交通环境数字化的一个典型应用是城市交通调度，能够在不扩张路网规模的前提下，提高交通路网的通行能力，目前被广泛应用于国内外城市。交通调度的发展需要在完善交通数据资源库、综合应用工作流程管理、海量数据存储和数据挖掘分析等方面进行深入研究，并探索基于云服务模式的交通智能调度模式，实现各种资源的动态、精细化管理，提高交通运输效率。

3. 国外汽车营销、销售和售后服务的数字化

数字化技术的一小步，意味着汽车产业发展的一大步。近年来，互联网、大数据、人工智能等新兴技术在传统的汽车营销和售后服务领域也得到了快速应用，一方面，传统的销售和售后业务的数字化程度不断增强，整个汽车服务流程的数字化水平持续提升；另一方面，基于互联网和大数据的汽车电商、数字化营销、个性化定制、预防性维护等得到了不同程度的应用。

（1）汽车营销、销售和售后服务流程初步实现数字化

在汽车服务领域，主要涉及汽车营销、销售，以及金融保险、二手车、维修保养、租赁等领域。在国外汽车成熟市场，汽车销售和后市场服务方面的价值量在整个汽车产业价值链中的比重超过了50%，高达53%，如图4所示。鉴于此，在制造业服务化的趋势下，汽车制造商依托自身优势，积极推动汽车营销、销售和后市场服务领域的数字化，为消费者创造更佳的数字化体验。

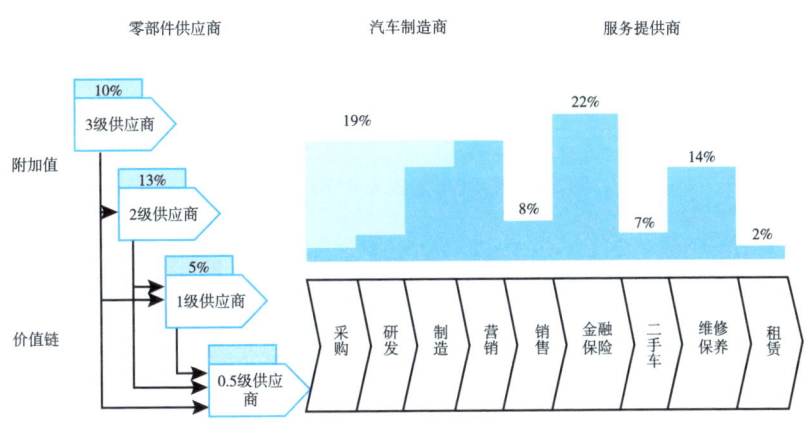

图4　国外汽车产业价值链各环节附加值

资料来源：《德国电动汽车产业竞争力报告》。

目前，国际主要的汽车制造商利用比较成熟的基于移动互联、大数据、虚拟现实等新兴技术的新一代的客户关系管理系统（CRM）、订单交付系统（OTD）、经销商管理系统（DMS）等软件系统，初步构建了整个服务流程的数字化架构体系。其中，CRM系统也有以"接触管理"为特征的萌芽期，以集销售、服务一体化的呼叫中心为特征的发展期，现阶段，人工智能被引入CRM，更强调客户终身价值的实现和客户体验，如图5中的福特汽车集团CRM战略架构所示。

OTD系统在国外的发展主要经历了从"预测驱动生产"到"订单驱动生产"的过程。前者按照库存进行生产，通常的做法是厂家提前预测市场

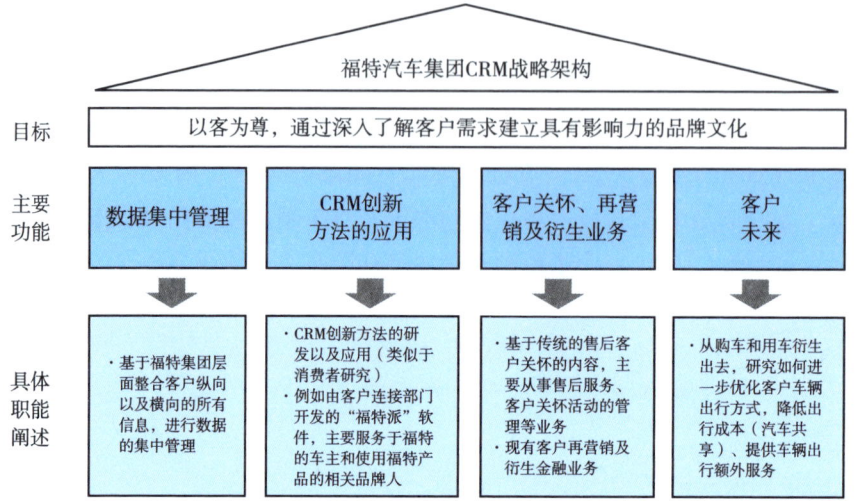

图 5　福特汽车集团 CRM 战略架构

的需求，并由此制订满足工厂开工率和财务目标要求的车型组合生产计划，如比较著名的"N+3月"滚动计划。后者是指从订单开始一直到客户拿到车辆所必须经历的流程和步骤，如果从经销商角度来看，这里的订单是指经销商订单，OTD 包括了"经销商 – 厂家 – 经销商"环节，如果从客户角度来看，这里的订单是客户的订单，包括"客户 – 经销商 – 厂家 – 经销商 – 客户"的整个环节，涵盖了整个交易过程。国外部分领先厂商将产品定价策略和车辆交货期计算算法纳入 IT 系统，建立了在线订购系统，客户可以直观、快速地了解订购车辆的配置、价格、交货时间，并且以多媒体的形式展现给客户。

后市场车辆信息统计数字化涉及售后服务、用户挖掘、保险优化等应用。利用大数据技术，一是进行用户管理，通过建立汽车身份库，规范化管理汽车运行数据和驾驶员信息，与人工智能服务技术相结合，针对目标客户提供车辆保养提醒等一系列售后服务；二是挖掘用户，根据车辆运行状况判断车主是否需要更换新车，且针对用户喜好进行精准化营销；三是对传统保险、服务营销技术的战术优化，主要体现在保险 UBI 产品上，如数字化续保优化战略等。车辆信息数字化应用分析有利于 4S 店进行汽车保养和汽车远程服务，提升用户体验，提高用户黏性。

（2）以汽车电商为代表的商业模式开始向 B2C 转型

在"互联网+"和移动互联背景下，汽车电子商务行业快速崛起，同时，消费者数字化偏好和消费习惯的改变，更推动了汽车销售由传统的 B2B 模式向 B2C 模式逐步转变，汽车个性化定制在少量车型上得到了初步应用。国外整车企业及经销商在积极推动营销和销售数字化的同时，相关垂直网站也积极进入该领域。

欧洲一般的汽车网站都会有在售汽车的导航条，网友可以按车型、生产日期、价格、排量、变速箱、燃料类型、车身样式等条件进行挑选。选定车型后，网友还可选择距离最近的经销商。点击购买之后，网页会转到汽车保险页面，填写申请理赔项目，付款方式有信用卡支付、申请贷款、现金支付、组合支付等。由于相同车型在欧洲各国的售价有差异，所以消费者希望借助网上进行异国购车，以便节省开支。专业的购车网站，如 OneSwoop、Virgin. Cars，可以实现跨国代购。网友缴纳服务费后，可以在线选购周边国家的汽车，还可以在线办理买车后的手续。

日本汽车行业开始探索 B2C 电子商务模式的一个很重要背景是汽车经销商普遍亏损。经销商店铺的数量过多，而日本的新车销售数量呈下降趋势，汽车保有量也随之减少。为缓解经销商盈利状况不佳的状况，日本汽车制造商尝试电子商务的营销模式。马自达和三菱都先后运用"订单式生产"的销售模式，实现制造商与订车顾客的直接沟通。但这套系统并没有达到马自达的预期销售目标，这种新的营销模式也未改变现有销售格局。

目前，美国在线汽车经销商渐成气候。据美国汽车经销商协会（NADA）调查，超过 80% 的经销商有自己的网站，消费者可以发 E-mail 在线订货、在线进行现金交易，经销商能够按消费者需求调配并在数天内供货。美国的 TrueCar 应该是目前最接近"汽车电商"概念的公司，它并不直接销售汽车，而是与认证经销商、整车厂合作搭建了一个在线交易平台，本质上它更像是一个定位在汽车销售领域的垂直搜索引擎。相比传统的模式，通过 TrueCar 网站、移动端等渠道，消费者可以获得更为便捷的购车体验（见表5）。

表5 国外汽车电子商务典型企业及对国内的影响

平台名称	企业地位	对国内影响
TrueCar	TrueCar 是新车电商平台的代表性企业,2014年上半年完成 IPO,它的底价买车模式在美国一度成为新车电商平台典范	TrueCar 底价买车模式为国内新车电商行业发展带来更高的交易效率,也为国内新车电商提供了发展依据 对标企业:小马购车、惠买车等
CarMax	CarMax 是美国最大的二手车零售商,在二手车行业进行 C2B2B2C 全模式布局,经过20多年发展处于行业领先地位,成为国内外二手车电商行业的代表性企业	国内二手车模式目前还处在单一模式状态,CarMax 的产业链及汽车金融业务等的布局为国内二手车行业发展提供了重要依据 对标企业:车300、公平价等
KBB	KBB 是美国重要的二手车估值平台,同时也是估值模式的名称,KBB 通过免费而更加标准的估值服务来获取用户流量,从而在导流和广告等方面带来盈利	KBB 模式为国内信息服务平台提供了很好的发展经验,而 KBB 的估值模型也为国内二手车评估行业提供了重要依据 对标企业:车300、公平价等
Culliver	Culliver 是日本二手车行业中的代表企业,采用 C2C 和 C2B 混合模式,通过缩短交易时间简化交易流程,形成二手车快速周转,吸引消费者和个人卖家进入平台	Culliver 的模式为我国依靠 C 端车源为代表的企业提供了发展依据 对标企业:车易拍、优信拍等
Beepi	Beepi 是美国二手车电商 C2C 模式的典型企业,通过减少中间商方式来实现个人买家和个人卖家间的直接交易	Beepi 的发展经验给中国二手车 C2C 模式的电商平台提供了更多的参考价值 对标企业:瓜子二手车、人人二手车等

4. 国外基于互联网和大数据的移动出行服务生态系统粗具规模

数字化对汽车服务领域的影响深刻地体现在新型出行服务模式上。传统的出行服务以汽车这种硬件产品为中心,以销售和汽车所有权为基础,客户互动和体验主要体现在线下。而新的出行服务具有连接性、个性化、高性价比、数字化客户体验等特征。由于新型出行服务带来了新的增值和巨大市场潜力,汽车制造商、科技公司等争相涌入汽车服务出行领域,并重新将自己定义为"出行服务商"。

(1) 出行服务需求变化重塑汽车产业价值链和商业模式

伴随移动互联、大数据等信息技术及共享经济的快速发展,移动出行需求发生了显著的变化,越来越多的消费者拥车意愿下降,转而更注重车辆使用权和使用体验,对汽车共享的接受程度逐步提升。消费者对数字化、智能化、娱乐化的偏好增强，这种偏好也延伸到移动出行领域，并对数字化、智能化的移动出行形成了强烈的需求。这种需求在未来将创造巨大的市场，购车需求逐渐向按需出行转变，这将重塑汽车产业价值链和商业模式。根据罗兰贝格《出行服务的演化》报告，新的出行服务、自动驾驶、电气化、数字化被认为是未来影响汽车商业模式的四大趋势。

根据麦肯锡对 2030 年汽车发展趋势的预测，至 2030 年，受共享出行、互联服务和性能升级的推动，汽车行业的收入将因新商业模式而提高 30%，相当于 1.5 万亿美元。英特尔则对未来的乘客经济进行了前瞻性的研究，认为随着自动驾驶的逐步实现，消费者从驾车变为乘车将催生新的乘客经济，乘客经济将使新兴无人驾驶车辆服务、B2B 出行服务、消费者出行服务的规模在 2050 年达到 7 万亿美元（见图 6）。

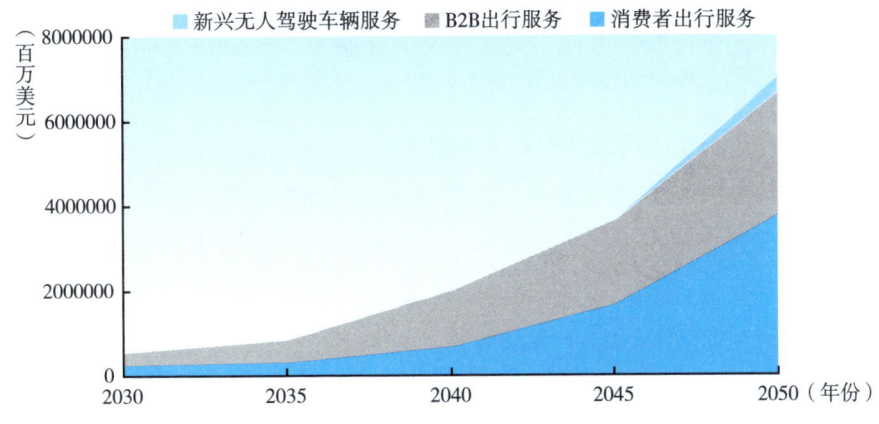

图 6　2030～2050 年全球汽车乘客经济市场预测

资料来源：英特尔 Strategy Analytics。

（2）主要 OEM 加快从制造商向出行服务商的转型，并加强与科技公司的竞合

面对未来出行服务和乘客经济的重大机遇，国际上主要的汽车制造商已在争相进入移动出行领域，并积极推动自身从制造商向出行服务商的转型，而推动这种转型的主要方式有上升为企业战略、设立新部门/新公司、投资

重组、与科技公司合作等方式。

戴姆勒公司在2008年开始启动出行解决方案"CAR2GO"。会员可以通过手机APP完成查找、预订、支付等程序。截至目前"CAR2GO"项目已在全球30个城市提供汽车共享出行服务，拥有130万会员。

宝马集团在其发布的"第一战略"中把出行服务作为传统汽车业务之外的一个发展重点，聚焦科技创新、数字化、可持续出行，其推出的"DRIVE NOW"汽车共享计划在国际上取得了初步成功。

大众公司在《携手同心—2025战略》中，提出到2025年致力于成为全球出行服务提供商的领导者。在具体实施层面，大众设立了专门的出行服务的品牌Moia，将其作为集团第13个品牌进行重点打造。同时，对欧洲最大的出行服务商Gett进行了3亿美元的战略投资。Gett是一家主要面向欧洲市场的出行服务商，在全球60多个国家设有业务，全球企业会员超过4000家。在具体的出行服务方面，大众在德国开展了X-Shuttle智能出行试验项目。

丰田汽车基于丰田智能中心、大数据中心、金融及计算中心等，推出了集成出行服务所需主要功能的出行服务平台MSPF。在合资合作方面，对Uber进行了投资，由丰田金融服务公司和Mirai创意投资有限合伙公司共同完成。

通用汽车在2016年向打车服务商Lyft投资5亿美元，并在2016年3月以超过10亿美元的金额收购了以自动驾驶起步的Cruise Automation公司。福特汽车于2016年3月成立智能移动子公司，专注于科技方面的研发，以更好地适应发展潮流。福特通过该子公司参与连接性、移动性、自动驾驶、客户体验以及数据分析方面的研发。自成立后，福特智能移动子公司收购了短程运输服务公司Chariot，向人工智能公司Argo AI投资了10亿美元（见图7）。

（3）出行服务生态系统初步形成

据统计，2009年以来，新的出行服务商业模式每年吸引了约300亿美元的投资，主要投向了网约车和共享服务领域。在这种持续投入下，一个新

汽车服务数字化发展现状和趋势

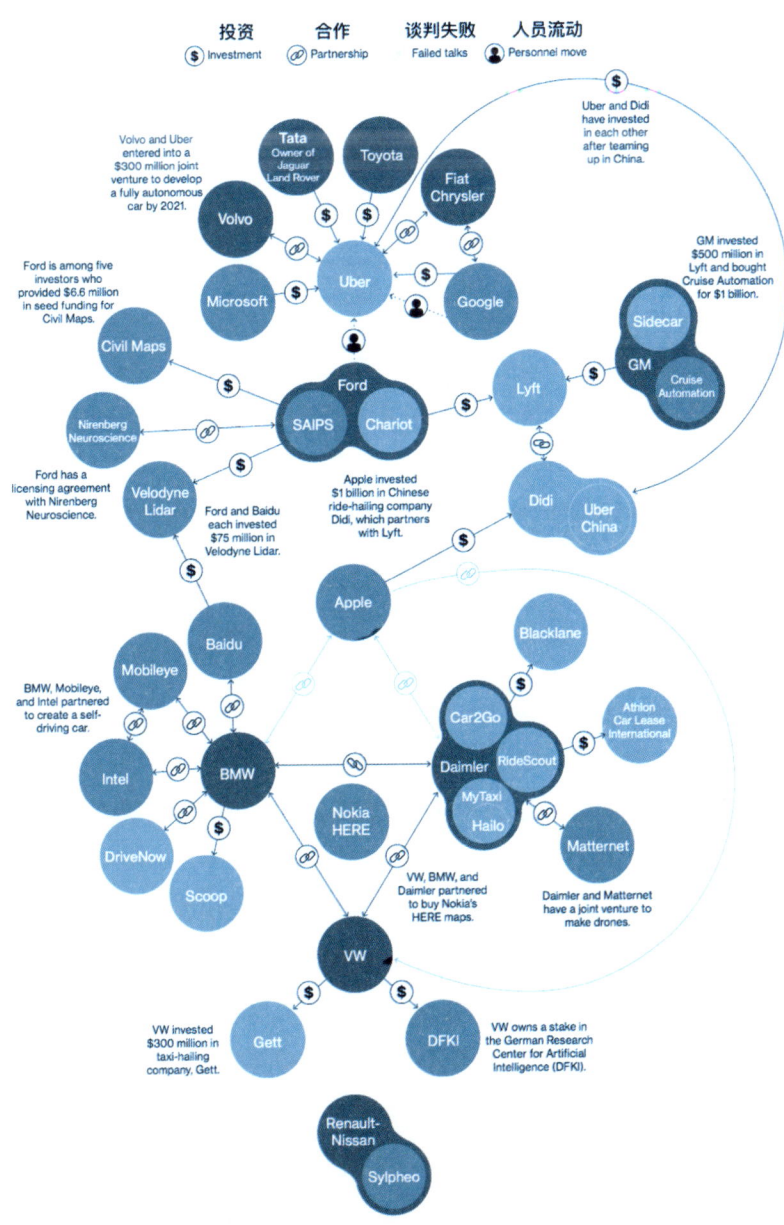

图7 国际汽车 OEM 及科技公司进军出行服务的竞合态势

资料来源：彭博社。

的出行服务生态系统粗具规模。在此系统中，包括基础设施提供商、车辆提供商、服务提供商、第三方机构、信息提供商等（见图8）。

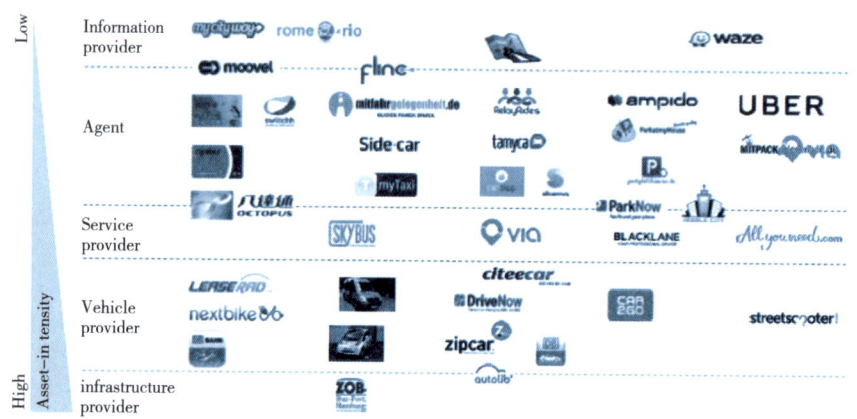

图8　移动出行服务生态系统初步构成

（二）国内汽车服务数字化发展情况

1. 国内消费者的数字化生存和车辆的软件化

（1）汽车服务的数字化起始于消费者生活方式的数字化和互联网化，国内消费者已处于360度数字化生活空间

据《中国移动互联网发展状况及其安全报告（2017）》，2016年我国活跃的智能手机数量超过23亿部，较2015年增长106%，微信、QQ、百度地图作为最具影响力的三大APP，其用户量已经分别达到10.03亿、9.78亿、6.56亿。2016年的"双11"当天，天猫销售额超过1200亿元，其中无线成交占比高达82%，覆盖235个国家和地区，可见，互联网已经从根本上重构了人们的生活方式，消费者已经生活于360度的数字化空间（见图9）。

与国际上的"千禧一代"类似，逐步成为市场消费主流的"90后"群体也是伴随数字化和互联网化的发展和普及而成长的，其对汽车数字化技术和服务具有与生俱来的需求偏好。随着智能网联的发展，汽车行业逐渐走向"品牌年轻化"，数字化等高科技应用更是受到"90后"的青睐。腾讯汽车

图9 截至2016年底中国手机网民规模达到7亿人

资料来源：中国互联网络发展状况统计调查。

2015年底的购车偏好调查显示："70后"务实，追求性价比，看重汽车质量和节油能力；"80后"兼顾节约务实与汽车风格；大部分"90后"用户购车时主要考虑外观和配置，其次考虑品牌和动力性，如图10a所示。图10b显示，大部分"90后"用户非常重视车辆的数字化等高科技配置，认为高科技是购车决策的重要影响因素。由于"80后"、"90后"对新产品、新技术更感兴趣，敢于尝试，促进了智能驾驶辅助系统的快速发展，并对即将到来的自动驾驶充满期待。

（2）汽车价值逐步由硬件创造向软件和服务创造转变，国内企业重视不够，投入明显不足

正如前文所述，面对汽车市场和消费者对汽车数字化的需求，在以信息技术为代表的新一轮产业变革和科技革命推动下，汽车产品的内涵和形态正在发生显著变化，汽车产业链的价值创造也由汽车硬件的研发制造驱动，逐步转为由软件和服务驱动。

对于这一趋势，目前国内汽车企业总体上重视程度不够，多数车企的信息化部门相对薄弱，只有极少数企业建立了独立的数字化部门。受主客观等多方面因素制约，国内汽车企业在车载软件和信息化、数字化方面的投入明显低于国外企业。例如，大众在IT方面的研发人员超过1万人，通用在IT

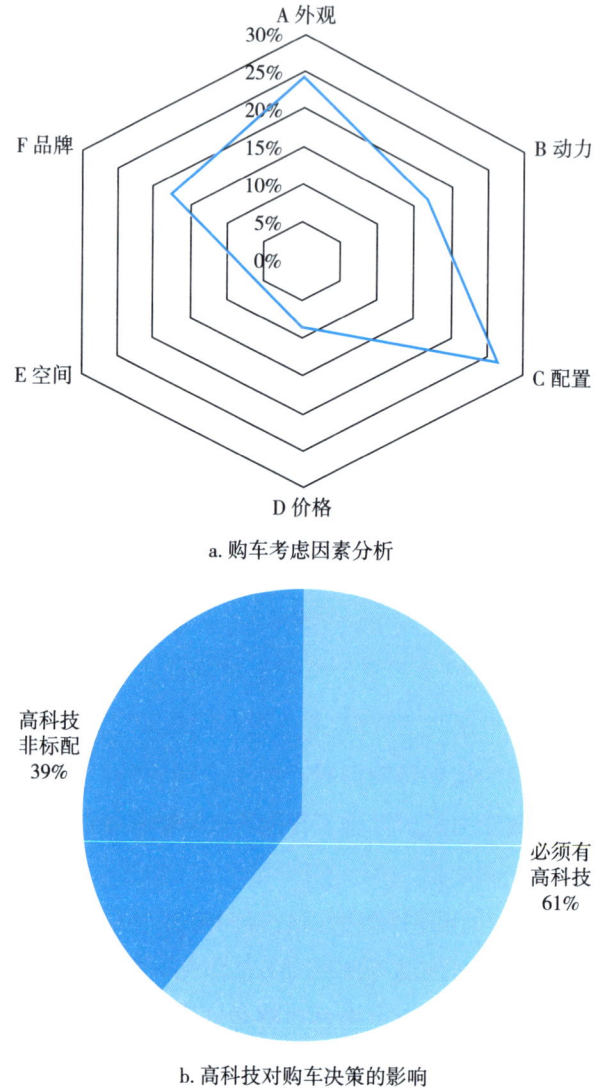

a. 购车考虑因素分析

b. 高科技对购车决策的影响

图10 "90后"将数字化技术配置作为购车首要考虑因素

方面的研发人员也达到8000多人,国际领先的供应商博世在IT方面的研发人员高达1.4万人,而多数国内汽车骨干企业的整体的研发人员才几千人,其在IT研发方面的人员投入占总研发人员的比例较低,因此仅仅是IT研发人员投入这一点上就存在明显差距。在未来,特别是在汽车产业数字化转型的大背景下，我国汽车企业在 IT 研发投入方面的不足，将制约其在控制系统、智能操作系统等核心技术领域的突破，并最终影响整个汽车产业竞争力的形成。

2.国内车辆智能网联化和交通环境数字化

（1）政策支持开始发力，汽车 DA 级技术快速普及，正加快向 PA 级迈进

面对智能网联汽车重大发展机遇，我国政府高度重视智能网联汽车发展。2015 年，"中国制造 2025" 将智能网联汽车列为未来重点发展的 23 个方向之一。2016 年 5 月，国家发改委、科技部、工信部、中央网信办联合推出《"互联网+"人工智能三年行动实施方案》，支持骨干汽车企业与互联网企业开展深度合作，设立跨界交叉融合创新平台，加快智能网联汽车关键技术研发，加大高精度地图、车载智能操作系统发展的支持力度，实行智能汽车试点工程，推动智能汽车典型应用，同时加强智能网联汽车及相关标准化工作。

2017 年 4 月，工信部、国家发改委、科技部联合印发《汽车产业中长期发展规划》，提出以智能网联汽车为突破口之一，引领整个产业转型升级，并围绕智能网联汽车关键技术、标准法规、网络基础设施建设、基础大数据平台以及车辆信息安全等方面加紧推动。在工信部装备司委托下，中国汽车工程学会联合行业专业力量，编制并发布了《中国智能网联汽车技术路线图》。此外，在与智能网联汽车相关的标准法规制定方面，2016 年以来，工信部、交通部、公安部等部门与相关研究机构、企业和组织联合，积极推进车路协同（V2X）标准、公共道路测试规范和专用无线频段研究等工作。

目前，中国智能网联汽车产业主要由传统车企和互联网车企两股力量推进，二者在多个层面上开展自动驾驶技术的研发和布局。上汽集团联手阿里巴巴，联合打造全球首款量产"互联网汽车"荣威 RX5。长安自动驾驶汽车开展 2000 公里无人驾驶测试，百度无人车获得加州上路测试牌照，从而加快了自动驾驶的研发进程。表 6 是中国汽车企业智能网联汽车产品技术研发和布局情况。

表6 2016～2017年中国重点企业智能网联汽车产品技术进展

车企名称	产品化应用进展		技术研发进展	
	智能化等级	装备车型	路测情况	预期目标
一汽	DA级	奔腾X40/森雅R7	处于封闭道路测试阶段，此外，一汽红旗H7在美国M-city进行了基于互联功能的测试。PA级智能化乘用车具备手机远程操控系统和全自动泊车功能技术储备	计划2020年实现高速公路代驾产品
上汽	DA级	荣威ei6	开展高速公路、城区和车队自动驾驶技术研究，以实现单车智能化HA级技术储备。积极在美国加州申请路测牌照	计划2020年量产CA级智能网联汽车，2025年推出FA级智能网联汽车
长安	DA级	长安睿驰	PA级智能网联汽车已实现2000公里长途测试，同时已完成自适应巡航系统、自动紧急刹车系统等功能研发	计划2020年实现高度自动驾驶技术的应用，完成样车测试工作和示范运行
吉利	DA级	博瑞	处于封闭园区测试阶段，PA级智能网联汽车技术成熟，将摄像头、毫米波雷达与超声波传感器等多传感器的数据进行融合，逐步实现控制策略的自主化	计划2020年实现有条件自动驾驶技术的开发及产业化，HA、FA级智能网联汽车的量产计划在2025年之后
广汽	DA级	传祺GS8/传祺GA8	进行示范区内的V2X测试、自动驾驶技术测试，已建立自动驾驶车辆平台，全自动泊车、V2V前车跟随、指定路径的自主行驶等多项自动驾驶技术在研	计划2020年推出高速公路自动驾驶产品
北汽	—	—	与百度合作，应用百度AI加紧L4级自动驾驶系统开发	计划2021年规模化量产HA级智能网联汽车
蔚来	—	—	已具备较强大的自动驾驶研究团队，并与Mobileye、NVIDIA、NXP和百度展开自动驾驶技术合作	计划2018年量产CA级智能网联汽车，2020年量产HA级智能网联汽车
百度	—	—	已拥有30余辆自动驾驶测试车辆，与英伟达合作，在美国加州已获得自动驾驶测试许可，同时拥有较强大的人工智能研究团队	计划2018年小规模量产HA级智能网联汽车，2021年大规模量产HA级智能网联汽车

资料来源：中国智能网联汽车产业创新联盟。

（2）消费者意图和行为感知技术提升驾乘安全性

国内驾驶员个人信息数字化主要应用在自适应调节座椅和商用车队管理上。如重庆小康工业集团正在研发具备自适应调整的智能座椅及镁合金轻量化座椅，以适配未来的中高端新能源乘用车型，现已完成部分样品试制，预计2019年可推向市场。通过建立驾驶员资料库（包含驾驶员个人信息、运输货物、行驶路径等），来进行商用车队的数字化管理。

在驾驶员生理状态数字化方面，国内研究与应用较多。如武汉华信数据系统有限公司首次填补国内基于车联网的驾驶员疲劳检测系统的空白，并与多家知名汽车制造商进行合作。苏州清研微视驾驶员疲劳状态检测及预警系统已进行产业化生产，并进入整车厂前装市场。

在驾驶行为数字化方面，杭州鸿泉的鸿运车队管理系统以规范驾驶员行为为目的，发现并纠正司机的多种不良驾驶行为，譬如超速、过程怠速、急刹车、急加速、超转行驶、猛踩油门、空挡滑行、发动机冷启动等，通过对这些行为进行统计分析，有意识提醒并规范司机的驾驶行为，从而达到低车损、低油耗、低安全隐患的"三低"效果。UBI（Usage Based Insurance）是一种基于用户驾驶行为习惯的保险，是车联网与非寿险领域交叉融合的一种典型的大数据创新型应用，也在我国得到了快速发展，几大保险公司都开始推出基于UBI的车险业务。

（3）交通环境数字化开始加快，智能网联汽车示范区启动建设

在汽车行业推进智能联网的大背景下，高精度地图将是未来智能出行的关键因素之一，可推动静态交通环境数字化的发展。国家北斗办提出加快建设北斗地基增强系统，2017年底将推出北斗高精度位置服务。国内的百度、高德、四维图新、凯立德、光庭等都开始高精地图与高精定位的相关研究，并全部加入NDS协会，积极参与ISO标准制定，推动自动驾驶汽车的发展。目前，中国只有十几家地图供应商拥有导航电子地图甲级测绘资质，其中一半以上都被BAT收购或者参股（见表7）。

2017年7月，百度AI开发者大会当天，会场外播放了其自动驾驶成果视频，展示了借助摄像头和高精度地图的定位情况，其效果非常好。

表7　国内企业高精地图发展现状

企业	发展现状
百度	其高精度地图有完整的三维道路信息,实现厘米级车辆定位,不仅是3D绘制,而且定位精度小于5cm接近3cm。相比普通GPS,其定位精度提升了两个数量级(估计是应用SLAM技术),目前可自动识别包括交通标志、地面标志、车道线、信号灯、路沿、桥梁、灯柱、护栏等多种目标
高德	2016年底,完成了全国国道/省道ADAS级别高精地图数据以及全高速公路的自动驾驶级别(HAD)高精地图数据的收集;2017年底,预计将ADAS级别数据扩展到30个以上城市的主干路,HAD级别向国省道和主要城市内部扩展
四维图新	2016年100%覆盖高速公路(L2级别);2017年推出20个城市的L2级别及L3级别高精地图;2019年正式制作能完全满足自动驾驶的高精地图
凯立德	目前在北上广深等重点试验区进行地图数据采集

在智能网联汽车示范区方面,由于国内没有相关自动驾驶上路测试的法规,自动驾驶汽车无法在公共道路上合法测试,中国的路况测试基本以园区内测试为主。同时,工信部已基于未来智能网联汽车的长远考虑,将交通系统和汽车结合起来,提出了基于宽带移动互联网的智能汽车智能交通示范区建设,构建"5+2"国家示范体系。"5"指武汉、重庆、浙江、北京、长春,"2"指上海和无锡。2015年,国家批准上海国际汽车城为国内第一个智能网联汽车试点示范区,2016年6月,上海试点示范区封闭测试区开园,2016年11月,重庆智能汽车集成系统试验区在中国汽车工程研究院园区举行了启动仪式,一期工程"城市模拟道路测试评价及试验示范区"已投入运行(见表8)。

表8　国内部分智能网联汽车测试区建设情况

名称	封闭测试场	建设情况	建设主体	特色
上海示范区	2平方公里,道路全长3.6公里	2016年6月,一期封闭测试与体验区开园;2017年底,形成27平方公里开放道路测试区;到2019年底,完成典型城市综合示范区建设;到2020年底,形成城际共享交通走廊	上海汽车城	国内首个该类示范区,功能与美国M-city类似,建设快,但无高速环路

续表

名称	封闭测试场	建设情况	建设主体	特色
重庆示范区	403亩,道路全长5公里	2016年11月,一期"城市模拟道路测试评价及试验示范区"开园;2017年预计完成重庆西部汽车试验场智能汽车可靠性试验区建设;预计2018年完成两江新区智能汽车与智能交通开放道路试验区建设	中国汽车工程研究院	地形气候独特,试验示范,无高速环路
北京示范区	400亩,道路全长约7公里	预计2017年底开园	北京智能车联产业创新中心	突出反映京津冀道路特征,有高速环路
武汉示范区	确定选址,2~90平方公里	2017年前,建成2平方公里封闭示范区;2019年前,建成15平方公里智慧小镇;2021年前,示范成果在90平方公里的示范区进行推广	—	自动驾驶车辆测试,小型智慧交通雏形

3. 国内汽车营销、销售和售后服务的数字化

近年来,互联网、大数据、人工智能等新兴技术在传统的汽车营销和售后服务领域也得到了快速应用,一方面,传统的销售和售后业务的数字化程度持续提升;另一方面,基于互联网和大数据的汽车电商、数字化营销得到快速发展,个性化定制、预防性维护等在少量产品上开始试水。

(1)利用CRM、OTD、DMS等数字化软件系统,初步建立起汽车营销、销售和售后环节的数字化能力,但还存在信息孤岛现象,数据协同度不够

国内汽车销售和后市场在整个汽车产业价值链中的比例虽然还未达到国外的水平(53%),但是国内销售和后市场现有的存量已非常巨大,并在未来较长一段时间有很大的发展空间,因此国内主要汽车厂商及相关服务商为提升效率、强化客户体验,均在积极通过数字化技术推进整个汽车服务流程的数字化。

国内CRM研究相对起步较晚,但是发展速度惊人。中国汽车市场CRM的发展经历了成立呼叫中心、纵向传输客户信息、横向整合客户信息、客户信息的深度应用四个阶段。目前,大众、通用等企业在国内的合资公司建立了相对完善的CRM系统,并基本实现了对客户信息的整合,自主品牌车企建立了CRM系统,但是还存在一定程度的信息孤岛问题,从各方面获取的

客户信息整合和协调程度不够。

OTD在国内的发展经历了预测驱动生产、计划驱动生产、经销商订单驱动生产、客户订单驱动生产等四个阶段。目前国内汽车公司主要采用的还是"经销商订单驱动生产"方式，整个环节包括"经销商－工厂－经销商"。未来随着个性化需求以及汽车电商的快速发展，客户订单驱动生产将逐步成为主流方式。

（2）电商平台的汽车营销和售后业务发展迅速

越来越多的汽车品牌，围绕"售前、售中、售后"进行数字渠道布局，品牌的触媒方式越来越丰富，市场以"官网+电商/网络销售旗舰+社交平台+移动客户端+车联网"为核心标配，品牌触媒提供的服务内容有资讯多媒体、综合信息与服务、汽车金融服务、娱乐生活体验、汽车生活服务、智能车联网、二手车服务、用户用车指南、保障服务等。

目前国内汽车电商按照运营主体来分，主要有垂直汽车电商、厂商及经销商自营、综合电商平台三大运营模式：①垂直汽车电商：以汽车之家、易车网为代表的垂直媒体，依托自身优势，相继推出B2C商城、定制车等服务，用户可以在线支付购车定金，到4S门店完成款项支付、提车，最终交易在线下完成；②厂商及经销商自营：对于具有车源优势的整车厂商，电商平台有助于塑造更好的品牌形象及用户线下体验，如上汽集团、长安汽车、吉利汽车等汽车企业均建立了电商平台；③综合电商平台：以天猫、京东为代表，将传统B2C模式照搬至新车电商。天猫通过线上展示+线下提车探索新车电商模式，借助自身平台及消费用户资源优势，增强了汽车品牌入驻吸引力。京东放弃自营模式，与传统车企达成合作，并接入了易车商城、车讯网等旗舰店。

汽车后市场服务出现细分行业和新的服务方式，多样化的服务模式将逐渐成为未来中国汽车售后服务市场发展方向。在具体的应用层面，一汽－大众奥迪通过"云镜"可实现对线上线下各渠道的精准掌控，进而提升营销活动的精准度，降低营销成本。2016年，一汽－大众制订了"发轫"计划，4S店数字化营销系统旨在把用户未来的喜好都融入大数据中，对精准营销起到支撑作用，同时为客户带来更佳的数字化体验。

4. 国内基于互联网和大数据的移动出行服务生态系统

随着共享经济的加速到来，汽车共享等新型出行服务也风生水起，合资汽车企业积极推行出行服务的本地化战略，自主品牌车企加快在共享出行、专车等方面的业务布局，科技公司及第三方服务公司也纷纷战略性进入，以便在出行服务方面开拓业务。

（1）合资汽车企业积极推行出行服务本地化战略

国内出行服务的快速发展，以及将实现从汽车制造商向出行服务商转型上升为车企的发展战略，促使戴姆勒、宝马、大众、通用、福特等跨国车企积极将出行服务引入中国市场，并注重与相关方的合作。

戴姆勒在中国成立了专注于出行服务的戴姆勒智行（中国）租赁有限公司，并启动了 CAR2GO 和 CAR2SHARE 两个出行服务项目，前者是一种自由流动的模式，后者则是以热点商圈为站点的模式。截至目前，戴姆勒智行已经在中国的 7 个城市开展了出行服务，车辆达千辆。

大众汽车为推动出行服务业务，与滴滴出行、首汽约车达成了战略合作关系。在与滴滴合作方面，旨在协同各自在产品、市场、品牌、数据技术方面的优势，打造优质、安全、高效的移动出行服务；在与首汽合作方面，双方将进一步挖掘电动汽车分时租赁市场。此外，大众公司还与人工智能公司"出门问问"达成了资本合作关系，双方将共同研发车载人工智能技术。

（2）自主汽车企业加快在出行服务方面的布局

面对出行服务市场的变革和机遇，上汽、吉利、北汽、奇瑞等国内自主品牌车企也纷纷加快布局，多数车企以电动汽车为切入点，重点在电动汽车分时租赁、电动汽车专车等方面进行了业务布局。

上汽集团于 2015 年推出了聚焦于电动汽车分时租赁的项目"e享天开"，2016 年与上海国际汽车城的电动汽车分时租赁 EVCARD 进行重组，形成了环球车享电动汽车分时租赁品牌，并进入快速发展和布局阶段。截至 2016 年 7 月，环球车享已进入全国 31 个城市，投放车辆超万台，建立网点 5200 余个，累计注册会员突破 100 万人，是目前国内规模最大的新能源汽

车分时租赁运营企业。按照其规划，2020年，其将在国内100个城市开展电动汽车分时租赁业务，运营车辆将达到30万台，同时完成在海外电动汽车分时租赁市场的布局。

吉利汽车在2015年战略进入"互联网+"电动汽车出行服务领域，建立了曹操专车。通过曹操专车平台，吉利汽车旨在通过运营和出行数据采集，建立用车数据库，指导汽车研发设计与生产，打造汽车出行生态圈。平台上的车型以吉利帝豪电动汽车为主。2017年2月，曹操专车获得《网络预约出租汽车经营许可证》，助推其打造的新能源汽车共享出行B2C平台进入快速发展通道。截至目前，平台上运行的吉利帝豪纯电动轿车已经超过1万台，实现了在杭州、宁波、青岛、南京等11个城市的运营。

(3) 第三方出行服务公司蓬勃发展

不仅整车企业在积极进入按需出行服务领域，腾讯、阿里巴巴、百度等科技公司都在以更快的速度进入该领域。

2012年以来，网约车平台蜂拥而起，经过大规模的补贴大战以及后台的服务器比拼，市场从分散逐步走向集中，最终腾讯支持的滴滴实现了对快的、优步中国等公司的重组，成为国内占据主导地位的网约车平台。滴滴目前是中国最大的移动出行平台，日订单量超过2000万单，相当于全球其他移动出行市场总量的2倍，这背后离不开大数据及数据分析能力的强大支撑。目前滴滴每日新增定位轨迹数据超过70TB，处理数据超过4500TB，路径规划请求超过200亿次。

在汽车共享方面，据不完全统计，国内注册运营分时租赁的企业数量有370家，实际有车队运营的公司数量超过了100家。但是，目前仍处于比较分散的发展阶段，比较知名的有上汽集团的环球车享，有超过1万辆车，其余超过1000辆的不足10家，绝大部分的共享汽车项目投入车辆不足500辆，总体上面临投入车辆不足、网点不完善、短期盈利压力大、用户体验不够好等主要问题（见图11）。

(4) 出行服务生态系统开始构建

构建生态系统可以帮助参与者弥补彼此的能力缺陷，发现和抓住曾经超

汽车服务数字化发展现状和趋势

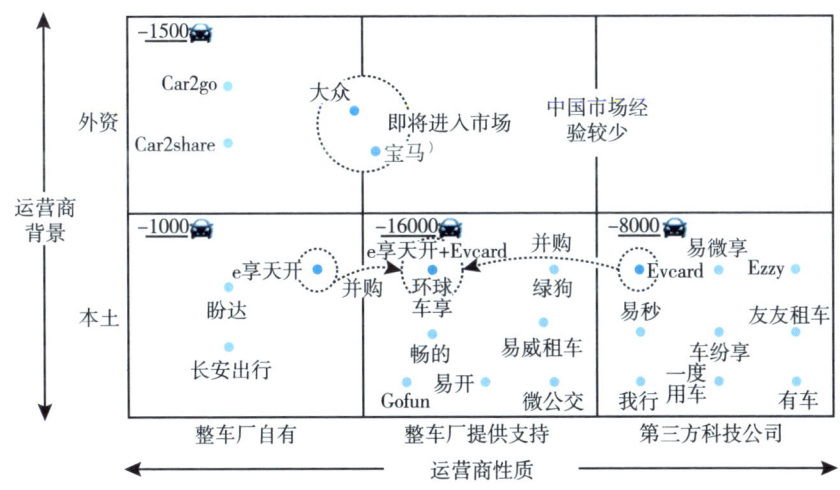

图11 国内不同类型的汽车共享运营商的分布情况

资料来源：罗兰贝格。

出其核心竞争力边界的机会，因此，积极合作构建出行服务生态系统成为主要参与者进入出行服务领域的主要策略（见图12）。

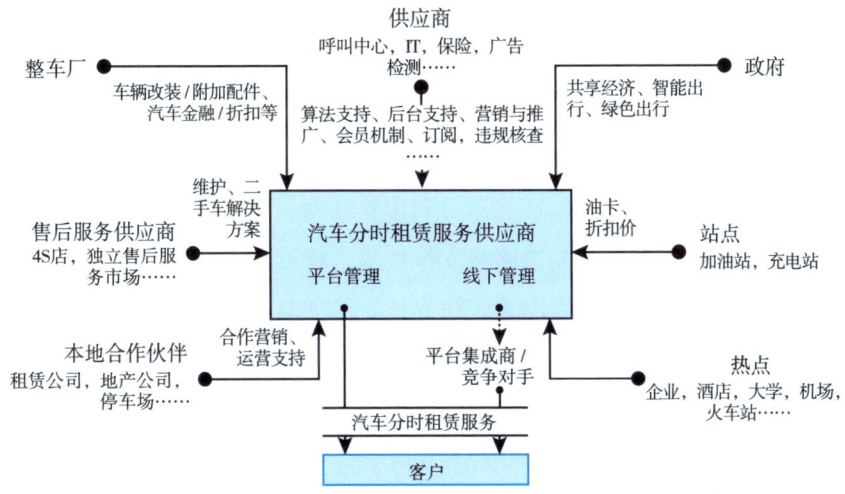

图12 汽车共享出行服务生态系统为参与者带来多赢的市场机会

资料来源：罗兰贝格。

科技公司方面，阿里巴巴、腾讯、百度纷纷布局智能出行服务领域。例如，阿里巴巴公司成立了阿里巴巴汽车部，利用自身数字生态系统线上线下服务进军汽车服务市场，并形成了一套涵盖"端到端"机动车全生命周期和出行服务价值链的服务。2015年，阿里巴巴与上汽集团合作，共同出资1.6亿美元合作研发互联网汽车。

汽车企业方面，上汽集团、吉利汽车、北汽集团等也纷纷凭借在车辆方面的经验和优势，布局移动出行领域，积极打造电动汽车出行服务平台。例如上汽集团通过环球车享电动汽车分时租赁项目，构建了由政府部门、车企、运营商、充电服务商、网点业主、信息通信提供商等共同组成的电动汽车出行服务生态系统。

二 汽车服务数字化发展趋势

汽车服务数字化在连接汽车研发和制造的同时，正在带来汽车移动出行领域的巨大变革，在带来价值增值的同时，将逐步变为无界的移动出行服务生态系统。

（一）基于数字化技术的汽车服务与研发、制造一体化

基于数字化技术的汽车设计、制造、服务一体化以网络和系统为基础，以数据流动和信息交互为特征，通过利用互联网、云计算、数据挖掘、大数据技术、异地协同管理等先进网络支撑技术，将汽车策划、研发、生产、销售、服务等环节有机地联系起来，建立统一的产品全生命周期管理及数据集成体系，即形成"设计-制造-销售-服务-设计"闭环一体化工作模式，这对汽车技术水平、产品质量和服务水平的提高都将具有重大意义，也代表了汽车服务数字化的发展趋势（见图13）。

（二）从"汽车即资产"到"汽车即服务"（Caas）的转型

随着科技的发展和消费者消费观念的变化，人们希望始终保持在线状

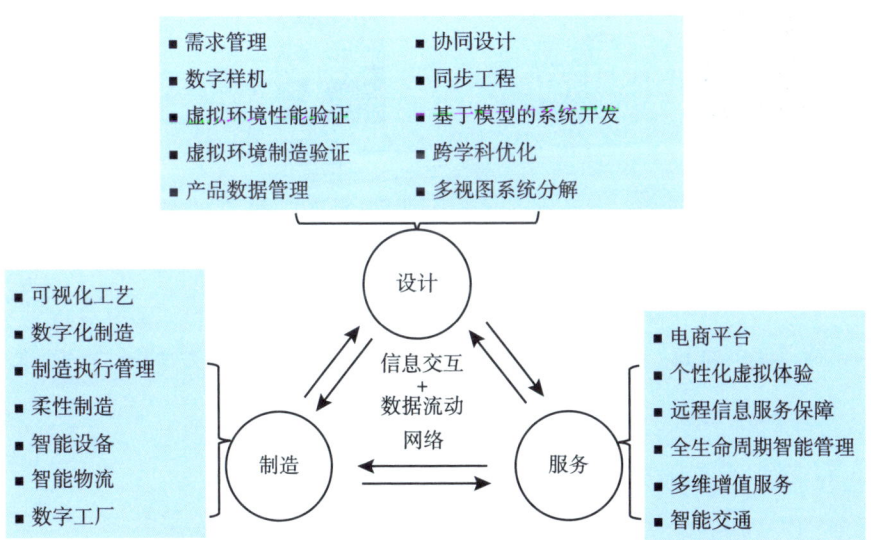

图 13　基于数字化技术的汽车研发、制造、服务一体化

资料来源：中国工程院，《基于网络的设计/制造/服务一体化技术发展战略研究报告》。

态，并以自然和直观的方式与外界互动，这种生活习惯的变化在智能手机的发展中愈加明显。未来，消费者对汽车拥有的观念将逐步减弱，并转为按需购买出行服务，随着智能网联技术的发展，消费者将从驾驶中解放出来。特别是在车辆软件、大数据、移动互联、自动驾驶等技术的推动下，从"汽车即资产"到"汽车即服务"转型的速度将更快。比较保守的研究也认为未来的移动出行服务市场将为汽车产业带来 30% 的增量，而比较乐观的研究则预计未来移动出行市场的规模将达到目前汽车产业的 2 倍左右（见图 14）。

正是看到了这一重大发展机遇，同时也面临新进入者的竞争，2015 年以来，国内外主要的汽车制造商纷纷加快在移动出行服务领域的布局，并将自己从汽车制造商重新定义为出行服务商，随着移动出行服务企业战略的实施，在未来 10 年移动出行服务将在全球形成一定的市场规模。同时，一大批科技公司也纷纷进入移动出行服务领域，滴滴、优步、Lyft 以及 Zipcar 等网约车服务以及汽车共享服务的普及，使人们对车辆的观念从保有转变为按需出行，由此移动出行领域竞争合作态势基本形成。

汽车蓝皮书

图14　数据驱动的商业模式的变化带来产业价值链变革

（三）汽车服务从"有界"到"无界"

类似于智能手机通过附加值服务，与外部的各相关产业互动，并形成联网的生态系统，未来预计汽车也将通过物联网、大数据等技术，经历类似的转换，并与更多更广的产业相互融合，产生远超过汽车本身的价值增值，产生新的商业模式和汽车服务生态系统。在此过程中，汽车服务的边界也将因为产业融合而逐渐变得模糊，在未来的数字化浪潮下，汽车服务将从"有界"变为"无界"（见图15）。

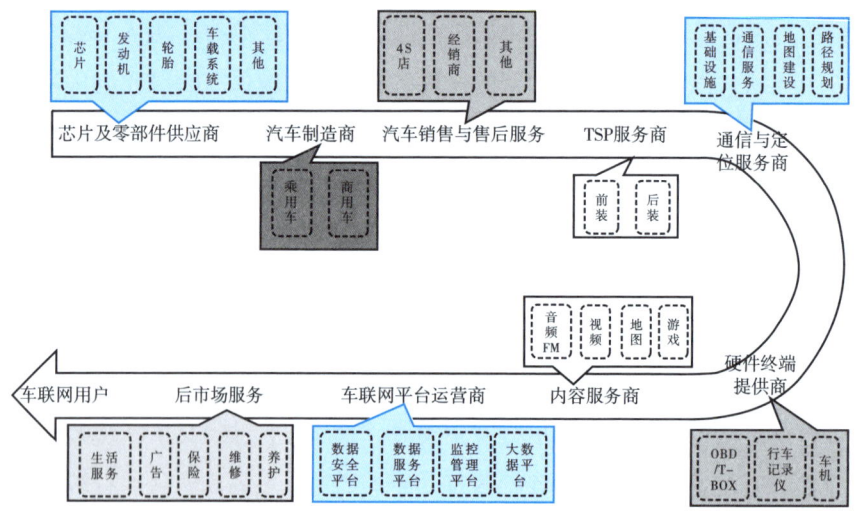

图15　基于车联网的"无界"的汽车服务生态系统

汽车企业正在加快推动商业模式创新，在提供汽车产品的同时，积极进入汽车服务领域，其中以用户为中心的车联网使得汽车企业与用户、其他服务商之间能够形成持续性联系，在为客户带来数字化体验的同时，逐步形成如图15所示的新的汽车服务价值链和无界的生态系统。

三　汽车服务数字化典型案例

汽车研发和制造的数字化总体上是沿着研发和制造全流程而脉络分明的，而汽车服务数字化具有高度发散的生态系统的特征。以下从预防性维护、个性化定制、汽车电商、分时租赁、网约车等角度，选择国内部分企业进行案例分析，尽管这些案例相对整个汽车服务数字化而言还显得比较单薄，而正是无数个看似分散和微小的服务环节的数字化组成的协同生态系统，构筑了未来汽车服务数字化。

（一）潍柴基于产品智能化和大数据的柴油机远程精准服务

潍柴动力股份有限公司成立于2002年，由潍柴控股集团有限公司作为主发起人、联合境内外投资者创建而成。公司致力于打造最具成本、技术和品质三大核心竞争力的产品，构筑了动力总成（发动机、变速箱、车桥）、整车整机、液压控制和汽车零部件四大产业板块协同发展的业务格局。

1. 推动数字化的必要性

近几年，世界经济发展整体放缓，中国经济发展进入新常态，受其影响，整个装备制造行业产品销量下滑明显，行业竞争日益加剧，产品同质化问题突出。传统的制造行业亟须通过更好的客户服务来赢得市场竞争，也需要通过在后市场服务中寻找更多的利润增长点，因此发展后市场客户个性化定制的数字化服务，成为装备制造企业转型的重要方向。

另外，随着潍柴在国际及国内市场产销量的快速增长，售后服务业务量急剧上升，如何更好地满足客户的售后服务需求，加强客户黏性，提高客户满意度成为企业面临的一个关键难题。面对这些问题，加强企业信息化建设,开展企业两化深度融合,实现企业数字化战略转型成为公司最为重要的工作。潍柴整合客户服务中心、备品公司、油品公司和再制造公司,组成了潍柴后市场业务公司,其重点战略目标就是使企业从"制造型企业"向"服务型制造企业"转变,为企业打造后市场这个新的销售收入和利润增长点。同时针对公司的业务发展战略和服务转型的要求,集团信息化总体规划所指导的多项工作同时展开。一是完善营销和售后服务体系的信息化平台建设,提升客户信息的管理能力,加强客户黏性,实现柴油发动机的后市场远程预防、诊断、维修维护和问题处理,提高产品使用过程中的满意度,提供更加便利、更加准确以及更加个性化的定制服务。二是搭建用于产品运行数据存储和建模分析的大数据平台,并且将前端的市场营销销售平台与售后服务平台进行集成,从而实现客户信息的全流程贯通和客户个性化定制服务。

2. 数字化技术应用的基本情况和特点

为实现潍柴后市场服务的数字化战略,实现潍柴产品的后市场远程预防、故障诊断、维修维护和问题处理,潍柴在产品本身和企业数字化方面开展了大量工作。

(1) 产品智能化升级。研发自主知识产权的柴油机 ECU 产品,实现柴油机的全数字化控制。ECU 可实时采集发动机的运行数据,并将采集的数据通过无线通信网络传输回厂内。此外,ECU 可实现电控数据的远程刷写,从而为实现产品的远程故障处理提供条件。

以现有潍柴自主电控系统为基础,依托移动互联网、大数据技术、云计算技术,研发满足 ISO26262 功能安全要求的移动化、平台化、网络化、智能化电控柴油机产品。通过智能产品对自身状态、工作环境的感知,来达到节能降耗目的;通过与电信运营公司联合,实现产品的预防性远程故障诊断、环境自动感知及自适应,并实现产品、用户、供应商和服务商的信息互通,推进潍柴售后服务整体水平的提升,全面缩短客户产品使用问题的响应周期,提高客户满意度(见图16)。

(2) 建设大数据分析平台。建设基于自主 ECU 的高端柴油发动机智

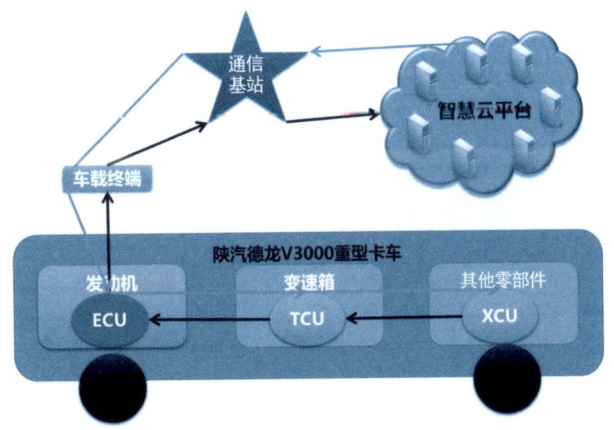

图 16　潍柴电控 ECU 数据采集架构

能化服务云平台，针对经销商建设销贷管理应用平台，为经销商销贷管理提供管理手段和技术支撑；针对各细分行业大客户，建设车队管理应用平台，提供全方位车辆管理解决方案；针对新能源车，建设新能源车运营监控平台，对新能源车辆进行实时监控、故障预警、充电桩管理、数据管理和销贷管理。除此之外，针对发动机研发人员的研发工作，通过采集的产品运行数据和故障数据，建设发动机性能优化和研发支持服务平台，为潍柴内部发动机研发工作提供数据支持。目前潍柴针对产品全生命周期搭建了完善的数据传递一体化模型，从源头的设计端形成设计 BOM，给出了产品的基本结构和零部件组成；设计 BOM 传递至工艺部门进行工艺 BOM 的设计，给出了每项自制零部件和外购零部件的工艺路线；工艺 BOM 传递至生产部门形成制造 BOM，给出了产品的具体上线排序和物料使用；生产人员在实际生产过程中将实际的装机清单转换成装机 BOM，一方面反馈至前期的设计 BOM、工艺 BOM 和制造 BOM，形成差异分析报告，一方面形成服务 BOM，供售后维修服务参考使用。在实际维护过程中进行了零配件的更换，此类数据将会通过 ECU 传输至潍柴本部，并反馈至设计人员，由设计人员分析产品前期设计缺陷，从而提高设计质量（见图 17、图 18、表 9）。

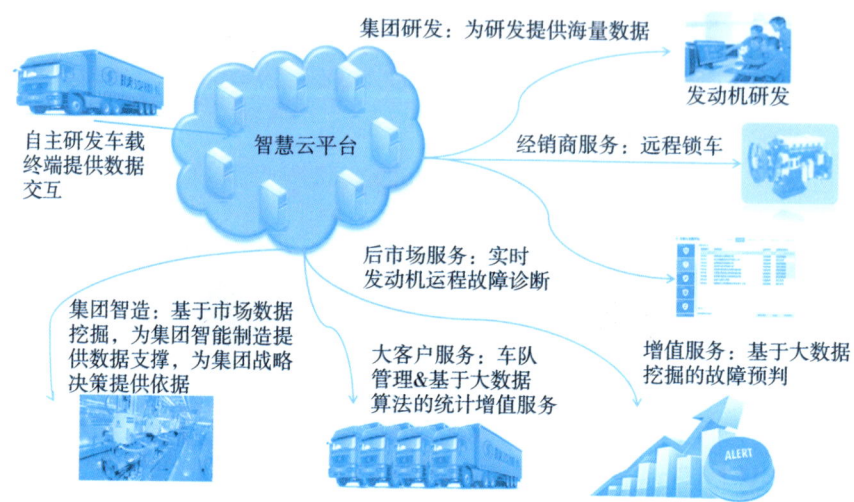

图 17 潍柴智慧云平台主要功能

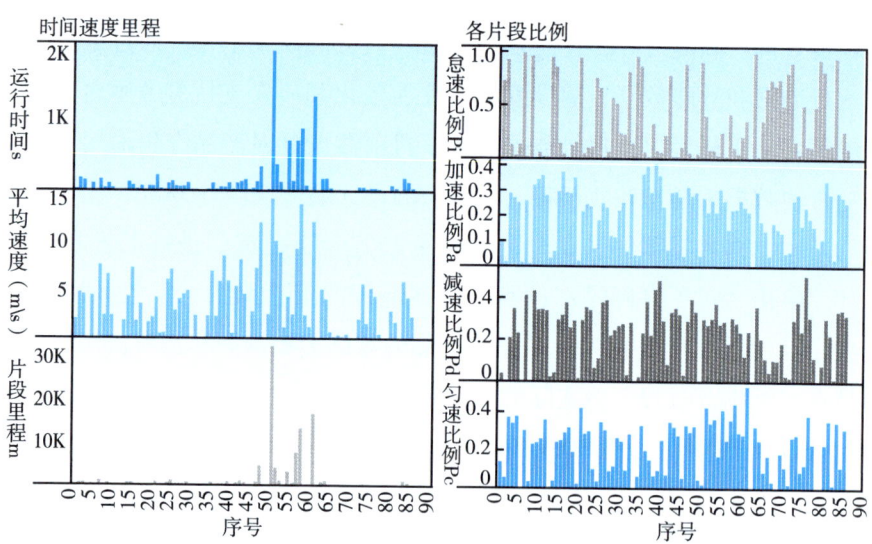

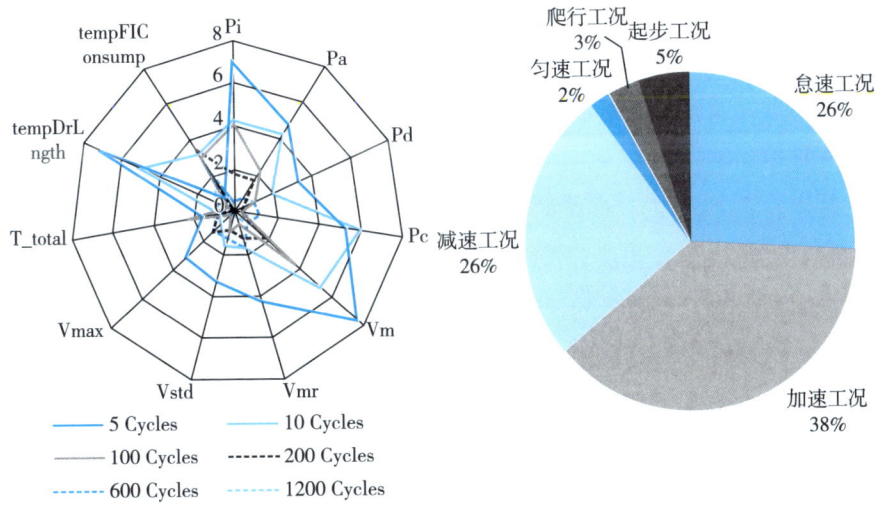

图 18 潍柴智慧云平台油耗监控功能

表 9 潍柴智慧云平台位置定位功能

地区	设置台数	运行台数
北京	4	
大连	2	
济南	11	2
扬州	4	2
南京	2	
上海	66	24
杭州	5	
重庆	2	
成都	3	
山西	9	

● 需求预测

基于自主 ECU 的高端柴油发动机智能化服务云平台，实现了对发动机数据更丰富、更完善的采集，利用大数据技术对采集到的发动机运行数据进行大数据挖掘和分析，实现故障的预判，对是否需要更换部件进行预测，进而提高需求与销售预测的对接以及预测精度。潍柴通过对发动机数据的远程

采集，发现某正在行驶的车辆未来几天内有可能出现故障；通过对某车的发动机维修保养数据进行分析，预测到某些零件即将需要更换，将及时与用户沟通，帮助其及时更换零部件，避免经济损失。

- 订单预测

基于自主 ECU 的高端柴油发动机智能化服务云平台，利用大数据技术实现了对发动机维修和保养需求的预测，加上对用户消费数据的大数据分析，进而做出对订单数量的预测。潍柴通过对某车队的发动机数据、维修保养数据进行分析，同时根据市场需求情况，如新能源汽车政策的调整等，及时预测到客户的换车需求，实现订单预测，达到了精准营销的目的。

(3) 信息推送

实现对特定用户的信息主动推送、报警推送、通知推送。主动推送是使用条件筛选（发动机编号、用户名）选择推送的用户。报警推送是根据故障等级进行推送，推送内容包括故障码、故障描述、维修建议等。通知推送是将保养通知（包括保养提醒、保养计划管理如分组管理特定车型保养计划、里程/时间节点、保养项目、费用评估）等通知类信息和广告类信息进行推送。对于物流车辆，可与大型的物流园区进行对接，了解物流园区的配送需求。通过对车辆行驶数据、运行数据的监测分析，及时了解载重情况。在运输完成后，推送其最近的物流园区进行货物的配送，保障其经济效益。

- 主动服务

基于自主 ECU 的高端柴油发动机智能化服务云平台，实时掌控车辆运行状态，提供发动机的主动服务功能（包括故障提醒、工况保养提醒）。通过对云平台收集的数据进行分析，及时了解发动机实时运转情况，了解其位置信息、油耗信息等。根据对所处位置的分析，了解车辆未来的柴油需求信息，及时推送到最近的加油点，避免油品缺乏的情况出现。控制中心通过监测整车实时油耗、综合油耗，以及提供监测结果分析，为车队管理人员提出最优油耗驾驶习惯建议，有效降低车队运营成本。控制中心通过有效监控车辆运行速度，保证运输安全、准时、经济，提高运营效率。

- 在线检测

基于自主 ECU 的高端柴油发动机智能化服务云平台，利用自主 ECU 的数据采集和发动机的控制功能，实现对发动机运行状态的在线检测，包括发动机型号、ECU 型号、ECU 程序版本、ECU 数据版本、发动机故障代码、车辆工况基本信息（车速、发动机转速、机油温度、累计工时等）。进一步对发动机运行数据进行分析，实现对故障的预判以及远程维保的提醒。通过潍柴云平台，当客户出现故障报修时，可将客户报修、服务的提供与支持、装机配置的检索、备件的调拨、回访关怀等业务流程，打造成全流程的系统支持体系。接到报修时，基于呼叫中心的客户联络窗口，通过与北斗定位系统的集成，可实现客户服务地点的精确定位；集成了地图和定位的现场服务手持终端，在客户现场就可以提供报修、检修等服务。在维修工程师去现场前，对发动机的故障情况进行远程诊断，可更加准确地了解发动机的故障信息。通过 EPC 电子零件目录系统，可为维修事项和配件的选购提供信息支持；通过集成备品业务平台，可提供查询、选购、订单、配送整套服务，从而使维修工程师能够提前确定故障解决办法，使得到达现场后，能更加高效地解决问题。

- 远程维护系统

基于自主 ECU 的高端柴油发动机智能化服务云平台，提供精确到车辆的实时数据交互渠道，为现有系统（呼叫中心、服务系统、CRM 等）提供数据支撑，实现车辆的保养计划管理、保养提醒、保养管理、故障提醒、远程诊断、远程标定、远程刷写等。远程诊断可以远程读取和清除故障信息，采集数据流和冻结帧信息；远程标定指具备高级权限的用户，通过平台远程修改部分预定义的整车标定参数；远程刷写是指具备高级权限的用户通过平台将 ECU 数据文件下载至车载终端，实现 ECU 的远程刷写。借助移动互联网、TD-LTE、智能终端等新一代信息技术，可有效实现手持终端设备与服务系统的无缝集成，通过移动网络或 PC 终端上传照片及视频至服务系统。通过系统远程诊断功能，控制中心的维修专家可通过有效分析实时传递发动机二维图、故障及异常信息，查询生产档案，结合系统知识库，提供实时远程故障诊断，及时通知

用户故障原因及解决方式，更快捷地服务于终端用户，同时可针对用户的发动机状态制订专业的维修保养计划，帮助用户以最优的成本获得最好的使用体验。

车辆在进行维修时，维修工程师借助于云平台提供的信息支持，通过能够广泛覆盖公司生产的全部柴油电控发动机、天然气电控发动机的潍柴"智多星"产品，在售后服务过程中，提供故障诊断、整车功能标定、远程数据刷写、维修向导等多种通信服务，可极大地满足对服务的需求。

• 产品溯源与防伪认证

基于数字对象标识服务平台，以"追溯防伪凭证"为主要载体，为每一个零部件及成品绑定一个全球唯一的数字身份，并且零部件与产品形成一一对应的关系，通过该数字标识可以查询获取成品从研发、生产、销售、后市场服务到最终回收的全生命周期信息，同时可以获取成品中配件的详细信息，一方面，有利于零部件和整车企业对产品的全生命周期管理、产品质量改进及缺陷产品召回，加快企业服务化转型升级，促进零部件生产企业、整车企业、维修和流通领域的诚信和品牌建设；另一方面，在开放的售后服务市场下，防止假冒劣伪配件事件发生，维修配件质量能够得到保证，配件供应渠道信息可实现透明化、公开化，从而保护消费者权益。

• 应急处理

基于自主ECU的高端柴油发动机智能化服务云平台，针对车辆紧急情况进行应急处理，例如为校车设定电子栅栏，当校车驶出规定范围时，对校车进行紧急定位，当出现危险情况时紧急锁车。在需要的时候对发动机进行远程控制。车辆防盗预警，实时定位功能能够准确追踪被盗车辆位置，最大限度避免不必要的财产损失。

• 异常状态提醒

通过系统有效获取用户贷款分期、油耗、车速、发动机故障等异常信息，协助车队管理人员及时发现各类异常及潜在安全隐患，避免重大问题的出现，同时提供个性化定制服务，支持车队管理人员灵活设置其他提醒条件（如越界提醒等）。

3. 实施数字化后的效果

目前，潍柴生产的部分发动机已装配有潍柴自主知识产权的电控 ECU 产品，使发动机具备较完善的故障感知、诊断、监控提醒功能，提高了潍柴产品的客户满意度，也反向推动了潍柴前市场的产品销售。通过 ECU 收集到的运行数据以及用户使用习惯数据，为前端的新产品研发提供指导，从而实现客户关注点的精准把握；通过智慧云平台的运行数据分析，实现了客户个性化定制预防维修和主动推送服务；通过 ECU 的远程刷写，为客户实现远程定位及控制、油耗管理、车速管理、车辆防盗等多方面服务功能。据统计，潍柴后市场服务客户数量提升 10% 以上，由故障提醒和远程诊断带来的维修成本由 2013 年的 10 亿元降低到 2014 年不足 7 亿元，客户满意度由 81.5% 提高到 82.9%。

通过创新的电子商务模式，集团企业产业链的业务协同与资源利用效率提高 20%；IT 投入与运维成本降低 30%；改变了目前潍柴在后市场服务落后的局面，预计未来在拓展后市场等方面实现综合收益 30 亿元以上；带动供方、维修服务站等集团上下游企业信息化应用水平、社会服务水平与赢利能力的提升，促进企业运营模式转型。

（二）长安汽车个性化定制及电子商务开展情况

（1）个性化定制

随着互联网技术的发展和汽车制造能力的提升，以及从以产品为中心向以客户为中心的转变，用户已不满足于车厂大众化产品，希望得到差异化产品和服务，使得个性化定制（C2M）成为制造模式的变革趋势。2015 年长安新奔奔开展个性配车新业务，在长安天猫旗舰店推出的首批 PPO 版已上市，计划在研项目 CS15 也推出个性化定制模式。新奔奔（PPO 版）拥有 8 种个性化配置选装包，各选配包之间具有联动、互斥机制，以保证整体协调与美观度。

在定制服务模式上，利用新媒体进行展现：通过手机 APP、官网、MINISITE、微信、垂直网站等进行改装车的宣传和展示，对用户订车、提车作业等全程报道；利用电商平台开展 O2O 业务，在天猫旗舰店建立改装专区，接受网上订单；开发终端 4S 店移动 PPO 用户自选配置系统，用于用户到店完成自我选择或下单。

在用户定制流程上,用户通过网站提供的可选项选择自己喜爱的产品,订单产生后产品数据通过销售管理系统流转到制造管理系统指导生产;产品生产过程中的生产数据通过制造系统-销售管理系统-网站反馈给客户以便跟踪。

• 企业个性化定制平台的建设情况及功能

目前已经在天猫长安汽车官方旗舰店上接受新奔奔PPO版产品的用户订单。系统架构如下(见图19)。

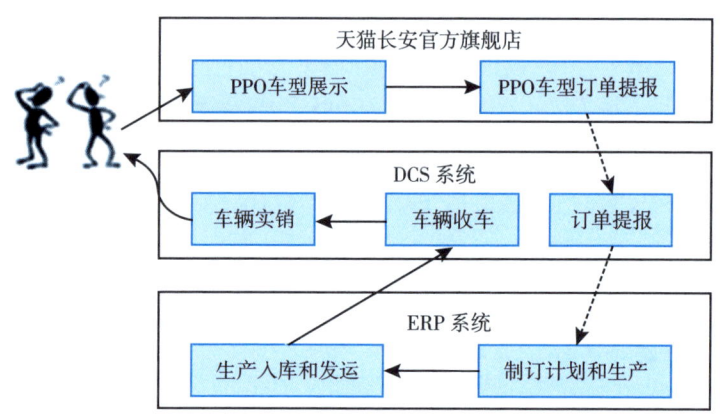

图19　基于电商的系统架构

通过天猫获取用户的订单,并将订单信息提交给经销商进行跟进,车厂内部的销售管理系统(DCS)与制造管理系统(ERP)关联,保证PPO产品O2O的贯通。同时长安正在规划对在研车型CS15开展个性化定制工作,将建立专门的网站用于用户选择合适的配置,系统的主体架构设计(见图20)。

• 企业个性化产品数据库的建设情况及功能

目前新奔奔PPO版产品的相关数据利用现有系统(如DCS、ERP)进行管理。目前正在规划CS15个性化定制,将建立专门的网站进行用户定制信息的收集和管理,并对数据进行分析,指导产品的改进。

• 企业开展个性化定制的能力建设情况

目前长安产品个性化定制项目已经推出新奔奔PPO版产品,与此同时正

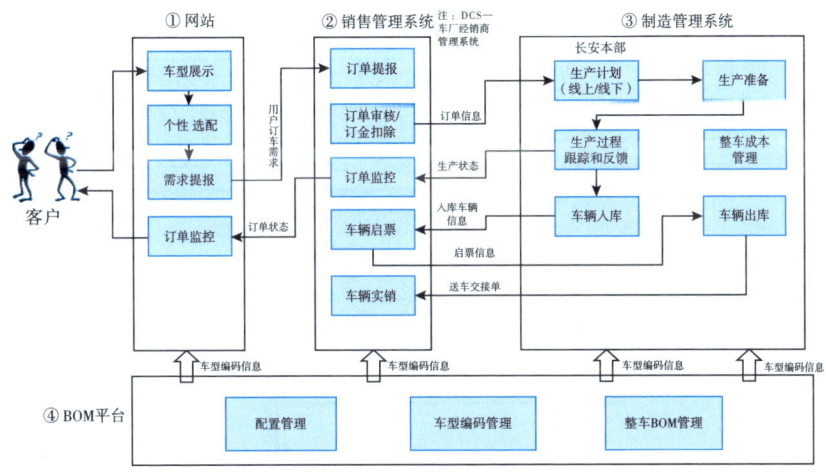

图 20　CS15 电商系统主体架构

在规划 CS15 个性化定制版产品，长安产品个性化定制项目将支撑公司从批量制造向大规模定制转变。新奔奔 PPO 版产品以及正在规划的 CS15 个性化定制产品的实施，将使长安的个性化定制能力在中国品牌中处于领先水平。

（2）电子商务

• 企业电子商务平台建设情况

随着互联网的迅速发展，截至 2014 年，中国网民数量达 6.32 亿，人均年网购消费额超过 6000 元，购物行为已发生了重大改变，电子商务逐步成熟，各大汽车企业纷纷"触网"，传统的 4S 店整车销售模式正在向虚实结合的模式转变。长安汽车公司从 2010 年就已经开始与汽车之家、易车网等垂直网站合作，并在 2013 年 9 月开始在天猫上开设旗舰店，发展汽车电商，并取得了较好的成绩。

客户可在网上商城查看产品、咨询问题、个性配车、线上下单并支付定金、预约保养及维修。网上商城将客户信息传给 4S 店统一汇总，厂商拿到订单信息后进行产品生产，最后用户去经销商处提车（见图 21）。

汽车市场趋于平缓，微增长格局形成，市场竞争加剧，以"产品为中心"的运营体系，已经不能满足市场发展要求，随着信息时代的到来，长

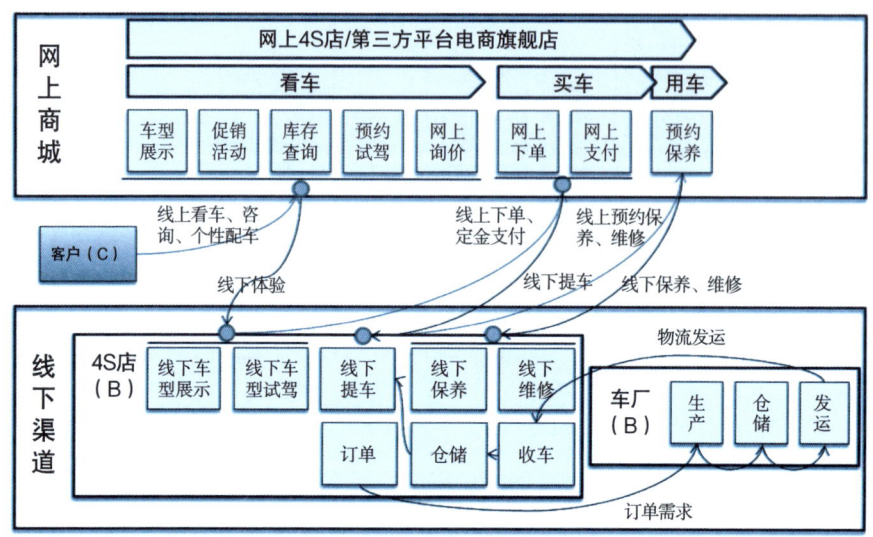

图 21　长安电商业务流程

安汽车面临着从以"产品为中心"向以"客户为中心"的转型，客户资源成为企业最重要的资源，CRM（客户关系管理）已经成为增强企业核心竞争力的关键，企业必须重视客户，紧密围绕客户全生命周期，建立起完善的 CRM 客户关系管理体系。CRM 系统分六大业务板块，并集成多个客户接触渠道，打通 CRM 端到端业务流程，提升客户关系管理能力，促进向以客户为中心的转型。

- 企业开展电子商务的情况

利用移动互联等新媒体技术整合客户渠道管理，扩展渠道和覆盖范围，提升客户体验，扩大品牌宣传，获取更多信息和机遇，达到提升销量的目标。到 2014 年底，电子商务乘用车板块销售汽车 12049 台，商用车板块销售汽车 5863 台，销售收入 11 亿元。

汽车之家/易车网。在乘用车、商用车领域逐步开展了与汽车之家、易车网的合作，通过互联网收集潜在客户信息，累计收集线索超过 260 万条（乘用车超过 190 万条，商用车超过 70 万条），促进了销量的提升。

乘用车天猫旗舰店。2014 年在天猫的总销量达到 10576 台，在天猫汽车各品牌销量排名中位列第 1~3 季度的第一名，在"双 11"期间，长安销量居自主品牌销量第一名。

商用车天猫旗舰店。2014 年在天猫及苏宁的总销量达到 3940 台，并在天猫上进行了欧力威自动挡的全国首发和金欧诺的全国首发，有效地促进了产品宣传和销量提升。

- 电子商务数据的分析与应用情况

数字化智能决策平台：在企业信息化进程中，各个信息系统产生了大量数据，利用数据分析挖掘手段对数据进行加工处理，可实现对企业生产、销售、品控等各环节的业务改进和智能化决策。长安汽车通过商业智能项目和大数据项目，逐步形成数据分析体系和业务模型，打造数字化智能决策平台，利用数据驱动管理变革，提升公司经营活动效率和决策准确率。长安汽车从 2010 年起基于关键业务指标进行商务智能分析应用，通过建立各类业务模型，在战略、财务、质量、销售、制造、OTD 等领域充分挖掘数据价值，提高公司决策与运营支持能力。

平衡计分卡信息管理系统：该系统把战略研究、制定、分解、计划运营纳入整个体系，实现了从长期到短期、上级与下级之间的协同，建立起从季、月到周、日的报表监控体系以及从绩效目标制定、执行、检查到处理的绩效循环体系，通过决策分析，向领导层及时进行指标预警并提供方便直观的决策相关信息展现。

财务管理驾驶舱：建立了产品全生命周期投入产出、增减利差异等模型，推进财务管理精细化；通过财务指标体系建设，初步贯通从财务指标到业务活动的整体脉络，通过财务数据分析结果促进业务活动管理的改进。

大数据初步应用：可以更好地为产品策划规划人员及管理者提供决策依据。2015 年长安与汽车之家合作，通过采集汽车之家网站用户数据，研判消费者汽车消费动机、关注因素、车型选择、品牌偏好等趋势，实现了基于人群属性、地理位置、网络行为的大数据分析。以长安 CS75 为例，通过在汽车之家网站上对长安 CS75 及其竞品关注时长的相关数据进行分析，可知 SUV 之间竞争异常激烈，关注趋势基本一致，并且车主购买 SUV

车型的主要原因是 SUV 有宽敞的空间、能满足多种路况的优点（见图22）。

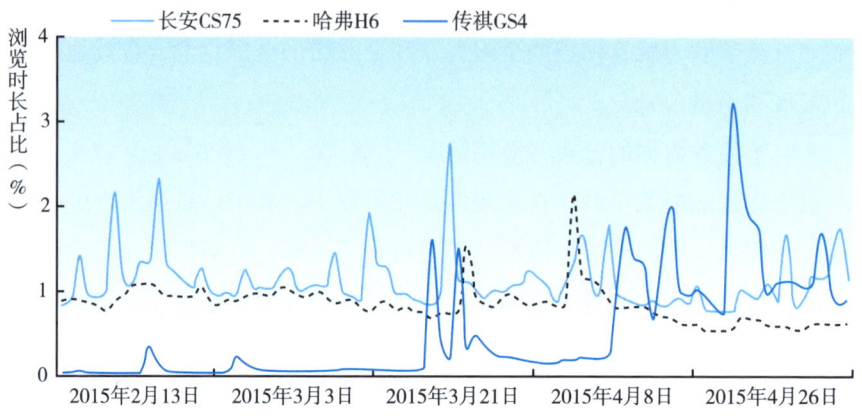

图22　汽车之家网站上长安 CS75 及竞品车型

应对营销模式的改变，长安汽车于 2015 年建立舆情管理、用户画像大数据分析项目，全方位分析用户的特征和喜好。舆情管理通过抓取微博、互联网论坛数据，跟踪分析用户发表的用车感受，以对长安汽车关注的热点进行实时监控，来指导品牌营销和公关。通过用户画像可分析长安汽车用户的群体特征，发现群体特征变化趋势，协助业务人员更好地了解用户的行为偏好和关注点，帮助业务人员制订更加有效的传播推广策略，提升传播推广的效率，如图 23 所示。

长安汽车通过商业智能项目和大数据项目，逐步形成数据分析体系和业务模型。其打造的数字化智能决策平台，利用数据驱动管理变革，提升公司经营活动效率和决策准确率。长安汽车从 2010 年起利用关键业务指标进行商务智能分析，通过建立各类业务模型，在战略、财务、质量、销售、制造、OTD 等领域充分挖掘数据价值，提高公司决策与运营支持能力。2015年长安汽车与汽车之家合作，通过采集汽车之家网站用户数据，研判消费者汽车消费动机、关注因素、车型选择、品牌偏好等趋势，实现了基于人群属性、地理位置、网络行为的大数据分析。

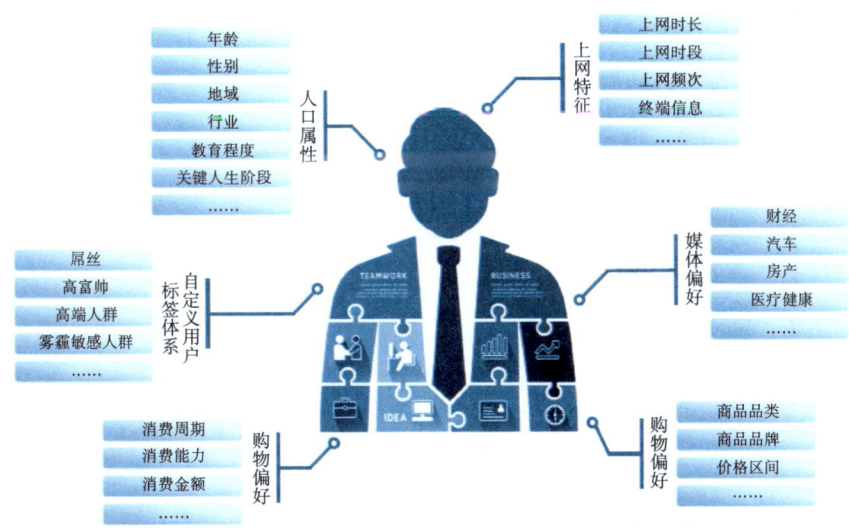

图 23　长安汽车的大数据用户画像

● 产品信息追溯系统建设及运行情况

长安汽车追溯管理系统依托于长安自主平台，具有自主知识产权，同时充分考虑了长安公司的特色，针对长安公司的特点进行优化，提升了操作人员的使用体验。

长安汽车实行的追溯管理涉及了发动机及整车工厂。长安产品信息追溯系统覆盖铸造、焊接、涂装、总装全工艺流程，对关键的零部件进行了分类管理追溯，提高了供应商物流效率、生产制造各环节的质量、物料管理能力以及管理水平。发动机工厂铸造、机加工以及整车冲压等工艺，能够按天进行追溯管理，而整车焊接、总装以及发动机的总装能够精确到具体车辆的批量追溯。

（三）EVCARD 新能源汽车分时租赁——城市共享出行的数字化实践

环球车享汽车租赁有限公司（以下简称"环球车享"）是一家以新能源汽车分时租赁为核心业务，以发展汽车共享为战略目标的创新企业。公司创

立于2016年5月16日，由上海汽车集团股份有限公司与上海国际汽车城（集团）有限公司共同出资，整合双方旗下共享汽车品牌，成立全新的分时租赁品牌EVCARD。

1. 数字化技术使城市共享汽车出行成为可能

近年来，由于城市化水平的不断提升，我国越来越多的城市面临日益严峻的环境、交通、能源方面的问题。因人口日益向城市集中，机动车保有量迅速增长，在大城市，特别是北京、上海这一类特大型城市陆续面临环境污染、交通拥堵、能源危机等问题，对民众健康安全、日常出行、城市经济运行以及国家能源安全等产生不利影响，成为社会关注的重大热点问题。

《国务院关于城市优先发展公共交通的指导意见》明确提出要"大力发展低碳、高效、大容量的城市公共交通系统"，倡导绿色出行，以新能源公共交通、新能源汽车、公共自行车等绿色环保出行方式为驱动的综合出行方案成为全球城市发展的热点。究其原因，是城市正面临能源危机、环境污染、道路拥堵等发展瓶颈，阻碍了城市的进一步发展，而以新能源汽车为驱动的绿色出行解决方案一方面能够解决城市面临的问题，另一方面能够通过创新模式、创新业态推动整个新能源汽车产业发展乃至城市的升级转型。

在此背景下，城市交通出行的各业态面临创新转型的现实需求。采用共享化理念实现车辆、泊位、充电设施资源共用，一定程度上替代私人汽车的拥有和使用，同时应用新能源车辆改变当前车辆对单一能源的依赖以及对环境的直接污染，这些是创立新能源汽车分时租赁的初衷之一。分时租赁模式的实践，需要传统租赁行业与互联网技术的紧密结合，其可实现由传统租赁网点人工办理向用户自助用车的转变、车辆按日租赁向计时租赁的转变、满足长时用车需求向日常化短时用车需求的转变等。可以说，是数字化技术的发展使分时租赁落地变为了可能，分时租赁的发展也为数字化技术的应用提出了更明确的要求。

2. 数字化技术在分时租赁领域的应用

分时租赁实现商业化运营的过程，就是传统汽车租赁由线下到线上的转变，为确保用户方便使用、企业高效运营、政府全面监管，数字化、信息化、智能化手段是重要保障，环球车享在这方面的努力主要体现为面向客户、面向企业、面向政府的软硬件开发和应用。

（1）友好的用户体验

分时租赁用户的注册、预订、取车、还车、结算、充值、车况上报、用车评价等环节全部通过手机 APP 完成，而在数字化技术普及前，租赁一辆汽车需要在实体门店完成一系列烦琐手续，有时还会因信息传递的不及时给用户带来不必要的麻烦。

用户打开 EVCARD 手机客户端后，通过屏幕缩放可看到大至全国运营城市和小至单个运营网点，所有可借/还车辆的站点一览无遗。选中单个网点后跳转至网点预览页面，用户可进一步了解该网点的地理位置、实有车辆数量、充电桩数量、停车位数量、网点可借车辆详情（车型、剩余里程、车牌号）等。进一步选中车辆并点击后，可跳转至预约页面，除在网点预览页面可看到的车辆信息以外，还提供车辆动力类型、座位数、续航里程、已行驶里程、车龄、清洁情况等细化信息。用户选定车辆后，点击"确定预约"便可保留 15 分钟车辆使用权，需要在此时间内完成取车。用户取、还车均是在手机 APP 中操作，还车成功后可选择预付费、银行卡、移动支付、优惠券等方式进行费用结算。此外，在用车过程中遇到事故、故障或任何其他问题，均可通过手机 APP 上报至客服中心，环球车享的专业团队可处理各类上报信息，免除客户的后顾之忧（见图 24）。

环球车享使用数字化手段，实现了会员注册、订立承租关系、费用结算、保险购买等各类手续由纸质化向电子化的过渡，大幅缩短了用户租赁车辆的手续办理时间，为汽车短时租赁业务提供了基本保障。同时，网点、车辆等动态信息的实时采集与发布，确保了 EVCARD 为用户提供可靠、便捷、高效的移动出行服务。

（2）智能的企业运营维护

2017 年 6 月 1 日，交通部发布的《关于促进汽车租赁业健康发展的指导意见（征求意见稿)》指出，分时租赁经营者应当提升线上线下服务能力。环球车享长久以来致力于企业线上线下团队人员、设施设备、系统技术

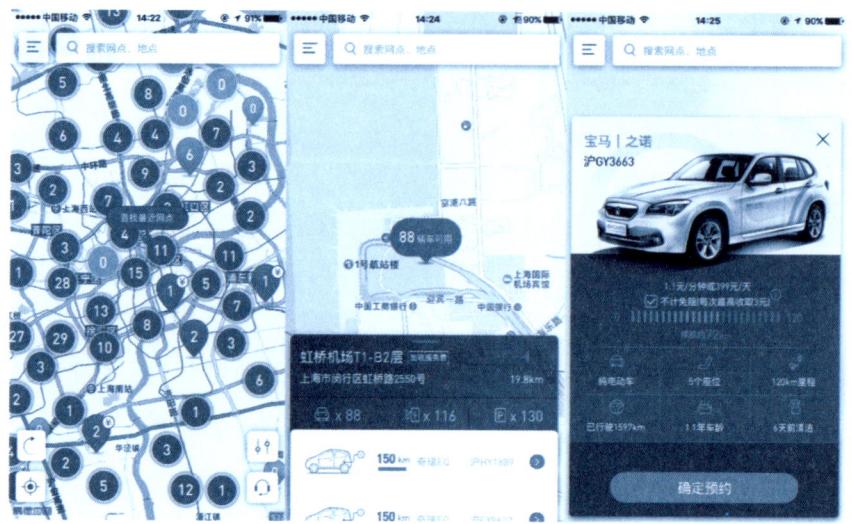

图 24　EVCARD 手机客户端界面展示

等的优化完善，从而确保用户全程顺利自助用车。为进一步提高车队管理的效率，环球车享同样采取了一系列数字化手段进行保障，具体体现在以下几方面。

一是车辆调度。由于城市出行的潮汐性和不均衡性，在一定时间段内会出现网点无车可借或无位可还的情况，为确保客户用车需求，需要区域运营团队进行外部干预。为此，环球车享探索并测试基于车联网的电动汽车单车车载设备技术方案，形成基于车联网的大型车队电动汽车调度、站点匹配理论与方法，旨在实现从人工调度向系统自主调度的全面升级。例如在基于需求预测的调度方面，通过结合触点数据分析与动态还车预测等方法，对各网点车辆溢出或缺车等情况提前进行预判，及时形成并下达调度方案（见图25）。

二是积分体系。为鼓励用户安全、文明用车，共同创造良好的车内环境和安全的道路出行环境，环球车享正在研究开发用户积分系统。该系统将记录用户的每次取还车行为及交通违章、车内环境、车辆损伤等情况，并给予或扣除相应的用户积分，环球车享针对不同积分客户采取鼓励或限制措施。

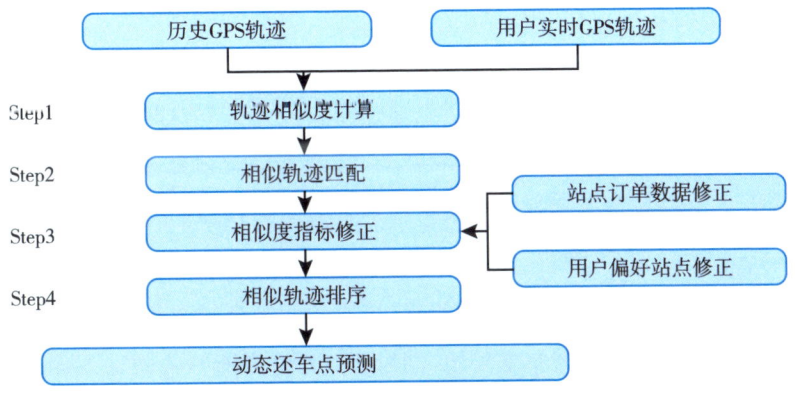

图 25　动态还车站点预测流程

三是网点优化。环球车享定期对 EVCARD 订单信息进行统计，利用大数据分析方法寻找运营过程中存在的问题并总结经验，调整运营业绩欠佳网点、复制推广成功网点模式。由于分时租赁是一项新兴的城市出行服务，其出行特征尚不明确，网点的布设策略需要结合实际订单进行滚动迭代分析，最终形成分时租赁业务网点布设优化导则。例如，通过研究用户 APP 打开情况分析当前网点分布对用车需求的匹配程度，通过 GPS 数据还原车辆运行情况，从而了解用户用车过程中的潜在停车需求位置。

（3）全面的安全监管

汽车共享有别于其他共享服务，其运行的可靠程度关乎承租人安全、乘车人安全及公共安全。为此，环球车享通过各类技术手段不断加强服务管控，具体采取的措施如下。

一是车况实时监测。车辆的运行状态、故障信息、地理信息等，可通过车载设备和远程通信技术向环球车享后台进行传送，系统将实时监控这些信息，一旦发生故障或报警，将及时通知用户或暂停该车辆的共享服务，并指派运维人员前往处理。

二是用户身份识别。除在注册过程中审核用户合规身份以外，为避免账户的盗用、冒用、借用等情况发生，环球车享通过技术手段确保承租人、账户、手机设备指向为同一用户。未来，随着生物识别技术的成熟和推广，环

球车享将根据行业管理要求，持续加强对用户身份的识别能力。

三是交通违章处置。环球车享定期对运营车辆进行违章筛查，根据违章信息和订单信息的匹配结果，锁定交通违章责任人，并及时通知用户在规定时间内处置违章。为督促用户文明行车，环球车享对频繁违章用户进行有针对性的安全出行教育，并呼吁未来将拒不处置交通违章的行为纳入社会诚信体系。

分时租赁作为一项新兴互联网与传统服务业结合的业务，面临着诸多全新的安全监管问题，环球车享采用"技防"辅助传统"人防"、"物防"的方式，进一步确保了业务运行的安全可控。同时，主动对接行业管理部门，及时反馈运营中发现的安全隐患和监管盲区，为完善行业管理办法、制定行业准入标准等提供必要依据。

3. 数字化应用的效果

近年来，随着共享出行的社会关注度不断提高，汽车共享行业涌现了越来越多的参与者，分时租赁的足迹已遍布全国一、二线城市，甚至在中小城市也能看到其身影，可以说，城市交通出行体系正经历着共享汽车与其他共享出行方式一同带来的出行变革。作为具有创新性的移动出行方式，新能源汽车分时租赁所具有的环保、高效、便捷、安全的特点，使其在与传统出行方式的共存中获得了一席之地。而数字化技术应用为传统汽车租赁服务的转型与商业化实践提供了可能，环球车享将在客户端信息呈现、运营辅助管理及自动充电、自动泊车等前沿技术研究方面持续投入，不断提升用户体验、加强行车安全、提高运营效率，在分时租赁行业发展之路上继续探索前行，为用户提供更优质、更安全的城市移动出行服务。

（四）滴滴在移动出行领域的数字化应用

滴滴出行是全球领先的移动出行平台，其为4亿的用户提供出租车、专车、快车、顺风车、豪华车、公交、小巴、代驾、租车、共享单车等全面的出行服务，日订单量已突破2000万。同时滴滴还以人工智能技术支持城市建立智慧交通解决方案，致力于与不同社群及伙伴协作互补，运用大数据驱动的深度学习技术，应对城市出行、环保、就业等方面的挑战，提升用户体验，创造社会价值，建设开放、高效、可持续的移动出行新生态。

1. 推进移动出行数字化的重要意义

数字经济是指利用互联网融合创新、提升经济效率、催化新技术和新业态。它既包括以云计算、大数据等新一代数字技术为基础的增量市场，也包括新业态与传统产业转型升级相结合所盘活的生产消费存量市场。2017年7月，习近平主席在出席G20峰会时指出，我们要主动适应数字化变革，培育经济增长新动力，积极推动结构性改革，促进数字经济同实体经济融合发展。发展数字经济，是紧跟时代步伐顺应历史规律的发展要求，是着眼全球提升国际综合竞争力的客观要求，也是立足国情推动新旧动能接续转换的内在要求。

推动数字化技术发展在移动出行行业具有深刻意义。我国城市居民"出行难"由来已久，主要体现在出行服务类型单一、公共交通供给不足、高峰时段出行难、拥堵严重等多个方面。在数字经济大潮之下，移动出行行业数字化进程明显，城市居民出行状况大为改善，出现了诸多细分领域，大大激发了出行市场的活力。

2. 移动出行领域数字化技术应用的基本情况和特点

（1）滴滴大脑的数据与技术优势突出

滴滴正在驱动人工智能技术迅速迭代升级，并构建了一个能够制定大数据策略的智能系统——"滴滴大脑"，通过大数据、机器学习和云计算最大化利用交通运力，做出最优决策，让整个城市的交通效率更高，让人们的出行体验更好（见图26）。

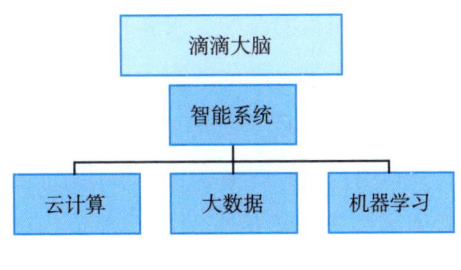

图26　滴滴大脑

云计算拥有强大、灵活的计算能力。滴滴的业务场景对计算和实时性的要求非常高,用户输入一个目的地,滴滴大脑就能以毫秒级的速度进行计算从而完成车辆最佳及最合理的调度。目前已经通过滴滴云计算搭建了大规模实时分单处理平台,实现了多维度的最佳订单匹配。

机器学习是人工智能的核心,算法则是机器学习的关键要素。滴滴搭建的核心算法模型,可以帮助平台实现更准确的预测能力、智能的调配能力,提高效率降低成本,达到最优运力调度。滴滴出行研究解决的技术难题,包括供需预测、路径规划、智能派单等都离不开算法。此外在提升用户乘车体验上,滴滴也引入了人工智能,比如服务打分和机器判责等功能背后都是通过复杂的机器学习算法技术来实现的。

云计算和机器学习的基础是大数据。自2012年成立以来,滴滴已经发展成为中国最大的移动出行平台,日订单量超过2000万,相当于全球其他移动出行市场总量的2倍。这也意味着,滴滴大数据规模以及数据分析、利用能力获得指数级的提升。目前滴滴每日新增定位轨迹数据超过70TB,每日处理数据超过4500TB,每日路径规划请求超过200亿次。

(2) 技术驱动智能出行服务

技术与创新是滴滴发展的重要驱动力之一。用户一次完整的用车流程背后,是数字化技术的支撑。打开滴滴APP后,如果用户已经多次使用了这个APP,当乘客输入上车点之后,滴滴可以在2毫秒内预测他们的目的地,能加快乘客的发单效率。目前,预测的准确率能达到90%。

预测目的地或用户自己输入目的地之后,就进入滴滴最核心的一个模块——派单,也就是乘客跟司机的匹配。乘客每次发单,背后都需要借助大规模分布式计算对司机和乘客进行最优匹配,不仅要将乘客与周围大量的司机进行匹配,计算出最优结果,还要计算出最佳行驶路径,做到总时间最短,从而实现平台效率和用户体验的最大化和最佳化。

不同于网上搜索商品、资讯等信息的静态停留,车辆永远在不停地移动。乘客对司机的搜索,每隔5秒钟就发生了变化,车可能经过另外一个路口、可能上了高速、可能路况发生了变化,等等。因此,滴滴大脑需要做一个动态、实时的匹配，并能对未来的情况做出预测。

目前，通过对滴滴出行海量的用户行驶数据进行挖掘和学习，滴滴已经围绕最低价格、最高司机效率和最佳交通系统运行效率，设计出了全新的智能路径规划算法，能够对未来路况做出准确预测，整体考虑司机未来所有可能的走法，毫秒级计算出 A 到 B 点的最优路径。

（3）数字化技术助力安全出行

为了保障司机和乘客的出行安全，滴滴在内部成立了安全管理委员会，同时还陆续推广、升级了三证验真、人像认证、号码保护、分享行程、紧急求助、车型一致等安全功能，与滴滴司乘意外综合保障一起，构成更为完善的安全出行体系，保障乘客、司机出行安全。

此外，滴滴还上线了安全驾驶系统"滴滴护航"，该系统综合分析手机传感器、陀螺仪、GPS 等信息，从疲劳驾驶、超速、急加速、急转弯、急刹车、分心驾驶等六大维度检测司机的驾驶行为，提高司机个人与平台的安全保障水平。

3. 推行数字化的效果

数字经济将成为经济增长的主要动力源泉，成为推动供给侧结构性改革的重要支撑，将促进就业，增进民众福祉，并随着新业态的不断发展，社会价值不断显现。滴滴的数字化技术应用，也取得了初步的成果，特别是在推动新旧业态融合发展、便民利民、智慧城市建设、促进就业和保护环境等多个方面展现了巨大的社会价值。

（1）为传统行业的转型升级带来了机遇

新兴业态的发展也为交通运输行业解决遗留问题和提升行业服务水平带来了前所未有的契机，网约车新业态的发展更是为传统出租车行业转型升级带来了机遇。

为促进出租车行业的转型发展，滴滴从流量融合、服务融合和技术融合三个方面进行探索，试图把网约车的制度优势、管理模式以及应用成熟的技术经验，逐步融合到出租车体系中，通过网约车的流量入口为符合条件的出租车引流，同时用智能拼车算法进一步提高出租车的运营效率。

在此基础上,滴滴已经形成一整套多元化的融合发展解决方案,能为出租车企业提供出租车智能派单企业版、出租车接网约车单企业版、加盟滴滴快车、加盟滴滴专车等多种合作方式,从而帮助传统出租车企业提升运营效率,为出租车企业和司机多渠道提供订单和收入来源。目前在全国范围内已经有超过200家出租车企业与滴滴达成合作。

(2) 创造了增量市场,解决了人民群众出行难问题

移动出行平台减少了用车的不确定性,市民出行更加从容有序。滴滴平台打车成功率①较传统路边打车提升了50%。与此同时,网约车也成为公共出行的重要补充,特别是在公共交通因突发事件暂时不能完全满足出行需求的情况下,网约车能够通过运力补充,满足出行需求。如2015年10月23日早高峰期间北京地铁10号线发生故障,滴滴为沿线6万人次提供了出行保障。

网约车还在空间上覆盖了城市公交和出租车服务不足的区域,解决了城市居民"最后一公里"和"门到门"的出行难题,极大地方便了这些区域的居民出行。移动出行平台还解决了重大节假日跨城出行的难题。2017年春运,滴滴跨城顺风车,共运送848万人次的城际出行,成为春运出行的新方式,并在一定程度上缓解了春运压力。

此外,为了解决特殊群体的用车服务问题,滴滴开通敬老专线和敬老出租打车服务,为数十万老人提供安全便捷的出行服务;滴滴还推出了无障碍专车,适合残障人士、老人、病人、孕妇等人群使用。

(3) 发挥大数据和交通云优势,致力于打造智慧城市,解决城市交通拥堵问题

互联网平台拥有大数据技术优势,能够快速匹配用户的出行需求,并确保服务安全、透明、高效,有效解决了"出行难"问题。充分挖掘利用网约车"大数据",可逐步解决公共交通领域存在的相关难题。在交通大数据领域,滴滴数据量最大、数据分析处理能力和可信度最强。这

---

① 指应答率,即有司机抢单的订单数/乘客发出的所有订单数。

些海量数据经匿名化、整合化处理后,实时上传到滴滴的交通信息平台。滴滴可以利用智能调度优势帮助改善城市交通拥堵问题,未来还可协助设计智能交通管控方案,提高道路利用率,并为城市的路网优化提供决策依据。

滴滴正在积极展开与城市交通管理者的合作,以大数据分析能力参与智慧城市建设。目前,已和济南、贵阳、天津、深圳等多个城市进行合作,利用大数据技术,进行交通诱导屏建设、公交线路规划、红绿灯控制系统优化等(见图27)。由滴滴参与的首条潮汐车道项目已正式落地,并在济南旅游路开始测试运营。

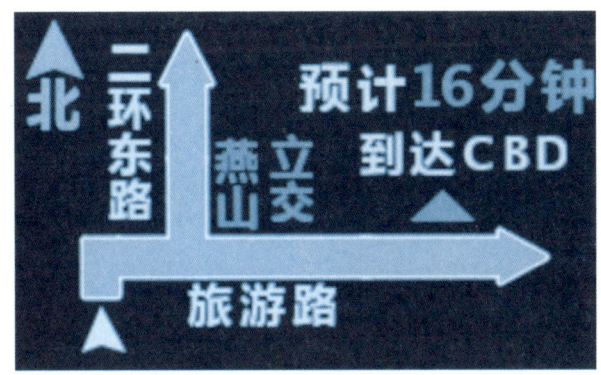

图27 交通诱导屏

(4)滴滴平台发挥了就业"蓄水池"的作用,显著促进就业

滴滴所代表的新业态就业潜力巨大,为千万人提供了灵活的就业机会,对社会稳定起到了重要作用。以滴滴为例,2016年滴滴为全社会创造了1750.9万个灵活就业和收入机会[①]。滴滴平台司机年龄以"70后"和"80后"的占比最大,超过80%,他们是社会中坚力量和家庭中流砥柱。

---

① 报告主要探讨那些通过移动出行平台,凭借个体的劳动增加个体经济收入实现灵活就业的司机群体。相应的业务主要为滴滴出行平台上较为成熟的专快车。由于出租司机算已有就业,我们仅对平台上非出租车业务进行统计。

(5)通过释放社会化运力,以共享出行的方式,助力绿色出行、低碳出行

"快车拼车"虽然推行时间不长,但切实为改善大气环境,减少环境污染出了一份力。据统计,2016年,滴滴顺风车和专快车(含拼车)全年直接和间接减少144.3万吨二氧化碳排放量。

B.9
汽车产业数字化转型的战略思考

中国汽车产业正处于一个历史性的十字路口。数字化、网联化、电动化和轻量化等颠覆性技术正大规模地集中涌现,承载着智能制造、自动驾驶、人工智能、虚拟现实、大数据、云计算等新一代信息网络技术和智能模块平台的智能汽车正加速向我们驶来。它势必掀起新一轮汽车技术革命和产业革命浪潮,并终将重塑全球汽车产业格局。

数字化是未来汽车产业智能化发展的基础和核心要素,它不仅渗透于汽车设计、物流供应、生产流程、管理模式和制造组装等供给侧诸多环节,更将广泛渗透于产品营销、维修保养、设施服务、金融保险、车联网服务、人车交互、可视化、出行服务、交通安全管理和商业模式等需求侧应用领域,延伸和创造更多的价值空间。

大浪淘沙,谁能在新一轮技术革命浪潮冲击下搏击潮头并冲向彼岸,谁又会被巨浪无情湮没,未来的十年或十五年可能就会见端倪。在新一轮汽车技术革命的赛道上,各国起步虽有先后,但差距并不明显。谁能后程发力,并装载着持续推进的强力引擎,谁就可能成为未来全球汽车产业的主宰者。

中国自2009年登上全球第一汽车生产国和消费国宝座以来就一路狂奔。但从实质上看,中国汽车市场特别是乘用车市场,唱主角的主要是跨国汽车公司及其在华合资企业,中国本土汽车企业更多地扮演着模仿者和跟随者的角色,这些企业在全球价值链中处于从属地位。历史地看,世界上还没有哪一个汽车强国特别是世界第一汽车大国像中国这样始终无法完成超越,继而站上全球价值链的最高端。中国需要一个历史性机遇。数字化革命就是这样一个历史性机遇,它是那种足以改变整个汽车产业面貌和历史进程的力量,是中国汽车产业实现后来居上的助推器。如果说"中国制造2025"是未来中国实现制造业强国战略转型升级的指导性文件，那么我们从战略高度上看，也应该有一个中国汽车产业数字化转型的总体战略与规划设想。缺乏这样的战略引领和支撑，中国汽车产业的数字化转型会缺乏方向感、前瞻性、整体性和协同性。

中国汽车产业数字化转型不是空中楼阁，也不是某一个或两个企业的数字化转型，而是整个行业的全面战略转型。它首先应当基于我们对于当前和未来形势的判断和核心问题的认知。而后者又基于关于数字化转型的理念和思想体系的创新思想和一系列相关制度安排。如果我们将数字化转型分为硬件和软件两个层面的话，那么我们应当说，在硬件上实现数字化转型并不难，最难的是实现发展理念和制度设计等软件上的转型。

一 中国汽车产业"数字化转型"（Digital Transformation）的战略思想

如果我们将中国汽车产业数字化视为一个动态产业演进的过程及相应战略演进过程，那么，我们至少需要从以下几个维度来理解中国汽车产业的数字化转型战略体系。

（一）数据驱动增长（data-driven growth）

从汽车产业的发展动能角度来审视，中国汽车产业的增长动能经历了从市场发现与政策驱动增长、投资与市场驱动增长、创新与全球化驱动增长三个主要阶段，即将进入数字化驱动增长的新阶段。尽管这样的阶段划分并没有明确的量化指标作支撑，但是笔者认为这样的划分，对于我们理解中国汽车产业增长的动能转换和数字化战略转型是有现实意义的。

在 20 世纪八十年代中期到九十年代后期的大部分时间内，以美国原克莱斯勒公司、德国大众汽车公司和法国标致公司在华建立合资企业开始，中国汽车工业特别是轿车工业进入了模仿学习的初始发展阶段。由于轿车工业起点较低，整车及关键零部件制造水平不高，本土企业竞争力严重不足，国家通过设置投资（合资企业股比限制）与贸易保护措施对国内相关产业进行政策性保护。在相当长的时间内，受居民收入水平不高的影响，以桑塔纳、捷达和富康三大品牌为代表的轿车对于普通家庭而言仍然是高不可攀的奢侈品，因此这一阶段国内市场增长主要依赖于商用车，而这又有赖于国内投资的增长。

进入21世纪以后，以2001年中国加入WTO为分水岭，中国汽车产业进入蓬勃发展阶段。产业增长动力开始由此前的政策驱动转向真正依靠市场与投资需求双轮驱动。一是加入WTO使得中国原有的贸易与投资保护措施进行了调整，二是中国经济进入重化工业化高增长阶段，三是伴随居民收入的快速增长，轿车开始大规模进入普通家庭。2002年汽车销量同比增长37.4%，2003年汽车销量同比增长35.2%，两年时间里轿车销量增幅更是分别达到56.1%和75.1%。

进入21世纪第二个十年，受国际金融危机的影响，中国汽车产业这趟高速增长的列车也开始减速，转入稳健增长阶段。创新和"走出去"成为这一阶段的主旋律。在中国建立创新型国家的大战略背景下，一批自主品牌企业厚积薄发，善于借鉴学习，找准市场定位，在整车自主研发方面发力，多种方式整合全球创新资源，在国内经济型轿车市场上逐渐站稳脚跟，并开始进军全球市场（主要是欠发达市场）。随着自主品牌企业创新能力和竞争实力的增强，跨国汽车公司开始感到竞争压力，为迎接竞争，这些公司开始下大力气开发适合中国市场的产品，并不断延伸市场触角。在这一阶段，新能源汽车作为中国汽车产业可能实现弯道超车的希望所在，得到了全社会的广泛重视。在政策激励和大规模投资影响下，中国迅速成长为全球最大的新能源汽车市场。

2016年是中国汽车产业重要的转型年。电动化、网联化、轻量化和数字化趋势开始初露端倪。到2017年，这种趋势更加明显。如果说电动化趋势早已显现，那么数字化则是最新的趋势。在工业4.0和工业物联网逐渐深入人心的背景下，各汽车强国无不从国家战略高度加快推进汽车产业的数字化转型，以期通过推动汽车产业增长方式转型、价值链升级、竞争力重塑和

创新能力的再提升,带动整个制造业的复兴,打造未来经济增长的强力引擎。

根据国际知名咨询公司麦肯锡公司2014年发表的《中国数字化转型:互联网对劳动生产率及增长的影响》一文,2013~2025年,数字化及互联网的广泛渗透将使中国劳动生产率提升7%到22%,它们对中国经济增长的贡献度将由3.2%提升到11.4%,年均贡献7.3%[①]。而另一家著名顾问公司埃森哲公司在2016年发布的报告《数字化颠覆:增长倍增器》预测,数字经济的深度发展将在2020年使中国GDP增加3.7%,相比之下,同一时期的美国GDP仅能增加2.1%。尤其是汽车产业,成为数字化和网联化影响最为显著的产业之一。据估计,数字化和互联网技术对于汽车产业增加值的贡献率将由当前的10%增加到29%,特别是对于汽车供应链和基于互联网的应用服务效率的改善将最为显著。

(二)数字化体系能力(digital systemic competence)

数字化和网联化正在深刻地改变着全球汽车产业的竞争格局,一批数字化转型速度快、适应能力强的企业(不一定是传统跨国汽车公司)可能成为最终的胜利者,而那些转型速度慢、适应能力差的企业可能会逐渐被边缘化,甚至退出历史舞台。数字化革命对汽车企业竞争力的影响将体现在以下四个方面。

一是数字化技术的全面渗透显著提高了汽车企业的工厂生产效率。汽车工业原本就是资本和技术密集度高的产业,但是这些设备和工艺技术还主要停留在工业3.0阶段,即基于单体或分散的自动化设备,没有形成统一的数据化平台和完善的数据库和数据流。随着数字化技术和工业互联网技术的进一步渗透,汽车制造企业通过传感器、CPU芯片、数字平台、制造执行系统(MES)、设备与设备(M2M)、设备与云平台(M2C)数据传输和云服

---

① McKinsey Global Institute, *China's Digital Transformation: The Internet's Impact on Productivity and Growth*, July 2014.

务等数字化技术，将原本分散、封闭和独立存在的自动化数控设备连接起来，形成无缝隙对接的网络物理系统，最大限度地挖掘了现有工艺设备的潜能，避免设备和人员的无效或低效做功，从而大大提高工厂的生产效率。这种生产效率的提高主要是建立在数字化技术基础之上的，因此，称之为"数字化能力"恰如其分。

二是数字化技术促进了汽车企业员工的劳动技能和知识结构的优化提升，从而大大提高了汽车企业的劳动生产效率和员工创造能力。在数字化时代，汽车企业的竞争力不仅仅取决于企业拥有多少可量化的数字化程度高的硬件设备，也取决于企业拥有多少能够挖掘、掌握和运用数字技术的专业人才。

三是数字化技术渗透到企业管理的各个层面。当数字化深入企业每一个细胞中的时候，数字化管理水平就会成为衡量企业管理效率的一个重要指标。随着大数据、云计算、物联网技术的广泛应用，企业管理理念、管理模式、管理组织和管理职能实现方式等，都会进行适应性变革。特别是随着数字化技术和物联网技术的全面渗透，企业组织体系将变得更加扁平化、网络化和敏捷化。企业市场决策更多地建立在大数据运用基础上，机器学习能力的增强使得企业内部的人工决策和机器智能决策有机结合起来。企业首席数据官（CDO）的职能未来有可能从企业信息官职能中分离出来，成为企业最高决策机制的独立的重要组成部分。

四是数字处理能力将成为企业生产函数的一个重要的自变量。在工业4.0不断深入的数字化时代，传统汽车企业的生产效率将不仅是研发支出、资本投入、模块化平台、销售网络等变量的函数，数据将作为一种独立的生产要素而存在，换句话说，在资本和劳动力投入不变的情况下，只要企业增加数据边际投入（如大数据分析），就会提高产出效率。

（三）数据创造价值网络（data creates value networks）

数字化转型还为中国汽车制造业的价值链升级提供了机遇。在传统大规模流水线生产方式的时代，汽车产业价值链分布基本上符合"微笑曲线"

的特征。在微笑曲线上，跨国汽车公司尽管在与国内大型汽车集团合资合作中并非占绝对控股地位，但仍然掌控着整车价值分布曲线向上翘起的两端，即研发设计、核心零部件采购、品牌、分销、后市场服务等高附加价值、高利润率的环节。相比之下，中外合资汽车企业中的中方则往往在现成产品导入、适应性开发（如车型和轴距加长）、技术平台移植、核心供应商等环节上处于从属地位，因而价值实现主要集中在处于微笑曲线中间低端的加工制造环节。目前来看，这是一个物质和劳动力消耗多、附加价值低、利润微薄的环节。

关于"微笑曲线"是否具有普遍性，在这个问题上还存在争议，或者说它在一定阶段更适用于发展中国家和发达国家制造业价值链分布的大概率事件。特别是发达国家制造业与发展中国家制造业由于比较优势、创新能力和制度环境等存在一定的差异性，作为整体的本国制造业价值链分布，是否呈现出相同的分布曲线，确实是存在疑问的。加之，如果缺乏一般性的、科学的理论依据和丰富的实证研究作支撑，微笑曲线一定会面临挑战。而其中一个挑战就是武藏曲线。

2004年，日本索尼中村研究所所长中村末广在对日本的制造业进行调查后发现，日本制造业的各生产流程当中，加工组装制造环节拥有较高的利润，而像零部件、原材料供应以及销售、服务等环节的利润率反而较低。当研究人员以利润率高低为纵轴，以业务流程为横轴，将调查结果导入后，惊奇地发现这条曲线与微笑曲线完全相反，是一条"两头低中间高"的倒U形曲线，他们称之为"武藏曲线"。无独有偶，2005年6月在日本政府官方发表的《2004年度制造业白皮书》中也公布了一项重要的调研结果，调研组在对近400家本国制造业企业进行调查时发现，日本国内制造企业在生产制造和加工组装环节获得最高利润率的企业非常多。这一结论也直接验证了中村末广的判断（见图1）。

在数字化或智能化的时代，全球汽车产业都不可避免地面临深刻的数字化转型浪潮。在数字化浪潮冲击下，全球汽车产业竞争格局极有可能重新建立。换句话说，大规模生产的时代，发达国家传统汽车企业如果不能成功实

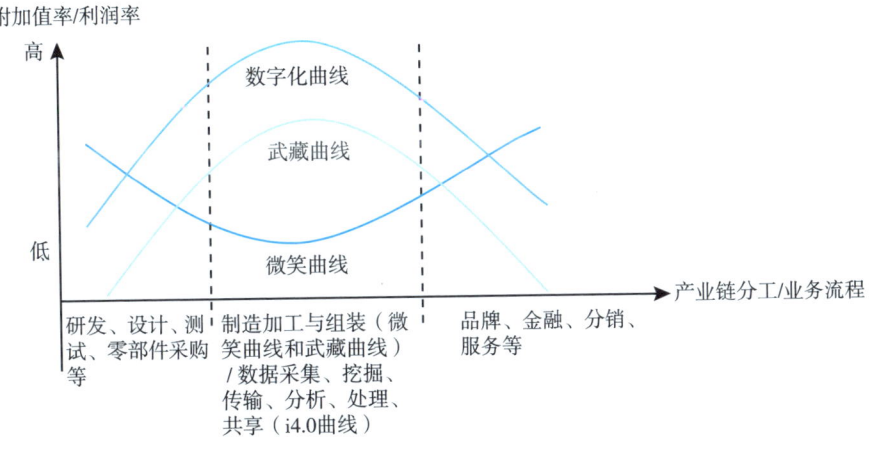

图1 "微笑曲线"、"武藏曲线"还是"数字化曲线"?

现数字化转移,就可能被边缘化或被淘汰。相反,如果发展中国家的汽车企业能抓住数字化机遇,乘势而上,就可能在未来全球汽车产业价值链分布曲线上占据高端位置。实际上,近年来除了我们熟知的谷歌、百度等国内外IT巨头纷纷涉足自动驾驶业务外,国内媒体也不时报道有国内名不见经传的中小科技企业与跨国汽车公司在车联网业务上进行深度合作的消息,这无不昭示着汽车产业在数字化时代正在改写全球价值链分布版图。中国汽车产业有望告别传统内燃机时代的跟随者角色,在产品研发、平台设计、测试验证、整车调校、模块化供应、工艺流程、数控装备、生产执行、物流供应、库存管理、大数据应用、工厂操作系统、应用软件开发等领域,都有机会加快实现数字化转型,成为汽车数字化时代的领军者。我们当然希望这是一个大概率事件。

数字化转型创造的价值体系将不再是传统的线性形态,即所谓的价值链形态,而是一种发散的网络状形态。除了传统意义上的供应商网络外,大量与汽车产业相关的外围经济主体(主要是大量中小型的信息技术服务公司)都可能参与汽车产业价值的网络创造中。如车联网产业的大数据存储、运营维护与系统安全管理等,都不再是OEM主机厂或核心供应商的业务范畴。

（四）数字化转型战略"两分法"（dichotomy of digital transformation strategy）

汽车产业的数字化转型战略应该在虚和实、软和硬、表和里这几个既相互对应又相互依托的两个侧面的深度结合上展开。

以数字化为代表的信息网络化技术对中国汽车产业的全面渗透和改造，使得汽车产品的价值属性正在由以实为主，向虚实结合的方向发展。所谓"实"，就是看得见摸得着的物质形态，如汽车产品、组装生产线、工艺流程、员工团队、营销体系、品牌形象等，它们是工业2.0和3.0时代中国汽车产业生态的核心要素，是创造价值的主导力量，这是当下中国汽车产业的通行范式。在智能化、数字化浪潮下，这些实实在在的物质形态在价值创造过程中的战略地位即将发生微妙变化，那些虚拟化要素的战略地位将逐渐上升，成为与实体要素并重的战略要素。例如大数据、云平台、人机交互、数据建模和算法、虚拟现实、机器学习、人工智能等，这些看不见也摸不着的东西正在或即将创造更大的市场价值。

软件的作用可能超过硬件，但也要通过与硬件的无缝隙融合才能发挥其最大的功效。在传统汽车生产方式下，汽车设计、生产、物流、营销和维修保养等环节主要依靠硬件上的大规模投资。抛开冲压、焊接、涂装和总装这四大工艺需要庞大的硬件投资作支撑不谈，即使是概念设计、平台开发、产品中试这些知识密集度极高的环节，也离不开高昂的硬件设备支出。在数字化时代，这种模式即将发生重大变化。软件的作用越来越重要，甚至必将超过硬件的作用。因为硬件像人体的四肢，而软件更像人的大脑和神经系统。特别是软件开发、数据算法、云服务、人工智能、远程控制、信息存储与传输等，都创造着更大的价值。今天，我们到4S店对汽车进行软件检测和系统升级越来越司空见惯，这就是软件的力量。汽车产业数字化时代的"微软"会诞生在中国吗？答案是机会有，但挑战也不小。

过去我们谈中国汽车产业发展战略的"表"多半是围绕着汽车这个满足出行需求的交通工具而展开，如产销量、增长速度、研发能力、市场份额、自主品牌等。但是，这些毕竟是工具，是表象。人们买车为了什么？是出行、炫耀、娱乐还是寻求刺激？在数字化时代，汽车产业发展战略的核心将围绕满足"出行服务"的能力而展开。在共享经济到来之际，共享出行导致人们购车欲望下降，直接影响了汽车产销量的增速。那么，如何在产销量减少的背景下创造更多价值呢？用信息网络技术来满足出行服务，提高出行效率，以及在出行过程中满足相关服务需求（如车联网）。能够在多大程度上满足人们多样化的出行需求，这将决定中国汽车产业的价值形态和市场竞争力。

二 以数字化战略推动汽车强国目标实现的机遇之窗

在 2017 年 4 月 25 日工业和信息化部等三部委联合发布的《汽车产业中长期发展规划》中，明确提出"力争经过 10 年努力，迈入世界汽车强国行列"的发展目标。这是业界期盼多年的对中国汽车产业的官方定位。从产销规模上看，中国毫无疑问已经是汽车大国。截至 2016 年，中国已经在全球产销量第一的宝座上稳坐了 8 年。而且在可预见的将来，还没有哪个国家能对中国这个地位发起挑战。但中国隐忧始终没有消除，那就是中国还不是真正意义上的汽车强国。我们走出国门的人都不难发觉，在国外特别是发达国家的大街上找到一辆中国自主品牌的汽车是多么困难的一件事。借用工业和信息化部部长苗圩的话，"我们也应清醒认识到中国汽车产业还存在创新能力不强、部分关键核心技术缺失等问题"。这是我们不得不面对的残酷现实。我们需要一个机遇实现齐头并进甚至后来居上，现在我们等来了机遇。

《汽车产业中长期发展规划》对当前全球汽车产业的变化趋势有着准确和深刻的把握。规划中提到，全球汽车产业正面临深刻的技术和产业变革。新能源、轻量化、智能化和网联化正成为一种宏观趋势，汽车正从单纯的交通工具转变为大型移动智能终端、储能单元和数字空间；汽车产业的竞争格局也因一大批新兴科技企业的大举进入而被改变；产业价值链、供应链、创新链正发生深刻变化，全球汽车产业生态正在重塑，这就是中国汽车产业实现强国梦的机遇之窗。

（一）数字化转型是汽车强国的共性趋势

纵观世界汽车工业发展史，我们可以看到一些具有重大革命性意义的技术进步或制度创新，往往会从一个企业或一个产品迅速传播到全球，深刻改变世界汽车工业的面貌，继而深刻改变人们的生活方式、生产方式、消费模式和管理模式。数字化、智能化就是这种能够改变世界的神奇力量。

以1908年福特汽车公司T型车生产为代表，全球汽车工业翻开全新的一页，大规模流水线组装生产成为工业2.0时代的标志性生产方式，也成功使汽车这个原本属于高不可攀的贵族奢侈品的交通工具带入千家万户。直到今天，即使我们即将迈入工业4.0时代，大规模流水线生产方式仍然发挥着主导作用。

20世纪八十年代，随着丰田汽车公司的成功崛起及随后在全球市场上的攻城拔寨，丰田生产方式（TPS）或精益生产方式开始席卷全球，及时供应、看板生产、零库存管理、持续改进等丰田汽车公司的绝技也开始成为各大汽车公司争相模仿学习的样板。丰田汽车公司也凭借精益生产方式成功地跻身全球最具竞争力的汽车公司行列。大规模流水线生产方式叠加精益生产方式，使全球汽车工业进入精细管理创新的时代。与此同时，跨国汽车公司的商业模式创新进入活跃阶段。这些老牌汽车公司的高管们发现能让他们赚得盆满钵满的财源其实并不只是汽车制造一个环节，汽车分销、汽车金融等后市场服务业务正取而代之成为公司赢利的最大来源。

从20世纪九十年代中后期开始，以德国大众汽车公司为代表的平台化、模块化的共享理念和柔性生产技术风靡全球。平台化、模块化设计、供应和生产成为继精益生产方式之后的又一个革命性新浪潮。借助于平台化技术带来的同一底层公共架构（如相同规格的动力系统、悬架、制动系统、传动系统和电气系统等）承载不同车型的开发和生产优势，整车OEM生产企业得以大幅度降低研发成本，缩短开发周期。模块化技术在平台化技术基础上更进一步。通过对既有平台进行精细整合和模块化构建，汽车企业得以在多种汽车模块之间灵活选择和搭配，从而进一步提高了核心零部件的通用化程度，降低了研发周期和风险。单车成本可以降低20%、固定资本开支降低20%、每款车工程开发时间缩短30%以上，同时车身重量也得以减轻，相应的尾气排放也得以改善。今天，大众汽车公司的MQB和MLB"模块化平台"、雷诺日产CMF模块化平台、标致雪铁龙EMP2模块化平台已经广为人知[1]。消费者在购买心仪的产品之前都要先了解它是哪一个平台上的产品，在这个平台上，它有哪些兄弟姐妹。在这一时期，工业生产方式开始进入工业3.0时代，大量自动化设备包括机器人开始投入生产线中，但它们也只是完成人们为其设定好的某种重复性的单向指令。

进入21世纪的第一个十年后，以电动汽车为代表的新能源汽车技术、轻量化技术、车联网技术以及大数据、云计算等开始呈现集群式、井喷式的发展势头。尽管丰田汽车公司的普锐斯在混合动力技术上已经成名已久，但是真正使人们对新能源汽车充满期待的鲇鱼是特斯拉，这个来自硅谷的非传统汽车企业给全球汽车工业带来了强大的冲击。尽管新能源汽车短期内还无法对传统内燃机车形成完全的替代，但是其发展势头是势不可挡的。汽车材料技术革命也在这一时期迅速兴起，其中，轻量化技术的普遍应用成为汽车强国解决尾气排放问题的一个有效途径。通过采用计算机结构优化设计和铝、镁、碳纤维复合材料等轻质材料的应用，在确保安全情况下实现了整车装备质量的降低，从而减少了污染物的排放。车联网是信息网络技术对汽车产业全面渗透的最新发展成果，也是物联网技术在车辆使用环节上的体现。德国政府在2013年汉诺威工业博览会上正式提出的工业4.0理念，对于汽车工业而言不啻是一次真正的颠覆性革命。物联网、大数据、智能设备、智能车间、智能工厂、智能供应链、智能物流和大数据、云计算、人机交互、人工智能、虚拟现实、深度学习等这些新一代信息网络技术正在改写汽车产业的面貌。对于呈现几何级增长的数字化技术对传统汽车产业的颠覆作用无

---

[1] 刘华等《浅析汽车平台演进与模块化战略》，《上海汽车》2014年第12期。

论怎么强调都是不过分的。

把握住汽车产业数字化、智能化的大趋势，就把握住了未来汽车产业发展的命脉，就掌握了未来汽车产业竞争的秘籍。

（二）数字化转型有助于重塑国家产业竞争力

汽车产业的数字化转型是整个国家制造业转型升级的一个缩影和集中体现。重塑制造业活力与竞争力是一个全球性共识，也是一个全球性行动。近年来，继德国提出工业4.0、美国提出工业互联网之后，中国也提出了"中国制造2025"战略，从数字化、智能化推动制造业转型升级这个核心要素来看，这三大战略是高度契合的，也无不体现了各自国家的意志。因为要实现制造业整体的数字化、智能化转型，单凭企业和民间的力量是远远不够的，它需要政府发挥支撑和基础性作用，搭建公共数据平台和操作系统，打通端到端的信息瓶颈，构建开放的标准参考架构（Standardisation and open standards for a reference architecture），促进政产学研用的战略联合，维护信息数据安全，推动商业管理模式创新。

"中国制造2025"战略更是制造业转型升级方面国家意志的集中体现。"中国制造2025"是一个体系化的战略和行动指南，它明确了9项战略任务和重点，提出了8个方面的战略支撑和保障，明确了制造业转型升级的战略目标和方向，强调要集聚要素资源，在研发设计、质量标准、生产工艺、配套体系等环节上，通过数字化和智能化来壮大实体经济，促进社会资本向制造业回流，从而有助于化解虚拟经济的泡沫风险。

当下，全球制造业正在进入一个数字创造价值、数字即服务（digit-as-a-sevice）的新时代。数字化创新正引领着制造业的要素整合和流程再造。数字化、智能化进程中的数据采集、数据传输、数据分析与算法、数据库运营维护、信息系统安全等，都已经远远超出了我们过去的认知。期望通过添置几台数控机床和购买几套应用操作系统、应用软件就能迈入信息化时代已经变得不现实。数字化创新与传统技术创新的最大不同在于它是基于大数据、云计算、物联网、人工智能等全新的信息网络技术来完成的，而且它是一种无处不在的及全流程、全员、全链条的系统性创新活动。通过数据分析，企业才能准确把握需求导向和战略方向，实现研发资源整合、柔性化模块化生产和高效供应链管理等战略性行动。

在汽车企业数字化转型的浪潮下，是数字熵（Digital Quotient）而不是拥有和占有资产的所有权和支配权，来决定汽车企业的要素产出率。特别是数据处理、信息系统集成、软件开发、平台运营的集成能力，决定着企业的竞争力，决定着企业生存和发展的空间和水平。传统大型汽车 OEM 企业如果不能及时实现业务转型，可能一夜之间沦为配角。

"数字化创新"为中国汽车产业实现后来居上提供了技术上的可能。相比发达工业化国家，中国是后来者、跟随者和学习者，创新能力不足始终是中国制造业的顽疾。但借助于持续大规模的研发投入和数字化技术的广泛应用，中国在航空航天、量子通信、核电装备、大飞机制造、高速铁路等一系列装备制造领域迅速崛起，在局部领域甚至处于世界领先的地位。2016 年，中国研发经费支出 1.55 万亿元，较上年增长 9.4%，约占国内生产总值的 2.1%，居全球第二位。

（三）数字化战略催生全新的汽车产业生态系统

产业生态是近年来一个时髦的词语。实际上，随着近年来全球汽车产业数字化进程的加快，产业生态系统（industrial ecosystem）从理念到实践正加快呈现在我们的面前。生态系统是由英国生态学家亚瑟·坦斯利（Arthur George Tansley）于 1935 年首先提出，近年来成为学术界、科技界和产业界使用频率很高的词语之一。其本意是指在一定的时间和空间内，生物体（群落）与其外部环境之间，以及生物体与生物体之间，通过不断的物质循环、能量流动和信息交换，形成的一个相互作用、相互依存和动态均衡的功能体。将上述生态系统概念应用于汽车产业，特别是将生态系统的核心要素与汽车产业系统的核心要素相耦合，就生成了"汽车产业生态系统"概念（automobile industrial ecosystem）。在这个汽车生态系统中，汽车产业的所有经济活动主体在创造和分配价值的过程中，围绕汽车设计研发、验证测试、

采购配套、生产组装、物流供应、营销管理、售后服务、品牌运营、金融服务等产业内部经济活动，以及道路交通设施、车用燃料供应、大气环境系统、交通参与者、城市信息系统等硬环境和软环境，通过人、物、资本、信息等要素的流动与组合，形成一个相互作用、相互依存和动态均衡的功能体。这种产业生态系统的演进呈现如下特征。

一是数据处理平台化和云化。随着数字化战略的推进，围绕汽车生产、营销和使用都会形成海量的数据，这些数据的采集、存储、传输、计算、处理和交换等都是在一个数据平台上进行的。这个平台可能是企业自己建立的云系统，也可能是第三方建立的云系统。

二是数据系统动态优化。产业链上的各个主体都可以借助数据建模、大数据分析和云平台计算等途径实现生产、配输、消费等方面的决策优化，以及生产、研发、物流、人力资本、商业模式、融资、资源管理等方面的系统性优化。

三是组织分散化和扁平化。汽车企业组织结构大多是典型的高度集中的、金字塔式的科层制组织结构。随着数字化进程的推进，这种从生产者到消费者之间的多层集中式科层制管理体系难以适应数字化时代的客观需要，因而会进行分散化和扁平化优化，最终建立起实时、高效、灵活的端到端（pier-to-pier）和端到云（pier-to-cloud）的分散协同网络。

四是数据实时开放与共享（real-time openness and transparency）。数字化网络化技术的不断渗透，使得汽车产业链上的任何一方垄断数据来源和处理能力都变得困难和低效，因此，建立开源的数据平台和共享的数据处理能力成为一种客观需要。谁拥有优先接入和使用这些平台数据的能力，谁就可能在竞争中占据主动。

将产业生态系统的概念引入我们所讨论的汽车产业数字化战略语境中，有助于政策制定者从一个更广泛的视角和一种更系统化的思路来把握汽车产业数字化进程的脉络，从而提高产业政策的针对性和精准度。

从方法论上说，中国工业4.0战略需要采取"两分法"来解析：实施工业4.0表面看起来是解决企业微观层面上的效率问题，实际上，它是整个制造业的系统性变革，其中，宏观层面的战略体系也非常重要；不能局限于如何引领中国制造业走向高端数字化和智能化，还必须能够有效应对制造业面临的现实困境；不仅要制定一个远大的、激发创造力的战略目标，还要制订可行的行动计划和路线图；不能仅适用于那些高、大、上的高新技术产业，还要能对劳动密集型传统产业的升级改造起到相应作用；不能仅瞄准那些不缺资金、技术和人才的大型企业，还必须渗透到广大的中小企业，形成完整的网络化支撑体系；不能仅靠政府投入资源去推动，还必须形成政府、产业界、学术界、社会机构等各方的合力；不能局限于加工组装型制造业部门，还必须适用于流程型制造业；不仅着眼于东部沿海发达地区的制造业转型升级，还要兼顾内陆更广大地区制造业的超越式发展甚至实现后来居上。

三 汽车产业数字化转型的战略视角

汽车产业数字化战略是一个完整的战略体系，它包括战略视角、动力、目标和实施等一整套完善的制度安排。

（一）宏观视角与微观视角相结合

从表象上看，数字化、智能化转型的主要着力点是在微观层面上的企业身上。但是如果我们深入分析德国工业4.0体系设计就不难发现，数字化、智能化转型是一个自上而下和自下而上相结合的战略体系。

在微观层面上，数字化进程重点是通过数字化技术的全面渗透显著提升企业生产效率，这与精益管理方式异曲同工。这个微观战略视角的重要性是显而易见的，尽管经过几十年的生产方式和管理模式的进化，特别是20世纪九十年代以来精益生产方式的普及，跨国汽车公司的生产效率已经达到相当高的水平。但是，当我们用数字化、智能化视角来审视全产业链时，就会发现这些知名的汽车企业内部仍然存在大量的时间、物料和人工浪费。通过数字化网络化技术的深度应用，可以最大限度地节约生产过程中的物料消耗、库存成本、财务费用和时间成本等，从而提高生产效率。

在宏观层面上，当汽车产业众多企业进入数字化进程中时，它的宏观效应就会显现。尤其是国家汽车产业政策为了适应全行业数字化、智能化发展需要，就会在宏观层面上调整战略部署、要素布局、产业结构、技术标准、基础设施、创新体系等。

（二）问题导向与战略引领相结合

中国汽车产业的数字化战略动力来源于两大因素，一个是问题导向，针对当前中国汽车产业面临的突出问题，如产业综合创新能力不足、产业组织结构和业务结构不合理（如后市场服务业欠发达）、企业商业模式单一、国际市场占有率低、市场开放度不高、生产能力存在中长期过剩隐忧、自主品牌竞争力疲弱等。数字化转型为解决上述问题提供了可能。另一个是战略导向，即中国汽车产业数字化转型和竞争力提升要满足汽车强国战略的需要，特别是要为汽车产业发展动能转换、竞争力重塑、创新体系优化等奠定坚实基础。

（三）引领创新与夯实基础相结合

有人可能会说，中国汽车产业还未完成自动化3.0阶段，一步跨入数字化、智能化阶段并不现实，当下最重要的是缩短与传统汽车强国的差距，而不是领先。

实际上，数字化、智能化的发展轨迹并不是线性的，也不是可望而不可即的。试想五年前我们是否会在日常生活消费中摆脱现金和信用卡。今天，当我们便利地使用微信支付和支付宝这些令发达国家都羡慕不已的支付方式时，我们就不能否认数字化提供的跨越式发展机遇。完成工业2.0和3.0的补课是需要的，但并不意味着现阶段推进数字化、智能化4.0没有现实意义。数字化、智能化对于中国汽车产业而言，最大的益处是我们有后来居上的可能。中国有全球最大的汽车生产能力，有全球最先进的生产装备，有最大的市场消费需求和投资需求，我们就有了实现弯道超车的可能。

（四）传统大企业和新兴中小企业相结合

我们很容易陷入这样一种认知，数字化、智能化属于高大上的技术和理念，它具有高门槛和高风险，因此只适用于大型跨国汽车公司，而不适用于点多面广的中小型企业。

应该说，这是一种认识上的误区。数字化、智能化是一种生产理念和生产方式的变革，它与投资多少和最佳经济规模没有必然联系。大众、丰田、博世和德尔福等跨国公司可以抢先迈入数字化，广大中小企业也可以领先一步。实际上，随着近年来一大批新兴的中小型科技企业纷纷进入地图导航、自动驾驶、共享出行、数据服务等领域，中国汽车产业的数字化进程呈现出由中小企业主导推进的局面。

（五）政府支撑作用与企业引擎作用相结合

从表面来看，汽车产业的数字化战略目标是解决企业微观效率问题，更多地应该依靠市场力量自下而上地来完成，政府不应过多干预。但是，如果我们把德国的"工业4.0"战略和"高技术战略2020"、美国的"先进制造业国家战略计划"、日本的"科技工业联盟"和"机器人新战略"、英国的"工业2050战略"、法国的"工业新法国"计划，乃至"中国制造2025"和"制造业强国战略"，放在一起来看，不难发现这样一个共性趋势，即制造业的数字化、智能化转型离不开政府这只看得见的手的独特作用。特别是政府掌握着大量数字基础设施、公共数据库、数字化创新平台等企业无法获得的优势资源，单纯依靠企业自发力量完成数字化、智能化转型是非常困难的，也是不现实的。

四 中国汽车产业数字化战略的基本框架

构建中国汽车产业的数字化转型战略，笔者认为应该借鉴工业4.0和工业互联网的核心要素和体系，特别是将大数据、云计算、物联网、智能制造

（包括智能工厂、智能产品和智能服务）、人工智能、人机交互等子战略纳入其中，形成一个多元素、多层次的战略体系（见图2）。

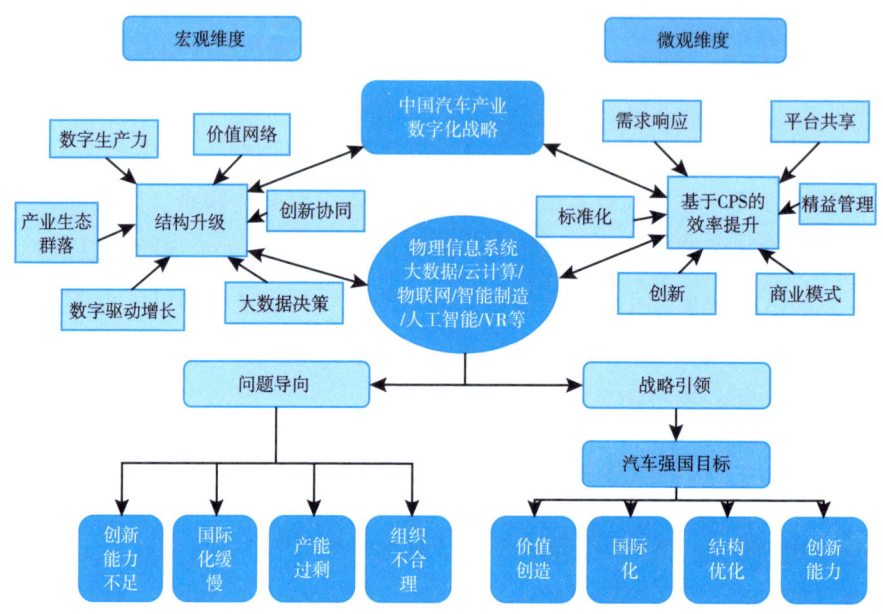

图2　中国汽车产业数字化智能化战略的基本架构

（一）数字化转型的宏观战略

从宏观视角来看，中国汽车产业数字化战略的总体目标就是要推动实现基于CPS的价值创造、结构优化和竞争力提升，即通过CPS在汽车产业链上各环节各领域的渗透和深度应用，推动中国汽车强国战略目标的实现。

中国汽车产业数字化战略应由增长动能转换、价值创造、数字生产力、数字基础设施、新能源与新材料、大数据决策、数字生态系统和协同联盟平台等几个子战略所组成。

1. 动能转换战略

汽车产业的数字化战略通过数字—网络—物理系统的深度融合与应用，实现由投资和消费驱动的传统增长模式向数字化、智能化驱动的新增长模式转变。这是一个发展动能转变的过程，它主要有两大途径：一是在原有汽车企业内部嵌入现代信息网络技术，实现数字化技术对资本和劳动力要素的改造、升级和替代。另一个是建立一个面向全行业的数字化创新平台，并以此推动中国汽车产业的组织创新、价值创造、结构优化和商业模式创新。

2. 价值创造和数字生产力战略

汽车产业的数字化转型必将打破原有价值链，特别是打破传统的、线性的、金字塔式的价值形态，朝着网络状、分散型价值形态转变。创造新的价值不仅要依靠既有汽车企业的数字化创新，还需要引入外部竞争因子，特别是互联网科技企业的进入；不仅需要大型汽车集团的数字化转型，更需要成千上万的中小微科技企业的积极参与；不仅要挖掘汽车制造业的数字价值，还要开发汽车服务业及相关产业的数字价值。

汽车产业的数字化、智能化转型还需要实施数字生产力战略，摆脱传统的依靠低成本资源和要素投入的竞争方式，向更多依靠数字化、智能化平台的竞争方式转变，提高数字生产力。后者需要双轮驱动，一个轮子是硬件层面上的数字化设备、数字化车间、数字化工厂，另一个轮子是操作系统与应用软件、算法、大数据、云计算等软件方面的数字化应用。

3. 大数据和云平台战略

让大数据在汽车产业发展中发挥至关重要的应用，就可以有效解决原有分散决策条件下的信息不对称及信息成本问题，从而有效提高国家汽车产业政策的有效性和市场监管措施的精准度。大数据战略的实施需要消除在汽车产业链各个环节上扮演不同角色的部门、企业与中介机构之间的数据藩篱，需要建立统一开放的大数据平台，需要解决数字化监管的技术难题。

汽车产业的数字化战略还应包括云平台战略。不仅要鼓励大型汽车集团建立自己的私有云平台，更要扶持建立面向全行业的、开放的公有云平台，让广大中小型科技企业能够轻松地共享云计算服务。

4. 数字化生态系统和智能基础设施战略

政府应该着力营造良好制度环境，促进数字化、智能化产业生态系统的建立。特别是围绕汽车设计研发、验证测试、采购配套、生产组装、物流供应、营销管理、售后服务、品牌运营、金融服务等经济活动，以及道路交通设施、车用燃料供应、大气环境系统、交通参与者、城市信息系统等硬环境和软环境，通过人、物、资本、信息等要素的流动与组合，形成一个相互作用、相互依存和动态均衡的生态系统。

汽车产业的数字化转型离不开数字基础设施的支撑。在搭建数字基础设施上，政府的战略引领是必要的，包括构建基于超高传输速率、超宽带宽的物联网和服务网、大数据储存与计算、智能物流、智慧城市、智慧能源和智能交通等诸多子系统的发展战略。

（二）数字化转型的微观战略

中国汽车产业的数字化转型还应从微观维度来审视，制定微观层面的数字化战略，消除生产、流通、营销和服务环节在时间、人力、物力和资金上的浪费，消除企业内部与外部的信息不对称，提高生产效率，实现精益化生产。

1. 智能生产与服务协同战略

借助于智能化和网络化手段，企业提供有形物质产品和无形服务的方式、时间和地点等都发生了重大变化。借助大数据和云平台，智能产品与智能服务进一步融合，产品在智能工厂加工过程中即时产生的大量数据，为企业后台提供同步的、可视化的解决方案，为第三方服务提供技术上的支持。数字化、可视化和同步化的深度应用，使精益生产思想发挥到极致。在工业4.0时代，生产即服务，服务即生产。

2. 精益管理和标准化战略

在工业2.0时代和3.0时代，中国制造企业尚未完成精益管理，无论是供应链管理和企业资源管理，还是工作现场改进和库存管理等，都存在大量物料、资金、人力资源和时间浪费的现象。因此，对于现阶段大多数中国制造业企业而言，迈向工业4.0时代必须补上精益管理这一课，否则迈上4.0时代的台阶就将成为无本之木、无源之水。

汽车产业是一个标准化程度非常高的行业。数字化转型使得标准化的重要性更加突出。我们希望建立起开放包容、互联互通的标准化体系，包括数据采集和传输格式、工业操作系统、云服务等各个环节的标准体系构架，这将有助于解决汽车产业数字化、智能化转型所面临的标准缺失、标准滞后和标准交叉等现实问题。

3. 数据处理能力与数据安全战略

汽车产业是一个生产海量数据的行业，能否让这些海量数据产生价值，创造价值，首先需要数据集成和处理能力。要解决企业内外部的数据孤岛问题，提高不同系统和应用软件之间的兼容性，这样做既可以提高企业内部的数字化集成度，又可以提高企业间横向的数字化集成效率。

由于汽车是一个关乎人身安全的产品，所以汽车产业的数据安全战略是必不可少的。它不仅要求企业内部数据库的安全性必须得到保障，例如设备运行状态、客户信息、操作系统、车辆远程控制，还要求第三方数据库管理、云服务平台、网络支付平台的数据要有安全保障。

4. 个性化需求响应和商业模式创新战略

在数字化、智能化时代，有形的汽车产品需求正被无形的出行服务需求所替代。如何让出行服务满足消费者的个性化出行需求，并取代消费者购车出行，这将成为汽车产业数字化时代的需求响应战略核心要素。提高企业个性化需求响应能力，要依托数字化体系能力，不仅要通过数字化网络及时发现、挖掘、处理大量个性化需求，还要对这些个性化需求做出及时响应，通过大数据分析和算法工具，提高满足个性化需求的能力。

商业模式创新战略对于汽车产业的数字化转型是十分重要的。这种商业模式创新战略可能沿着复杂和简单两个截然相反的方向展开。一方面是挖掘、存储、分析和处理海量数据，以及建立复杂的算法和数据模型，这种数据处理模式是传统的汽车产业发展模式所不具备的。另一方面是基于数字化的商业模式也可能变得更加简单和实用，共享经济就是一个典型案例，共享汽车、共享平台、共享数据、共享服务等新的商业模式，将决定着未来汽车市场竞争的成败。谁抢先挖掘数据价值并采取行动，谁就有可能享有更多的市场价值。

5. 组织扁平化和数字人才战略

汽车产业的智能制造改变了原有的人机交互关系，对人的技能和知识提出了更高的要求。汽车生产企业内部的知识、信息的积累和传承方式将发生重要变化，一个更加开放的网络化组织将变得越来越普遍。跨国汽车集团的组织架构中，首席信息官的地位将进一步上升。如何用数字化理念和知识武装企业的每一位员工，更大限度地挖掘员工的创造性，不仅仅是企业的责任，也是每一个教育和职业培训机构的责任，更是政府和全社会的责任。

汽车产业组织模式创新缓慢的局面必须尽快转变。汽车企业特别是大型汽车集团要勇于打破原有的金字塔式的组织架构和由大企业集团占主导地位的价值分布形态，促进汽车企业组织结构进一步扁平化、分散化和网络化。

五 中国汽车产业数字化战略的实施路径

要想实现数字化、智能化战略目标，中国汽车产业还有很长的路要走，但首先必须选择一条切实可行的实施路径。笔者认为，中国汽车产业的数字化、智能化转型可以考虑分三个阶段推进。

第一阶段（3~5年）：补短示范、全面追赶。核心词可以概括为"补短板、打基础、扩试点、寻突破"。在这一阶段，中国汽车产业的首要任务：一是补齐短板，打好基础，特别是在法规体系、技术标准、数字基础设施、公共数据库平台、数据安全监管等领域，要加大投入，缩小差距；二是在总结前一阶段少数汽车企业智能制造试点示范经验的基础上，选择性地开展自动驾驶、先进车联网、人工智能、虚拟现实、大数据应用、新型算法和深度学习等新技术、新模式的试点示范；三是抓住"互联网+"战略的契机，用好中国在市场规模、技术储备、商业模式等方面的优势，推动"汽车+互联网"和"互联网+汽车"的融合发展。

第二阶段（5~10年）：全面渗透、缩小差距。这一阶段的核心任务：一是在法规标准、数字基础设施、公共数据库、协同创新平台等硬软件方面的短板已经不复存在。二是汽车行业数字化、智能化由点到面普及开来，在全国形成均衡分布、各具特色、百花齐放的可喜局面。三是先进轻量化材料、3D打印、人工智能、机器学习、虚拟现实、数据区块链、高级控制芯片等技术正全面渗透进汽车产业的各个领域。四是中国汽车产业涌现一大批充满活力的创新型企业集群,中国与世界汽车强国的差距显著缩小。

第三阶段（10~15年）：并驾齐驱,全面超越。这一阶段的核心词是"创新、超越、再创新、再超越"。经过了二十、三十年的探索与积累、学习与超越,中国汽车产业的数字化、智能化水平无论是硬件方面还是软件方面,都将达到国际领先水平,中国作为汽车强国的地位也最终确立。更重要的是,中国汽车产业基于数字化、智能化的创新能力处于世界领先水平,中国将成为定义和决定世界汽车产业发展内涵和方向的决定性力量。一是智能制造企业的生态系统和功能高度复杂和发达,提供高度智能化产品和服务能力不断提高,中国成为全球智能车辆和车联网服务的风向标和主导性力量；二是人工智能、机器学习、虚拟现实、大数据平台、数据区块链、量子通信、高端软件、商业模式创新等已经达到国际领先水平,且全面融入汽车产业各个领域；三是汽车智能制造体系与智能城市、智能能源、智能交通等领域全面融合,形成了广覆盖、高效率的智能汽车产业生态系统；四是汽车企业员工的创造性得以最大限度的释放,人与机器实现完美结合,体力劳动和知识劳动没有明显区分,数字化人才的数据分析能力、学习能力、创造能力达到相当高的水平；五是制造业的创新体制机制成熟且充满活力,各种创新要素自由流动,不存在制度性障碍。

B.10
汽车产业数字化转型的政策建议

数字化转型是当今经济社会发展的大趋势,其已经并仍将持续深刻改变人们的生产生活方式。随着各主要行业数字化转型不断向纵深推进以及行业间的交叉融合,数字经济时代正在到来。正如G20杭州峰会通过的《二十国集团数字经济发展与合作倡议》所言,"数字经济是指以使用数字化的知识和信息作为关键生产要素、以现代信息网络作为重要载体、以信息通信技术的有效使用作为效率提升和经济结构优化的重要推动力的一系列经济活动","数字经济正在经历高速增长、快速创新,并广泛应用到其他经济领域中;数字经济是全球经济增长日益重要的驱动力,在加速经济发展、提高现有产业劳动生产率、培育新市场和产业新增长点、实现包容性增长和可持续增长中正发挥着重要作用"。

汽车产业是较早实践数字化转型发展的产业之一,目前总体上也处于领先地位。由于具有体量规模大、零部件数量多、生产组织复杂程度高、产业链长等典型特征,并且是直接面向终端消费者的竞争性行业,汽车产业长期以来都是自动化、信息化方面的领军者,在运用数字化工具方面也有几十年的历史。比如,西门子公司1982年就开始对工厂进行数字化改造,大众集团1995年就在研发设计环节使用3D打印技术,博世集团在"机器互联"方面也有超过15年的实践经验。但与此同时,汽车产业距离成功实现数字化转型依然任重道远。这是因为:一方面,数字化技术仍处在快速创新发展过程中,可供使用的成本更加低廉,功能更加齐全的数字化工具还在不断增多;另一方面,数字化工具在汽车产业中的运用还有巨大拓展空间,数字化思维的形成在汽车产业中依然处于早期阶段。

对我国汽车产业发展而言,数字化转型过程不可避免地伴随着诸多挑战，但同时意味着又一次的重要战略机遇。从挑战来看，我国很多企业特别是自主品牌企业刚刚完成了自动化、信息化过程，精益生产水平还不够高，开展数字化转型的基础仍不牢固，相关的知识积累和人才储备也存在明显不足；企业资金实力相对有限，在支撑较大规模的数字化改造投资上将面临很大压力，等等。从机遇来看，超大规模多层次国内市场这个优势仍将持续发挥重要作用，产业发展依然存在数量扩张与结构调整过程叠加的现象，为我国企业转型升级留有时间窗口；整个社会对数字化转型的认可度比较高，数字化应用在消费环节中的渗透率在全球居于领先地位，并随之成长起了一批具有重要影响力和竞争力的 IT 企业；相当一部分消费者对自动驾驶、无人驾驶以及车辆共享等新事物的接受度相对较高；等等。

汽车产业的数字化转型覆盖方方面面，既包括了研发设计、生产制造等环节，还包括了物流、销售、维修保养、再制造等环节，而且还涉及与其他产业的交叉融合、全社会基础设施建设水平提升等问题，是一次全面系统的转型。顺应数字化转型的历史潮流，应对好挑战，把握好机遇，促进我国汽车产业实现持续健康发展和国际竞争力的不断提升，需要既全面系统又有所侧重的政策体系设计。

一 持续完善顶层设计，着力解决制约我国汽车产业实现数字化转型的"新老问题"

数字化转型是经济社会发展的大势所趋，也是汽车产业发展面临的一个"新方向"。我国汽车产业的数字化转型，既是整个经济社会数字化转型的局部体现，也是建立在汽车产业发展现状的基础之上的。因此，在这个过程中，既会碰到一些与时俱进的"新问题"，也不可避免再度遇到一些长期存在的"老问题"。一方面，对汽车产业数字化转型发展过程中将会出现的很多"新问题"，需要予以深入研究、妥善解决。比较典型的"新问题"包括：促进汽车产业与 IT 等其他产业的交叉融合发展，并建立与之相适应的监管体系；促进数字化时代新商业模式的兴起与扩散；在个人隐私保护，信息、数据安全，以及信息、数据开发利用之间找到平衡点；优化现有法律法规框架，为自动驾驶、无人驾驶等新技术留有发展空间；密切跟踪对就业总量和结构的影响，并提出相应解决方案；等等。另一方面，我国汽车产业发展中一些长期存在的"老问题"，如果不能有效解决，也将对整个产业的数字化转型带来负面影响。比较典型的"老问题"包括：行业管理体制改革还需全面深化，公平准入、平等竞争的市场竞争秩序尚未真正形成；要更准确把握产业政策的动能定位，做到"产业政策要准"；一些关键核心技术仍不掌握；等等。

全球主要国家在汽车产业乃至整个经济社会的数字化转型过程中，也都碰到了很多新问题、老问题，其中一些致力于解决新问题的做法值得学习借鉴。① 一是确保政策延续性，稳定各方面预期。这对企业开展长期性投资活动尤为重要。以德国工业4.0为例。德国政府于2006年发布了"高技术战略"，2010年又对分散在各部门的研究和创新资源进一步加以整合，推出了该战略的升级版本"高技术战略2020"。尽管德国政府在2013年4月汉诺威工业博览会上才正式发布"工业4.0"战略计划，但其雏形可以追溯到这两版高技术战略中。回顾截至目前的发展可以看到，10多年来坚持向数字化、智能化、网络化方向转型发展的连贯思路，是德国工业4.0在全球处于领先地位的重要原因之一（见图1、图2）。

二是注重为中小企业特别是创新型中小企业发展营造良好环境。全球主要国家都充分认识到了中小企业在实现数字化转型过程中的重要作用，并且出台一整套措施鼓励支持中小企业发展。从实际发展来看，尽管在汽车产业数字化转型中，目前还主要是大企业特别是跨国企业发挥着主导作用，但在汽车共享等一些特定领域，近年来有一批"独角兽"企业快速崛起，包括Uber、Lyft、Olacabs、Grab Taxi等。三是调整完善法律法规体系，既为新产品、新技术、新模式提供市场空间，同时为产业有序发展设定了一些"红线"。美国、欧洲、韩国、日本等国家和地区已经有很多实质性动作。比如，在德国调研时发现，德国的法律长期以来都是黑白分明的，

---

① 关于一些"老问题"的讨论，详见《中国汽车产业发展报告（2015）》。

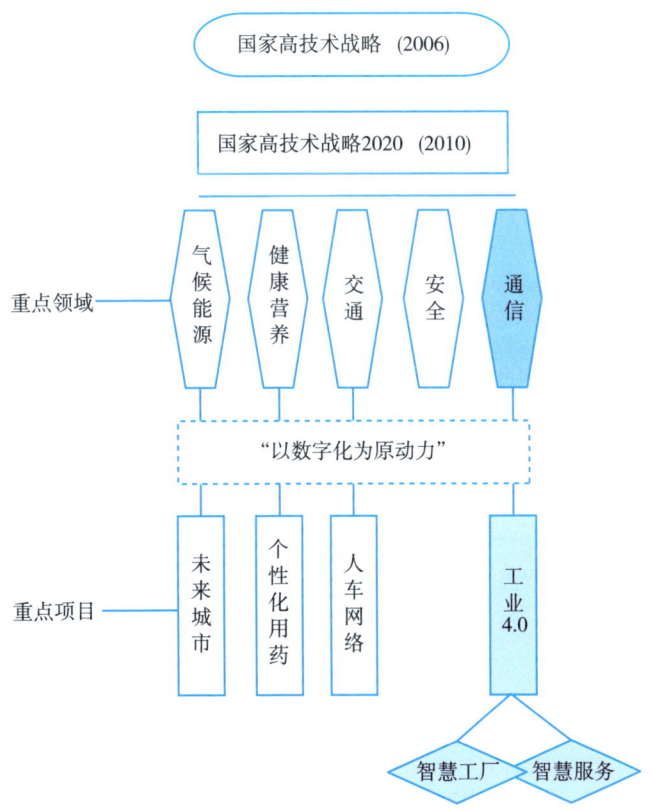

图 1　德国"高技术战略"的演进历史

资料来源：笔者根据德国 High-tech Strategy for German：Idea · Innovation · Growth 整理。

但为了促进自动驾驶汽车的发展，近年来也进行了一些调整，允许汽车企业对其产品的功能进行描述。此外，关于各国间法律协调也遇到一个有意思的问题，如果是一辆柴油汽车，那么可以在欧盟国家范围内畅通无阻；但无人驾驶汽车就不行，因为各国对此的法律条款还不同，需要统一相关规定，而这一点也是一些欧盟国家希望努力实现的。与此同时，随着无人驾驶汽车和车联网的发展，道路交通安全问题、通信安全问题、数据归属及消费者隐私保护问题等都是非常现实的问题。很多国家在这些方面也在推进立法工作（见表1）。

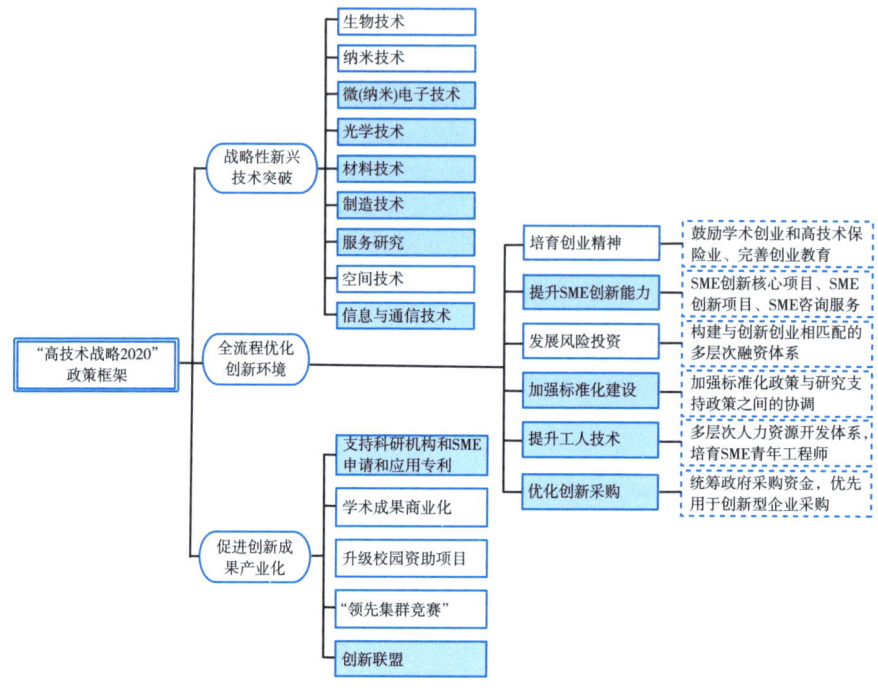

图 2 德国"高技术战略 2020"战略框架与重点政策

资料来源：笔者根据德国 *High-tech Strategy for German：ldea·Innovation·Growth* 整理；蓝色阴影部分表示与工业 4.0 计划的实施存在政策关联。

表 1 主要国家为推进智能汽车发展而进行的法律修订

国家和地区	总体情况	车辆许可	测试和保障
美国	•各州单独立法有利于法律修订迅速获批； •《维也纳协定》未获批	•在个别州明确允许自动驾驶汽车上路（如内华达州、密歇根州、弗吉尼亚州）	•大学及业界使用专门的封闭测试场地（如密歇根模拟城市 MCity）； •在特定的州进行公路测试
欧洲	•大多数国家已加入《维也纳协定》； •德国、瑞典、荷兰、英国呼吁即刻对《维也纳协定》进行修订，前提是全体欧盟成员必须一致通过	•对智能车辆许可有严格限制，例如在德国，智能车辆只可注册为试验车辆； •《维也纳协定》目前禁止配置高度可自动化驾驶功能（如 ECE R79）	•私有及公共测试场地； •针对 A9 高速公路上建成基础设施和互联设备的"数字测试场地"及计划在巴登 - 符腾堡州和下萨克森州兴建的额外测试场地
中国	•目前尚无明确的管理办法，但智能驾驶的整体法律环境利好（《维也纳协定》未获批）	•针对如何解决智能车辆许可问题已有一些建议，但尚未采取切实行动	•多数为经过评选享有专款的国内研究项目

续表

国家和地区	总体情况	车辆许可	测试和保障
韩国	• 韩国政府已决定放宽智能驾驶相关的法律限制（如通过废除针对智能驾驶车辆的限速规定）	• 计划进行法律修订，以推动自动驾驶汽车	• 计划建设公共测试场地
日本	• 自动驾驶汽车相关的立法倡议提上正式议程，但近期进展大幅减缓	• 自动驾驶汽车有获得许可的可能性，可作为试验车辆上路	• 私有及公共测试场地； • 近期宣布禁止纯无人驾驶进行公路测试，采取必要的保障措施加以限制

资料来源：罗兰贝格汽车行业中心、亚琛汽车工程技术有限公司（2016）。

我国近年来在这些方面也做了不少工作，取得了明显成效。比如，2015年5月，国务院提出了"中国制造2025"战略。作为我国制造强国战略第一个十年的行动纲领，该战略系统梳理了我国制造业发展面临的形势和环境，提出了提高国家制造业创新能力、推进信息化和工业化深度融合、强化工业基础能力、加强质量品牌建设、全面推行绿色制造、大力推动重点领域突破发展、深入推进制造业结构调整、积极发展服务型制造和生产性服务业、提高制造业国际化发展水平等战略任务，并提出了一系列政策举措。2015年7月，国务院发布了《关于积极推进"互联网＋"行动的指导意见》，明确提出了国内推进"互联网＋"行动的顶层设计，部署了"互联网＋"创业创新、"互联网＋"协同制造、"互联网＋"智慧能源、"互联网＋"高效物流、"互联网＋"电子商务、"互联网＋"便捷交通、"互联网＋"人工智能等11个重点行动领域，很多都与汽车产业发展密切相关。在这些政策的共同推动下，我国汽车产业数字化转型也取得了不少积极成果，未来发展空间巨大。以汽车共享为例，据预测，2015~2018年，国内直接需求将由816万次/天快速增长到3700万次/天，对应的市场规模将由660亿元/年增长到3800亿元/年；而从潜在需求看，到2018年对应的潜在市场容量有望达到1.8万亿元（见图3、图4）。

从进一步发展的角度看，具体建议如下：一是加快与汽车产业数字化转型相关法律法规的立改废工作，尽早明确信息安全职责、数据归属、隐私保

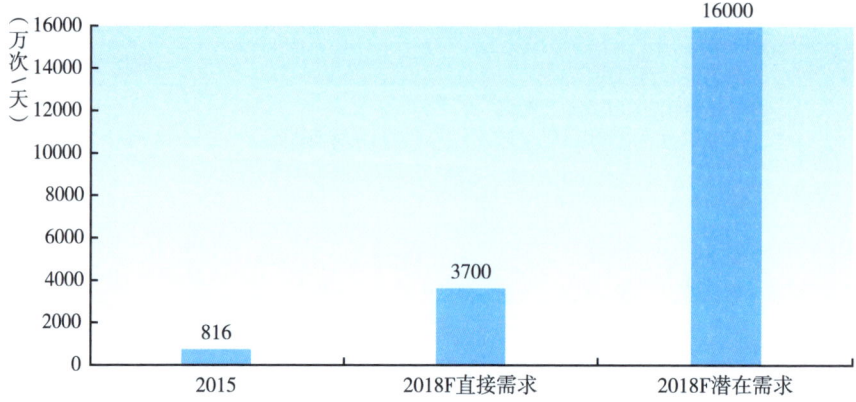

图3　2018年国内汽车共享出行次数预测

资料来源：罗兰贝格（2016）。

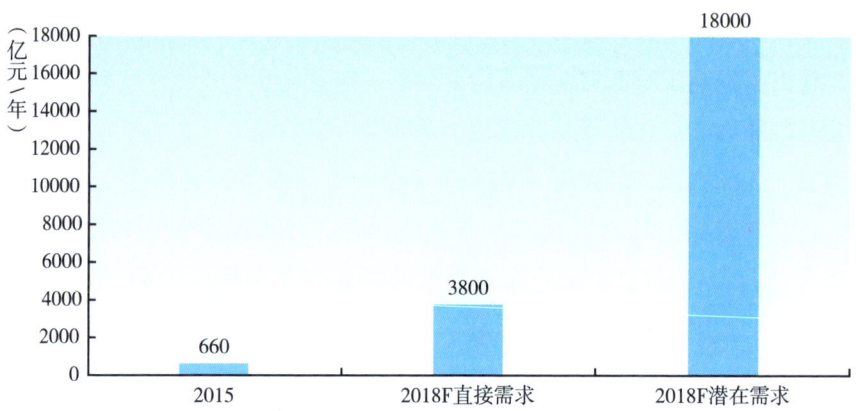

图4　2018年国内汽车共享出行需求容量

资料来源：罗兰贝格（2016）。

护等问题，把自动驾驶、无人驾驶等新技术、新产业发展纳入法治化轨道。二是以更加开放和包容的态度，对待数字化转型所带来的生产组织方式变革。相比于钢铁、石油及芯片等核心投入要素，公路、铁路及信息网络等基础设施建设，以及主导产业的交替变化，生产组织方式变革中出现的不适和斗争更为复杂激烈。目前施行的产业规制政策和手段，基本都形成于上一轮技术经济范式，所以更加适应过去的技术经济范式。但是，这些过去行之有效的公共政策，很有可能与新型生产组织方式不匹配，成为现在新型产业组织成长的障碍。在这种情况下，应该以更加开放、包容的态度给予新型生产组织试错的机会，并及时调整取缔不合时宜的管制理念和手段。三是进一步深化和明确对自动驾驶、无人驾驶、车联网等基础概念的认识，并有针对性地提出发展路径，不宜笼统谈论智能网联。四是保持政策的一致性、稳定性，为企业开展中长期投资提供稳定预期。

二 鼓励支持企业开展数字化改造，深度挖掘全生命周期内效率提升的巨大潜力

汽车产业是全球经济发展的重要支撑，也是实践数字化转型的代表性领先行业。从重要性来看，以欧洲为例，汽车产业共实现就业1220万人（占欧洲就业人口的5.6%），其中汽车制造业实现就业310万人（占欧洲制造业就业人口的10.4%）；每年R&D支出总额在447亿欧元左右，是支出最高的私人部门；为欧盟15国每年贡献了超过4000亿欧元税收。从数字化水平来看，很多重要的传统整车制造企业和零部件制造企业，应用数字化工具的历史已经很长，数字化转型基础明显较好，目前在研发设计、生产制造等环节的数字化实践已经很多，并且取得了实际效果，同时正在进一步向销售等服务环节拓展，希望能够提升全产业链的数字化水平。近年来的一批新进入者如特斯拉、谷歌、百度等更是直接提升了整个行业的数字化水平。

面对消费者日益提高的多样化要求以及资源环境等限制条件的约束，汽车产业发展变革将呈现很多新的趋势，很多都与数字化息息相关。一是汽车产品将更多表现出智能化特征，车联网预计也将实现快速发展。近年来，在相关测试工作的稳步推进、相关技术成本的持续下降等多方面积极因素的综合影响下，先进驾驶辅助系统等正从高档车型向中档甚至入门级车型扩展，很多智能化技术的初级应用市场已经基本形成。未来一段时期内，高水平智能化应用将成为汽车产品的标配。二是生产方式存在着大规模定制及传统大规模生产与极致个性化定制并存这两种潜在路径。这将主要取决于汽车共享

模式的发展,在中短期内,大规模定制的前景更为明朗;中长期,两种方式都有可能。在汽车共享成为主流的前提下,大规模定制很可能成为主导方式。其中代表性的例证包括大众集团推行的模块化生产方式,博世集团规划的远景目标"单件流"(即能够通过单件个性化零部件的生产获取利润)。但在汽车共享成为主流的前提下,传统大规模生产与极致个性化生产的组合很可能成为主导方式。关于汽车共享对新车销量影响的研究已有很多,但由于针对地域、假设条件等方面的不同,这些研究结果之间的差异相对较大,少的认为增加1辆共享汽车会减少约10辆对自用新车的消费需求,多的认为会减少约30辆。但无论如何,如果汽车共享模式得到广泛接受和应用,消费者很可能不会对共享车辆的品牌、性能等提出过多要求,共享车辆采用传统大规模生产方式即可;与此同时,还有一部分消费者愿意独自拥有更具个性化的车辆,则需要通过个性化生产来满足。三是汽车共享模式很可能会改变汽车的既有属性。汽车的价值将从"拥有"变为"使用",这会给整个价值链上的所有利益相关者带来重大影响,包括消费客户从私人用户向车队用户的转变、消费形态从一次全额购买为主向租赁为主的转变等。四是在自动驾驶特别是无人驾驶发展到一定阶段后,汽车产品的平台功能将体现得更为充分,汽车的功能定位也将不仅仅是提供移动出行服务。当前,各方面已经围绕汽车产品的平台化发展模式展开了激烈的竞争。在传统汽车企业中,如斯柯达公司于2016年11月在欧洲推出了My Skoda APP,集成了包括车辆参数、用车服务、通信、社交、购物等一系列功能,截至目前已实现下载9.7万次,其中活跃用户大约有2.8万人。再如,长安汽车搭建了ppStore服务平台,使其inCall整车车载终端具有软件下载、更新、支付和远程系统升级等功能,初步使现有车载终端具备了消费电子移动终端的特性。此外,一些原本就是平台型企业的汽车产业新进入者,也在积极布局这个市场。总体来看,要更及时、更低廉地满足消费者多样化的需求,汽车产业需要吸收借鉴一些电子信息类产品的成功经验,进一步提升整个产业链的数字化水平。

从国外的一些预测性分析和实践来看,汽车产业通过数字化转型能够进一步挖掘的潜力非常大。在宏观产业层面上，未来 5~10 年，随着更多企业采用工业 4.0 技术方案，按总成本计算，德国汽车制造业生产效率将有可能提高 6%~9%，对应的经济效益为 250 亿欧元~380 亿欧元。

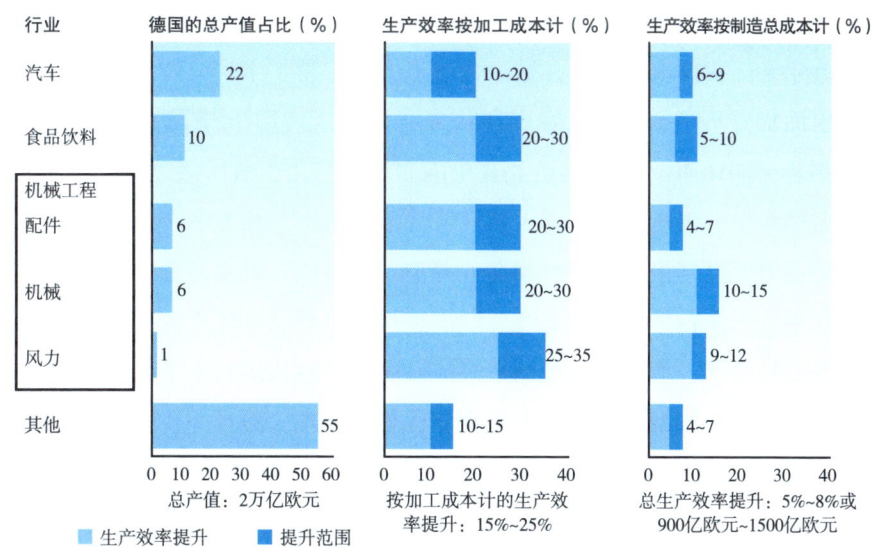

图 5　工业 4.0 技术将给德国产业带来生产效率提升

资料来源：BCG（2016）。

在微观企业层面上，代表性的案例则更多。比如，西门子公司认为，目前很多生产线在生产间歇期、周末或者换班期间未生产时，依然处于运行状态并消耗大量能源；可以通过让机器人在短暂间歇期进入待机状态和在较长间歇期进入准备模式等多种方式，实现降低总能耗 12%。再如，使用博世力士乐的智能拧紧系统，能够减少停机时间约 10%，降低相关成本约 10%。

在汽车产业这样一个体量巨大的行业提升数字化水平，多数企业难以承受新建工厂及生产线的高昂成本，对现有工厂持续开展数字化改造是一条经济可行且走得通的路径。历史发展经验表明，在全球及我国产业转型升级过程中，技术改造一直扮演着重要角色。这一结论，在数字化转型过程中依然成立。比如，Mckinsey Digital 认为，制造业经历过若干次的技术革命，要实现工业 4.0 所要求的设备更换比例并不难，特别是与之前实现自动化的过程

相比较，更是如此。在蒸汽机革命中，几乎所有的制造业设备都需要更换；在电力革命中，只有10%~20%的设备需要相应替换；在自动化革命中，则有高达80%~90%的设备需要更换；而在工业4.0中，由于很多已有设备具备互连改造的基础，设备替换的比例并不高，只有40%~50%。

近年来，我国汽车产业在数字化改造方面取得了不少成效，但进一步的发展也面临着不小挑战。从发展现状来看，根据《2016中国制造信息化指数》报告，2016年，汽车制造业在中国制造信息化指数所涵盖的36个行业中排名第6位，仅次于石油和天然气开采业，电力、热力生产和供应业等流程型行业以及电气机械和器材制造业等离散型行业。汽车制造业在生产装备数控化率、云平台渗透率、工业互联网连接水平等基础环境方面，以及在电子商务交易水平、产品设计与制造集成、企业平台化运营水平等产业应用方面，与各行业比较都有中等偏上甚至更优异的表现。而且，在实际调研中发现，外资企业、中外合资企业的数字化应用各有侧重点，总体水平也比较高，基本与国外领先企业处于同一个水平线上；自主品牌企业尽管存在差距，但近年来通过多种方式，总体上取得了很多进步。比如，在研发设计环节上，很多企业逐渐采用了三维多工艺协同设计工具（CAD）、仿真分析工具（CAE）、产品生命周期管理系统（PLM）、3D打印技术等多种数字化工具，一些企业已经能够从设计到制造都采用统一的三维模型数据源以实现设计制造的一体化。在生产制造环节，制造执行系统（MES）的应用已经比较普遍，三维工厂模型、车间可视性等工具的应用也在逐渐普及。一些企业在运营管理系统性集成、工业互联网平台建设等方面也有了较大进展。在服务环节，一些企业已经建立了供应链管理系统（SCM）、客户管理系统（CRM）、经销商管理系统（DMS），并且开始尝试通过数字化工具提供个性化定制服务，提高客户体验度。但同时应该看到，很多自主品牌企业在开展数字化改造中还面临着不小的挑战或者两难的选择，其中比较突出的有以下两个方面。一是如何平衡短期较大投入与长期不确定性收益之间的两难。即使企业有意愿跟上数字化转型步伐，但也会顾及开展数字化改造所需要的短期较大规模投入，而且这些投入将会带来多大收益还存在较大的不确定性。

二是即刻提升效率但受制于人，与自主发展但短期难以见效之间的两难。对自主品牌企业而言，开展数字化改造大多只能选择外包的方式，而且基本也只有一些国外企业可供选择。除去成本因素之外，企业还需要统筹考虑如何解决缺少整体架构的问题及缺少数据安全的问题。

为更好解决以上问题，具体的政策建议包括如下几个方面：一是积极促进政产学研用多方合作，在吸收借鉴国外先进理念和做法的基础上，强化汽车产业数字化转型的本土问题意识，引导国内企业更加明确数字化改造的路径、重点等关键性问题；二是更大力度鼓励支持企业对现有工厂进行数字化改造，通过加装传感器、数控装备、通信接口等夯实数字化转型的基础；三是在现有的技术改造资金扶持政策中，加入更多与技能提升、现场管理等相关的咨询性服务内容，提高"软硬结合"程度；四是鼓励支持具备基础的国内企业积极参与汽车产业的数字化改造，并为行业提供更多发展范本。

三 统筹考虑关键性领域、基础性领域的标准体系建设及标准推广，为产业内及产业间融合发展提供依托

标准体系建设，对形成产业化、国际化等推动现代经济发展的动力机制起着至关重要的作用。从产业化角度看，"制造体系"概念最早出现于威尼斯造船业，后来被英国、美国等借鉴并进一步发挥，而在制造体系最早的含义中，基于相关标准的通用件就是一个关键组成部分。实际上，类似的例子在18世纪工业革命之后数不胜数。从国际化发展角度看，全球化的标准体系建设对推动现代经济发展起着重要作用。ISO的发展就是一个重要例证。ISO起源于20世纪初工业化革命过程中的标准化运动。ISO的发展历程可以被划分为三个阶段：第一阶段形成国际标准化能力；第二阶段为全球贸易提供技术基础架构，协助建立全球市场；第三阶段向社会问题标准化拓展，如质量管理体系标准、环境管理体系标准、社会责任标准等。截至2016年底，ISO共吸纳了163个成员，累积发布了21478项国际标准及相关的说明性文件，这些标准和文件主要集中在工程科技、材料技术、信息通信技术、交通

运输等领域。

无论从历史经验还是未来发展趋势看，标准体系的竞争力都是一个国家产业竞争力的重要组成部分。全球化标准体系包括汽车产业标准体系，其在某种意义上具有公共产品供给的作用，对推动各国产业发展是有利的。但还需要看到，这种利益在各个国家之间的分布是不平均的。以现代信息通信产业的发展为例。现代信息通信产业的多项基础性技术都发端于美国，但美国信息通信产业发展的全球领先地位不仅有技术层面的原因，还在很大程度上归功于标准层面。美国强调把其标准哲学及具体标准推广到全球范围，而将国内标准上升为通行的国际标准，对相关产业发展的好处是不言而喻的。展望未来，标准体系的竞争，将贯穿"工业4.0"、"工业互联网"、"中国制造2025"等战略构想竞争的全过程。

在整个经济社会的数字化转型过程中，涉及标准问题的广度、宽度、难度都前所未有，需要协调的利益主体也更加多元，但这同时意味着巨大的机遇。有鉴于此，全球主要国家都在积极推动部署相关工作。比如，2015年4月，德国工业4.0平台提出了"工业4.0参考架构模型"（Reference Architectural Model Industrie 4.0，以下简称RAMI 4.0），从功能维度、价值链维度、工业系统维度构建了全局性视图，其中的每个方面都与标准化工作密切相关（见图6）。

再如，2015年6月，美国工业互联网联盟（Industrial Internet Consortium）发布了"工业互联网参考架构"（Industrial Internet Reference Architecture，以下简称IIRA），包括商业、使用、功能、实现四个层级的视角，其中最核心的是功能视角，以用于确定工业互联网系统所需具备的关键功能及其相互关系，包括控制、运营、信息、应用、商业共5个功能域。整个IIRA构建的思路是，从工业互联网系统所要实现的商业目标出发，明确工业互联网系统运行和操作的主要任务，进而确定工业互联网的核心功能、关键系统模块及其相互关系。事实上，只有在IIRA基础上，才能指导工业互联网系统的开发和部署，加快布局工业互联网标准，再通过标准来引领技术创新、互联互通、系统安全等方方面面的工作。从RAMI 4.0和IIRA的例子，可以得

汽车产业数字化转型的政策建议

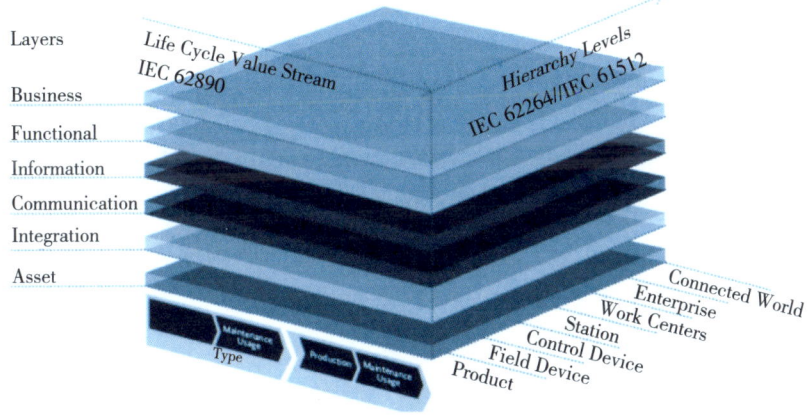

图 6　工业 4.0 参考架构模型（RAMI 4.0）

资料来源：Plattform Industrie 4.0（2016）。

出以下结论，即数字化转型过程中的标准体系建设和推广应用必须从全局高度出发。这是因为，数字化转型涉及产业内以及产业间的广泛融合，这就要求在标准体系建设时需要有总体视角，只有在搭建起全局性系统架构的基础之上才能继续推进各个具体领域的标准体系建设，否则各个领域之间难以兼容。这与以前仅仅考虑单个领域的标准体系建设时有根本性区别。由于汽车产业的数字化转型是一个跨行业议题，所以这个结论在构建相关标准体系时也成立。

在汽车产业以及整个制造业数字化转型过程中，我国面临着不小的挑战，但同时存在很大的机遇。应该看到，在过去的全球化格局和产业发展体系中，我国在标准体系建设方面的国际话语权是相对很小的。在新的数字化转型背景下，尽管我国与美国、德国、日本等国在一些标准体系制定上处于劣势地位，特别是与美国在信息通信产业标准制定上差距很大，但相比以往已有很大改善。与此同时，我国确实还面临着前所未有的良好机遇，主要体现在以下两个方面：一是已在 5G 等重点领域的标准体系建设上取得很大进展，也积极参与了相关国际组织开展的工作，话语权相比以往明显增大；二是我国的相对领先地位在"一带一路"沿线国家中更加凸显，如果能够快速推动相关标准体系的互联互通,凭借该区域巨大的经济规模体量,将使我国在推动国内标准国际化推广应用方面占据更有利地位。

在具体政策建议上,主要有以下两个方面:一是统筹考虑标准制定问题,在标准体系建设推广及走向国际化,与促进国内汽车产业自主探索之间找到平衡;二是广泛听取相关机构、企业、专家学者的意见建议,优先制订智能制造标准化建设指南,按照"共性先立"的原则集中力量制定实施,以加快构建智能制造标准体系。

四 调整完善人才培养、引进、使用、培训、保障机制,尽快消除制约汽车产业数字化转型面临的人力资源短板

在数字化转型过程中,人才的重要性有增无减。而且相比以往,数字化时代对个体所要掌握的知识、技能等提出了新的更高要求,也对人与工作岗位的既有匹配方式带来了重大结构性影响。比如,布莱恩约弗森和麦卡菲认为,在数字化时代,相较于机器,思维能力、大框架的模式识别和最复杂程度的沟通这三项能力,是认知领域中人类仍然具有优势的环节,并且在未来一段时期内还将继续保持;但在其他领域,人类的工作机会则面临着严峻挑战。

全球主要国家在实现数字化转型过程中,都在人才发展和就业机会方面面临着重大挑战,但同时有针对性地采取了一些措施。世界经济论坛对全球15个主要经济体、9个行业门类中的企业首席人力资源官,以及顶尖战略执行人士开展了调查,结果显示,第四次工业革命不仅将在未来5年内引发商业模式的变革,也将导致劳动力市场的广泛震荡。该报告认为,在未来5年中,裁员、自动化发展和中介环节减少等多方面因素,将导致710万个就业岗位消失,其中多数属于"白领式"或行政性工作;尽管还会有如计算机行业和数学,以及建筑和工程行业之间的族群式联系带来的210万个新增就业岗位,但总体上将带来500万个就业岗位的净减少(见图7)。

汽车产业数字化转型的政策建议

图7 第四次工业革命对就业的影响（2020年）

资料来源：世界经济论坛，《未来就业报告》，2016。

在接受调查的15个经济体中，只有5个经济体（东盟、墨西哥、英国、美国、土耳其）对就业前景持乐观态度，但即使在这些国家中，重大的职业转化也正在发生。为应对这些变化，世界主要国家采取了一系列措施。据马化腾等总结，美国形成了一套多主体、多元化、全方位的培养体系，政府作为引导者和服务者，制定优惠的政策引导社会的"数字素养"培养，提供大量资金投入基础设施建设；教育工作者作为主要的培养者，通过科学、系统的研究制定一套合理、可行的标准，再借助多样化的课程体系加以推行；社会组织在这一过程中也扮演着举足轻重的角色，这些组织一方面是政策的建议者，一方面又是独立的教育者，对政府和教育系统难以企及的地方加以积极的补充。欧洲也同样形成了政府、教育机构和社会力量三方面共同发展的体系，但与美国又有所不同。政府扮演的主要是"数字素养"教育的引导者和框架制定者的角色；教育机构进行教育的方式，也并非直接设立课程体系，而是融入各门课程教学的过程之中；承担教育责任的社会力量，也并非如同美国一样主要由智库等研究机构承担，而是主要由图书馆和图书馆协会负责培养。

具体到汽车产业，人力资源方面面临的挑战也很大。世界经济论坛的报告认为，在包含汽车在内的交通领域中，劳动者技能的变化将主要体现在社交能力、技术能力、认知能力、资源管理能力、处理复杂问题的能力等多个方面；而满足这些能力所面对的主要障碍包括对颠覆式变化缺少充分认识和理解、拥有资源的限制、来自投资者的短期收益压力等；企业重点采取的应对措施包括对现有员工进行再培训投资、支持工作轮换、与外部教育机构合作、采取学徒制方式、吸引国外优质人力资源等。尽管如此，该报告的调查表明，仅有67%的企业认为采取这些措施能够有效应对数字化转型挑战，而另外33%的企业则认为还不够。针对这个问题，我们也开展了国外调研，主要有以下三点认识。第一，实现工业4.0最关键因素是人，最难的地方也是人。从有利的因素看，对于那些原来依附于工程师的"暗默的知识"，可以通过数字化工具"显性化"地记录、整理、积累并以标准化的形式推广应用，从而提升新员工的工作效率；但与此同时，人力资源方面遇到的挑战也非常突出，包括员工观念难以改变，知识更新速度太快，目前在岗的绝大多数员工缺少应用数字化技术的早期经历，工作的内容、程序和环境都发生了明显变化等。第二，由于工会组织压力等多方面因素，一些企业在推行自动化、数字化改造上面临不小的阻力，这也延缓了整个转型进程。第三，很多领先汽车企业已经充分认识到了人力资源方面面临的巨大挑战，并且开展了很多工作，比如成立数字化部门，并把提升现有员工的适应性作为其重点任务之一。

在国内调研中发现，人力资源方面遇到的挑战普遍存在，只是特点和程度上有所不同。相比国外较为有利的因素包括：汽车产业从业人员中年轻人所占比例更高，接受适应数字化工具等新生事物带来变化的速度更快；企业用工调整空间相对更大，机制也更为灵活，推进自动化、数字化改造的阻力相对较小；等等。相比国外更为不利的因素包括：一些汽车企业的中高层管理者对相关问题的认识不到位；实体经济与虚拟经济发展相对失衡，整个社会对制造业工作岗位形象的认知不佳，影响了制造业吸引中高端人才；由于教育过程中课程设置等因素，既懂信息技术又懂生产制造过程的复合型人才更加缺乏；企业培训工作还需进一步加强；社会保障体系亟待完善；等等。

在具体建议上，主要有以下几个方面：一是切实强化"人才第一"观念，把充分挖掘现有人力资源潜力作为首要目标和政策着力点；二是对"机器替代人"等类似提法应该慎重，因为这很可能会影响企业管理者和员工对推进数字化转型的共识，将会带来一系列负面影响；三是借鉴德国等先进国家开展学徒制的经验，鼓励支持相关企业探索适应我国国情的学徒制体系；四是调整优化职业教育管理体制，完善职业认证等级制度，提升技能型、专门型职业人才在人才体系中的地位；五是尊重制造业人才结构特征，并注重研究型、应用型、技能型人才培养；六是尽快完善社会保障体系，消除人员流动的后顾之忧，进一步提升人力资源配置效率。

五 加强专业化联盟及合作平台建设，发挥好其在信息、知识传播共享及国际交流合作方面的积极作用

要实现我国汽车产业的数字化转型，需要推动跨国别、跨产业以及汽车产业内部各企业间的信息传播和共享。原因主要包括以下三个方面。第一，全球主要汽车强国推进数字化转型的战略认识、技术重点选择、行动机制等对我国有很多可借鉴之处，我国在一些方面的领先做法也应该进一步推向全球。美国、德国、日本等国依托自身比较优势，提出了方向接近但实施路径、重点环节有所差异的数字化转型战略计划，我国可以从中发现一些有益的启示借鉴，并提出适合我国国情和产业发展阶段的战略计划。与此同时，结合我国产业转型升级总体愿景，以国内市场容量大、IT行业发展势头迅猛、商业模式创新扩散快速、"一带一路"倡议深入推进等相对比较优势为依托，我国也应该向国际社会贡献关于数字化转型的"中国方案"，共同推进相关行动。第二，汽车产业数字化转型是一个跨行业议题，涉及多个行业融合发展。数字化转型是一项系统工程，覆盖面广、难度很大。从全球领先汽车企业的实践看，大多数是通过在内部设立数字化部门等方式来统筹推进本企业的数字化转型，但即使如此通常也需要与IT行业加强沟通和合作。而对我国汽车产业的调研表明，由于绝大多数企业仍不

具备打通数字世界和物理世界的基础条件、知识和人才储备等多种因素，希望通过局部外包方式来推动数字化转型的企业占比明显更高。实际上，传统汽车企业和IT企业在汽车产业数字化转型这个问题上，各有独特的技术手段和知识储备，加强合作共同推进是更为现实的路径选择。第三，汽车产业数字化转型是一次全产业链上的提升，需要处于产业链上不同环节的企业以及中小企业的广泛参与和共同努力。以数字化转型的代表性愿景工业4.0为例，汽车产业实现工业4.0愿景是建立在全局而非单个企业基础之上的。汽车产业工业4.0愿景的实现，暗含的意思是整个商业及价值网络上各参与主体的共同提高，如果仅是单个企业开展工业4.0实践，缺少上下游企业的合作支撑，其自身的收益会大打折扣，全局性价值也很难体现。比如，如果上游原材料或者零部件企业、下游物流企业等无法及时响应，整车制造企业的效率再高，也很难低成本满足消费者个性化需求。

德国、美国等都认识到了推动各个层面上信息传播共享的重要性，并且主要通过联盟建设，有针对性地解决这些问题。在德国，工业4.0平台建设是一个重要抓手，平台本身就是一个各利益相关方交流的重要渠道。目前，平台已经发挥了实质性作用，重点包括以下几个方面：一是成为知识和信息传播节点。在线图书馆展示了政府提出的相关战略文件，以及平台各工作组的研究成果等丰富内容；应用案例（Use Case）地图则集中展示了很多应用工业4.0解决方案的实例，其中有相当一部分都集中在汽车产业。此外，法国、日本、法国等也都建立了类似的地图。

二是为企业提供信息、测试服务等多维度支持。在相关成员单位的支持下，平台编制了《中小企业工业4.0实施指南》等多本工具书，并在工厂现场举办研讨会来指导广大中小企业开展实践应用。此外，平台还列出了德国境内能够开展相关测试的地点。与此同时，在德国联邦教育和科研部门的支持下，平台能够为中小企业选择具体的测试点提供意见建议，并为企业提供一部分资金的支持。三是广泛开展国际合作。截至目前，平台已与美国、中国、法国、日本等主要国家共同提出了合作计划，希望让工业4.0从一个"德国课题"变成"世界性课题"，也为本土企业走向国际市场提供了便利。

在美国，工业互联网联盟也在发挥着类似的作用。工业互联网联盟成立于 2014 年 3 月，由 GE 联合 AT&T、思科、IBM、英特尔等企业共同发起。在能源、医疗、制造业、智慧城市、交通这五大领域中，联盟汇总了相关企业的很多实际案例，而且还提供了包括车联网等在内的 24 大类测试床（testbed）信息，以加快推进技术测试和优秀实践的推广应用。

近几年来，我国在这方面也开展了一系列工作，取得了一定成效。2016 年 4 月，中德智能制造联盟由中国电子信息产业发展研究院、中国电子学会共同发起成立，首批会员单位包括海尔、西门子、华为、SAP、沈阳机床、博世、三一重工、菲尼克斯、恩智浦、中移物联、铂力特、徐工信息等六十余家中德两国知名企业，以及中国信息通信研究院、中国电子工业标准化研究院、北京航空航天大学、机械研究总院、中国工业设计协会等科研机构、大学和行业组织[①]。联盟职责包括推进产需对接和行业应用、行业交流与协作等多个方面，已经开展了一些专项研究，初步建立了产业地图。2017 年 6 月，中国智能网联汽车产业创新联盟正式成立。联盟设指导委员会、专家委员会和理事会，下设 V2X、信息安全、基础数据平台、商用车共 4 个工作组，目前联盟首批成员单位已达 98 家，包括一汽、长安、汽研中心、清华大学、信通院、交通部公路院、公安部无锡所、百度等 9 家副理事长单位，上汽、东风、华为、中兴、高德等 32 家理事单位[②]。

在现有基础上，建议进一步做好以下几方面工作：一是推动相关联盟职责更加聚焦，不宜过分强调发挥联盟促进技术创新的原始性功能，而是把重点放在促进国内外、行业内外沟通交流以及相关信息在国内汽车产业内的扩散共享；二是进一步完善扩充产业地图等信息，提高相关信息的完整度和可获得性；三是重视为广大中小企业提供相关信息和服务；四是持续加强国际交流与合作，从框架性合作向实质性合作迈进，并且在这个过程中重视和融入国内汽车企业的优良实践和切身关切。

---

① 资料来源：中德智能制造联盟网站，http://www.im-future.org/dt/909.jhtml。
② 资料来源：中国智能网联汽车产业创新联盟网站，http://www.caicv.org.cn/newslist/a1388.html。

参考文献

BCG：《工业4.0：未来生产力与制造业发展前景》，2016年5月。

European Automobile Manufacturers Association, *Economic and Market Report-Quarter 2 2016*, 2016.

《二十国集团数字经济发展与合作倡议》，2016年9月。

Industrie 4.0 Working Group, *Recommendations for Implementing the Strategic Initiative INDUSTRIE 4.0*, 2013.

ISO, *Annual Report 2016*, 2016.

Mckinsey Digital, "Industry 4.0: How to Navigate Digitization of the Manufacturing Sector", 2015.

Plattform Industrie 4.0, *Reference Architectural Model Industrie 4.0（RAMI 4.0）*, 2016.

World Economic Forum, *The Future of Jobs: Employment, Skills and Workforce Strategy for the Fourth Industrial Revolution*, 2016.

埃里克·布莱恩约弗森、安德鲁·麦卡菲：《第二次机器革命》，中信出版社，2014。

罗兰贝格：《2018年中国汽车共享出行市场分析预测报告》，2016年10月。

罗兰贝格汽车行业中心、亚琛汽车工程技术有限公司：《全球智能汽车指数（2016年第三季度）》，2016年10月。

马化腾等著，郭凯天、司晓主编《数字经济：中国创新增长新动能》，中信出版社，2017。

瓦科拉夫·斯米尔：《美国制造：国家繁荣为什么离不开制造业》，机械工业出版社，2015。

宋紫峰：《对德国工业4.0的几点新认识》，国务院发展研究中心调查研究报告择要，2016年2月。

宋紫峰：《德国工业4.0新进展及对我国的启示》，国务院发展研究中心调查研究报告，2017年1月。

宋紫峰：《我国汽车产业借鉴应用工业4.0的战略选择》，国务院发展研究中心调查研究报告，2017年6月。

宋紫峰：《构建产业新体系的重点任务》，国务院发展研究中心产业经济研究部内部报告，2017年7月。

王平：《ISO的起源及其三个发展阶段》，《中国标准化》2015年第7期。

中国信息化百人会、中国两化融合服务联盟，"2016中国制造信息化指数"，2016年11月。

附 录

Appendix

附录一 汽车产业相关统计数据

产销量及保有量

表1 2002~2016年中国汽车产销量及占世界产销量比重

单位：万辆，%

年份	产量			销量		
	中国汽车产量	世界汽车产量	占世界总产量比例	中国汽车年销量	世界汽车销量	中国占世界销量比例
2002	325	5878	5.5	325	5763	5.6
2003	444	6058	7.3	439	5964	7.4
2004	507	6450	7.9	507	6403	7.9
2005	571	6655	8.6	576	6540	8.6
2006	728	6922	10.5	722	6800	10.4
2007	888	7327	12.1	879	7120	12.2
2008	935	7053	13.3	934	6810	15.1
2009	1379	6170	22.4	1364	6540	25.0
2010	1826	7761	23.5	1806	7460	24.2

续表

年份	产量			销量		
	中国汽车产量	世界汽车产量	占世界总产量比例	中国汽车年销量	世界汽车销量	中国占世界销量比例
2011	1842	7999	22.99	1851	7790	23.8
2012	1927	8414	22.90	1931	8170	23.6
2013	2212	8751	25.28	2198	8564	25.67
2014	2372	8975	26.43	2349	8824	26.62
2015	2450	9078	26.99	2460	8968	27.43
2016	2812	9498	29.61	2803	9386	29.86

资料来源：中国汽车产销量数据2002~2015年来自《中国汽车工业年鉴》，2016年来自《中国汽车工业产销快讯》2017年第1期。世界汽车产销量数据2002~2004年来自Automotive News，2005~2016年来自国际汽车制造商协会。

表2　2005~2016年中国品牌轿车市场占有率

单位：万辆，%

年份	全国轿车销量	其中中国品牌销量	市场占有率
2005	276.77	72.66	26.25
2006	386.95	98.35	25.42
2007	479.77	124.53	25.96
2008	504.69	130.82	25.92
2009	747.10	221.73	29.67
2010	949.43	293.3	30.89
2011	1012.27	294.64	29.11
2012	1074.47	304.96	28.38
2013	1200.97	330.61	27.53
2014	1237.67	277.49	22.42
2015	1172.02	243.03	20.74
2016	1214.99	234.00	19.26

资料来源：根据相应年份《中国汽车工业产销快讯》。

表3　2016年中国汽车产量（含改装车）分地区构成

单位：万辆

地区名称	汽车产量	地区名称	汽车产量	地区名称	汽车产量
重　庆	308.39	安　徽	123.49	陕　西	34.20
北　京	271.00	辽　宁	116.69	福　建	23.33
广　东	243.99	河　北	112.90	山　西	19.32
上　海	242.97	天　津	106.20	云　南	17.45
广　西	229.40	四　川	105.10	内蒙古	10.15
湖　北	222.05	浙　江	92.46	黑龙江	8.76
吉　林	219.74	河　南	65.84	海　南	6.98
山　东	212.74	湖　南	65.35	贵　州	5.85
江　苏	192.95	江　西	42.10	新　疆	2.05

资料来源：2016年《中国汽车工业年鉴》（宁夏、青海、西藏、甘肃汽车产量均为0）。

表4　2016年中国汽车分车型产销情况

单位：万辆，%

	产量	同比增长	销量	同比增长
汽车总计	2811.88	14.46	2802.82	13.65
其中:乘用车	2442.07	15.50	2437.69	14.93
其中:轿车	1211.13	3.91	1214.99	3.44
MPV	249.06	17.11	249.65	18.38
SUV	915.29	45.72	904.70	44.59
交叉型	66.59	−38.32	68.35	−37.81
其中:商用车	369.81	8.01	365.13	5.80
其中:客车	54.69	−7.44	54.34	−8.73
其中:客车非完整车辆	5.52	−21.78	5.50	−21.92
货车	315.11	11.23	310.79	8.82
其中:半挂牵引车	39.87	60.50	38.80	55.08
货车非完整车辆	34.71	1.58	34.60	−0.91

资料来源：《中国汽车工业产销快讯》2017年第1期。

表 5 2001~2016 年中国民用汽车保有量

单位：万辆，%

年份	汽车保有量	私人汽车		其中:轿车保有量①
		保有量	占全国汽车保有量比重	
2001	1802	771	42.8	—
2002	2053	969	47.2	—
2003	2383	1219	51.2	430
2004	2694	1485	55.1	600
2005	3159	1848	58.5	861
2006	3697	2333	63.1	1149
2007	4358	2876	66.0	1522
2008	5099	3501	68.7	1947
2009	6280	4575	72.85	2605
2010	7802	5939	76.12	3443
2011	9356	7327	78.31	4322
2012	10933	8839	80.85	5308
2013	12670	10502	82.89	6410
2014	14598	12339	84.53	7590
2015①	16273	—	—	8793
2016①	18559	—	—	10152

资料来源：2001~2014 年数据来自相应年份的《中国汽车工业年鉴》，①数据来自相应年份《国民经济和社会发展统计公报》。

经济效益

表 6 2001~2015 年中国汽车工业总产值

单位：亿元，%

年份	汽车工业总产值（A）	全国工业总产值		机械工业总产值	
		产值(B)	A/B	产值(C)	A/C
2001	4433.2	95449.0	4.64	20391	21.74
2002	6224.6	110776.5	5.62	24110	25.82
2003	8357.2	142271.2	5.87	25625	32.61
2004	9463.2	201722.2	4.69	35045	27.00
2005	10223.3	251619.5	4.06	41787	24.47
2006	13937.5	316589.0	4.40	54907	25.38

续表

年份	汽车工业总产值(A)	全国工业总产值		机械工业总产值	
		产值(B)	A/B	产值(C)	A/C
2007	17242.0	386747.0	4.50	73567	23.44
2008	18780.5	507448.0	3.70	94040	19.97
2009	23437.8	548311.0	4.27	107484	21.73
2010	30248.6	698591.0	4.33	141583	21.36
2011	33155.2	844269.0	3.93	168871	19.63
2012	35774.4	869597.1	3.59	184131	19.43
2013	39225.4	1019405.3	3.85	~	~
2014	42324.2	1092198.0	3.88	~	~
2015	45014.6	1104026.7	4.08	~	~

注：①表中产值数据均为当年价；
②2001～2006年的B数据为"全部国有及规模以上非国有企业"，2007年以后数据为"全国规模以上企业"；2013～2015年的B数据为工业销售产值。
资料来源：相应年份的《中国汽车工业年鉴》、《中国机械工业年鉴》和《中国统计年鉴》。

表7　2001～2015年中国汽车工业增加值

单位：亿元，%

年份	汽车工业增加值(A)	全国GDP总量(B)①	A/B	机械工业增加值(C)	A/C
2001	1055.6	110863.1	0.95	5270	20.03
2002	1518.8	121717.4	1.25	3799	39.98
2003	2153.4	137422.0	1.57	7034	30.61
2004	2187.8	161840.2	1.35	9088	24.07
2005	2209.9	187318.9	1.18	11012	20.07
2006	3362.7	219438.5	1.53	14407	23.34
2007	4141.4	270232.3	1.53	19533	21.20
2008	4104.1	319515.5	1.28	24450	16.79
2009	5378.7	349081.4	1.54	28043	19.18
2010	6759.7	413030.3	1.64	37400	18.07
2011	7451.7	489300.6	1.52	44345	16.80
2012	7940.4	540367.4	1.47	48069	16.52
2013	8606.2	595244.4	1.45	53309	16.14
2014	9174.3	643974.0	1.42	—	—
2015	10578.0	685505.8	1.54		

资料来源：相应年份的《中国汽车工业年鉴》、《中国机械工业年鉴》，①数据来自《中国统计年鉴2016》。

表8 2001~2015年中国汽车工业利润及主营业务收入情况

单位：亿元

年份	主营业务收入	利润总额	利税总额
2001	4253.7	204.7	502.1
2002	5947.7	373.8	752.0
2003	8144.1	556.8	1032.8
2004	9134.3	575.5	1063.6
2005	10108.4	430.4	981.9
2006	13818.9	738.2	1482.3
2007	17201.4	1027.0	1916.9
2008	18766.9	923.6	1821.6
2009	23817.5	1687.7	3033.9
2010	30762.9	2598.6	4205.5
2011	33617.3	2842.1	4600.2
2012	36373.1	3166.6	5063.6
2013	37155.3	2717.1	4862.2
2014	39942.0	2844.8	5135.6
2015	44617.5	3117.5	5871.5

资料来源：相应年份《中国汽车工业年鉴》。

进出口

表9 2001~2016年中国整车产品出口量

单位：辆

年份	乘用车					商用车				
	总量	轿车	越野车	小客车≤9座	其他	总量	载货车	客车>9座	专用汽车	其他
2001	3579	763	853	69	1894	22494	8527	1091	767	12109
2002	2270	969	440	269	592	26375	10520	2076	1193	12586
2003	7795	2849	648	745	3553	37612	26142	2550	471	8449
2004	73213	9335	779	2840	60259	63045	52796	4784	1257	4208
2005	38785	31125	1844	5816	0	125473	100153	6439	1625	17256
2006	115467	93315	7984	14168	0	227912	163064	12917	4479	47452
2007	264501	188638	25671	43210	6982	349911	275806	41896	12261	19948
2008	318593	241316	24438	40523	12316	362415	287720	33928	14364	26403

续表

年份	乘用车					商用车				
	总量	轿车	越野车	小客车≤9座	其他	总量	载货车	客车>9座	专用汽车	其他
2009	153005	102432	12280	17872	20421	217025	177926	23264	8912	6923
2010	282368	179940	22502	39918	40008	284285	232081	36517	8710	6977
2011	470090	372083	24309	64086	13212	379718	322053	42415	12845	2765
2012	587700	495456	4863	71201	16180	428029	355450	54450	16657	1472
2013	553339	424471	3063	103089	22716	395210	310673	63089	17328	4120
2014	507723	370943	5231	99346	32203	440186	329528	88071	17550	5037
2015	423433	307992	3020	59248	53173	331862	252108	59173	17116	3465
2016	529004	334068	2937	84510	107489	280807	185900	57908	14791	22208

注：2005年和2006年乘用车分类与其他年份有所不同。
资料来源：2001~2015年数据根据相应年份的《中国汽车工业年鉴》整理，2016年数据来自《中国汽车工业产销快讯》2017年第2期。

表10 2001~2016年中国整车产品出口贸易额

单位：万美元

年份	乘用车					商用车				
	总金额	轿车	越野车	小客车≤9座	其他	总金额	载货车	客车>9座	专用汽车	其他
2001	3273	1346	764	113	1050	18123	5530	5442	4740	2411
2002	3359	1675	1094	212	379	21418	7163	4846	5876	3533
2003	6118	3086	1376	368	1288	31074	15919	4304	7940	2911
2004	17214	8397	1458	1563	5796	48259	27501	8103	8451	4204
2005	32460	27058	2242	3160	0	118552	68199	19665	11783	18905
2006	83935	63038	9982	10915	0	229530	118198	41619	33237	36476
2007	208617	140184	27194	35307	5932	521951	325761	90098	95504	10588
2008	245917	179501	25726	32029	8662	717073	431579	108175	160233	17086
2009	110199	80379	11006	12747	6067	408838	254607	63812	79432	10987
2010	186099	127632	19362	29437	9668	512315	318382	103657	81577	8698
2011	333971	259750	22613	44195	7414	760615	481339	153639	118366	7272
2012	429025	358943	5425	52196	12461	943725	573217	193545	172786	4177
2013	410412	311264	4587	82578	11983	879367	484912	214205	171901	8349
2014	395343	293337	8298	83179	10529	984233	533020	281954	160215	9034
2015	357994	291740	8517	43599	14139	885112	480243	231141	166832	6897
2016	444861	284374	11287	134605	14595	697476	266473	216973	128256	85774

注：2005年和2006年乘用车分类与其他年份有所不同。
资料来源：2001~2015年数据根据相应年份的《中国汽车工业年鉴》整理，2016年数据来自《中国汽车工业产销快讯》2017年第2期。

表11 2001～2016年中国汽车产品（含整车和零部件）进出口贸易额

单位：亿美元，%

年份	进口额	出口额	全国货物出口总额	汽车出口贸易额占全国货物出口贸易总额比例
2001	47.0	27.1	2661.0	1.01
2002	65.9	33.6	3256.0	1.03
2003	148.4	80.3	4382.3	1.83
2004	168.6	124.2	5933.2	2.09
2005	154.3	167.7	7619.5	2.20
2006	212.7	289.1	9689.8	2.98
2007	267.7	412.6	12204.6	3.38
2008	322.3	476.3	14306.9	3.33
2009	341.9	383.5	12016.1	3.19
2010	581.9	541.4	15777.5	3.43
2011	759.9	719.7	18983.8	3.79
2012	799.2	800.5	20487.1	3.91
2013	842.2	850.7	22090.0	3.85
2014	1004.1	914.9	23422.9	3.91
2015	788.4	842.1	22734.7	3.70
2016	797.5	766.5	—	—

资料来源：2001～2015年汽车进出口贸易额数据来自《中国汽车工业年鉴》，2016年汽车进出口贸易额数据来自《中国汽车工业产销快讯》2017年第2期。历年全国货物出口总额来自相应年份的《中国统计年鉴》。

表12 2015年与中国汽车进出口贸易额超过5亿美元的国家和地区

单位：万美元

国家或地区	进出口贸易总额	进口贸易额	出口贸易额
美国	3169690.4	1389527.1	1780163.4
德国	2525365.4	2275332.5	250032.9
日本	2140476.2	1451481.5	688994.7
韩国	962848.5	628542.2	334306.3
英国	881139.7	689773.0	191366.7
墨西哥	433677.0	204628.1	229048.9
越南	284230.9	13224.6	271006.3
伊朗	209823.5	14.0	209809.5
加拿大	206186.8	55803.3	150383.5
泰国	203459.0	57589.1	145869.3

续表

国家或地区	进出口贸易总额	进口贸易额	出口贸易额
斯洛伐克	186049.0	172560.5	13488.6
意大利	175630.8	85641.2	89989.6
俄罗斯联邦	172493.8	579.8	171914.0
法国	161455.0	96925.0	64530.1
沙特阿拉伯	144731.3	5.5	144725.8
澳大利亚	144128.2	7271.4	136856.7
马来西亚	143938.9	18141.2	125797.7
印度	141705.9	12511.0	129194.9
匈牙利	140607.8	120931.0	19676.7
西班牙	137158.2	53761.4	83396.8
阿拉伯联合酋长国	134258.5	618.6	133639.8
荷兰	119225.2	30212.8	89012.5
中国香港	117658.4	447.9	117210.5
巴西	113870.6	7138.6	106731.9
瑞典	113330.7	91749.9	21580.8
中国台湾	110006.7	33136.8	76869.9
委内瑞拉	106102.6	1.0	106101.6
菲律宾	93960.7	7167.5	86793.2
尼日利亚	91670.2	0.4	91669.9
印度尼西亚	90083.5	8401.5	81682.0
捷克	86073.5	67261.1	18812.4
波兰	82489.4	31362.4	51127.0
南非	79036.0	4364.9	74671.0
比利时	77040.0	40536.1	36503.9
缅甸	72777.9	0.1	72777.8
土耳其	68146.3	8949.8	59196.6
智利	67038.0	7.7	67030.3
阿尔及利亚	65109.7	16.4	65093.3
奥地利	64708.6	60830.3	3878.3
巴基斯坦	61923.2	2.1	61921.2
葡萄牙	58898.0	51136.6	7761.4
埃及	54743.0	64.3	54678.7
哈萨克斯坦	50475.3	0.2	50475.1

资料来源：2016年《中国汽车工业年鉴》。

表13 2001~2016年中国整车产品进口量

单位：辆

年份	乘用车					商用车				
	合计	轿车	越野车	小客车≤9座	其他	合计	载货车	客车>9座	专用汽车	其他
2001	61776	46632	10336	4551	257	9613	3138	4056	1171	1248
2002	115047	70329	32179	12348	191	13148	6692	3356	1112	1988
2003	153591	103017	39669	10812	93	18119	9862	4600	1285	2372
2004	162077	116085	35308	10510	174	13577	8078	2493	962	2044
2005	154835	76542	65966	12326	0	6490	3032	1336	552	1570
2006	218312	111777	86273	20262	0	9461	5582	1840	625	1414
2007	302096	139867	142228	19144	857	12034	9147	1558	435	894
2008	395799	154521	215062	24674	1542	13970	10171	2311	498	990
2009	409225	164837	207381	35693	1314	11471	8201	1902	375	993
2010	791126	343653	351408	89919	6146	22219	14977	5092	333	1817
2011	1011871	410270	430886	162911	7804	26751	19453	5196	214	1888
2012	1108730	446992	456362	179508	25868	23301	19452	2526	235	1088
2013	1179979	423439	505343	230915	20282	15061	11197	2386	224	1254
2014	1411561	469639	588921	344179	8822	14285	11501	1031	298	1455
2015	1091386	352460	471750	264340	2836	10380	7062	899	211	2208
2016	1062509	377353	465739	206190	13207	14478	7694	737	179	5868

注：2005年和2006年乘用车分类与其他年份有所不同。

资料来源：2001~2015年数据根据相应年份《中国汽车工业年鉴》整理，2016年数据来自《中国汽车工业产销快讯》2017年第2期。

表14 2001~2016年中国整车产品进口贸易额

单位：万美元

年份	乘用车					商用车				
	合计	轿车	越野车	小客车≤9座	其他	合计	载货车	客车>9座	专用汽车	其他
2001	126095	94730	24556	6558	250	45144	12047	9276	18803	5018
2002	260588	161367	76738	22126	357	60351	25970	8606	18630	7145
2003	443757	308252	113634	21665	206	83835	42621	7554	23262	10398
2004	459487	326924	109418	22448	698	82131	40429	5705	25446	10551
2005	467495	259413	181941	26141	0	48879	19335	5002	16188	8354
2006	692752	399386	253832	39534	0	63376	33136	6887	16350	7003
2007	982770	500973	437365	42733	1699	117600	89497	5438	19610	3055

续表

年份	乘用车					商用车				
	合计	轿车	越野车	小客车≤9座	其他	合计	载货车	客车>9座	专用汽车	其他
2008	1403259	635604	712064	52329	3262	123050	81353	8922	28041	4735
2009	1435439	656610	707877	67946	3006	111691	76770	8279	21994	4648
2010	2889909	1414774	1271141	185665	18329	188643	131584	23169	25763	8128
2011	4087090	1863024	1788509	416180	19377	241453	185280	25727	21359	9087
2012	4546811	1957018	2049518	477587	62688	221351	186311	14871	12210	7959
2013	4745328	1762141	2320267	603367	59553	154607	112266	12434	16325	13582
2014	5968675	2103598	2842405	968452	54220	123921	86611	6346	15882	15082
2015	4418170	1379684	2265379	752060	21047	90338	50051	4757	12368	23162
2016	4398816	1350029	2267617	689719	91451	95842	37505	3444	7518	47375

注：2005年和2006年乘用车分类与其他年份有所不同。

资料来源：2001~2015年数据根据相应年份《中国汽车工业年鉴》整理，2016年数据来自《中国汽车工业产销快讯》2017年第2期。

表15 2001~2016年中国除整车外汽车产品（含摩托车）进出口情况

单位：亿美元

年份	进口金额	出口金额	净出口额
2001	29.91	24.98	-4.93
2002	33.98	31.27	-2.71
2003	95.64	76.55	-19.09
2004	114.44	117.64	3.2
2005	102.63	148.54	45.91
2006	137.13	257.75	120.62
2007	157.64	339.58	181.94
2008	169.67	379.95	210.28
2009	187.27	331.61	144.34
2010	274.00	471.55	197.55
2011	327.00	610.19	283.19
2012	322.43	663.24	340.81
2013	352.24	721.76	369.52
2014	394.81	777.01	382.20
2015	337.56	717.75	380.19
2016	348.00	652.31	364.31

资料来源：2001~2015年数据来自相应年份《中国汽车工业年鉴》，2016年数据来自《中国汽车工业产销快讯》2017年第2期。

人员、研发及相关产业等

表16 2001～2015年中国汽车工业从业人数及劳动生产率（增加值）

单位：万人，元/人·年

年份	汽车工业年末从业人数	工程技术人员数	研发人员数	全员劳动生产率
2001	150.6	15.6	4.5	69269
2002	157.0	16.8	5.3	96342
2003	160.5	17.3	6.2	134301
2004	169.3	20.0	7.1	130451
2005	166.9	19.3	8.9	133549
2006	185.5	22.0	9.1	185255
2007	204.1	24.5	10.9	210166
2008	209.4	25.4	12.4	209256
2009	216.5	26.7	16.3	255947
2010	220.3	31.1	16.9	316725
2011	241.7	35.5	18.7	319684
2012	250.8	37.3	20.2	353077
2013	339.9	42.4	26.2	224532
2014	350.5	47.6	26.6	261731
2015	360.0	49.3	33.8	293808

资料来源：2016年《中国汽车工业年鉴》。

表17 2001～2015年中国汽车工业完成固定资产投资总额

单位：亿元

年份	投资总额	其中：汽车	其中：汽车、摩托车配件
2001	194.3	121.1	48.1
2002	283.2	170.3	71.7
2003	498.6	313.1	122.6
2004	641.3	430.0	145.4
2005	734.2	396.2	209.9
2006	780.9	415.2	240.5
2007	867.9	476.6	253.8
2008	772.3	435.7	229.0
2009	921.8	524.5	277.3
2010	1278.1	708.3	430.4
2011	1398.8	702.8	554.4
2012	1509.3	758.3	598.6
2013	1456.4	828.6	446.8
2014	1554.0	884.2	476.8
2015	3266.8	1853.1	1159.4

资料来源：2016年《中国汽车工业年鉴》。

附录一 汽车产业相关统计数据

表18 2001~2015年中国石油消费量及进口量

单位：万吨

年 份	石油消费量	石油进口量	年 份	石油消费量	石油进口量
2001	22956.4	9118.2	2009	38671.4	25642.4
2002	24823.6	10269.3	2010	44101.0	29437.2
2003	27583.1	13189.6	2011	45619.5	31593.6
2004	32072.9	17291.3	2012	47797.3	33088.8
2005	32547.0	17163.2	2013	49970.6	34264.8
2006	34930.8	19453.0	2014	51814.4	36179.6
2007	36654.5	21139.4	2015	55160.2	39748.6
2008	37332.9	23015.5			

资料来源：《中国能源统计年鉴2016》。

世界汽车工业

表19 2001~2016年世界主要汽车生产国汽车产量

单位：万辆

年份	美国	德国	法国	意大利	英国	日本	韩国	印度	全球总计
2001	1143	569	363	158	169	978	295	85	5577
2002	1227	547	369	143	182	1026	315	89	5878
2003	1211	551	362	132	185	1029	318	116	6058
2004	1199	557	367	114	186	1051	347	151	6449
2005	1198	576	355	104	180	1080	370	163	6647
2006	1129	582	317	121	165	1148	384	202	6922
2007	1078	621	302	128	175	1160	409	225	7327
2008	871	604	257	102	165	1156	381	231	7053
2009	573	521	205	84	109	793	351	264	6170
2010	776	591	223	86	139	963	427	354	7761
2011	865	631	224	79	146	839	466	394	7999
2012	1033	565	197	67	158	994	456	415	8414
2013	1108	573	174	66	159	963	452	389	8751
2014	1166	591	182	70	160	977	452	384	8993
2015	1208	603	197	101	168	928	456	412	9078
2016	1220	606	208	110	182	920	423	449	9498

资料来源：2001~2015年数据来自相应年份《中国汽车工业年鉴》，2016年数据来自国际汽车制造商协会。

321

表20　2001～2016年世界主要汽车生产国汽车销量

单位：万辆

年份	美国	德国	法国	意大利	英国	日本	韩国	印度
2001	1747	363	275	264	277	591	145	82
2002	1713	355	261	257	289	579	162	88
2003	1697	350	244	249	294	583	132	108
2004	1729	356	247	252	296	584	109	134
2005	1744	362	255	248	283	585	114	144
2006	1705	377	249	259	273	574	116	175
2007	1645	348	258	279	279	535	122	199
2008	1349	343	257	243	248	508	124	198
2009	1060	405	269	236	222	461	146	226
2010	1177	319	271	217	231	496	157	304
2011	1304	351	269	194	219	421	159	329
2012	1479	339	233	153	234	537	156	358
2013	1588	326	221	142	260	538	154	324
2014	1693	331	218	146	284	556	166	318
2015	1783	356	236	172	304	505	192	342
2016	1787	371	248	205	312	497	182	367

资料来源：相应年份《中国汽车工业年鉴》，2016年数据来自国际汽车制造商协会。

表21　2001～2016年世界主要汽车生产国整车出口情况

单位：万辆

年份	美国	德国	法国	西班牙	英国	日本	意大利	韩国	巴西
2001	1146.2	391.6	373.5	—	98.6	41.6	—	150.1	38.6
2002	165.9	387.5	391.7	232.7	119.7	469.9	73.4	150.6	41.5
2003	161.4	393.6	404.6	249.5	123.6	475.6	70.4	181.5	53.5
2004	179.4	392.4	426.9	247.9	130.8	495.8	59.6	237.9	64.8
2005	206.4	408.1	431.9	224.7	131.6	505.3	49.8	258.6	89.7
2006	205.5	418.3	312.6	227.3	124.2	596.7	59.6	264.8	63.4
2007	239.6	466.4	469.7	238.9	131.7	654.9	65.1	284.7	64.4
2008	196.6	450.0	432.2	218.1	125.4	672.7	56.1	268.4	56.9
2009	110.7	358.4	388.3	188.3	82.9	361.6	38.3	214.9	47.5
2010	150.2	448.1	478.6	208.0	104.7	484.1	44.02	277.2	76.7
2011	172.8	482.7	489.3	212.1	119.4	446.4	42.2	315.2	57.9
2012	194.1	—	440.4	172.9	127.9	480.7	40.7	317.0	47.3
2013	209.1	440.5	437.3	187.9	124.9	467.4	39.3	308.9	59.1
2014	222.8	466.6	—	206.0	123.0	446.6	43.9	306.3	33.4
2015	211.7	465.0	—	227.4	127.5	457.8	67.6	297.4	41.7
2016	207.1	498.7	—	243.2	140.9	463.4	—	262.1	52.0

资料来源：2001～2013年数据来自相应年份的《中国汽车工业年鉴》，2014～2016年数据来自北京富欧睿。

表 22　2014～2015 年部分汽车整车和零部件企业研发投入情况

公司名称	国家和地区	研发投入（百万欧元）	同比增长（%）	3 年来复合年均增长率（%）	研发投入占销售额比例（%）
VOLKSWAGEN 大众	德国	13612.0	3.8	12.7	6.4
TOYOTA MOTOR 丰田汽车	日本	8047.0	5.1	9.3	3.7
DAIMLER 戴姆勒	德国	6529.0	15.6	5.0	4.4
GENERAL MOTORS 通用	美国	6889.0	1.4	0.6	4.9
BMW 宝马	德国	5169.0	13.2	9.4	5.6
ROBERT BOSCH 博世	德国	5202.0	3.2	1.8	7.4
FORD MOTOR 福特	美国	6154.1	-2.9	6.8	4.5
HONDA MOTOR 本田	日本	5486.8	7.4	8.7	4.9
NISSAN MOTOR 日产	日本	4054.5	5.1	4.2	4.4
FIAT CHRYSLER AUTOMOBILES 菲克	意大利	4108.0	12.1	7.5	3.7
DENSO 电装	日本	3041.5	0.9	5.9	8.8
PEUGEOT(PSA) 标致-雪铁龙	法国	2244.0	-0.7	-3.3	4.1
CONTINENTAL 大陆	德国	2528.3	15.2	11.4	6.4
RENAULT 雷诺	法国	2243.0	18.7	5.9	4.9
HYUNDAI MOTOR 现代	韩国	1588.3	6.2	15.4	2.2
TATA MOTORS 塔塔	印度	2334.5	-6.5	16.0	6.2
AISIN SEIKI 爱信精机	日本	1239.7	9.1	6.4	5.0
DELPHI 德尔福	英国	1102.2	-7.7	0.0	7.5
SUZUKI MOTOR 铃木	日本	998.8	4.1	3.2	4.1
ZF 采埃福	德国	1350.0	55.9	17.9	4.6
VALEO 瓦莱奥	法国	954.0	18.2	10.6	6.6
KIA MOTORS 起亚	韩国	1120.2	27.7	18.8	2.9
SAIC MOTOR 上海汽车	中国	1184.5	22.5	13.3	1.3
MAZDA MOTOR 马自达	日本	888.9	7.6	9.0	3.4
MICHELIN 米其林	法国	689.0	5.0	3.5	3.3
BRIDGESTONE 普利司通	日本	724.0	0.9	4.7	2.5
YAMAHA MOTOR 雅马哈	日本	695.9	8.1	9.4	5.7
HELLA 海拉	德国	662.5	15.1	9.3	10.4
FUJI HEAVY INDUSTRIES 富士重工	日本	780.4	22.6	27.5	3.2
JOHNSON CONTROLS 江森自控	美国	338.9	-16.1	-10.2	1.0

续表

公司名称	国家和地区	研发投入（百万欧元）	同比增长（%）	3年来复合年均增长率（%）	研发投入占销售额比例（%）
AUTOLIV 奥托立夫	美国	459.7	-2.4	4.7	5.5
MAHLE 马勒	德国	657.0	18.9	31.4	
TOYOTA INDUSTRIES 丰田工业	日本	419.0	15.0	12.1	2.5
HYUNDAI MOBIS 现代摩比斯	韩国	454.6	17.8	17.3	1.6
GOODYEAR 固特异	美国	350.9	-3.7	1.1	2.3
TOYOTA BOSHOKU 丰田纺织	日本	293.1	-1.0	1.9	2.7
MITSUBISHI MOTORS 三菱	日本	343.1	-0.1	8.9	2.0
VISTEON 伟世通	美国	270.0	-34.1	-0.6	9.1
GKN 纳铁福	英国	303.5	-0.4	7.4	3.1
RHEINMETALL 莱茵金属	德国	239.0	11.7	1.4	4.6
BORGWARNER 博格华纳	美国	282.4	-8.6	5.0	3.8
GREAT WALL MOTOR 长城汽车	中国	390.6	7.4	42.4	3.8
TOYODA GOSEI 丰田合成	日本	216.6	-4.0	1.4	3.6
PIRELLI 倍耐力	意大利	214.4	4.3	6.2	3.4
DONGFENG MOTOR 东风汽车	中国	409.5	23.1	-5.2	2.3
CALSONIC KANSEI 康奈可	日本	222.9	5.5	7.1	2.8
KOITO MANUFACTURING 小糸制作所	日本	248.8	16.8	17.6	4.0
TESLA MOTORS 特斯拉汽车	美国	631.3	47.9	35.9	17.0
TAKATA 高田	日本	188.6	1.5	8.2	3.4
SUMITOMO RUBBER INDUSTRIES 住友橡胶	日本	178.2	-0.7	6.2	2.8
JIANGLING MOTORS 江铃汽车	中国	250.8	16.6	27.4	7.5
TOKAI RIKA 东海理化	日本	190.6	11.0	11.7	5.3
EBERSPAECHER 埃贝赫	德国	138.2	0.1	4.8	
NEXTEER 耐世特汽车系统	开曼群岛	193.4	11.6	3.8	6.3
WEBASTO 伟巴斯特	德国	108.9	-9.6	4.7	3.7
GUANGZHOU AUTOMOBILE 广州汽车	中国	270.8	20.1	31.6	6.5
HARLEY-DAVIDSON 哈雷戴维森	美国	148.1	16.6	5.5	2.7
WEICHAI POWER 潍柴动力	中国	82.8	2.5	-14.2	0.8
ZHENGZHOU YUTONG BUS 郑州宇通	中国	173.9	14.9	20.6	4.2

续表

公司名称	国家和地区	研发投入（百万欧元）	同比增长（%）	3年来复合年均增长率（%）	研发投入占销售额比例（%）
NHK SPRING（汽车弹簧）	日本	124.5	4.0	11.6	2.5
BENTELER INTERNATIONAL 本特勒国际	奥地利	84.1	4.1	-7.9	
WABCO 威伯科	美国	131.3	-3.8	10.3	5.4
RED BULL TECHNOLOGY 红牛技术	英国	110.0	-2.8	4.9	
YOKOHAMA RUBBER 横滨轮胎	日本	108.3	5.8	3.5	2.3
NISSAN SHATAI 日产湘南工场	日本	77.8	-1.0	-3.7	2.0
MAHINDRA & MAHINDRA 马恒达	印度	212.4	127.2	44.2	
LEAR 李尔	美国	116.7	24.5	6.8	0.7
HANKOOK TIRE 韩泰轮胎	韩国	124.6	14.3	23.5	2.5
AMERICAN AXLE & MANUFACTURING 美国车桥	美国	104.6	-1.2	-2.6	2.9
CHENG SHIN RUBBER INDUSTRY 正新橡胶	中国台湾	120.5	33.9	23.6	3.7
ASTON MARTIN 英国阿斯顿·马丁	英国	180.5	24.9	30.1	26.0
MANDO 万都	韩国	78.8	227.2		1.9
DONGFENG AUTOMOBILE 东风汽车	中国	90.6	7.6	15.3	4.0
AISAN 爱三	日本	82.7	5.0	8.6	5.0
ELRINGKLINGER（油封产品）	德国	70.5	7.3	5.8	4.7
SOGEFI 索格菲	意大利	52.5	-6.7	-5.4	3.5
COOPER-STANDARD HOLDINGS 库博标准汽车配件	美国	99.9	6.7	4.9	3.3
TOYO TIRE 东洋轮胎	日本	77.7	0.5	18.0	2.5
TI FLUID SYSTEMS（流体系统）	英国	69.5	23.7	19.8	2.2
GENTEX 金泰克斯	美国	81.2	5.0	1.3	5.7
SHOWA 昭和	日本	82.4	7.2	18.5	
NISSIN KOGYO 日信工业	日本	35.3	-46.1	-12.2	
NOK（密封行业）	日本	58.2	-5.7	3.7	1.0
AUTONEUM HOLDING 欧拓控股	瑞士	56.2	6.3	-2.9	2.9
MERITOR 阿文美驰	美国	63.4	-2.8	-1.9	2.0

续表

公司名称	国家和地区	研发投入（百万欧元）	同比增长（%）	3年来复合年均增长率（%）	研发投入占销售额比例（%）
HYSTER-YALE MATERIALS HANDLING（叉车及售后配件）	美国	63.5	-3.2	0.8	2.7
GRAMMER 格拉默	德国	55.1	-2.3	12.8	3.9
FAW CAR 一汽轿车	中国	60.4	-16.7	-12.5	1.8
SANDEN 三电	日本	51.6	0.4	-0.6	2.3
IMMSI	意大利	46.8	1.1	-7.7	3.4
FORD OTOMOTIV（汽车）	土耳其	87.0	-8.4	25.7	1.6
DANA 德纳	美国	68.9	4.2	13.0	1.2
XIAMEN JINGLONG MOTOR 厦门金龙	中国	88.3	65.0	15.2	2.4
GEELY AUTOMOBILE 吉利汽车	中国	214.7	130.8	114.9	5.0
MODINE MANUFACTURING 摩丁制造	美国	56.1	-1.5	-3.7	4.5
CHINA MOTOR 中华汽车	中国台湾	68.1	18.1	5.9	6.6
WANXIANG QIANCHAO 万向钱潮	中国	56.2	-6.9	7.6	4.1
NEXEN TIRE 耐克森轮胎	韩国	51.0	4.3	16.1	3.5
TOFAS 托发斯	土耳其	182.5	38.8	77.4	5.8
AEOLUS TYRE 风神轮胎	中国	28.6	-41.2	-15.2	3.3
COOPER TIRE & RUBBER 库伯轮胎与橡胶	美国	47.6	-8.9	0.6	1.7
STANLEY ELECTRIC 斯坦雷电气	日本	42.1	0.3	0.3	1.4
GENTHERM 捷温	美国	54.7	3.6	13.3	7.0
STONERIDGE 石通瑞吉	美国	35.6	-6.8	-4.7	6.0
TACHI S 泰极爱思	日本	32.6	0.5	2.0	1.5
ASHOK LEYLAND 阿斯霍克雷兰德	印度	45.3	36.8	-4.1	1.7
EXEDY 爱思帝	日本	41.0	3.2	8.8	2.0
TENNECO 天纳克	美国	32.1	-31.4	1.0	0.4
U SHIN 有信制造	日本	49.1	5.9	52.0	3.9
MINTH 敏实	中国	46.8	10.7	12.6	4.3
NGK SPARK PLUG（火花塞）	日本	41.2	17.5	-31.9	1.4
MIBA（粉末冶金制品）	澳大利亚	28.8	26.6	4.7	
NINGBO JOYSON ELECTRONIC 宁波均胜电子	中国	75.1	71.2	60.3	6.8

续表

公司名称	国家和地区	研发投入（百万欧元）	同比增长（%）	3年来复合年均增长率（%）	研发投入占销售额比例（%）
TPR	日本	36.1	22.8	23.1	2.7
VERITAS	德国	22.0	-12.4	-3.9	3.4
THULE 拓乐	瑞典	22.6	3.5	0.0	3.8
MGI COUTIER（汽车零部件）	法国	26.7	4.6	5.7	3.1
CNHTC JINAN TRUCK 重汽济南卡车	中国	39.7	36.1	17.2	1.5
TAIHO KOGYO（发动机轴承）	日本	25.9	5.9	2.0	3.2
UNIPRES 优尼	日本	27.8	5.0	5.8	1.1
F.C.C.CO（离合器产品）	日本	26.0	8.0	4.6	
NINGBO HUAXIANG ELECTRONIC 宁波华翔电子	中国	39.3	42.1	18.1	3.0
FORCE INDIA FORMULA ONE TEAM	英国	24.6	-12.1	0.5	28.1
ZHEJIANG WANFENG AUTO WHEEL 浙江万丰奥威	中国	34.1	22.4	14.9	2.9
APOLLO TYRES 阿波罗轮胎	印度	31.0	-1.2	24.3	1.9
F TECH 伟福	日本	25.1	-1.9	11.6	1.7
FUTABA INDUSTRIAL 双叶产业	日本	23.5	4.7	12.5	0.7
LIFAN INDUSTRY 力帆实业	中国	26.3	-69.3	-25.1	1.6
SANOH INDUSTRIAL 三樱工业	日本	22.7	0.4	12.5	2.3
LINGYUN INDUSTRIAL 凌云工业	中国	42.1	74.7	39.6	4.2
ANHUI ZHONGDING SEALING PARTS 中鼎密封件	中国	35.3	64.3	34.6	4.0

资料来源：欧盟 Economics of Industrial Research Innovation。

B.12

附录二 2016年度发布或开始实施的部分汽车政策法规

序号	发布（实施）时间	发布单位	名称	内容要点
1	2016-01-05	国家发改委 工信部 环保部	电动汽车动力蓄电池回收利用技术政策（2015年版）	在技术可行、经济合理、保障安全和利于节约资源、保护环境的前提下，以减少资源消耗和废物产生为原则，涉及动力蓄电池设计和生产、废旧动力蓄电池回收利用等环节
2	2016-01-11	财政部 科技部 工信部 国家发改委	关于"十三五"新能源汽车充电基础设施奖励政策及加强新能源汽车推广应用的通知	通知明确2016～2020年中央财政将继续安排资金对充电基础设施建设、运营给予奖补。奖补对象为新能源汽车推广规模较大、配套政策科学合理、市场公平开放的省（区、市），推广量越大，奖补资金越高
3	2016-01-11	国家发改委	关于切实做好全国碳排放权交易市场启动重点工作的通知	通知指出，全国碳排放权交易市场第一阶段将涵盖石化、化工、建材、钢铁、有色、造纸、电力、航空等重点排放行业
4	2016-01-13	国家发改委	关于进一步完善成品油价格形成机制有关问题的通知	旨在进一步完善成品油价格机制，进一步推进价格市场化。具体包括：设定成品油价格调控下限，建立油价调控风险准备金，放开液化石油气出厂价格，简化成品油调价操作方式等。还将根据近年来《石油价格管理办法（试行）》实施情况及此次成品油价格机制完善内容，修订并形成《石油价格管理办法》

328

附录二 2016年度发布或开始实施的部分汽车政策法规

续表

序号	发布（实施）时间	发布单位	名称	内容要点
5	2016-01-14	环保部 工信部	关于实施第五阶段机动车排放标准的公告	公告要求根据油品升级进程，分区域分四步骤实施机动车国五标准。首先是东部11省自2016年4月1日起实施，最后全国自2018年1月1日起，所有制造、进口、销售和注册登记的轻型柴油车，须符合国五标准要求
6	2016-01-20	财政部 科技部 工信部 国家发改委	关于开展新能源汽车推广应用核查工作的通知	四部委对新能源汽车推广应用实施情况及财政资金使用管理情况进行专项核查，具体是对2013、2014年度获得中央财政补助资金的新能源汽车，以及申请2015年度中央财政补助资金以及财政补助资金有关情况开展核查，核查范围覆盖全部车辆生产企业以及新能源汽车运营企业（含公交、客运、专用车等）、租赁企业、企事业单位等新能源汽车用户。核查方式包括自查和由四部委带队的现场督查
7	2016-01-22	交通部	道路运输车辆技术管理规定	本规定所称道路运输车辆包括道路旅客运输车辆、道路普通货物运输车辆、道路危险货物运输车辆。所称道路运输车辆技术管理，是指对道路运输车辆在保证符合规定的技术条件和按要求进行维护、修理、综合性能检测方面所做的技术性管理。规定指出，道路运输经营者是道路运输车辆技术管理的责任主体
8	2016-02-04	工信部	《新能源汽车废旧动力蓄电池综合利用行业规范条件》和《新能源汽车废旧动力蓄电池综合利用行业规范公告管理暂行办法》	旨在加强新能源汽车废旧动力蓄电池综合利用行业管理，规范行业发展，推动旧动力蓄电池资源化、规模化、高值化利用，提高资源综合利用水平

续表

序号	发布（实施）时间	发布单位	名称	内容要点
9	2016-02-17	国家发改委 财政部 公安部 环保部 商务部 国资委 海关总署 税务总局 工商总局 质检总局	关于进一步推进成品油质量升级及加强市场管理的通知	旨在解决"低品油退市难"问题，即将普通柴油违法销售给机动车，影响普通柴油车用柴油销售改造滞后、不合格油品升级减排成效，扰乱市场秩序问题，以及各地分地方炼油厂升级改造滞后、不合格油品生产流通，各地执法标准不一等问题。要求自2016年1月1日起，东部地区11省市全面供应国Ⅴ标准车用汽油（含E10乙醇汽油）、车用柴油（含B5生物柴油），同时停止区域内加油站（点）销售低于国Ⅴ标准车用汽油（含E10乙醇汽油）、车用柴油（含B5生物柴油）；自2017年1月1日起，全国全面供应符合国Ⅴ标准的车用汽油（含E10乙醇汽油）、车用柴油（含B5生物柴油），同时停止国内销售低于国Ⅴ标准车用汽油、柴油
10	2016-02-26	工信部 国家发改委 公安部	关于开展放宽皮卡车进城限制试点 促进皮卡车消费的通知	通知决定在河北、辽宁、河南、云南等省放宽皮卡车进城限制试点工作。通知定义皮卡车有如下特征：1）主要用于运送货物，载客人数不大于5人；2）具有长头货厢式车身和驾驶室结构；3）具有敞开式货车厢；4）最大设计总质量不大于3500千克
11	2016-03-11	工信部	关于进一步加强汽车生产企业及产品准入管理有关事项的通知	旨在进一步完善汽车生产企业及产品准入管理体系，强化事中事后监管，保护消费者利益，保障道路交通安全，促进汽车产业健康可持续发展。要求：推行企业诚信自律承诺制度；加强生产一致性监管；加强汽车出厂合格证管理；发挥地方政府和行业协会监督作用；健全汽车生产企业失信和违法违规惩戒机制
12	2016-03-14	国务院	关于促进二手车便利交易的若干意见	要求营造二手车自由流通的市场环境，严格执行《国务院关于在市场经济活动中实行地区封锁的规定》（国务院令第303号），不得制定实施限制二手车正入政策。要求还涉及：交易登记管理、流通信息平台建设、市场主体信用体系建设、交易税收政策、金融服务、流通模式创新、流通制度体系建设等
13	2016-03-16	国家发改委	核准批复北京新能源汽车股份有限公司纯电动乘用车建设项目	按照《汽车产业发展政策》、《新建纯电动乘用车企业管理规定》的规定，核准批复了北京新能源汽车股份有限公司实施纯电动乘用车建设项目

续表

序号	发布(实施)时间	发布单位	名称	内容要点
14	2016-03-30	国家能源局	关于开展电动汽车充电基础设施安全专项检查的通知	要求于2016年4月~6月在全国范围内组织开展电动汽车充电基础设施安全专项检查。检查对象是电动汽车充电基础设施建设运营企业以及相关充换电设施,检查内容包括电动汽车充电基础设施安全管理、设备设施安全运行、建设标准执行等情况
15	2016-04-11	环保部	关于取消新生产机动车排放污染申报检测机构核准的公告	对新生产机动车排放污染申报检测机构不再进行核准;废止《新生产机动车排放污染申报检测机构管理办法》(环发[2006]59号)和《关于新生产机动车排放污染检测单位资质认可工作有关事项的通知》(环办[2000]116号),撤销已经发布的检测机构目录;机动车排放检验机构应当依法通过相关认证和使用有关设备,并按相关规范开展工作
16	2016-04-29	工信部	关于符合《汽车动力蓄电池行业规范条件》企业申报工作的补充通知	此通知为对于2015年5月1日起实施的《汽车动力蓄电池行业规范条件》申报的补充要求,包括:材料符合性要求,地方初审要求和年度报告提交要求
17	2016-05-12	环保部	关于征求国家环境保护标准《轻型汽车污染物排放限值及测量方法(中国第六阶段)(征求意见稿)》意见的函	要求各有关单位于2016年6月13日前将意见反馈环保部
18	2016-05-16	国家发改委	关于杭州长江乘用车有限公司年产5万辆纯电动新能源乘用车项目核准的批复	核准批复了杭州长江乘用车有限公司年产5万辆纯电动新能源乘用车项目
19	2016-06-22	国家能源局	关于征求汽油(车用汽油)和《车用柴油》国家强制性标准(征求意见稿)意见的通知	要求各有关单位于2016年7月22日前将意见反馈至全国石油产品和润滑剂标准化技术委员会秘书处

续表

序号	发布(实施)时间	发布单位	名称	内容要点
20	2016-07-12	交通部 工信部 公安部 工商总局 质检总局	关于进一步做好货车非法改装和超限超载治理工作的意见	旨在进一步做好货车非法改装和超限超载治理工作,切实保护广大人民群众生命财产安全,提高车辆装备技术水平,促进我国经济社会持续健康发展。提出以下四方面举措:加强车辆生产和改装源头监管,加强货物装载源头和路面执法监督,健全完善道路运输市场发展机制和健全完善治超工作机制
21	2016-07-21	环保部 公安部 认监委	关于进一步规范排放检验加强机动车环境监督管理工作的通知	要求:1)有效衔接机动车排放检验和安全技术检验制度;2)加强在用机动车环保监督管理;3)强化机动车排放检验机构监督管理;4)加快机动车环保监管能力和队伍建设
22	2016-07-25	财政部 税务总局	关于城市公交企业购置公共汽电车辆免征车辆购置税的通知	自2016年1月1日起至2020年12月31日止,对城市公交企业购置的公共汽电车辆免征车辆购置税。这类企业是指,由县级以上(含县级)人民政府交通运输主管部门认定的,依法取得城市公交经营资格,为公众提供公共出行服务的企业。这类公共汽电车辆是指,由县级以上(含县级)人民政府交通运输主管部门按照国家有关规定核发的《城市公交企业车辆营运证》,并在城市中按规定的线路、站点、票价和时刻实际经营范围和用途等界定,供公众乘坐的经营性客运汽车和无轨电车
23	2016-07-25	国家发改委 国家能源局 工信部 住建部	关于加快居民区电动汽车充电基础设施建设的通知	要求按"适度超前"原则,进行现有居民区设施改造,做好工程项目规划衔接;要发挥好业主委员会、开发商和物业服务企业的作用;要创新运营模式,开展试点示范;要开展充电责任保险,加强安全管理
24	2016-07-26	国务院	关于深化改革推进出租汽车行业健康发展的指导意见	要求明确出租汽车行业定位,深化巡游车改革,规范发展网约车和私人小客车合乘,营造良好市场环境
25	2016-07-27	交通部 工信部 公安部 商务部 工商总局 质检总局 国家网信办	网络预约出租汽车经营服务管理暂行办法	对网约车平台公司,网约车车辆和驾驶员,网约车经营行为及监督检查和法律责任进行了规定,旨在更好地满足社会公众多样化出行需求,促进出租汽车行业和互联网融合发展,规范网络预约出租汽车经营服务行为,保障运营安全和乘客合法权益

续表

序号	发布（实施）时间	发布单位	名称	内容要点
26	2016-08-18	税务总局	关于车辆购置税征收管理有关问题的补充公告	对所需提供的资料、资料形式等要求进行了详细规定
27	2016-08-18	交通部 公安部	关于印发《整治公路货车违法超限超载行为专项行动方案》的通知	旨在通过开展专项整治行动，进一步健全完善交通运输部门治超执法联动机制，统一超限超载执法标准，严厉打击公路货车违法超限超载，依法保护公路货车道路交通事故，为群众出行创造安全畅通的交通环境。专项行动从2016年8月18日开始至2017年8月31日分三阶段开展
28	2016-08-26	商务部	关于做好2017年度汽车和摩托车出口资质申报工作的通知	旨在进一步规范汽车、摩托车出口秩序。规定了所需申报材料种类及对申报材料的要求
29	2016-09-22	工信部	公开征求对《企业平均燃料消耗量与新能源汽车积分并行管理暂行办法（征求意见稿）》的意见	要求各有关单位于2016年10月20日前以书面或电子邮件形式反馈工信部装备工业司。该办法的核心内容是乘用车企业平均燃料消耗量核算、乘用车企业新能源汽车积分核算及燃料消耗量积分和新能源汽车积分管理
30	2016-10-10	环保部	关于征求《机动车污染防治技术政策（征求意见稿）》意见的函	要求各有关单位于2016年10月28日前反馈环保部。技术政策包括源头（汽车和发动机、油品及添加剂）的控制措施，污染防治（大气污染、噪声污染）及综合利用（固体废物处理处置）措施，以及鼓励研发和推广应用的污染防治技术
31	2016-10-11	环保部	关于征求国家环境保护标准《车用压燃式发动机与压燃式点燃式汽车污染物排放限值及测量方法（中国第六阶段）》（征求意见稿）》意见的函	要求各有关单位于2016年11月13日前将意见反馈环保部

续表

序号	发布(实施)时间	发布单位	名称	内容要点
32	2016-10-14	科技部	关于发布国家重点研发计划新能源汽车等重点专项2017年度项目申报指南的通知	通知对项目组织申报要求及评审流程、组织申报的推荐单位、申请资格要求,具体申报方式等进行了详细规定
33	2016-10-14	交通部 公安部	关于规范治理超限超载专项行动有关执法工作的通知	旨在根据《交通运输部办公厅、公安部办公厅关于印发治理公路货车违法超限超载专项行动方案的通知》(交办公路〔2016〕109号)的有关要求,进一步规范在全国范围内联合开展治理货车违法超限超载行为专项行动,通知对公路管理机构和公安交通管理部门的职责分工和执法流程进行了严格规定
34	2016-10-25	工信部	关于印发《锂离子电池综合标准化技术体系》的通知	锂离子电池综合标准化技术体系主要包括基础通用、材料与部件、设计与制程、制造与检测设备、电池产品等5大类18个小类,涵盖的标准项目共231项
35	2016-11-30	财政部 税务总局	关于对超豪华小汽车加征消费税有关事项的通知	通知要求在"小汽车"税目下增设"超豪华小汽车"子税目。征收范围为每辆零售价格130万元(不含增值税)及以上的乘用车和中轻型商用客车,即乘用车和中轻型商用客车子税目中的超豪华小汽车。对超豪华小汽车在零售环节加征消费税基础上,在零售环节加征消费税,税率为10%
36	2016-11-30	财政部 税务总局	关于调整小汽车进口环节消费税的通知	对小汽车进口环节消费税进行调整。外国驻华使领馆工作人员、外国驻华常住人员、非居民常住人员进口自用,且完税价格130万元及以上的超豪华小汽车消费税,按照生产(进口)环节和零售环节税率(10%)加总计算,由海关代征
37	2016-11-30	税务总局	关于超豪华小汽车消费税征收管理有关事项的公告	是对《关于对超豪华小汽车加征消费税有关事项的通知》事项的补充,对适用情况做出了进一步明确规定

附录二　2016年度发布或开始实施的部分汽车政策法规

续表

序号	发布（实施）时间	发布单位	名称	内容要点
38	2016-12-13	财政部 税务总局	关于减征1.6升及以下排量乘用车车辆购置税的通知	通知要求自2017年1月1日起至12月31日止，对购置1.6升及以下排量的乘用车减按7.5%的税率征收车辆购置税。自2018年1月1日起，恢复按10%的法定税率征收车辆购置税。并对适用车型情况进行了规定
39	2016-12-20	国家发改委 公安部 环保部 商务部 国资委 工商总局 质检总局 国家能源局	关于全国全面供应符合第五阶段国家强制性标准车用油品的公告	公告要求，自2017年1月1日起，全国全面供应符合第五阶段国家标准（以下简称国V标准）的车用汽油（含E10乙醇汽油）、车用柴油（含B5生物柴油），同时停止国内销售标准低于国V标准车用汽油（含E10乙醇汽油）、车用柴油（含B5生物柴油）
40	2016-12-20	交通部	关于2016年度道路运输车辆北斗导航车载终端和电子不停车收费（ETC）产品质量行业监督抽查结果的通报	通报了北斗终端和ETC产品抽查结果和质量分析。其中，北斗终端不合格项主要为人工报警、路线偏离提醒、超劳行驶提醒、疲劳驾驶提醒、超速提醒、等效全向辐射功率、调制系数、占用带宽、前导码、互操作性七项指标，样品抽样合格率为100%
41	2016-12-23	环保部	关于发布国家污染物排放标准《轻型汽车污染物排放限值及测量方法（中国第六阶段）》的公告	正式发布《轻型汽车污染物排放限值及测量方法（中国第六阶段）》（GB 18352.6—2016）。该标准自发布之日起生效，即自发布之日起，所有销售和注册登记的轻型汽车应符合该标准要求。自2020年7月1日起，所有销售和注册登记的轻型汽车应符合该标准要求
42	2016-12-29	财政部 科技部 工信部 国家发改委	关于调整新能源汽车推广应用财政补贴政策的通知	政策要点：1）提高推荐车型目录门槛，包括增加调整车辆能耗要求、提高整车续驶里程门槛、设置动力电池能量密度门槛、提高安全要求等；2）补贴退坡，其中地方财政补贴不得超过中央财政单车补贴额的50%；3）补贴资金发付方式由预发改后结算后拨付；4）生产单位、地方政府和中央政府各负其责；5）建立违规惩罚机制

335

权威报告·热点资讯·特色资源

皮书数据库
ANNUAL REPORT(YEARBOOK) DATABASE

当代中国与世界发展高端智库平台

所获荣誉

- 2016年，入选"国家'十三五'电子出版物出版规划骨干工程"
- 2015年，荣获"搜索中国正能量 点赞2015""创新中国科技创新奖"
- 2013年，荣获"中国出版政府奖·网络出版物奖"提名奖
- 连续多年荣获中国数字出版博览会"数字出版·优秀品牌"奖

成为会员

通过网址www.pishu.com.cn或使用手机扫描二维码进入皮书数据库网站，进行手机号码验证或邮箱验证即可成为皮书数据库会员（建议通过手机号码快速验证注册）。

会员福利

- 使用手机号码首次注册会员可直接获得100元体验金，不需充值即可购买和查看数据库内容（仅限使用手机号码快速注册）。
- 已注册用户购书后可免费获赠100元皮书数据库充值卡。刮开充值卡涂层获取充值密码，登录并进入"会员中心"—"在线充值"—"充值卡充值"，充值成功后即可购买和查看数据库内容。

卡号：512688625489
密码：

数据库服务热线：400-008-6695
数据库服务QQ：2475522410
数据库服务邮箱：database@ssap.cn
图书销售热线：010-59367070/7028
图书服务QQ：1265056568
图书服务邮箱：duzhe@ssap.cn

子库介绍
Sub-Database Introduction

中国经济发展数据库

涵盖宏观经济、农业经济、工业经济、产业经济、财政金融、交通旅游、商业贸易、劳动经济、企业经济、房地产经济、城市经济、区域经济等领域，为用户实时了解经济运行态势、把握经济发展规律、洞察经济形势、做出经济决策提供参考和依据。

中国社会发展数据库

全面整合国内外有关中国社会发展的统计数据、深度分析报告、专家解读和热点资讯构建而成的专业学术数据库。涉及宗教、社会、人口、政治、外交、法律、文化、教育、体育、文学艺术、医药卫生、资源环境等多个领域。

中国行业发展数据库

以中国国民经济行业分类为依据，跟踪分析国民经济各行业市场运行状况和政策导向，提供行业发展最前沿的资讯，为用户投资、从业及各种经济决策提供理论基础和实践指导。内容涵盖农业，能源与矿产业，交通运输业，制造业，金融业，房地产业，租赁和商务服务业，科学研究，环境和公共设施管理，居民服务业，教育，卫生和社会保障，文化、体育和娱乐业等100余个行业。

中国区域发展数据库

对特定区域内的经济、社会、文化、法治、资源环境等领域的现状与发展情况进行分析和预测。涵盖中部、西部、东北、西北等地区，长三角、珠三角、黄三角、京津冀、环渤海、合肥经济圈、长株潭城市群、关中—天水经济区、海峡经济区等区域经济体和城市圈，北京、上海、浙江、河南、陕西等34个省份及中国台湾地区。

中国文化传媒数据库

包括文化事业、文化产业、宗教、群众文化、图书馆事业、博物馆事业、档案事业、语言文字、文学、历史地理、新闻传播、广播电视、出版事业、艺术、电影、娱乐等多个子库。

世界经济与国际关系数据库

以皮书系列中涉及世界经济与国际关系的研究成果为基础，全面整合国内外有关世界经济与国际关系的统计数据、深度分析报告、专家解读和热点资讯构建而成的专业学术数据库。包括世界经济、国际政治、世界文化与科技、全球性问题、国际组织与国际法、区域研究等多个子库。

法律声明

"皮书系列"(含蓝皮书、绿皮书、黄皮书)之品牌由社会科学文献出版社最早使用并持续至今,现已被中国图书市场所熟知。"皮书系列"的LOGO( )与"经济蓝皮书""社会蓝皮书"均已在中华人民共和国国家工商行政管理总局商标局登记注册。"皮书系列"图书的注册商标专用权及封面设计、版式设计的著作权均为社会科学文献出版社所有。未经社会科学文献出版社书面授权许可,任何使用与"皮书系列"图书注册商标、封面设计、版式设计相同或者近似的文字、图形或其组合的行为均系侵权行为。

经作者授权,本书的专有出版权及信息网络传播权为社会科学文献出版社享有。未经社会科学文献出版社书面授权许可,任何就本书内容的复制、发行或以数字形式进行网络传播的行为均系侵权行为。

社会科学文献出版社将通过法律途径追究上述侵权行为的法律责任,维护自身合法权益。

欢迎社会各界人士对侵犯社会科学文献出版社上述权利的侵权行为进行举报。电话:010-59367121,电子邮箱:fawubu@ssap.cn。

社会科学文献出版社